21 世纪经济与管理规划教材·国际经济与贸易系列

国际营销学

陆菁　主编

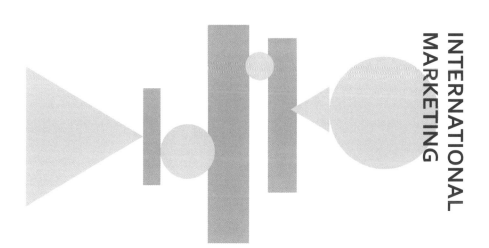

INTERNATIONAL MARKETING

北京大学出版社
PEKING UNIVERSITY PRESS

图书在版编目（CIP）数据

国际营销学 / 陆菁主编. -- 北京： 北京大学出版社，2025.6. --（21 世纪经济与管理规划教材）. -- ISBN 978 - 7 - 301 - 36442 - 0

Ⅰ. F740.2

中国国家版本馆 CIP 数据核字第 2025W67P20 号

书　　　名	国际营销学
	GUOJI YINGXIAOXUE
著作责任者	陆　菁　主编
策 划 编 辑	李　娟
责 任 编 辑	李沁珂
标 准 书 号	ISBN 978 - 7 - 301 - 36442 - 0
出 版 发 行	北京大学出版社
地　　　址	北京市海淀区成府路 205 号　100871
网　　　址	http://www.pup.cn
微信公众号	北京大学经管书苑（pupembook）
电 子 邮 箱	编辑部 em@pup.cn　总编室 zpup@pup.cn
电　　　话	邮购部 010 - 62752015　发行部 010 - 62750672　编辑部 010 - 62752926
印 刷 者	河北滦县鑫华书刊印刷厂
经 销 者	新华书店
	787 毫米×1092 毫米　16 开本　18.75 印张　407 千字
	2025 年 6 月第 1 版　2025 年 6 月第 1 次印刷
定　　　价	58.00 元

丛书出版说明

教材作为人才培养重要的一环,一直都是高等院校与大学出版社工作的重中之重。"21 世纪经济与管理规划教材"是我社组织在经济与管理各领域颇具影响力的专家学者编写而成的,面向在校学生或有自学需求的社会读者;不仅涵盖经济与管理领域的传统课程,还涵盖学科发展衍生的新兴课程;在吸收国内外同类最新教材优点的基础上,注重思想性、科学性、系统性,以及学生综合素质的培养,以帮助学生打下扎实的专业基础和掌握最新的学科前沿知识,满足高等院校培养高质量人才的需要。自出版以来,本系列教材被众多高等院校选用,得到了授课教师的广泛好评。

随着信息技术的飞速进步,在线学习、翻转课堂等新的教学/学习模式不断涌现并日渐流行,终身学习的理念深入人心;而在教材以外,学生们还能从各种渠道获取纷繁复杂的信息。如何引导他们树立正确的世界观、人生观、价值观,是新时代给高等教育带来的一个重大挑战。为了适应这些变化,我们特对"21 世纪经济与管理规划教材"进行了改版升级。

首先,为深入贯彻落实习近平总书记关于教育的重要论述、全国教育大会精神、《关于深化新时代学校思想政治理论课改革创新的若干意见》以及《教育强国建设规划纲要(2024—2035 年)》,我们按照国家教材委员会《习近平新时代中国特色社会主义思想进课程教材指南》《关于做好党的二十大精神进教材工作的通知》和教育部《普通高等学校教材管理办法》《高等学校课程思政建设指导纲要》等文件精神,将课程思政内容尤其是党的二十大精神融入教材,以坚持正确导向,强化价值引领,落实立德树人根本任务,立足中国实践,形成具有中国特色的教材体系。

其次,响应国家积极组织构建信息技术与教育教学深度融合、多种介质综合运用、表现力丰富的高质量数字化教材体系的要求,本系列教材在形式上将不再局限于传统纸质教材,而是会根据学科特点,添加讲解重点难点的视频音频、检测学习效果的在线测评、扩展学习内容的延伸阅读、展示运算过程及结果的软件应用等数字资源,以增强教材的表现力和吸引力,有效服务线上教学、混合式教学等新型教学模式。

为了使本系列教材具有持续的生命力,我们将积极与作者沟通,争取按学制周期对教材进行修订。您在使用本系列教材的过程中,如果发现任何问题或者有任何意见或建议,欢迎随时与我们联系(请发邮件至 em@ pup. cn)。我们会将您的宝贵意见或建议及时反馈给作者,以便修订再版时进一步完善教材内容,更好地满足教师教学和学生学习的需要。

最后,感谢所有参与编写和为我们出谋划策提供帮助的专家学者,以及广大使用本系列教材的师生。希望本系列教材能够为我国高等院校经管专业教育贡献绵薄之力!

北京大学出版社

经济与管理图书事业部

前　言

在全球化浪潮席卷世界的今天,国际营销已经成为企业拓展海外市场、提升国际竞争力的重要手段。自加入世界贸易组织(World Trade Organization, WTO)以来,我国经济与贸易快速增长,发展国际贸易、鼓励企业走出去,成为我国对外开放战略的重要内容。习近平总书记曾明确指出:"中国走和平发展道路,不是权宜之计,更不是外交辞令,而是从历史、现实、未来的客观判断中得出的结论,是思想自信和实践自觉的有机统一。和平发展道路对中国有利、对世界有利,我们想不出有任何理由不坚持这条被实践证明是走得通的道路。"这一理念不仅为中国的发展指明了方向,也为国际营销提供了新的思路和机遇。

目前,国际营销环境日益复杂多变。各国经济、政治、文化、法律等方面的差异给国际营销带来了诸多挑战。同时,随着科技的进步和互联网的普及,数字营销、电子商务等新兴业态不断涌现,为国际营销注入了新的活力。因此,本书在内容设计上,既注重传统国际营销理论的阐述,又紧跟时代步伐,详细介绍了数字营销、电子商务等前沿领域的最新发展。

相较于传统的国际营销学教材,本书具有以下特色:

第一,坚持章节间宏观知识脉络与章节内具体知识点的紧密结合。全书在结构上被划分为多个章节,每个章节既保持了相对的独立性,又通过内在联系形成了一个完整且连贯的国际营销知识体系。本书在章节内部,深入剖析具体知识点,并辅以丰富的实例解析,旨在帮助读者深刻理解和精准掌握国际营销的核心精髓与关键要点。

第二,秉持科学性、逻辑性和严谨性的原则。本书广泛借鉴并吸收了国内外最新的研究成果与实践经验,确保内容的科学性、前瞻性和实用性。

第三,注重理论体系与实践操作的深度融合。本书在介绍国际营销的理论框架与方法论的同时,穿插大量的实际案例与成功经验,旨在帮助读者在实践中灵活运用所学知识。此外,本书特别注重培养读者的创新思维与实践能力,鼓励读者在深入理解理论的基础上,勇于探索未知领域,积极投身于实践之中,以实现个人能力的全面提升。

本书旨在为高等学校经济与管理类专业的本科生、研究生,以及相关行业的机构与业务部门的从业者提供一个全面实用的学习参考工具。我们感谢所有为本书付出辛勤劳动的编者和编辑团队,以及提供宝贵案例和数据的合作伙伴。同时,也要感谢广大读者对本书的信任和支持。在编写过程中,笔者虽力求内容的准确无误与实用性,但鉴于知识的广泛与复杂,难免存在个别细节上的不尽完善之处。在此,笔者诚挚邀请各位同行专家、学者及广大读者朋友,提出您的宝贵意见与建议,共同促进本书质量的持续提升。

陆菁

2025 年 6 月

目　录

第一章
国际营销概述

当今世界,随着经济全球化的进一步深化,市场竞争不断加剧。党的二十届三中全会提出了构建全国统一大市场和推动高水平对外开放的举措。通过加强国际合作、拓展国际市场、提升国际竞争力,企业可以更好地融入全球经济体系,实现可持续发展。目前,每一家希望走出国门的企业都面临如何充分利用国内国际两种资源来有效开拓国内国际两个市场,在全球范围内顺利开展营销活动的问题。国际营销似乎已成为想要做大做强的企业的一项必备技能。无论是对企业家还是对高校学生来说,及时掌握国际营销相关的最新知识、技术和手段,对于今后更好地面对全球竞争,都是非常重要的。

> **学习目标**
>
> 　　通过本章的学习,学生应明确国际营销的基本概念,理解国际营销与国际贸易的区别及国际营销和国内营销的差异,掌握国际营销的发展与演变以及国际营销的类型与阶段。本章内容有助于启发学生思考我国企业应如何更好地面对全球竞争。

⫸⫸⫸ 引导案例

海信聚好看:价值共创决策逻辑

　　聚好看是海信集团旗下的重要子公司,承担着海信互联网电视技术的研发和运营任务。聚好看专注于为智能电视和多种智能终端提供内容与服务,涵盖影视、教育、体育、健身、游戏、购物等多个领域。其平台支持海信、Vidda、东芝、松下等多个品牌的智能终端,为全球用户提供智能化体验。此外,聚好看还提供 AIoT(人工智能物联网)智慧生活解决方案,推动家庭场景的智能化升级。

　　作为拥有传统彩电业基因的企业,聚好看能够在"大屏运营领域争夺战"的厮杀中突出重围,重要的原因可能在于其能够在不同的发展阶段顺应特定环境的需求,在独特的价值共创决策逻辑的指导下,实施强有力的价值共创策略。

　　"拓荒牛"阶段(2008—2016)。在互联网电视方兴未艾的阶段,海信率先向互联网电视大屏领域迈进。然而,开始时聚好看仍秉持传统行业思维,想要在互联网电视领域获得突破有一定难度。因此,在这一阶段,优质的互联网电视平台更多只是作为电视的一个"补充"功能,用来提升硬件的竞争力。作为最早进行互联网电视云平台自主开发的企业,聚好看因缺少可参照的案例与经验,家底薄,只能甘做"拓荒牛",艰难创业。传承海信多年的文化积淀,在其战略指导下,聚好看通过"干中学",拼凑价值资源,探索运维模式,自主摸索向前发展。

　　"独角兽"阶段(2016—2021)。聚好看的价值共创策略逻辑很清晰:电视依然占据家庭娱乐中心的位置,互联网智能电视是一个非常重要的竞争领域。成为独立品牌后,聚好看有了相对丰厚的"家底",其基于海信的未来战略布局,深耕"本土化",瞄准在线内容增值服务以及基于电视场景的个性化推荐,以在"未来客厅"市场掌握主动权。这一阶段,聚好看以推出智能化大屏和成为内容运营的互联网云平台行业里程碑为目标,并借助海信的发展理念和新使命,搜索异质性资源,聚焦发展目标,实现价值共创,成长为"独角兽"企业。

　　资料来源:王琳,刘锡禄,陈志军.基于组织印记触发的集团子公司价值共创决策逻辑:海信聚好看的纵向案例研究[J].管理世界,2023(11):173–191.

第一节 国际营销的内涵

一、国际营销的含义

随着国际贸易的不断发展,全球经济一体化的程度不断加深,一国企业与其他国家或地区的企业进行商品和服务交换的规模日益扩大。企业将自己的产品和服务提供给其他国家或地区的消费者的同时,必然会面临国际市场竞争,因此,企业的营销活动将不再仅仅局限于本国或本地区,而是逐渐向其他国家或地区延伸,国际营销应运而生。

美国著名市场营销学专家菲利浦·科特勒(Philip Kotler)曾对国际营销做出如下定义:企业为从顾客处获得利益回报而为顾客创造价值并与之建立稳固关系的过程。[①] 换而言之,国际营销是企业根据国外顾客的需求,将生产的产品或服务提供给国外的顾客,并最终获取利润的贸易活动。

这种超越本国国境进行的市场经营活动,不仅会受到各国科学技术发展水平的影响,还会受到目标市场所在国家或地区的政治、经济、社会、文化、法律等营销环境的影响。因此,国际营销的含义也随时代的转变和发展而不断演进。以第二次世界大战为分界线,第二次世界大战之前的国际营销以产品的出口销售为主;而在第二次世界大战之后,随着资本国际化活动的不断开展,发达国家对外投资的规模日益扩大,企业开始在海外直接组织生产和销售,这种在海外投资和生产的行为也被纳入国际营销范畴。如今,在数字经济时代,使用数字传播渠道来推广产品和服务的实践活动被不断开拓,数字营销方兴未艾。数字营销赋予营销组合新的内涵,其功能主要有信息交换、线上购买、线上出版、数字货币、线上广告、企业公关等,是数字经济时代企业的主要营销方式和发展趋势。

二、国际营销与国际贸易

2008 年的国际金融危机对各国经济与金融的发展影响巨大,贸易保护主义(Trade Protectionism)有所抬头,但在 WTO 框架下,即各国关税逐渐降低的情况下,限制进口的关税保护措施的作用微乎其微,而非关税壁垒的实施又受到 WTO 规则的限制和约束。因此,各国把贸易保护的重点放在鼓励出口上,运用各种经济和政治手段鼓励本国企业进行商品和服务的出口;同时,部分企业为了绕过进口国的贸易壁垒直接在进口国投资建厂,进行产品的研发、生产、销售、售后等。这就从客观上要求企业要做好国际营销,因为国际贸易与国际营销是密不可分的。

(一)国际贸易的定义

国际贸易是指不同国家之间、国家与地区之间、地区与地区之间所进行的商品和服

---

① 科特勒,阿姆斯特朗. 市场营销:原理与实践:第 16 版[M]. 北京:中国人民大学出版社,2015:7.

务的交换活动。国际贸易按货物的移动方向来划分,可以分为进口贸易、出口贸易和过境贸易。其中,最主要的是进口贸易和出口贸易,两者可以调节本国生产要素的利用率,改善国际供求关系,调整经济结构,增加财政收入等。

（二）国际营销和国际贸易的关系

虽然国际营销与国际贸易隶属不同学科,但是它们的经济活动是紧密相连的,两者具有相似的理论基础,且均以盈利为目的,将商品和服务作为对象在世界范围内进行交换。但两者在利益主体、商品流通范围、法律和政策制约、管理流程等方面存在一些差异。

从利益主体角度来看,国际贸易的引导者是国家,展开的是国家与国家之间或国家与地区之间的商品或服务的交换行为,对外贸易中的相关贸易政策和措施是各国根据本国的国际收支及经济发展等状况制定并实施的,考虑的是宏观层面的国家整体利益。因此,国际贸易通常鼓励企业多出口,同时也要求兼顾国内市场商品的供给与需求,短缺的商品会被限制出口。而国际营销的引导者是各家企业,是企业根据自身发展状况和战略目标而进行的商品交换,市场研究、产品开发、产品定价、产品销售等一系列经营活动考虑的是微观层面企业自身的利益,企业将获取更多利润作为国际营销活动制定及实施的最终目标。

从商品流通范围来看,国际贸易中商品流通是指商品从一个国家流向另一个国家,同时跨越出口国和进口国的关境。出口国和进口国海关还会对商品情况进行监管并做好数据分析,同时记录到本国的国际收支平衡表中。国际营销的形态多种多样,不仅可以跨越不同国家,还可以在单一国家内进行。例如,一些实力雄厚的企业直接在国外投资建厂,其国际营销活动只在东道国国内进行,由于商品在东道国国内生产,且仅在东道国国内销售,没有流出东道国的关境,因此,两国海关都不会对该产品的销售进行数据统计。然而,进行直接投资的企业则会把在东道国所建企业的营业额计入自身的营业总额之中。

从法律和政策制约角度来看,国际贸易会同时受到出口国和进口国相关贸易政策的约束,进行交易的商品将受到两国海关的监管并需要依法缴纳关税,不仅如此,国际贸易中的交易活动还须遵守相关国际贸易政策和规则的要求。而在国际营销中,若商品无须从一个国家转移到另一个国家,其就不会受到海关的监管,也不会受到进口国所设贸易壁垒和各种国际贸易政策与规则的限制,只须遵循相关的国内法即可,所受限制比国际贸易要少。

从管理流程角度来看,国际贸易中完整的商品交易流程包括商品的准备、运输、投保、销售等环节,而国际营销活动则是一种组织有序、管理成熟,能进行全面控制的经济活动,包括市场调研、产品研发、产品定价、产品销售渠道管理、促销等环节,比国际贸易更具系统性,更能形成一个全方位的管理体系。

（三）国际营销与国内营销的关系

国际营销与国内营销既相互联系,又存在区别。联系主要表现为两者在基本原理、营销理念、营销过程和营销策略等方面相互贯通。区别主要在于企业的国际营销活动是在本国以外的一个或多个国家进行的,因此在营销场景、营销难度、营销风险、营销策略、营销资源利用等方面存在不同。

1. 营销场景的差异

由于各国在地理位置、资源密集度、政治经济制度、法律法规、生产力发展水平、文化背景、宗教信仰等方面存在较大的差别,影响国际营销的因素与影响国内营销的因素相比也就有了较大的差异,有时甚至截然不同。种种差异带来了至少两方面的困难:一方面,由于母国与目标市场国家的环境不同,国内营销中的一些可控因素到了国际营销中就极有可能成为不可控因素;另一方面,不同目标市场国家的营销环境也存在差异,所以,在某国成功的市场营销不一定适用于其他国家。

国内营销是在一个国家的国境范围内进行的,虽然一个国家内部的各个区域也存在环境上的差异,但在一般情况下,与国际营销相比,这种环境差异要微弱许多。特别是法律、政策条例在一个国家的内部应该是基本一致的。而国际营销则必须跨越国家或地区的边界,不同国家政府机构的运作方式和出台的政策天差地别,这种差别必然会对企业的营销活动产生巨大影响。企业只有对各种国际环境加以综合考虑和细致分析,才能找到切实有效的方法,有针对性地开展国际营销活动。因此,与解决国内营销问题相比,分析并解决国际营销问题需要具备更扎实的基础、更全面的经验和更强的洞察力。

2. 营销难度的差异

如果将营销比作一个由各种要素组成的系统,那么相较于国内营销系统,国际营销系统更为复杂。就营销的参与主体而言,国际营销的参与主体不仅涵盖国内营销渠道的企业、国内的竞争者和大众,还包括国外的市场体系,是两种市场的交织融合。从营销流程来看,国际营销中的原材料流程、商品交易流程和服务流程,都是可以跨越国界的,是一种国际化流程。从影响营销的力量来看,国际上的各种力量都会对国际营销产生深刻影响,国内外力量共同构成了国际营销的约束框架。国际营销系统的特殊性和复杂性决定了国际营销的管理难度要远高于国内营销的管理难度。

3. 营销风险的差异

相较于国内营销,国际营销更为复杂多变,国际营销的不确定性几乎遍布每一个环节:在不同的社会背景和生产力条件下,人们对产品的选择标准和需求存在巨大差异,这使得企业设计产品的弹性空间大大增加;系统的复杂性也在很大程度上制约着企业营销活动对目标市场的影响力;国际商品交易时汇率的波动会影响商品的价格,从而使影响商品价格的因素增加。因此,国际营销所要承受的风险比国内营销大得多。

4. 营销策略的差异

不同于相对单一的国内营销环境,国际营销环境更为多元化,对企业制定和实施营销策略的影响也更深远。正因如此,企业需要根据不同国家、不同民族、不同目标市场的营销环境,采取不同的营销策略。例如,产品营销策略需权衡标准化、本土化和个性化的选择;定价策略需综合考虑国际市场竞争对手定价和汇率波动的影响;渠道策略涉及分销链的长度、宽度和对国外中间商的管理;促销则需适应各国的生产力发展水平和文化差异等。

5. 营销资源利用的差异

通常情况下,企业从事国内营销一般是利用国内资源要素,在本国开展生产活动,并在本国市场上进行销售。国内营销是国际营销的开端,国际营销基本是在国内营销的基础上发展而来的。在国际营销中,由于资本、资源、技术、劳动力等要素的跨国流动,生产某种商品可以利用 A 国的资源、B 国的资本、C 国的技术和 D 国的劳动力等。国际营销使资源能够在两个或两个以上的国家进行优化配置,有效地发挥不同国家的优势,组成一个个更具市场竞争力的综合产品。这种跨越国界的要素组合可以降低产品成本,提高企业效益,从而获得比在国内营销中更大的竞争优势。

第二节　国际营销的发展与演进

20 世纪初,营销学作为一门独立的学科诞生于美国。随着国际经济交流活动日益频繁和不断拓展,工商企业纷纷把在国内适用的营销基本理论和方法应用到国际经济贸易活动中,再经过营销学专家的总结、整理和发展,形成国际营销学。经过数十年的社会经济及市场经济的发展,国际营销学逐渐从传统国际营销学转变为现代国际营销学,其应用更是从营利组织拓展到非营利组织,成为跨国公司管理、经济学、行为学、人类学、数学等相结合的应用学科,指导社会实践。

一、营销学的产生与应用

(一)营销学的产生

国际营销理论是美国经济社会发展的产物。19 世纪末 20 世纪初,在工业革命的影响下,美国开始从自由资本主义向垄断资本主义过渡,工业生产飞速发展,专业化程度不断提高,人口出生率急剧提高,人均可支配收入上升,逐步改变了最初的以需求大于供给为特征的"卖方市场",出现了市场上商品供给的增长速度超过了商品需求增长速度的状况。市场规模的不断扩大促使人们对市场的态度发生变化,而这些变化因素都有力地促进了营销思想的产生和营销理论的发展。

最初在美国几所大学开设的有关营销的课程,当时较多地称为"分销学",而不是"营销学"。在美国早期的教学研究活动中,还没有人使用"营销"这一术语,而用得最广泛的是"贸易""商业""分销"等。尽管对"分销学"的研究是在美国不同的地方分别进行的,而且学者们相互之间联系很少,但他们几乎都感觉到需要有一个新名称来称呼他们所讲授的课程,于是便出现了"营销"这个名词。1912 年,美国学者詹姆斯·E. 哈格蒂(James E. Hagerty)出版的以"Marketing"命名的教科书,被认为是营销学作为一门独立学科出现的标志。

这一时期的营销理论大多是以生产观念为导向的,其本质仍然是以供给为中心的传统经济学。但是,这些研究在经济学家所持的生产观念和营销学家所持的消费观念之间架起了一座桥梁。这个时期的营销学本身没有明确的理论和原则,其核心内容主要是研究推销方法,且主要停留在理论研究层面,没有参与到企业市场竞争中。所以,这一时期可称为营销理论的初创阶段,也可被称为萌芽阶段。

(二)营销学的应用

20 世纪 30 年代到第二次世界大战结束,营销学逐步进入应用阶段。由于美国经济的发展和国际地位的提高,其国民收入迅速增加,生活水平显著提高,一跃成为世界上消费水平最高的国家。但是美国国内分配不均的现象日趋严重,高度发展的生产力使市场供需关系发生了根本变化,以"生产过剩"为特征的经济危机开始出现,产品销售成了各家企业面临的主要问题。美国消费经济结构的变化,再度引起学术界和企业界对市场营销理论的研究热潮。

1932 年,美国营销专家弗雷德·克拉克(Fred Clark)和路易斯·韦尔德(Louis Weld)出版了《农产品的市场营销》一书,指出营销的目的是"使产品从种植者那里顺利地转移到使用者手上"。他们还将农产品营销系统划分为三个重要且相互关联的过程:集中(购买剩余农产品)、平衡(调节供需)和分散(将农产品化整为零)。1934 年,美国全国市场营销教师协会定义委员会提出营销职能包括:(1)交换职能——销售(创造需求)和收集(购买);(2)物流职能——运输和储存;(3)辅助职能——融资、风险承担、市场信息沟通和标准化等。1942 年,克拉克出版的《市场营销学原理》一书把市场营销职能归结为交换职能、实体分配职能、辅助职能等,并提出了"推销是创造需求"的观点。这一时期的营销研究主要集中在职能研究上,其研究对象仍局限于商品销售技术、广告技术、推销商品的组织机构和推销策略等,并没有超出商品流通的范畴。

二、国际营销学的产生与发展

(一)国际营销学的产生

第二次世界大战以后,世界格局不断变化,社会主义国家的诞生、殖民地国家的相继独立都挤压着资本主义世界市场,而随着战争创伤的恢复,世界经济逐步复苏,国际分工更加精细,传统的以自然资源为基础的分工逐步发展成以现代技术为基础的分工,发达国家和发展中国家凭借着自身的资源禀赋,大力推进国际贸易,国际贸易总额大幅提升,国际市场需求更加多样化,市场竞争也日趋激烈,国际营销学应运而生。

1952 年,罗兰·范利(Roland Vaile)等学者在《美国经济中的市场营销》一书中详细阐述了经济学对营销思想的影响,论述了营销如何进行资源配置,如何影响个人收入的分配,以及哪些因素影响人们的需求和购买,等等。他们认为,营销能够平衡供给和需求,并把营销当作一种分配稀缺资源的指导力量。同年,哈罗德·梅纳德(Harold Maynard)等学者合著的《市场营销学原理》提出了营销的定义,认为营销是"影响商品交换或商品所有权转移,以及为商品实体分配服务的一切必要的企业活动"。此外,梅纳德还归纳了研究营销学的五种方法,即商品研究法、结构研究法、历史研究法、成本研究法和职能研究法。他们还指出,从 20 世纪初以来,营销学已从描述性方法过渡到分析性方法;营销原理则是对一般规律的阐述,即当营销原理组合在一起时,便构成了营销理论。

从 1946 年开始,国际营销学从概念到内容都发生了革命性变化,国际营销理论在这一时期开始形成。国际营销已被明确为满足人类需要的行为,营销调研也在现实经济生活中获得广泛关注,甚至连国际营销的社会效益也开始受到人们的重视。

(二)国际营销学的应用

20 世纪 50 年代被视为美国历史上的"黄金时期",在欧洲各国致力于战后重建时,美国凭借着未受战争破坏这一优势,大力向世界各国出口参战国重建所需的物资,大大促进了自身经济的发展。与此同时,美国抓住了第三次科技革命的机遇,快速发展本国经济。在此背景下,国际营销理论研究也开始迈向一个新的历程,进入应用阶段,即国际营销管理导向阶段。

1957 年,美国营销专家罗·奥尔德逊(Wroe Alderson)在《市场营销活动和经济行动》一书中提出"功能主义",他认为在营销实践中,每个机构都应担负起独特的营销职能,而管理者必须发挥出本企业的优势来促成交易。随后,营销专家约翰·霍华德(John Howard)在《市场营销管理:分析和决策》中率先从管理角度论述市场营销理论和应用,并从企业环境与营销策略关系的角度研究营销管理问题,强调企业必须适应外部环境、提出管理决策导向并运用分析方法,重视营销经验。1960 年,营销专家杰罗姆·麦卡锡(Jerome McCarthy)在其著作《基础市场营销学》中对营销管理提出了新的见解。他把消费者视为一个特定的群体,即目标市场,企业则要通过制定营销组合策略、适应外部环境、满足目标顾客的需求,以达成企业经营目标。

这一时期的国际营销理论主要从企业管理角度出发,深入探究企业管理与营销之间的内在关联。其中,以霍华德为代表的学者认为企业必须适应外部条件,而以麦卡锡为代表的学者则提出以消费者为中心,全面考虑企业内外部条件,以促成企业各项目标达成的国际营销管理体制。

(三)国际营销学的发展

经过前几个阶段的不断发展,国际营销学逐渐从经济学中独立出来,又吸收了行为科学、管理科学,以及心理学、社会学等学科的若干理论,开始整合并不断分化,其应用范围也在不断地扩展。在此期间,国际营销理论进一步成熟,国际营销概念和原理的运用日益普及。

1967 年,科特勒出版了著名的《市场营销管理》一书,突破了传统营销学认为营销管理的任务只是刺激消费者需求的观点,他提出营销是与市场有关的人类活动,既适用于营利组织,也适用于非营利组织,扩大了营销学的范围。1981 年,芬兰市场学家克里斯琴·格罗路斯(Christian Gronroos)发表了论述"内部营销"的论文,科特勒也提出要在企业内部创造一种营销文化。两年后,美国营销学者西奥多·莱维特(Theodore Levitt)对"全球营销"问题进行了研究,提出过于强调对各个当地市场的适应性,将导致生产、分销和广告方面规模经济的损失,从而使成本增加。1985 年,美国营销学者巴巴拉·本德·杰克逊(Barbara Bund Jackson)提出了"关系营销""协商推销"等新观点。1986 年,科特勒提出了"大市场营销"这一概念,探讨了企业如何进入被保护市场的问题。在此期间,"直接营销"也成为引人注目的新问题,其实质是以数据资料为基础的营销,大量信息的预先获得和电视通信技术的发展使直接营销成为可能。

20 世纪 90 年代,关于营销学、营销网络、政治营销、营销决策支持系统、营销专家系统等新的理论与实践问题开始引起学术界和企业界的关注。

三、国际营销的未来发展方向

(一)国际营销的数字化

以大数据、人工智能(Artificial Intelligence,AI)、云计算、移动互联网、物联网为代表的新一代信息技术的突破性发展,让企业营销从信息化走向了数字化阶段。科特勒等学者在《营销革命4.0:从传统到数字》一书中指出,数字化时代的营销要以用户自我价值实现为目标,以社群、大数据、连接、分析技术与价值观营销为基础,企业要将营销的中心转移到如何与消费者积极互动、让消费者更多地参与营销价值创造上来。通过互联网,企业与用户建立了连接,增加了有效互动,实现了品牌价值的共创。[①]

当前,数字技术已渗透到国际营销的各个环节。企业通过打通多平台数据信息,以及收集与存储用户行为数据、消费数据、关系数据、语音语义等海量信息,再运用大规模训练集群、自然语言处理、生物信息、神经网络等人工智能技术,实现数据标注、图像识别、情绪识别等,从而描绘出更精准的用户画像。通过用户画像积累,企业可以更好地划分用户类型,建立用户价值矩阵。针对高频互动的高质量用户,实现定向输出内容或定制化产品推送。以"淘宝个性化推荐"为例,我们可以发现,每个人打开淘宝首页看到的商品展示都是不同的,这是基于用户在手机上的搜索、浏览、交易等行为数据进行的精准实时推送。移动互联网技术与智能手机的发展,让平台采集用户数据的能力变得更加强大,营销更加精准与高效。

未来,在国际营销数字化进程中,企业将改变以往"人盯人"的销售模式,转而利用新一代信息技术,实现全流程数字化,通过充分挖掘用户数据背后的价值,实现对用户需求的精准把握,赋能营销闭环全过程。人工智能等技术的应用,能让企业与用户的沟通更顺畅,不断提高营销效率与用户沉浸式体验感。

---

① 科特勒,卡塔加雅,塞蒂亚万. 营销革命4.0:从传统到数字[M]. 王赛,译. 北京:机械工业出版社,2018:译者序.

（二）国际营销的体验化

继农业经济、工业经济、服务经济时代后，人类进入了体验经济时代。随着社会生产力的不断发展，人类消费领域正发生深刻的变化，消费者不再满足于千篇一律的消费模式，而是希望在消费过程中通过参与获得更大的快乐和满足，这就是"体验感"。面对这一变化，以消费者为中心、注重体验的营销模式渐渐赢得市场。

体验式营销是指在消费者感官、情感、思维、行动等方面，重新定义、设计营销的思考方式。体验式营销强调主动征求消费者的消费感受、使用感受和品牌感受，通过聚焦目标客户，根据他们的需求、喜好和价值观，有针对性地融入相关文化、活动等进行全域体验，满足他们的期望。目前，企业进行体验式营销的策略主要有以下三种：一是利用传统文化或现代文化元素，将企业的产品和服务与消费者心理相融合，营造一种文化消费氛围，促使消费者主动选择与文化相关联的商品，逐步形成稳定的消费习惯；二是打造良好的购物氛围，通过优化购物环境等方式提升消费者对商品的实际质量感知与主观价值认同，强化品牌形象；三是推出个性化定制服务，建立双向沟通渠道，在增强消费者参与感与忠诚度的同时，有效促进产品销售。

未来，以消费者体验为核心的体验式营销将成为企业的优先选择，企业应以产品体验和服务体验为基础，将品牌建设融入体验过程中，不断探索与消费者的对话方式，加强与消费者的沟通交流，着力打造新的利润增长点。

第三节　国际营销的类型与阶段

国际营销或者多国营销这两个词语经常被用于描述企业的跨国界营销活动。企业国际营销的发展同世界经济一体化与本国市场经济的发展紧密相连，其经历了国内营销—出口营销—跨国界营销—多国营销与泛区域营销—国际营销五大阶段。通常情况下，企业是按照上述顺序逐步开展营销活动的，但也存在直接从中间某一阶段切入或者同时处于几个阶段的情况。具体所处阶段主要取决于企业自身的经济实力与对国际市场的重视程度。

一、国内营销

国内营销也称非直接对外营销，是指企业仅在国内市场开展经营活动，业务开展对象集中于国内消费者、国内供应商和国内竞争者。企业在国内从事营销活动可能是有意识地、自觉地战略选择，但是却无意识地、不自觉地躲避了国外市场竞争。在国内营销阶段，企业并不积极寻找或培养国外客户，其产品可能是在企业自身不知情的情况下由国内的贸易企业代理销售的，或者通过国内的批发商和分销商在企业并不鼓励的情况下销售到国外。

二、出口营销

出口营销阶段也称非经常性对外营销阶段,在这个阶段,企业已经开始进行以出口产品为目的的国际营销活动,但是对国际市场调研、产品开发的自觉意识还不够。出口营销阶段,企业因为生产水平和需求的变化,产生临时性的库存,从而引起非经常性的对外销售,此时国外市场仅被认为是国内市场的延伸和补充。由于这种生产过剩是暂时的,企业并没有打算维持国外市场,只是把为国内目标市场设计的营销组合直接推向国外,组织结构和产品很少因外销而发生变化。在国内需求回升吸收了过剩产品后,企业就会撤回对外销售活动。然而,出口营销阶段是企业进入国际市场的第一阶段,因为在此阶段,企业的目标市场逐步转向国外市场,企业在国内生产产品,然后运到国外销售,满足国外市场需求。

三、跨国界营销

跨国界营销是企业进入国际市场的第二阶段,其核心特征是企业将国内营销策略扩展至全球市场,开始有意识地将国内与国际市场视为整体来制定营销战略。然而在此阶段,企业仍以国内市场为主导,往往不自觉地沿用本国营销的方法论、渠道模式、人员配置及实践经验来开拓国际市场。此外,国内营销始终是企业营销的重中之重,产品出口只是国内剩余产品向国外的延伸,大多数的营销计划制定权集中于国内总公司。随着企业从事国际营销的经验日益丰富,国际营销者日益重视对国际市场的研究,实行产品从国内发展到国外发展的战略,但是在该阶段,由于资金的限制,企业基本只锁定一个最主要的国外市场。

四、多国营销与泛区域营销

多国营销是企业进入国际市场的第三阶段。在这一阶段,企业开始向多个国家营销产品,并对不同的国家实行差异化和独特的市场战略。因此,这一阶段的产品战略是适应各国市场。在多国营销阶段,企业全面地参与国际营销活动。企业通过在全球范围内寻找市场,将整个世界视作一个整体,包括国内市场在内的全球市场被看作一个个独立的市场,各国市场的特殊性成为企业制定营销战略的基础。企业根据这些市场各自的特征,实行差异化的营销策略,有计划地将产品销往各国市场。不仅如此,企业还在境外建立生产基地,转型为国际化企业或跨国公司。

随着国际政治经济格局深刻演变,区域性经济联合体与政治联合体加速涌现,叠加多国营销战略难以实现规模效应的局限,企业逐步转向针对特定大型国际区域制定综合性的泛区域营销战略。泛区域营销战略有助于企业充分利用区域内的地缘优势,节省成本,实现高效营销。

五、国际营销

国际营销又称全球营销,是迄今为止企业跨国经营的最高阶段。科技革命使产业结构发生深刻变化,特别是信息技术行业的兴起打破了国与国之间严格的商业地域界限,文化与产品的交流越来越倾向于同步性与自由性。国际营销将企业的资产、经验及产品集中于全球市场,并以全球文化的共同性及差异性为前提,但主要侧重于文化的共同性,实行统一的营销战略,同时也注意各国需求的差异性而实行地方化营销策略。

拓展阅读

中国领先企业的品牌国际化营销之道——以消费电子行业为例

在品牌国际化发展的过程中,进入海外市场并在海外市场树立品牌和站稳脚跟,是最为关键和困难的一个阶段。如何有效地开展品牌国际化营销从而在国际市场树立品牌成为计划进入国际市场的中国企业以及在品牌国际化过程中遇到困难的企业最为关心的经营课题。本案例选取消费电子行业的三家领先企业(大疆、小米、华为)作为研究对象,了解领先企业在品牌国际化营销方面的特点,探究中国领先企业的品牌国际化营销规律。

一、大疆在美国市场的品牌国际化营销

大疆创立于 2006 年,彼时国内无人机市场规模极小,难以满足大疆的生存和发展需求,而美国有着全球最大的民用无人机市场。因此,大疆决定先将目标市场锁定在美国。大疆在创立之时就拥有一支以创始人汪滔为核心的技术研发团队,其开发出的无人机飞行控制系统成功解决了行业难题——无人机空中悬停问题,实现了在民用无人机核心技术上的突破。行业领先的飞行控制技术为大疆以自主品牌进入美国市场奠定了基础。另外,大疆创业团队的主要成员中有人在美国学习生活过,对美国无人机行业有一定的了解。

当时美国消费级无人机客户主要是发烧友,他们购买无人机部件自己动手组装,由此组成了一个专业小众市场。有效接触发烧友的渠道是 DIY Drones 等国际无人机论坛以及国际展会等。大疆借助这些专业论坛和展会推广和销售自主品牌的飞行控制系统模块,同时获得用户反馈以及行业技术的新信息,以便提前布局研发创新活动。稳定拍照的云台技术以及多旋翼技术的开发都得益于大疆在论坛上获得的相关信息。

2012 年,大疆基于自研的多旋翼飞行控制系统以及稳定航拍云台等领先技术,开发出使用简便、实现"到手即飞"的大疆精灵 Phantom 1 无人机。该产品针对户外运动或摄影爱好者,定位于"空中摄像机";相对于同类产品动辄上千美元的价格,该产品只需 679美元。性能领先、易于操作、价格适中的大疆精灵 Phantom 1 无人机推动了美国无人机从专业小众市场走向大众消费市场。其后,大疆坚持创新核心技术以及追求用户体验的产品开发理念,以稍低于竞品的价格提供技术和性能领先的产品,让用户有物超所值的感

受,持续向美国市场投放新产品。例如,2016 年推出的大疆"御 Mavic"折叠无人机,具有智能化和小型化特征,折叠后仅有一半 A4 纸的大小,定价也仅为 1 000 美元。

在渠道建设方面,大疆早期主要通过无人机论坛以及美国各地的代理商来销售产品。由于美国无人机用户习惯在网上消费,大疆随后大力开发线上渠道。大疆商城以及亚马逊、eBay 等电商平台成为大疆重要的销售渠道。2015 年前后,为了提升品牌形象以及消费者购物体验,大疆开始在美国市场加大线下官方授权体验店以及合作实体店的建设,强化零售店的展示、销售、体验、沟通和售后服务等功能。2016 年,大疆与苹果开展联合营销,在美国苹果专卖店中展示和出售大疆无人机产品。

在宣传推广方面,大疆注重广告的质量和文化适应性,以保证大疆的品牌形象能够被精准表达并打动用户。例如,大疆在 2014 年圣诞节发布的宣传片中,通过无人机完成家庭节日布置的创意呈现,既突出了科技感,也营造了温馨和谐的家庭氛围。大疆还积极利用油管、推特等社交平台与用户互动。此外,在热播美剧中植入大疆广告、举办摄影大赛、召开高规格的新品发布会、邀请好莱坞明星试用以及让权威媒体参与测评活动等也是大疆常用的推广方式。

2015 年 2 月,美国权威商业杂志《快公司》评选出 2015 年十大消费类电子产品创新型企业,大疆在谷歌、特斯拉之后位列第三。大疆凭借在消费市场树立的精灵 Phantom 品牌(1 000 美元级别)高端形象,还成功推出了中低端的晓 Spark 品牌(500 美元级别)以及低端的特洛 Tello 品牌(100 美元级别),形成了完整的品牌体系,全面覆盖消费市场。

二、小米在印度市场的品牌国际化营销

小米于 2010 年由雷军等创立,2011 年其利用国内完善的手机产业链以及互联网普及的条件采取创新的营销模式切入国内智能手机市场。小米通过高配低价的超高性价比产品、社群推广和在线销售三位一体的创新营销模式实现销量的爆发式增长。2013 年 7 月,小米推出红米品牌,定价 799 元,覆盖低端市场。至 2014 年第二季度,小米手机占国内市场份额达 15%,位列第一,小米品牌在国内市场已站稳脚跟。

2014 年前后,国内手机市场增速放缓,行业竞争加剧。为了进一步拓展发展空间,小米决定进军海外市场并任命具有国际化经验的前谷歌副总裁雨果·巴拉担任小米国际业务负责人。由于印度当时是世界人口第二大国且国民收入较低,中低端智能手机市场潜力大,而且印度本土手机制造业基础较薄弱,因此小米将印度市场作为战略性海外市场进行重点开拓。

小米在印度市场仍然遵循其一贯坚持的高性价比产品定位策略。2014 年 6 月,小米上线印度官网,7 月与印度电商 Flipkart 合作推广小米 3 手机,目标客户是科技时尚爱好者。小米 3 定价为 14 999 卢比(相当于 1 500 元人民币左右),而同等配置的竞品价格则在 2 万卢比以上。8 月,小米发售红米 1S,针对价格敏感用户,主打极致性价比。红米 1S 定价为 5 999 卢比,而同等配置的摩托罗拉 Moto E 定价为 6 999 卢比。定位互补的小米 3 和红米 1S 在印度推出后就迅速售罄。小米在印度市场一直坚持"低价不低质"的营销理念,基于已有旗舰机型针对印度市场进行局部适应性开发。例如,印度气候炎热潮湿,小米专门为印度版产品增加散热模组;印度电力供应不稳定,小米有针对性地增加电池容量,提高产品续航力。

在渠道建设方面,小米进入印度市场初期沿用国内创新营销模式,将电商作为主要销售渠道。小米与当地有影响力的 Flipkart、亚马逊、Snapdeal 等电商和物流企业合作,并开设自己的电商网站。由于印度物流缓慢且印度人更偏好在线下渠道购买商品,因此把印度作为战略市场的小米自 2015 年开始积极构建线下渠道网络,与运营商、大型连锁零售商以及全国性手机分销商合作,构建覆盖印度大城市与乡村的深度渠道网络。

在宣传推广方面,早期小米在印度市场主要利用互联网和社交媒体进行沟通推广,包括在小米自己的小米社区、Facebook(现 Meta)、推特等社交平台发布信息,与粉丝互动以及收集来自用户的反馈。随着在印度市场的快速发展,小米逐渐拓展和强化线下推广方式,例如户外广告牌、传统媒体以及线下门店。2016 年第四季度,小米在印度手机市场的份额首次达到 10%,位列第三。小米通过小米和红米双品牌体系逐渐覆盖了主流市场。

三、华为在欧洲市场的品牌国际化营销

华为创立于 1987 年,以运营商业务起家。2003 年成立手机业务部,为其运营商客户提供 ODM 贴牌手机。2006 年,华为通过为欧洲许多主流运营商提供 ODM 贴牌手机的方式进入欧洲市场。然而,为运营商生产定制手机,利润薄且技术低端。在 2008 年金融危机时华为曾一度打算出售手机业务。

2010 年,智能手机时代来临,以苹果为代表的新兴手机厂商开始引领智能手机市场发展。在此背景下,华为于 2011 年提出新发展战略,全力发展面向全球个人消费市场的自主品牌高端智能手机并退出 ODM 贴牌手机业务,同时任命原欧洲片区负责人余承东担任华为手机业务的负责人。纵观当时全球主要的智能手机市场,欧洲市场是高端智能手机品牌的必争之地。欧洲消费者整体收入水平较高,对高端手机的需求量很大;华为通过运营商业务和 ODM 贴牌手机业务对欧洲手机消费市场已有初步的了解,同时华为手机业务经过多年发展已经具备了较强的研发能力和完备的生产能力,特别是在核心部件——手机芯片的研发方面取得进展。虽然当时欧洲竞争者实力雄厚且欧洲消费者对中国制造的产品有刻板印象,但华为迎难而上,将欧洲作为自主品牌手机的主要目标市场,开启华为手机从无牌到有牌、从低端到高端的征程。

华为于 2012 年 1 月在全球主要市场同步上市第一款自主品牌高端手机 Ascend P1。该款手机定位高端时尚人群,在欧洲定价为 449 欧元(国内定价为 2 999 元)。2013 年 3 月上市针对高端商务人群的 Mate 1 手机,在欧洲定价为 499 欧元(国内定价为 2 688 元)。但这两款手机以及随后推出的几款手机或因散热等技术问题,或因主打卖点偏离欧洲用户核心诉求,加上华为受欧洲消费者对中国制造持有的"低质量,便宜货"刻板印象的影响,其在欧洲市场的销路难以打开。特别是 Ascend P6 和 Mate 7 这两款手机,因为

技术领先和质量过硬而深受国内高端消费人群的青睐,但是在欧洲市场却远没有达成预期销售目标。然而,华为在试错迭代的过程中仍然坚持开拓欧洲高端市场并维持对欧洲市场的资源投入。

华为在反思中认识到针对全球市场的产品开发不仅需要强大的研发能力,还需要从核心市场的消费者体验视角来思考。为此,华为于2015年成立"欧洲产品中心",专门对欧洲市场上的消费者以及竞品进行分析。华为调研发现自身产品的屏幕尺寸与欧洲消费者的使用习惯不符,而国内消费者喜好的金色等配色也不符合欧洲消费者的审美偏好。这些信息成为华为确定产品开发以及营销策略的基础。以2016年推出的加载麒麟955芯片和徕卡加持双摄像头的P9(5.2英寸,定价为649欧元,相同配置的苹果iPhone 8价格为799欧元)以及加载麒麟960芯片和5.5英寸双曲面屏的Mate 9 Pro(定价为999欧元)为契机,华为手机在欧洲市场实现突破。

华为对高端市场的主要竞争对手采取"同等配置,价格更低;同等价格,配置更高"的策略。同时,华为在每次推出主打高端的旗舰手机时,都会推出系列的高配产品,持续进行价格上探,以强化和维护高端品牌形象。2014年华为将独立品牌荣耀(Honor)引入欧洲市场。荣耀面向互联网年轻用户群体,定位中低端,主打高性价比。

在渠道建设方面,由于欧洲运营商渠道占据手机市场50%左右的份额,华为积极利用其与运营商的长期业务关系构建运营商销售渠道,通过更优惠的政策促使运营商的积极合作。同时,华为积极布局手机卖场和零售店等线下渠道以及亚马逊等大型电商渠道,构建立体的渠道销售网络。为了增强经销商和消费者对品牌的信任,华为构建了自己的售后服务网络,并且其售后服务政策也比竞争品牌的政策更为优厚。

随着华为手机业务在欧洲的快速发展,从2017年12月开始,华为逐渐在欧洲各国开设旗舰店,主要承担与用户互动以及展示品牌形象的任务。同时,加强对经销商零售店面的管控,在产品陈列和品牌形象展示方面提出更高的要求。

在宣传推广方面,在进入欧洲市场的早期阶段,除采取常用的大规模推广方式(如广告牌、电视广告等)之外,针对欧洲消费者热爱足球运动的特征,华为先后通过赞助多支知名球队以及欧洲联赛来提升品牌知名度和增强品牌认同感。华为在推广形式和推广内容上注重贴近欧洲文化和习俗,特别是在价值观上保持一致。例如,华为2013年发布了品牌口号——以行践言(Make It Possible),这句品牌口号意在传递华为奋力拼搏的企业文化。与欧洲高端品牌联合营销是华为在品牌推广中的重要手段。2014年,华为与徕卡达成战略合作协议,强化华为手机的摄影专家形象。2016年,华为与保时捷合作推出高端联名产品——Mate 9 Porsche(定价为1 395欧元)。

2016年,华为手机在欧洲的市场份额首次突破两位数,达到11.9%,成为欧洲手机市场的主流品牌。2019年,华为手机在欧洲的市场份额为20%,与苹果手机并列第二,成为欧洲高端品牌手机的代表。华为不仅在欧洲市场达成了全球性高端品牌建设目标,而且也改变了欧洲消费者对中国制造的刻板印象,让欧洲消费者愿意接受来自中国的高端品牌。这为其他中国品牌进入欧洲市场打下了良好的基础。

资料来源：胡左浩，洪瑞阳，朱俊辛．中国领先企业的品牌国际化营销之道：以消费电子行业为例[J]．清华管理评论，2021（3）：14-23．

本章小结

1. 国际营销是企业根据国外顾客的需求，将生产的产品或服务提供给国外的顾客，并最终获取利润的贸易活动。

2. 国际营销与国内营销既相互联系，又存在区别。联系主要表现为两者在基本原理、营销理念、营销过程和营销策略等方面相互贯通。区别主要在于企业的国际营销活动是在本国以外的一个或多个国家进行的。

3. 从1946年开始，国际营销学从概念到内容都发生了革命性变化，国际营销理论在这一时期开始形成。在此之后，其概念不断发展。

思考题

1. 阐述国际营销的含义，并分析其与国际贸易、国内营销的区别与联系。
2. 简述营销学的产生与发展过程，以及国际营销学在不同阶段的特点和主要理论。
3. 分析企业国际营销的发展阶段及其特点，结合案例说明企业在不同阶段的营销策略和市场表现。
4. 以某一具体企业为例，分析其在国际营销中面临的机遇和挑战，并探讨应对策略。
5. 讨论在数字经济时代，国际营销出现了哪些新变化和趋势，以及企业应如何适应这些变化。

案例分析题

数智时代的营销战略：不易、简易、变易

"市场比市场营销变化得更快"（Market changes faster than marketing），这是现代营销学之父科特勒在世界各地给高管们演讲时使用频率最高的一张幻灯片的内容。营销总会有新的问题或新的范式产生，最重要的驱动变量源于技术的迭代与消费者的代际变迁所形成的双浪叠加。技术的迭代意味着营销基础设施、营销手段或工具的变化，比如移动互联网的兴起与全民渗透所催生的大数据营销、全域链路营销、私域营销、Web3.0营销、物联网营销、元宇宙营销、黑客增长营销、DTC营销（以消费者为中心的营销）等，以及人工智能应用下的新算法营销，它们促使了营销手段与方式的全面升级。消费者的代际变迁反映出新的需求，例如95后营销、00后营销、二次元营销、单身经济营销，疫情后产生的宅营销、宠物经济营销等，反映的是新需求结构、新行为偏好。这些层出不穷的新概念或者旧理念的新包装，其底层逻辑无非两大变量的组合。

《易经》中的易（Change）被注解为"变易、不易、简易"。如果说前面我们提及的是"变易"，那跨越时代营销的"不易"又是什么？营销专家曹虎等在《数字时代的营销战略》一书中介绍了从原子时代到比特时代营销的变化，而这些变化背后不变的部分就是营销的本质，或者说是区分真伪营销、好坏营销的金线，可以将其归为三类：需求管理、建立差异化价值、建立持续交易的基础。无论是工业化时代、数字时代还是数智时代，营销的本质始终未变，需求管理、建立差异化价值、建立持续交易的基础依然是有效营销与可持续性营销的核心，若不能基于这些本质运用新的营销工具，则所有技术都可能沦为无效营销，因为工具理性背后必然是价值理性。

那营销的"简易"又是什么？最简易的就是对营销的框架表达。例如最经典的营销框架"STP＋4Ps"，其中，STP代表了构成营销战略的核心要素，S（Market Segmenting）指市场细分、T（Market Targeting）指目标市场选择、P（Market Positioning）指价值定位；4Ps分别表示产品（Product）、定价（Price）、推广（Promotion）及渠道（Place）。笔者曾提出"数字营销4R模型"，以四个英文首字母为R的词语来指代数字营销的关键因素，即用户识别（Recognize）、用户触达（Reach）、用户连接（Relationship）以及商业回报（Return）。

科特勒的《营销管理》第16版中提出的"5C＋3V＋7T"框架是对过去营销"STP＋4Ps"的升级，也是"简易"的例证，其涵盖了五种理解市场的要素（5C）——顾客（Customer）、合作者（Collaborator）、公司（Company）、竞争者（Competitor）、环境（Context），三种价值主张（3V，Values）和七种战术（7T，Tactics）。

如果要使这些框架更加"简易"，可以用四个价值环节来进行归纳：商机捕捉、价值创造、商流传递和关系管理。以"STP＋4Ps"为例，商机捕捉对应市场细分和目标市场选择；价值创造对应价值定位、产品、定价；商流传递对应推广；关系管理则对应渠道。

在人工智能技术的加持下，商机捕捉、价值创造、商流传递和关系管理四个环节可以用一句话总结：人机合一，以数据为主要生产资料来高效驱动和满足顾客购物体验的智能化营销。

资料来源：王赛，吴俊杰，王子阳．数智时代市场营销战略：不易、简易、变易[J]．清华管理评论，2023（5）：94－99．

思考题：

1. 技术的迭代与消费者的代际变迁所形成的双浪叠加是如何具体影响营销中各种新概念产生的？

2. 从原子时代到比特时代，营销不变的本质（需求管理、建立差异化价值、建立持续交易的基础）在不同时代具体是怎样体现的？

3. 在数智时代，人机合一、以数据为主要生产资料来高效驱动和满足顾客购物体验的智能化营销，具体是怎样改变商机捕捉、价值创造、商流传递和关系管理这四个环节的？

第二章
国际贸易环境

　　虽然国际营销与国际贸易在利益主体、商品流通范围、法律和政策制约等方面存在一些差异,但是它们的经济活动紧密相连,两者具有相似的理论基础,且均以盈利为目的,将商品和服务作为对象在世界范围内进行交换。因此,把握国际贸易环境的动向对国际营销的顺利开展具有至关重要的作用。

　　党的二十大报告强调,"推动货物贸易优化升级,创新服务贸易发展机制,发展数字贸易,加快建设贸易强国"。这为国际营销提供了新的发展机遇和挑战。在此背景下,国际贸易环境的动态变化不仅影响着国际市场的竞争格局,也深刻影响着企业的营销策略和资源配置。

学习目标

通过本章的学习,学生应了解国际贸易环境的现状,熟悉国际贸易规则体系并明确国际贸易格局,充分认识到国际贸易环境面临的风险和挑战,掌握国际贸易环境未来的发展方向,为后续章节的学习打下坚实的基础。

引导案例

APUS:贸易全球化的践行者

2014年,互联网行业资深人士李涛创立互联网企业APUS。在成立仅三周后,APUS就推出了首款产品——APUS Launcher系统,并迅速获得市场认可,其用户量在一个月内突破1 000万。这一成功不仅为APUS赢得了北极光创投和红点创投的1亿元人民币A轮投资,还使企业的市场估值达到10亿元人民币。在初步取得成功后,APUS迅速开启了全球化战略。企业凭借其优质的产品和服务,成功进入全球200多个国家和地区的市场,用户量迅速增长。到2016年上半年,APUS的全球产品集群总用户数已接近10亿,并与谷歌、雅虎、亚马逊等互联网行业巨头建立了深度战略合作关系。

然而,APUS的全球化之路并非一帆风顺。随着国际政治经济形势的变化,尤其是中美贸易摩擦的升级和印度封禁事件等,APUS也遭遇了不小的挑战。面对突如其来的风波,APUS没有选择退缩,而是果断进行了战略转型,决定重返国内市场,同时继续深耕海外市场。在国内市场,APUS通过本地化研发、与高校合作等方式,建立起自己的研究平台和人才培养体系;在海外市场,APUS则积极寻找新的合作伙伴,扩展市场覆盖范围,以应对外部环境的变化。在回归国内市场和继续深耕海外市场的同时,APUS不断加大技术创新力度,积极引入人工智能、大数据等先进技术,对产品进行改造升级,为企业的长远发展奠定了坚实的基础。

资料来源:赵红丹,陈裕子安,许芃波,等.数字全球化践行者:APUS出海记[J].清华管理评论,2023(12):32-41.

第一节　国际贸易环境的现状

一、国际贸易的产生与影响

自古以来,贸易不断促进着资源的优化配置和文明的交流。工业革命后,全球范围内的贸易联系越来越紧密,逐步演变为今天的国际贸易体系。国际贸易网络的形成,对世界经济产生了深远的积极影响。第一,国际贸易促进了国际分工。各国可以根据比较优势,专注生产某类商品后进行交换。这不仅促进了资源的有效配置和利用,更提高了生产效率和经济效益,也使先进的技术和管理经验得以迅速传播,成为持续推动国家经济增长的重要动力。第二,国际贸易让企业可以进入更广阔的市场,实现规模经济和范围经济,降低生产和交易成本,这激发了企业不断进行技术和管理创新,以求在竞争中立于不败之地。第三,对于发展中国家而言,利用国际贸易推动工业化和出口导向,是脱贫致富的重要途径,"亚洲四小龙"的崛起就是典型的例子。此外,国际贸易创造了更多的就业机会,是减少贫困的关键因素。

然而,国际贸易也带来了一系列的负面影响,需要人们认真应对。首先,国际贸易容易导致贫富差距的扩大。一些发达国家在国际贸易中占据主导地位,而一些发展中国家则处于较为弱势的地位。这将导致资源和财富的不平等分配,加剧部分地区的贫困和不稳定问题。其次,国际贸易逆差持续扩大会引发国家间的贸易摩擦升级。若一些国家过于依赖进口,就会出现贸易逆差和外债问题;当某些产业面临国际竞争而衰退,则将导致失业问题,如果处理不当还可能引发贸易冲突。最后,国际贸易也可能对环境产生负面影响。随着国际贸易的发展,商品和服务的生产与运输不断增加能源消耗量和排放量,加剧了环境污染和气候变化的问题。因此,政府相关部门和企业需要采取措施来促进可持续发展和环境保护。

当前,经济全球化趋势日益明显,国际贸易进入新阶段。信息技术的发展让跨国公司能够建立遍布全球的生产网络;资金、信息、技术的加速流动,使得全球市场一体化程度逐渐提高,新兴经济体的崛起让国际贸易呈现多极化格局。与此同时,反全球化和保护主义在部分国家有所抬头。未来国际贸易将呈现新的特征,如区块链技术重塑供应链,电子商务和数字贸易占比大幅提升等。维护多边贸易体系,使国际贸易的红利惠及各国民众,推动国际贸易朝着更加公平、共赢的方向持续发展,仍是我们面临的共同课题。

二、国际贸易环境的特点

(一) 国际贸易环境的动态性

国际贸易环境是由多个因素共同作用而形成的。国际贸易环境受到国际政治、经济和技术等多个方面的影响,这些因素的变化促成了国际贸易环境的动态性。

国际政治因素是使国际贸易环境具有动态性特点的关键驱动力之一。国际政治关系的变化、战争和冲突等事件都会对国际贸易环境产生重大影响。例如,贸易战、贸易制裁和贸易争端等贸易保护主义的出现,会增加国际贸易环境的不稳定性和不确定性。另外,国际组织和贸易协定的变动也会在一定程度上影响国际贸易环境,如 WTO 规则和协议的修改和调整,会改变国际贸易环境的法律框架和规则。

经济因素也是导致国际贸易环境具有动态性的主要原因之一。全球经济的增长和衰退、货币汇率的波动、经济政策的调整等都会造成国际贸易环境的变化。此外,国际贸易环境的动态性还体现在各国经济结构的变化和产业竞争力的差异等因素上,以新兴市场为例,新兴经济体的崛起和发展改变了原有的国际贸易格局和贸易秩序。

技术因素是推动国际贸易环境动态变化的另一个重要原因。科技进步和创新不仅改变了人们的生产方式和商业模式,还改变了国际贸易的体系和规模,互联网的普及、电子商务和数字贸易的兴起,使得全球贸易更加便捷和高效。与此同时,新技术的应用也带来了新的贸易壁垒和竞争挑战,包括知识产权保护和数据安全等问题。

（二）国际贸易环境的复杂性

国际贸易环境的复杂性体现在多个方面。一是国际贸易涵盖了多个国家和地区的商业交流与合作,涉及不同国家和地区的法律、制度和文化等因素,这使得国际贸易环境变得复杂且多样。二是国际贸易包括了多个产业和产品的交流和流通,关系到不同产业链和供应链的协调和管理,这使得国际贸易环境的运作变得异常繁杂。三是国际贸易触及了多个利益相关方的利益和权益,涉及不同国家和地区经济利益和政治利益的平衡与协调,这使得国际贸易环境的决策和管理变得复杂而困难。

面对国际贸易环境的动态性和复杂性,各国和地区需要加强沟通与协作,以更好地应对挑战和机遇。首先,各国和地区应加强对话和沟通,充分发挥国际组织和贸易协定的作用,共同维护国际贸易的稳定和可持续发展。其次,各国和地区应加强经济政策的协调和合作,促进国际贸易的公平和平衡。再次,各国和地区应加强科技创新和知识产权保护,提高自身的竞争力和创新能力。最后,各国和地区应加强贸易知识教育和专业人才培养,提升国际贸易治理能力和决策效能,努力实现国际贸易的稳定和可持续发展。

第二节　国际贸易规则体系

一、国际贸易规则的起源与发展

早期的贸易规则主要基于地理环境和文化传统自然形成,通过丝绸之路等古代商路逐步发展,但当时的贸易规则呈现出非标准化和非规范化的特征,主要源自口头约定和商业习惯。然而,随着贸易规模的扩大和国际交往的日益频繁,对合理完善的国际贸易规则的需求也不断增加,其演变历程如下:

（一）欧洲中世纪国际贸易规则的形成

欧洲中世纪(约公元 5 世纪后期至 15 世纪中期),贸易规则的制定权逐渐从个体商人与商业团体的手中转移至国家层面,标志着国际贸易规则体系的新纪元。各国政府纷纷出台贸易法规与条例,旨在维护本国商人的利益,同时对外国商人的活动施加一定程度的限制。以英国为例,1353 年,英国议会颁布了具有里程碑意义的《商贸集散地法令》(*Ordinance of the Staples*),该法令明确规定,羊毛、皮革及铅等关键商品在出口前,必须先被运送至指定的商贸集散地进行集中处理。这些商品须按照商人间通行的标准进行称重,并加盖集散地市长的官方印鉴作为合法凭证。随后,这些货物在缴纳相应税款并获得官方许可后,方可转运至指定的港口,再次接受关税官员的复核称重,特别是羊毛与铅类商品,其称重过程需要在关税官员的监督下严格遵循商人间的标准执行。这一系列流程不仅强化了商贸集散地与港口作为货物转运枢纽的角色,也凸显了国家权力在国际贸易规则制定与执行中的核心地位。

（二）19 世纪国际贸易规则的发展

19 世纪,全球贸易版图迎来了前所未有的深刻变革与发展。这一时期,以英国为代表的工业革命国家成功实现了生产力的革命性突破,工业化浪潮迅速席卷全球,推动了生产力的指数级增长和产业结构的根本性变革。与此同时,交通运输技术的突破性进展,如蒸汽轮船的广泛应用和铁路网络的迅速扩张,极大地缩短了国与国之间的物理距离,加速了商品的流通与市场的融合,国际贸易活动以前所未有的速度和规模蓬勃发展。

为了顺应这一国际贸易发展的新趋势,各国政府开始加强国际合作,构建统一的贸易规则。它们纷纷采取行动,通过外交谈判和协商,缔结了一系列双边及多边贸易协议,旨在打破贸易壁垒,促进贸易自由化,并为解决日益增多的国际贸易争端提供法律框架和制度保障。这些努力不仅促进了商品、资本和技术的跨国流动,也推动了全球经济一体化的初步形成。在这一背景下,《维也纳条约》(签订于 1815 年)作为早期国际贸易规则体系的重要成果之一,为国际贸易的开展提供了一定的法律基础和国际规范。虽然其影响力和适用范围相对有限,但它标志着国际贸易规则化进程的开始,为后续更为完善的贸易规则体系的建立奠定了基础。

19 世纪见证了国际贸易规则体系从初具雏形到逐渐完善的历史进程。在这一过程中,工业革命的深化以及国际合作的加强等共同推动了国际贸易规则的演进与发展,为全球经济的繁荣与稳定奠定了坚实的基础。

（三）全球性贸易组织的建立

19 世纪末至 20 世纪中叶,随着国际贸易的进一步发展和国际关系的复杂化,《关税及贸易总协定》(General Agreement on Tariffs and Trade,简称 GATT)的诞生成为国际贸易规则体系构建的重要里程碑。GATT 通过其多边贸易谈判机制,成功推动了关税的大幅降低和贸易壁垒的减少,促进了国际贸易的繁荣与发展。同时,它也为解决国际贸易争端提供了更为有效和公正的平台,推动了国际贸易规则的日益完善。

1947 年,一个由比利时、加拿大、智利、新西兰、挪威、英国、美国等 23 国共同发起的国际贸易组织框架——GATT 正式诞生。GATT 旨在通过削减关税壁垒及非关税障碍,推动国际贸易的顺畅流通。历经数十载,GATT 逐步发展成为国际贸易领域的基本法律框架。直至 1995 年,GATT 正式转型为 WTO——一个独立于联合国体系之外的全球性经济治理机构,肩负起监督与管理国际贸易规则的重任。

WTO 自成立以来,通过组织多轮贸易谈判、促成多项贸易协定的签署,为全球贸易的繁荣与发展奠定了坚实基础。然而,随着经济全球化进程的加速以及新兴经济体的迅速崛起,WTO 亦面临着前所未有的挑战。一方面,多哈回合谈判自 2001 年启动以来,历经波折,至 2005 年年底仍未达成全面共识,最终于 2006 年 7 月正式中止。这凸显了当前国际贸易体系的复杂性与不确定性。另一方面,部分国家转而寻求建立双边及区域贸易协定,以规避 WTO 框架下的多边谈判困境,这一趋势无疑对 WTO 的权威性与有效性构成了新的挑战。

（四）区域贸易协定的深化

近年来,随着 WTO 国际贸易体系的中心地位被不断削弱,不少国家开始参与制定区域贸易协定规则,如《北美自由贸易协定》（North American Free Trade Agreement,NAFTA）、《全面与进步跨太平洋伙伴关系协定》（Comprehensive and Progressive Agreement for Trans-Pacific Partnership,CPTPP）、《区域全面经济伙伴关系协定》（Regional Comprehensive Economic Partnership,RCEP）,等等。这些规则更加综合和复杂,涉及贸易、投资、知识产权和劳工等多个领域。同时,由于贸易保护主义抬头和全球贸易体系面临挑战,因此区域贸易协定规则也在不断发展和完善。例如,一些区域贸易协定开始关注环境保护、可持续发展和数字经济等新兴议题。

总的来说,国际贸易规则的起源可以追溯到 4 000 多年前,经历了从商人和商业组织制定的规则到国家层面制定的规则的转变。随着国际贸易的发展和全球化的推进,国际贸易规则不断发展和完善。然而,国际贸易规则仍然面临着一些挑战,如贸易保护主义的抬头和 WTO 的改革等问题。未来,国际贸易规则需要适应新的挑战和变化,以促进公平、开放和可持续的国际贸易。

二、主要国际贸易组织与协议

目前主要的国际贸易组织包括 WTO 和欧盟,贸易协议包括 NAFTA、CPTPP 和 RCEP。

（一）WTO

WTO 是一个独立于联合国的永久性国际组织,其成员之间的贸易额占全球贸易额的 98% 以上,因此其又被称为"经济联合国"。作为国际贸易的监管机构,WTO 的主要作用是促进贸易自由化、解决贸易争端和制定国际贸易规则。WTO 的成员希望通过共同努力,促进多边贸易谈判和协商,推动贸易壁垒的降低,并确保贸易政策的透明和可预测。WTO 的规则和决策对所有成员都有约束力,在维护国际贸易秩序方面发挥着重要作用。

（二）欧盟

欧盟是由欧洲共同体发展而来的,创始成员国有 6 个,分别为德国、法国、意大利、荷兰、比利时和卢森堡,截至 2024 年年底,共有成员国 27 个。作为经济和政治一体化的组织,欧盟的主要作用是促进成员国之间的自由贸易和经济合作。欧盟通过共同市场和关税同盟,消除了成员国之间的贸易壁垒,形成了一个统一的市场。此外,欧盟还与其他国家和地区签署了贸易协定,促进了欧洲与世界其他地区的贸易和投资。

（三）NAFTA

NAFTA 是美国、加拿大和墨西哥之间的贸易协定,旨在促进这三个国家之间的贸易和投资。NAFTA 的签署使得这三个国家之间的贸易壁垒大幅降低,形成了一个更加开放和互惠的贸易环境。2018 年 NAFTA 经三国重新谈判后更新为美墨加协定(USMCA),以解决一些争议和问题。

（四）CPTPP

CPTPP 是原本包括 12 个国家的《跨太平洋伙伴关系协定》(TPP)重新谈判后的结果。该协定旨在促进成员之间的贸易和投资自由化,涵盖了包括贸易、投资、知识产权、劳工和环境等领域。CPTPP 的签署对成员之间的贸易和经济合作具有重要影响,同时也向其他国家展示了开放和包容的贸易规则。

（五）RCEP

RCEP 是由 15 个亚洲国家组成的自由贸易协定,于 2020 年 11 月签署。该协定覆盖了全球约 30% 的人口和 GDP(国内生产总值)。其目标是促进成员之间的贸易和投资自由化,降低贸易壁垒,加强经济合作。该协定涵盖了广泛的领域,包括贸易、投资、知识产权、电子商务、服务业和规则制定等。RCEP 的签署将促进其成员之间的贸易和投资自由化,降低关税和非关税壁垒,为企业提供更多的市场准入机会。这有助于贸易流动和经济增长,为成员创造更多的就业机会。对于全球经济而言,RCEP 的签署将推动亚太地区的经济一体化进程,促进贸易和投资的自由化。这有助于稳定国际贸易环境,缓解贸易保护主义的压力,为全球经济增长提供动力。此外,RCEP 还将加强知识产权保护和电子商务规则体系建设,为数字经济的发展提供更完善的法律框架和保护机制。

这些国际贸易组织和协议的作用与影响是多方面的。它们通过降低贸易壁垒、促进贸易自由化和制定国际贸易规则,为全球经济增长与发展提供了稳定和可预测的环境。同时,它们也为成员提供了更多的贸易机会和市场准入,促进了经济的繁荣和就业的增长。然而,这些组织和协议也面临着一些挑战和争议,如贸易争端的频发、贸易保护主义的抬头和不平等贸易关系的建立等。因此,进一步完善和发展这些组织和协议,以应对新的挑战和变化,是当前国际贸易领域的重要议题。

第三节　国际贸易格局

一、重要贸易国家及地区

当前,一些国家和地区在国际贸易中扮演着关键的角色。作为全球最大的经济体和贸易国,美国在国际贸易中具有重要地位。美国是商品出口大国,其产品和服务广泛出口到世界各地。美国还是全球最大的商品进口国,其对外贸易对全球供应链和全球经济增长起着重要推动作用。此外,美国在推动贸易自由化和制定贸易规则方面发挥着举足轻重的作用。

中国是世界第二大经济体和商品贸易大国之一。中国较强的制造业实力和庞大的市场规模使其成为国际贸易的主要参与者。中国是全球最大的商品出口国和第二大商品进口国,其对外贸易对国际贸易增长和全球供应链的稳定起着不可替代的作用。中国也积极推动贸易自由化和区域经济一体化,如通过共建"一带一路"和加入 RCEP 等,加强与其他国家和地区的贸易合作。

欧盟是世界最大的贸易集团之一,其成员国包括法国、德国、意大利、荷兰等 27 个国家,它们共同组成一个庞大的内部市场。欧盟作为全球最大的商品贸易出口商和进口商之一,其内部市场的一体化和共同贸易政策使其成为其他国家寻求贸易合作的重要伙伴。欧盟积极参与国际贸易规则的制定,在 WTO 中扮演着重要角色。

东盟是东南亚地区最主要的经济合作组织,截至 2024 年年底其成员国包括印度尼西亚、马来西亚、菲律宾、新加坡、泰国等 10 个国家。东盟作为一个整体,拥有庞大的人口和消费市场,是世界重要的商品贸易和服务贸易地区之一。东盟也不断推进区域经济一体化进程,如通过打造东盟自由贸易区和与其他国家和地区签订自由贸易协定等,加强与其他国家和地区的贸易合作。

非洲作为多样化大陆,拥有丰富的自然资源和潜力巨大的市场。非洲国家在国际贸易中的地位和角色因国家之间的发展水平和经济结构差异而有所不同。一些非洲国家是重要的原材料(如石油、矿石等)出口国;同时,一些国家也在努力发展制造业和服务业,以增加对外贸易的多样性和附加值。近年来,非洲国家积极参与区域经济合作,如建立非洲联盟和非洲大陆自由贸易区等,以促进区域内的贸易和投资合作。

除上述国家和地区外,还有许多国家和地区在国际贸易中充分发挥优势,取长补短。例如,日本虽然缺乏矿产资源,但其高科技和制造业实力使其在全球供应链中具有重要地位。印度作为世界第五大经济体,其庞大的市场和快速增长的经济使其成为国际贸易的重要目的地。

二、新兴市场 VS 成熟市场

与具有低增长率和高占有率特点的成熟市场不同,新兴市场是指具有较大经济增长潜力、较高人口增长率、相对较低收入水平以及逐渐融入全球经济体系的发展中国家或地区。这些市场通常具有较大的市场需求、较低的劳动力成本、丰富的自然资源和潜在的消费者基础。其通常包括了许多发展中国家和地区,如中国、印度、巴西、俄罗斯、墨西哥、南非、土耳其、印度尼西亚等。这些市场在过去几十年中凭借较快的经济增长,吸引了大量的外商投资,并成为全球经济增长的重要引擎。然而,新兴市场也面临着一些挑战,如政治不稳定、金融风险较大、基础设施建设不完善、贫富差距较大等。

从贸易格局的角度来看,新兴市场和成熟市场在以下方面存在差异:第一,在进出口方面,成熟市场通常是国际贸易的主要出口和进口国,具有较大的市场规模和较强的消费能力;而大部分新兴市场则更多地依赖出口,通过出口来推动经济增长。第二,在贸易伙伴方面,成熟市场通常与其他成熟市场之间进行大量的贸易,形成了较为稳定的贸易伙伴关系;新兴市场则更倾向于与其他新兴市场或发展中国家进行贸易,因为它们通常具有相似的经济发展阶段和市场需求。第三,在贸易结构方面,成熟市场的贸易结构普遍更加多样化,涵盖了各种产品和服务;新兴市场的贸易结构相对较为单一,主要集中在某些特定的产品或产业上。第四,在贸易政策方面,成熟市场通常具有较为开放的贸易政策,鼓励自由贸易和国际合作;新兴市场在一定程度上往往采取保护主义政策,以保护本国兴起的产业和市场。第五,在贸易增长率方面,新兴市场的贸易增长率通常较高,因为它们的经济正在快速增长并逐渐融入全球贸易体系;成熟市场的贸易增长率相对较低,因为其经济增长相对稳定。

总而言之,新兴市场和成熟市场在贸易格局上存在较大差异。对于企业而言,了解这些差异能够帮助它们更好地制定贸易策略,选择合适的市场和贸易伙伴。

三、国际贸易的发展趋势

目前,国际贸易中的主要货物和服务贸易呈现出数字化、创新化和绿色化的特点。人工智能、物联网、3D 打印和区块链等技术正在改变着商品的生产、交易、交付和消费方式,数字服务贸易的发展不仅加速推动了货物贸易和跨境电商的发展,还涉及在线教育、远程医疗、软件开发等领域。与此同时,随着人们环保意识的提高,消费者对绿色产品(包括可再生能源、环保材料、低碳交通工具等)的需求逐渐增加,绿色产品贸易呈现出良好的增长势头。

具体来看,国际贸易出现了服务贸易增长、高附加值产品增加、数字贸易兴起、价值链重构等变化趋势。随着通信技术的发展和互联网的普及,跨国公司和个人之间的服务交流变得更加方便快捷,国际贸易中服务贸易的比重不断提升。例如,软件开发、咨询服务、金融服务等跨国服务贸易逐渐增加,成为国际贸易的新亮点。与此同时,越来越多的国家和地区开始生产高科技、高品质的产品,如电子产品、汽车、航空航天设备等。高附加值产品的贸易额逐年增加,成为国际贸易的重要组成部分。此外,数字贸易的崛起成为国际贸易的新动力。以跨境电商为例,通过电子商务平台,消费者可以直接购买来自其他国家的商品,而不需要依靠传统的进出口渠道,这种方式降低了贸易壁垒,促进了全球商品的流通和交易。基于跨国公司战略调整的视角,国际贸易逐渐从简单的商品贸易转向跨国公司间的价值链贸易。跨国公司将生产过程中的不同环节分散在全球各地,通过跨国合作和分工来提高效率和降低成本。这导致了跨国公司内部的贸易增加,而传统的商品贸易相对减少。

总体而言,国际贸易正朝着服务化、高附加值和数字化的方向发展。这些变化趋势反映了全球经济结构调整和技术进步的影响,也为各国带来了更多的贸易机遇和挑战。

第四节 国际贸易环境的风险与挑战

一、贸易保护主义的崛起

贸易保护主义是通过关税和各种非关税壁垒限制进口,以保护国内产业免受外国商品竞争的国际贸易理论或政策。关税、进口配额、外汇管制、烦琐的进出口手续、歧视性的政府采购政策等都是国际贸易保护的重要手段。

贸易保护主义的崛起可以追溯到 20 世纪初。当时,各主要贸易国采取了一系列贸易限制措施,如关税壁垒、配额限制和进口限制等,这些措施旨在保护本国商品在国内市场免受外国商品竞争,并增强本国产品的国际竞争力。贸易保护主义在大萧条时期进一步加剧,各国纷纷采取保护性措施,导致国际贸易大幅减少。第二次世界大战结束后,国际社会意识到贸易保护主义的负面影响,并着手推动贸易自由化。1947 年,GATT 成立,旨在促进贸易自由化和规则化。GATT 的谈判和协议降低了关税和贸易壁垒,推动了国际贸易的增长。然而,随着全球化进程的加速和市场竞争的加剧,贸易保护主义再次崛起。部分国家出于保护本国产业、就业和国家安全的考虑,开始采取一系列保护性措施,然而一些国家却滥用贸易救济措施。国际贸易预警(Global Trade Alert)网站统计的数据显示,2017 年,全球共有 837 项新的保护主义干预措施,其中美国出台 143 项措施,占全球总数的 17.1%。2018 年 1—7 月,美国出台的保护主义措施占全球比重达到 33%。[①] 2023 年 WTO 的 164 个成员中共有 90 个成员提交了 4 068 件 TBT(技术性贸易壁垒)通报,美国提交通报数量位列首位,达 453 件。[②]

贸易保护主义的崛起对国际贸易产生了负面影响。首先,贸易保护主义直接导致了贸易限制的增加,如关税壁垒和非关税壁垒,这些限制增加了商品的成本和供应链的不确定性,企业面临供应链中断和成本上升的挑战,国际贸易的顺畅进行受到阻碍。其次,贸易保护主义引发了一系列贸易争端和贸易战,各国之间的贸易争端和报复性措施会导致国际贸易的紧张局势,长此以往将损害各国经济的稳定。最后,贸易保护主义措施将导致商品价格上涨、投资减少和就业岗位流失,不利于各国经济活动的展开。因此,国际社会需要继续推动贸易自由化和多边贸易体制的完善,以促进国际贸易的繁荣和可持续发展。

二、环境保护和可持续发展

20 世纪 80 年代以来,一些国家开始认识到环保的重要性,并制定了一系列政策与法

---

① 中华人民共和国国务院新闻办公室. 关于中美经贸摩擦的事实与中方立场[N]. 人民日报,2018 – 09 – 25 (10).

② 2023 年 TBT 通报情况[EB/OL]. (2024 – 02 – 22)[2024 – 12 – 05]. http://guangzhou. customs. gov. cn/beijing_customs/ztzl1/jgjmzl/tbypy/5689487/index. html.

规来推进社会可持续发展；在许多发达国家，环境保护和可持续发展已经成为一种主流的社会思潮。这种理念强调，人类应该追求的是互相协调、互相促进的经济、社会和环境发展。近年来，这一趋势更加明显，各种国际条约和协议的出台使得环保和可持续发展成为区分"发达国家和发展中国家"的一个标准，也让可持续发展的理念得以广泛传播。

然而，可持续发展理念在各个领域产生巨大影响力的同时，仍然面临很多挑战。第一，世界上许多国家和地区面临的环境问题日益严峻，这些国家和地区的人们往往处于相对贫困的状态，而所在区域环境的破坏则加剧了他们的贫困问题。与此同时，环境保护需要大量的财政和人力资源投入以及一系列的关键技术与设备，因此，在这些地区推进环境保护政策更具挑战性。第二，环境保护与经济发展往往存在一些矛盾，一些经济体为追求效率，选择依靠大规模开采自然资源或者工业生产来实现经济快速增长，但随之而来的环境污染不容忽视。

寻找能够平衡经济发展与环境问题的解决方案，是可持续发展的核心目标之一，其中对国际贸易的要求和限制主要体现在以下几个方面：一是要求各国在贸易中遵守环境标准和规范，包括减少污染、降低温室气体排放、保护生物多样性等。贸易伙伴之间可以要求对出口商品进行环境审核和认证，确保其符合环境要求。二是推动绿色技术和绿色产品的发展和应用。国际贸易中的环境要求包括对绿色技术和产品的优惠待遇，以鼓励其在国际市场上的推广和使用。三是对进口商品征收环境税或实施贸易限制。这些措施旨在减少排放高碳或破坏环境的商品进入本国市场，鼓励本国产业朝更环保和可持续的方向发展。四是通过开展信息共享、技术转让、能力建设等方面的合作，以及遵守国际环境协议和加入相关机构，加强各国环境保护协作。

从企业角度来看，环境、社会和公司治理（Environmental, Social and Governance, ESG），是各国在环境保护和可持续发展方面具有代表性的一大实践，该评价体系从环境、社会和公司治理三个维度评估企业经营的可持续性与对社会价值观念的影响。以中国为例，2022 年 7 月，深圳证券交易所推出国证 ESG 评价方法，发布基于该评价方法编制的深市核心指数（深证成指、创业板指、深证 100）ESG 基准指数和 ESG 领先指数，在环境、社会责任、公司治理 3 个维度下，设置 15 个主题、32 个领域、200 余个指标，反映上市公司可持续发展方面的实践和绩效，进一步推动 ESG 指数及指数产品发展创新。[①] ESG 理念强调企业应当注重生态环境保护、履行社会责任、提高治理水平，这对推动国家战略、实现可持续发展具有重要意义。

总之，为了达成环境保护和可持续发展目标，各国应加强合作，推动贸易与环境的良性互动，寻求平衡经济发展和环境保护的路径。

----

① 深交所发布 ESG 评价方法和 ESG 指数［EB/OL］.（2022 - 07 - 26）［2024 - 12 - 05］. https://www. cs. com. cn/xwzx/hg/202207/t20220726_6286908. html.

第五节 国际贸易环境的未来发展

一、数智时代科技创新的影响和机遇

数字技术作为世界科技革命和产业变革的先导力量,日益融入经济社会发展的各领域全过程,深刻改变着人们的生产方式、生活方式和社会治理方式。建立在超级计算、人工智能和自动化基础上的数智时代创新浪潮,将为国际贸易环境带来广泛而深刻的影响。

(一)提高贸易效率和促进国际合作

大数据、人工智能和云计算的发展让国际贸易的过程更加高效便捷。通过电子商务平台和在线支付系统,企业可以轻松实现全球范围内的在线交易,这大大节省了贸易的时间和成本。同时,物流和供应链管理也通过算法得到优化,实现了更快速、更精确的货物跟踪和库存管理。此外,科技创新也为国际合作提供了更多的机会,例如在物流、供应链和知识共享等方面,企业可以更容易地与跨国伙伴进行商业合作。

(二)拓展市场和增加贸易量

数字创新为企业提供了拓展市场和增加贸易量的机会。通过互联网和数字平台,企业可以更容易地进入全球市场,与世界各地的供应商和买家进行交流与合作,这也在一定程度上降低了中小企业的进入门槛和成本。此外,数字技术和人工智能的应用也为企业提供了更精准的市场分析和预测,帮助企业更好地了解市场需求,制定营销策略。

(三)创造新的商业模式和机会

科技创新为贸易带来了新的商业模式和机会。以共享经济模式的兴起为例,借助于在线服务平台和数字技术,个人和企业可以用较低的成本共享资源和服务,创造新的商业价值。此外,人工智能的发展也为企业提供了自动化、智能化和个性化的解决方案,帮助企业提高生产效率和产品质量。

(四)促进可持续发展和绿色贸易

数字技术对推动可持续发展和绿色贸易有着重要作用。例如,数字技术和物联网的应用可以实现资源的智能管理和能源的高效利用,减少环境污染和能源浪费;人工智能的应用也可以帮助企业更好地监测和管理环境影响,推动绿色贸易的发展。

综上所述,数智时代科技创新给国际贸易的发展带来了巨大的影响和机遇。通过提高贸易效率、拓展市场、促进跨境贸易和国际合作,创造新的商业模式和机会,以及促进可持续发展和绿色贸易,科技创新为国际贸易的发展开辟了新的道路。然而,科技创新也带来了一些挑战和风险。数字化和自动化的实际应用可能导致对劳动力需求的减少,失业风险增加。此外,数据安全和隐私问题也需要得到重视和解决。

二、区域贸易协定的深化

随着全球经济一体化的推进,区域一体化合作的趋势进一步加强。因此,未来区域贸易协定将更加注重推进经济一体化,包括降低贸易壁垒、推动贸易自由化、促进投资和资金流动、加强产业链和供应链的连接等。未来,区域贸易协定与多边贸易体系之间的关系将更加密切。区域贸易协定更倾向于与 WTO 的规则和原则相协调,以促进国际贸易的发展。同时,区域贸易协定也可以通过加强区域间的经济合作,推动多边贸易谈判的进行。随着数字经济的快速发展,未来的区域贸易协定将更注重数字贸易和创新领域的合作,包括推动数字贸易的自由化、加强知识产权保护、促进数据流动和隐私保护等。同时,区域贸易协定也将促进创新合作和科技转让。

区域贸易协定的发展对国际贸易的影响是多方面的。首先,区域贸易协定的发展可以促进贸易自由化,降低贸易壁垒,扩大市场准入,推动全球贸易的自由化进程。其次,区域贸易协定的深化可以加强区域内各国之间的经济联系,促进产业链和供应链的整合,提高资源配置效率,推动全球价值链的优化和升级。再次,区域贸易协定的发展可以增加贸易机会和扩大市场规模,为企业提供更大的市场和更多投资机会,促进经济增长和就业。最后,区域贸易协定的深化可以提升区域内各国之间的经济稳定性和抗风险能力,通过加强经济合作和互联互通,减少经济波动和风险传染。

三、国际贸易规则与体制的改革

随着数字经济的快速发展,数字贸易规则将成为全球贸易体制改革的重点之一。这包括数字经济税收、数据隐私和安全、知识产权保护等方面的规则制定和协调。与此同时,各国日益关注可持续发展和绿色贸易,未来贸易规则和体制的改革将更加注重环境保护、资源利用和碳排放等方面的规则制定和执行。不仅如此,国际贸易规则和体制的改革将更加关注公平贸易和减贫的目标,包括减少贸易壁垒、改善发展中国家的贸易条件、推动贸易与可持续发展目标的一致性等方面。此外,随着全球经济的深度融合,跨境投资和知识产权保护成为贸易规则和体制改革的重要议题。未来的改革将更加重视促进跨境投资以及保护知识产权的规则制定和协调。

前景方面,国际贸易规则和体制的改革仍面临着一些挑战和不确定性。第一,各国存在不同的利益和观点,达成共识可能需要更多时间和努力。第二,国际贸易环境的动荡和不确定性也可能对改革进程产生影响。然而,随着国际贸易的不断发展和数字经济的快速崛起,改革的需求日益迫切。只有通过加强国际合作和对话,各国才能共同推动贸易规则和体制的改革,建设更加开放、公平和可持续的全球贸易体系。

拓展阅读

从"走出去"到"走上去":海天塑机的全球化跨越

海天塑机集团有限公司(以下简称"海天塑机")于 1966 年在浙江宁波创立,是一家专业从事研发制造和销售塑料注射成型机(以下简称"注塑机")的高新技术企业。海天塑机拥有长飞亚、海天、天剑三大品牌,全面覆盖了高、中、低档注塑机市场。作为一家全球领先的大型注塑机制造企业,海天塑机约 30% 的产品出口至全球 130 余个国家与地区,2021 年其出口量突破 1 万台。

海天塑机于 2001 年开始进行对外直接投资,截至 2024 年已在 9 个国家设立了海外直属子公司,覆盖中东(土耳其)、南美(巴西)、北美(墨西哥)、欧洲(德国)、东亚(日本)、南亚(印度)、东南亚(越南、印度尼西亚、泰国)等地,在全球范围内拥有 60 多个销售和服务伙伴,海外销售额从 2001 年的 3.12 亿元增加到 2021 年的 49.30 亿元,增长幅度达到约 16 倍,全球化发展取得了巨大进展(见图 2-1)。

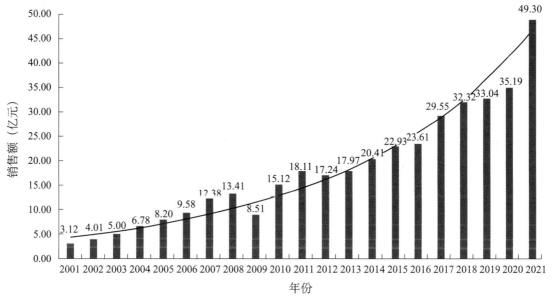

图 2-1　海天塑机 2001—2021 年海外销售额

虽然全球化之路并不一帆风顺,但海天塑机奋力抓住了每一次机遇,其对外直接投资历程分为如图 2-2 所示的四个主要阶段。

全球化阶段	时间	国家	销售	装配	生产	研发	具体方式
销售走出去	2001年	土耳其	✓				绿地投资
	2004年	巴西	✓				绿地投资
研发走出去	2007年	德国				✓	收购德国长飞亚
	2009年	德国	✓	✓		✓	绿地投资,第一座工厂
装配走出去	2011年	越南	✓	✓			绿地投资,第一期厂房
	2015年	泰国	✓	✓			绿地投资
	2015年	印度尼西亚	✓	✓			绿地投资
	2016年	德国	✓	✓			绿地投资,第二座工厂
全面走出去	2017年	日本	✓	✓	✓	✓	合资企业
	2018年	土耳其	✓	✓			绿地投资,第二期工厂
	2018年	印度	✓	✓	✓		绿地投资
	2019年	墨西哥	✓	✓	✓		绿地投资
	2020年	越南	✓	✓			绿地投资,第二期厂房

图 2-2　海天塑机对外直接投资历程

一、销售走出去（2001—2005）：积累海外客户运营经验

塑料机械一直是我国重要的国际贸易产品，1989 年海天塑机就出口了第一台注塑机到希腊。海天塑机在对外直接投资之前，受益于内向国际化，通过产品出口、国内合资获得了国际化经营的相关知识。20 世纪 90 年代，塑料制品市场需求从一般的日常塑料品扩展到家用电器、机电设备、汽车零部件、包装材料等新兴领域，因此产生了对大型液压注塑机的强劲需求，行业主导技术也逐渐从中小型液压注塑机转变为大型液压注塑机。

1998 年，海天塑机与德国德马格注塑机集团在宁波合资成立德马格海天塑料机械有限公司（以下简称"德马格"），生产高性能大型液压注塑机，由德马格提供图纸和生产技术，海天塑机负责加工、销售和售后服务。在合作过程中，海天塑机逐渐掌握了大型液压机技术。2001 年，中国加入 WTO，注塑机海外市场高速增长。海天塑机看到了出口市场的巨大潜力，为了突破交货期晚、售后服务困难等海外服务瓶颈，海天塑机决定加快销售走出去步伐。土耳其一直以来是海天塑机重要的出口市场，1996 年其就通过出口进入土耳其市场。2001 年，海天塑机在土耳其伊斯坦布尔成立了第一家海外公司，主要为客户提供销售及服务支持，开始了企业对外直接投资的第一步。海天塑机土耳其通过专业的销售和服务队伍，为当地客户和代理商提供新产品的展示、试制以及丰富的技术培训和服务支持，并辐射到中东和欧洲市场。

有了在海外建立销售公司的成功经验，海天塑机于 2004 年在巴西圣保罗成立了第二家海外销售公司。海天塑机巴西占地面积约 12 000 平方米，同样拥有一支高效率的国际化团队，能够为客户提供高效的订单处理、全面可靠的销售支持等全方位的注塑技术服务，并覆盖到整个南美市场。2007 年，海天塑机海外注塑机的供应时间从过去的 18—24 个月缩短到 6—9 个月，仅海天塑机土耳其和海天塑机巴西的出口就达到了当年海天塑机海外总销售额的一半。截至 2022 年，海天塑机在巴西设有 8 个办事处，为近 1 500 个客户提供优质服务。通过在海外建立销售公司，海天塑机深耕本地市场，为当地客户提供更可靠、更快捷的服务和销售支持。

二、研发走进去（2006—2009）：进入新兴技术领域

随着注塑机产业的迅速发展，普通液压注塑机已经供大于求；而随着电子信息、医疗器械等行业对塑料制品的需求兴起，注塑机开始向高精度方向发展，全电动注塑机因其高精密、高效率等特点成为新一代注塑机高端核心产品。2006 年，海天塑机在中国香港成功上市，有了充沛的资金和财力后，开始进入仅一技术领域。由于企业内部缺乏全电动技术积累和相关人才，海天塑机决定采取跨国并购进入这一领域。

2007 年，海天塑机收购德国长飞亚塑料机械制造有限公司，建立了德国研发中心，开始全电动技术的探索。同时，海天塑机还邀请德马格原执行总裁正式加入集团，担任集团执行副总裁和德国研发中心总裁，负责协调宁波研发总部与德国长飞亚研发中心合作开发全电动注塑机。通过跨国并购，海天塑机全电动技术得到了深化和拓宽。2007 年10 月，海天塑机成功研发出长飞亚天锐 VE 系列注塑机，随后研发了一系列获得市场认

可的全电动注塑机。2008年,海天塑机注册了"长飞亚"新品牌,在国内投资新建了全电动注塑机事业部宁波长飞亚塑料机械有限公司,开始批量生产全电动注塑机。

2009年,为进一步强化德国研发中心的功能,德国长飞亚第一座工厂建成,这一厂房用于组装新研发的长飞亚全电动注塑机,同时厂房内配置有材料和试模应用中心,可为德国乃至欧洲的客户提供试模服务及培训。该阶段,海天塑机通过将跨国并购作为技术研发的杠杆,逐步掌握了全电动注塑机的核心技术,实现了全电动注塑机系列产品的开发。

三、装配走出去(2010—2016):搭建全球供应体系

2009年后,亚洲市场环境发生了重大变化,一方面东南亚国家注塑机市场需求迅速增加,另一方面印度开始对中国生产的注塑机征收反倾销税。随着国内制造成本不断上升,海天塑机决定在越南、泰国、印度尼西亚等东南亚国家开设工厂或成立子公司,这样一是可以利用这些国家更低的生产成本,二是可以更好地服务本地客户,三是可以避开印度等其他国家的关税壁垒。2011年,海天塑机在越南平阳省新加坡工业园的第一期厂房正式开业,占地面积约25 000平方米,主要用于组装1 000吨以下的注塑机;同样,厂房内配置的应用中心可为客户提供各类技术培训及模具试验服务。海天塑机还在越南的河内、胡志明、同奈等地设有办事处,它们有各自相对独立的销售服务系统以及配件库存,可以确保技术人员在2小时内为97%的越南海天塑机客户提供上门服务,实现高效的售后服务保障。

2013年,中国提出了"一带一路"倡议,海天塑机抓住机遇加快了在东南亚的布局。2015年,海天塑机在泰国曼谷和印度尼西亚雅加达各建立了一家子公司。海天塑机泰国和海天塑机印度尼西亚分别拥有1 400平方米和3 000平方米的场地用于整机及配件存储,且都配备了提供试模的应用技术中心,可以更高效、快捷地服务本地客户。为更快、更好地满足欧洲客户的需求,2016年,海天塑机在德国艾贝尔曼斯多夫建成投产第二座工厂,占地面积约25 000平方米。该工厂可以针对欧洲市场进行定制化生产,并提供不同的解决方案来满足各行业需求,如对整个生产单元进行试制,生产出更大型号的产品,机械整体库存将增加,机械和配件的交货时间将大大缩短。新厂的服务半径可辐射到德国周围的18个国家,成为海天塑机在德国发展的又一个里程碑。

通过这一系列的对外投资,海天塑机抓住了东南亚快速增长的市场机会,构建起以中国宁波为中心的东南亚区域供应链,提高了海天塑机在东南亚乃至全球的知名度。2016年,由于生产技术和工艺国际领先,注塑机产品市场占有率位居全球前列,海天塑机入选了工信部第一批制造业单项冠军示范企业名单。

四、全面走出去(2017—2021):构建全球资源配置能力

随着海天塑机对液压和全电动注塑机技术的掌握,以及对外投资与运营经验的积累,其已取得在全球行业内的领先地位,开始面向全球进行资源配置与能力整合。日本在全电动技术领域全球领先,为更好地向日本企业学习,进一步在海外开发先进技术和

拓展发达国家分销网络,2017 年,海天塑机与全球领先企业日本新潟(Niigata)机械科技在日本成立了一家合资企业,专注于电动注塑机技术的开发。合资企业一方面利用海天塑机大规模生产的技术优势,一方面利用新潟机械科技先进的注塑技术,在日本以较低的成本生产高精度的注塑机。

土耳其国土横跨亚、欧两大洲,是海天塑机全球化战略的重要一环。为进一步提升海天塑机在土耳其的销售及服务水平,2018 年,海天塑机在土耳其乔尔卢的新工厂落成,新厂房占地面积约 11 000 平方米,将主要用于整机及配件存储,厂房内的应用中心可提供新机展示、试模、定制化服务、技术培训及售后服务,为客户提供更灵活、更多元化的销售及服务支持。海天塑机在土耳其市场已经累计发展了 2 000 多个客户,向土耳其市场累计输送的注塑机数量已超过 1 万台,得到了当地市场用户的广泛认可和高度肯定,持续保持领先的市场占有率。

2018 年,海天塑机在印度古吉拉特邦的新工厂落成,标志着海天塑机印度具有了集生产、装配、销售和服务的一体化功能。该厂占地面积 19 800 平方米,拥有成品库存、零件库存、试模中心、培训中心等职能,提高了产能,缩短了交货期,而且企业在新德里、金奈、孟买、浦那、加尔各答等地设有办事处,可为印度当地客户提供方便、快捷的服务和支持。

墨西哥作为拉丁美洲地区第二大塑料消费市场,拥有巨大的市场需求和广阔的发展前景。2019 年,海天塑机在墨西哥第二大城市瓜达拉市开设了新工厂。该工厂将实现海天塑机注塑机产品的本地化生产与装配,主要用于满足墨西哥国内市场的需求,并以该生产基地为中心辐射整个北美地区。并且海天塑机印度和海天塑机墨西哥还具备了零部件生产能力,实现了生产价值环节的海外延伸,以及本土化生产的全球业务布局。2018 年开始的中美贸易摩擦推动了中国企业在东南亚的投资,越南对于海天塑机的全球战略布局的作用更加凸显。2020 年,海天塑机越南二期厂房竣工,占地面积 7 000 余平方米,有力提升了海天塑机在越南的生产能力。除主体厂房之外,海天塑机还为新厂区建设了篮球场、足球场等文体娱乐设施,以丰富当地员工的业余文化生活。

该阶段,海天塑机通过合资、绿地投资等对外直接投资方式,从以装配和贸易为主导的海外工厂进一步拓展为集研发、生产、装配、应用、销售和服务于一体的区域中心,不仅提升了全球的生产与销售能力,而且进一步提高了新技术研发能力,在研发、制造和销售全价值链上实现了全球布局。

资料来源:彭新敏,韩文泽. 从"走出去"到"走上去":海天塑机的全球化跨越[J].清华管理评论,2022(5):114-120.

本章小结

1. 国际贸易有正面效应与负面效应,贸易环境具有动态性、复杂性。

2. 目前,国际贸易中的主要货物和服务贸易呈现出数字化、创新化和绿色化的特点。

3. 贸易保护主义与环境保护是国际贸易面临的风险与挑战。

思考题

1. 国际贸易环境的动态性和复杂性分别体现在哪些方面? 面对这些特性,各国和地区应如何应对?

2. 国际贸易规则经历了怎样的发展过程? 当前国际贸易规则正面临哪些挑战? 未来又需要如何适应新的变化?

3. 新兴市场和成熟市场在贸易格局上存在哪些差异? 这些差异对企业制定贸易策略有何影响?

4. 阐述贸易保护主义的概念、抬头的原因及其对国际贸易的影响,并讨论应对贸易保护主义的措施。

5. 分析数智时代科技创新对国际贸易环境,包括贸易效率、市场拓展、商业模式和可持续发展等方面的影响。

案例分析题

欧盟碳边境调节机制新动态

在全球气候问题加剧和经济变革背景下,欧盟为应对气候变化、保持工业公平竞争环境,于 2019 年 12 月提出碳边境调节机制(Carbon Border Adjustment Mechanism, CBAM),该机制在 2023 年 4 月 18 日升级为法规,5 月 16 日正式生效,8 月 17 日发布实施条例进入 18 个月试行阶段,2026 年 1 月 1 日起将实质性征收碳关税。

除部分欧盟体系内国家及领土外,其他非欧盟国家和地区都在其影响范围内,现阶段钢铁、水泥等行业受影响最大,未来这一影响范围可能进一步扩大。

现阶段国际贸易中涉碳贸易规模占比不大,但钢铁和铝受影响突出。我国相关产品碳强度呈下降趋势,中长期有望降低碳关税压力,但目前中欧碳价差异仍使我国短期内碳关税负担增加。未来若欧盟将 CBAM 的覆盖范围扩大,我国化学品等行业出口将受很大影响,且可能面临更激烈的国际竞争。我国是欧盟"CBAM 产品"主要出口国之一,与部分国家相比在钢铁生产上处于相对劣势。我国新能源行业引进外资既是机遇也是挑战。虽然引进外资短期内对我国对外投资规模和布局影响不明显,中长期会促使相关行业对外投资区域和行业布局改变,增加不确定性,但此举同时推动了我国可再生能源领域投资和气候投融资政策的发展。

资料来源:王锋锋,殷晓鹏,杨旭,等. 欧盟碳边境调节机制新动态对我国外资外贸的影响及应对[J].国际贸易,2024(7):22-32.

思考题:

1. CBAM 在实施过程中,如何确保对不同国家和地区的公平性,尤其是在考虑到各国能源结构和经济发展水平存在差异的情况下?

2. 随着 CBAM 的推进,中国企业在短期内可以采取哪些具体的技术和管理措施来降低出口产品的碳强度,从而减轻碳关税负担?

3. 对于那些受 CBAM 影响较大的共建"一带一路"发展中国家,中国应如何与其开展合作,共同应对这一挑战并实现可持续发展?

第三章
国际营销的经济环境

  在经济全球化的浪潮下,消费者能够通过网络在不同国家、不同市场进行消费。因此,企业为了保持本土以及国际竞争力开始进军国际市场。企业在进入其他国家时将面对政治、经济、法律、文化与科技等外部环境因素,这些外部环境因素将影响企业的经营风险、成本以及收益。

  企业在进军国际市场时,应积极响应党的二十届三中全会提出的构建全国统一大市场和推动高水平对外开放的号召,充分利用国家提供的政策支持和资源保障。同时,企业还需要提高自身的风险防控能力,建立健全合规营销管理体系,以确保在国际市场中稳健发展。

> **学习目标**
>
> 　　通过本章的学习,学生应了解当今国际贸易形势、全球经济增长前景、全球市场供需变化以及全球经济体系格局和发展趋势,掌握全球经济环境变化将如何对国际营销产生影响,并学习在数字经济时代下由经济一体化产生的国际营销新规则。

◢◢◢ 引导案例

顺丰:战略浮现过程

　　顺丰从一家草根民营企业,逐步发展成为中国领先的快递物流综合服务商和全球第四大快递企业,其战略经历了显著的转变和浮现过程。

一、纵向一体化战略尝试与失败

　　2013年之前,顺丰主要专注于快递业务的"开疆扩土"。然而,随着电商巨头的崛起和跨界进入物流领域,顺丰面临着巨大的竞争压力。为了摆脱对电商平台的业务依赖,顺丰决定自建商流,并推出了顺丰优选和嘿客等线上电商平台和线下便利店。这一战略尝试旨在实现商流和物流的闭环,但由于短期内资源与能力不匹配,顺丰优选和嘿客均宣告失败。这次失败促使顺丰重新审视自身的能力边界,并调整战略重心。

二、横向并购扩张与资本助力

　　从2015年开始,顺丰意识到资本市场的力量,并决定通过上市融资加速发展。顺丰在2017年成功借壳上市,募集了大量资金。此后,顺丰加大了对横向业务(如即时配送、快运、零担、供应链等)的投入,并通过并购的方式快速拓展新业务领域。例如,顺丰并购了广东新邦物流、敦豪供应链和夏晖中国等物流企业,进一步巩固了其在物流行业的领先地位。

三、国际化拓展与战略协同

　　2020年,顺丰将国际化作为新的战略重点。面对国内快递行业增速放缓和跨境物流市场的爆发,顺丰决定通过并购的方式进入东南亚市场。2021年,顺丰以140亿元人民币收购了重点布局东南亚市场的嘉里物流51.8%的股份,成功进入东南亚市场。嘉里物流的加入不仅为顺丰带来了丰富的本土运营经验和客户资源,还进一步提升了顺丰在国际物流市场的竞争力。

　　资料来源:翁均杰,黄婷,朱沆.顺丰集团战略浮现过程研究[J].清华管理评论,2023(7):110-119.

第一节　国际营销的全球经济环境

一、国际贸易形势

　　不同的时代背景下,国际贸易形势具有不同特点。在我国改革开放初期,参与国际贸易的国家较少,进出口产品种类较单一,且各国设置的贸易保护壁垒较少。而新形势下全球经济发展水平的提高推动了国际贸易的发展,当前国际贸易形势呈现以下特点:

（一）经济全球化推动国际贸易平台的发展

经济全球化使世界各国和地区相互合作、相互联系、相互融合成有机整体,形成统一的世界市场。随着经济全球化的推进,各国的资本、人才、信息、技术等生产要素通过国际市场在世界范围内实现了自由流通及优化配置,因此经济全球化不断推动着国际贸易平台的发展,而国际贸易也使得经济全球化的影响区域进一步扩大,使更多国家能够参与经济全球化,二者相辅相成、相互促进。

（二）国际贸易网络化

互联网作为第三次工业革命的产物,将世界推向了知识经济时代。随着网络技术以及多媒体的发展,国际贸易开始借助互联网进行,网络贸易兴起。网络贸易是指通过网络技术在全球电信网络上完成交易磋商、签约、货物收付等整个交易过程。如今,网络贸易日新月异,信息技术的不断进步使得虚拟市场不断扩大,虚拟市场打破了传统市场的营销方式,吸引了大量的消费者进行线上交易。网络贸易在国际贸易中应用得越来越广泛,在网络虚拟市场交易能够有效减少和消除由于距离问题带来的交易障碍,其灵活性和多样性也为企业的发展提供了更加广阔的平台。

（三）贸易自由化

经济全球化进程加快,世界各国之间的经济交流日益频繁,国际经济一体化成为世界经济发展趋势,而区域经济一体化作为实现国际经济一体化的初始阶段,已经在世界范围内逐渐成形。我国的共建"一带一路"就是实现区域经济合作的成功范例,再如,欧盟、NAFTA 等均是区域经济一体化的体现。区域经济合作不仅能够促进本国经济发展,也为合作国家的经济发展提供了帮助。越来越多的国家开始互相签订协议以减少贸易障碍,实现贸易自由化和互惠互利,为建立合理、公平的国际贸易秩序提供有力的保障。

（四）跨国公司及其无形资产价值地位提升

随着国际贸易的发展,跨国公司在国际市场上的影响力不断提高。与面向本国市场的企业相比,跨国公司掌握了更多的发展优势:首先,跨国公司对国际市场供需状况有一定程度的了解,因此对国际市场的供需变动更加敏感,能够随时根据其变动调整自身的产品结构;其次,跨国公司拥有许多来自不同国家的合作伙伴,因此受经济波动影响较小,能够保证企业的正常生产经营;最后,跨国公司涉足不同市场,可以根据每个市场不同的实际需求改变供应模式。因此,相比面向国内市场的企业来说,跨国公司在国际贸易中越发占据重要地位。

在传统的市场竞争中,产品质量通常作为衡量企业竞争力的重要因素,企业能够通过提高产品质量达到提升自身竞争力的目的。然而,在当今国际竞争中,品牌形象、企业声誉等无形资产在建立和提升企业核心竞争力方面发挥着越来越重要的作用,成为影响企业竞争力的重要因素之一。

二、全球经济增长现状和前景

(一)经济增长现状

近年来,全球经济增长呈现出复杂且不均衡的态势。经济合作与发展组织(OECD)于 2025 年 3 月发布的中期经济展望报告显示,2025 年全球经济预计增长 3.1%,2026 年预计增长 3.0%,较 2024 年 12 月的预测值分别下调了 0.2 和 0.3 个百分点。这一数据的细微调整,背后折射出全球经济增长正遭遇诸多新的阻力与挑战。

从区域维度来看,不同经济体的增长表现差异显著。新兴经济体在 2024 年依旧展现出强劲的发展势头,成为全球经济增长的重要驱动力。以东南亚地区为例,越南凭借其相对廉价且素质不断提升的劳动力资源,以及政府出台的一系列吸引外资的优惠产业政策,在智能手机制造、服装加工等领域吸引了大量来自全球的制造业投资。三星等国际巨头将大量生产线转移至越南,使得越南的电子产品和纺织品出口额连年攀升,有力推动了越南经济的快速增长。与之形成鲜明对比的是,发达经济体如美国、日本和欧盟等整体经济增速放缓。以日本为例,长期以来,日本面临着严重的人口老龄化问题,劳动力人口持续减少,国内消费市场活力不足。同时,其传统优势产业如汽车制造、电子电器等,在全球市场上面临着来自新兴经济体的激烈竞争,产业结构调整进程缓慢,这些因素共同制约着日本经济的增长动力。

全球贸易与通货膨胀情况也在发生着深刻的变化,为经济增速恢复创造了条件。全球贸易复苏速度超出预期,这得益于各国之间贸易壁垒的逐步降低以及全球供应链的逐步修复。自新冠疫情以来,各国意识到全球供应链稳定的重要性,纷纷加强合作,推动贸易便利化措施的实施。例如,RCEP 的生效极大地促进了亚太地区的贸易往来,成员之间的关税减免和贸易规则简化,使得区域内贸易规模不断扩大。同时,通货膨胀率逐渐下降并趋于稳定,据 OECD 预计,到 2026 年,大多数二十国集团(G20)经济体的通货膨胀率将进一步向央行的目标水平靠近。其中,发达经济体的核心通货膨胀率预计从 2024 年的 2.7% 下降到 2025 年的 2.6% 和 2026 年的 2.4%,但半数以上的发达经济体在 2026 年核心通货膨胀率仍将高于目标水平。通货膨胀率的稳定有助于缓解全球经济的不确定性,为各国政府实施货币政策提供了更大的空间,从而刺激经济增长。

(二)经济增长机遇

从长期来看,全球经济有望迎来新的增长机遇。一方面,数字化转型和绿色经济的蓬勃发展为全球经济增长注入了新的动能。数字化转型正以前所未有的速度和深度重塑全球经济格局,极大地提高了生产效率,催生了诸如电子商务、共享经济等新的商业模式和服务方式。以中国为例,电子商务的快速发展改变了传统的零售模式,创造了巨大的市场需求,带动了相关产业的协同发展。2024 年,中国"双 11"购物节期间,各大电商平台的总交易额再创新高,不仅促进了国内消费市场的繁荣,还通过跨境电商平台将中国的优质商品推向全球市场。同时,直播带货、社交电商等新兴模式不断涌现,为消费者带来了全新的购物体验。

绿色经济的兴起则促进了全球经济的可持续发展和环境保护,为未来经济增长开辟了广阔的空间。许多国家加大了对可再生能源、节能环保等绿色产业的投资,推动了技术创新和产业升级。德国在可再生能源领域一直处于世界领先地位,其大力发展风能、太阳能等清洁能源,不仅减少了对传统化石能源的依赖,还通过技术输出和设备出口,在全球绿色能源市场占据了重要份额。这些新兴产业不仅有助于缩小各国之间的增长差距,还能稳定全球经济的增长节奏。

（三）面临的挑战

欧美市场需求放缓对全球经济增长带来了较大压力。在持续的高利率环境下,许多发达国家居民在疫情期间累积的储蓄逐渐耗尽,导致居民消费不断降温。以美国为例,随着美联储多次加息,美国房地产市场和汽车消费市场受到明显冲击,房贷利率和车贷利率的上升使得消费者的购房和购车意愿大幅下降。由于欧美国家是全球重要的消费市场,其需求的减少使得依赖出口的国家和地区的出口额大幅下降,进而影响了全球贸易的整体表现。

高利率和高债务问题仍将在较长时间内持续困扰全球经济。尽管欧美主要央行先后开启降息进程,但利率水平仍将在高位维持一段时间,这使得全球经济短期内仍处于高融资成本的环境。与此同时,全球范围内公共债务与企业债务水平居高不下,严重制约了经济的进一步增长。以意大利为例,其公共债务占 GDP 的比重长期处于高位,高额的债务利息支出使得政府在基础设施建设、社会福利等方面的支出受限,经济发展动力不足。此外,美联储在把握降息节奏上需要谨慎权衡,其货币政策的任何调整都可能对全球经济产生深远影响。一旦美联储降息节奏过快或过慢,都可能引发全球金融市场的动荡,导致资本在全球范围内的无序流动。

地缘政治局势持续紧张也是全球经济前景的一大不稳定因素。地缘政治冲突不仅会直接影响冲突地区的经济发展,还通过贸易、能源等渠道对全球经济产生负面外溢效应。例如,中东地区的地缘政治冲突往往会导致国际油价大幅波动,进而影响全球能源市场和相关产业的发展。贸易壁垒的增加也给全球经济增长带来了阻碍。OECD 的报告指出,国家间贸易壁垒增加,以及地缘政治和政策不确定性会对投资和家庭支出造成压力,若贸易壁垒增加幅度更大、范围更广,将打击全球经济增长并加剧通货膨胀。

（四）国际营销的应对之策

战略层面:市场布局与资源配置

全球经济增长和前景的变化,要求企业在战略层面重新思考市场布局与资源配置。在经济增长较快的市场,如印度、东南亚部分国家,消费者购买力增强,市场需求旺盛,企业应加大市场拓展力度。以智能手机行业为例,随着印度中产阶级规模的不断扩大,对智能手机的需求日益增长。小米等中国企业及时抓住了这一机遇,针对印度消费者对手机拍照、续航等方面的需求,推出了一系列高性价比的手机产品,并通过线上线下相结合的销售模式,迅速占领了印度手机市场的较大份额。

而在经济增长放缓或存在较大不确定性的市场,如当前受高通胀和需求疲软影响的欧洲市场,企业则需要更加谨慎地评估市场风险,优化资源配置。一些服装企业通过减少高端产品线、增加平价基础款产品的供应并优化供应链管理,降低生产成本,从而在欧洲市场保持了一定的市场份额。此外,企业还应关注不同经济体的政策走向,如新兴经济体的产业扶持政策、发达经济体的贸易保护政策等,以此为依据调整市场进入策略和投资方向。

策略层面:产品与营销创新

全球经济的发展趋势为企业的产品与营销创新指明了方向。在数字化转型浪潮下,企业可以利用大数据、人工智能等技术开展精准营销。例如,亚马逊通过分析用户的购买历史和浏览记录,为用户推荐个性化的商品,大大提高了用户的购买转化率。同时,企业还可借助社交媒体、直播平台等新兴渠道,拓展营销边界,增强与消费者的互动。

绿色经济的兴起促使消费者的环保意识不断提高,企业应积极响应这一趋势,推出环保、可持续的产品和服务。特斯拉作为电动汽车行业的领军企业,其推出的新能源汽车以环保、高性能的特点受到全球消费者的青睐,不仅改变了人们的出行方式,还引领了汽车行业的绿色变革。越来越多的传统汽车企业也纷纷加大对新能源汽车的研发和生产投入,以适应市场需求的变化。此外,企业在产品包装、生产流程等环节融入环保理念,也有助于提升品牌形象,吸引更多注重环保的消费者。

运营层面:供应链与风险管理

全球经济格局的变化使得企业运营面临更多不确定性,供应链管理与风险管理变得尤为重要。为应对贸易政策的不确定性、高利率环境以及地缘政治风险,企业需要构建更加灵活、多元化的供应链体系。例如,苹果近年来逐步将部分 iPhone 手机的生产线从中国转移至印度和越南,以分散供应链风险。同时,苹果还加强了与本土供应商的合作,提高供应链的本土化程度,降低运输成本和贸易风险。

企业还应建立完善的风险管理机制,通过情景分析、压力测试等方式,提前预判可能面临的经济、政治、市场等风险,并制定相应的应对预案。例如,当面临汇率波动风险时,企业可以采用金融衍生工具进行套期保值;当面临地缘政治冲突导致的原材料供应中断风险时,企业可提前寻找替代供应商或增加原材料库存。

全球经济增长和前景的变化是国际营销环境中不可忽视的重要因素。企业只有密切关注全球经济动态,从战略、策略、运营等多个层面灵活调整国际营销策略,才能在复杂多变的国际市场中立足并实现可持续发展。

三、通货膨胀与汇率变化

通货膨胀率影响着国内货币的供求,同时也影响着一国的汇率。我国中央银行的职责之一就是维持人民币对外价值(即汇率)的稳定。随着经济全球化的发展,国际贸易、投资等往来越发频繁,各类国际经济活动均涉及多个国家之间货币的转换和兑换。汇率不只影响出口商品的国际竞争力,也影响着进口商品的国内定价。因此,从事国际营销的企业必须对汇率以及通货膨胀率有所掌握,避免因其波动而带来损失。

（一）通货膨胀率的变化对汇率变化的影响

通货膨胀是指一国在一定时间内整体物价水平的上涨,而通货膨胀率则用于衡量物价上涨的幅度,在实际中常通过计算价格指数的增长率来计算通货膨胀率。汇率是指用一国货币表示的另一国货币的价格,或者两国之间货币的比率。汇率的变化对一国的贸易有着直接的影响,在间接标价法下,当汇率下降时(即本国货币贬值)将有利于出口;反之,汇率上升时(即本国货币升值)则有利于进口,限制出口。通货膨胀是对国内物价的反映,同时也影响着货币的供求,进而对汇率产生影响。通货膨胀往往通过以下两个方面对汇率产生影响:

第一,在商品贸易方面,当一国发生通货膨胀时,意味着该国出口商品成本和国内劳动力成本的增加,进而影响其国际价格,使该国商品在国际市场上的竞争力下降,出口外汇收入减少。与此同时,当汇率维持原有水平时,该国进口商品的成本将降低,并且能够以较高的国内价格出售,这将使进口利润增加,刺激进口,从而使外汇支出增加。因此,通货膨胀将导致一国外汇市场供需差距扩大,使得本币贬值。

第二,在资本国际流动方面,一国通货膨胀必然导致其实际利率的降低,寻求高利率的投资者会因此将其资本转移不其他利率较高的国家。过度的资木外流会导致外汇市场供不应求,即本国货币贬值。

（二）汇率变动对国际营销的影响

通货膨胀率的变动会通过影响商品贸易和国际资本流动进而影响汇率的变动,而汇率的变动与进出口贸易息息相关。汇率变动对国际营销产生的影响体现在以下几个方面:

第一,在利润和成本方面,汇率变动将直接影响国际营销企业的利润和成本。例如,我国进口商从美国购买商品,当人民币升值时,我国进口商可以以更少的美元购买同样的商品,因此我国进口商成本将降低;而当人民币贬值时,我国进口商则需要以更多的美元购买同样的商品,导致成本增加,利润减少。

第二,在企业竞争力方面,汇率的变动会通过产品价格影响企业的竞争力。当一国汇率上升,即该国货币升值时,他国进口商需要以更高的价格才能购买到本国企业的商品,不利于本国企业出口,将导致本国企业竞争力下降;反之,当一国汇率下降时,他国进口商能够以更便宜的价格购买到本国企业的商品,将有利于增强本国企业在国际市场上的竞争力。

虽然汇率变动可能会给企业带来成本、利润以及企业竞争力等方面的不利影响,但也能为企业提供机遇,如开拓新的市场、促进自身成本结构的优化,还可以在一定程度上提升企业的创新能力。

四、全球市场供需变化

在全球化开始之前,企业主要以国内市场为主进行营销,而随着经济全球化的发展,企业面临的是国内市场和国外市场的双重变化。在企业选择是否进入国外市场之前,需要了解全球化带来的全球市场需求和供给变化。

(一)全球市场的需求变化

全球市场存在需求是企业进行国际营销的主要原因之一,当今全球市场的需求存在以下几个特点:

首先,全球消费者的消费偏好趋同。发达的网络以及先进的科学技术作为经济全球化的重要传导媒介,使流行产品的信息能够有效传达给全球消费者,这意味着全球消费者能够接收相似的产品信息,因此消费者的消费偏好在全球范围内呈现趋同。例如,全球消费者对苹果的 iPad 平板电脑、iPhone 手机的喜爱;美国好莱坞电影在中国、日本、韩国等东亚国家皆具有良好口碑,其周边产品也受到了各国消费者的追捧。

其次,随着海外客户的增加,企业也随之走向世界市场。由于全球消费者能够获得相似的产品信息,消费者的消费也逐渐向海外市场拓展。国际性的银行、保险公司、广告公司等企业,为了保留原有客户,继续为其提供服务,便追随客户走向国际市场。

最后,明星代言提高全球消费者的接受度。许多企业采取以明星作为代言人的方式推销产品,借由明星广泛的知名度提高全球消费者的接受度。企业可通过转移行销的方式将产品转向全球各地营销。例如,运动品牌耐克以乔丹作为品牌代言人,乔丹作为NBA(美国职业篮球联赛)知名球员为全球消费者所认同,有助于耐克更容易地打开海外市场。

(二)全球市场的供给变化

企业走向国际市场不仅会受需求市场变化的影响,往往也受到供给市场变化的影响。

第一,由于国内市场趋于饱和,市场竞争激烈,企业纷纷开始向国际市场扩展,将自身的独特优势转移至国际市场以获得先占优势。例如,在美国速食市场上,汉堡王与麦当劳同样受欢迎,但由于麦当劳早一步进入中国市场,因此在中国,麦当劳的市场占有率更高。

第二,由于企业纷纷进入国际市场,抢占了各国国内企业的市场占有率,因此这些国家的企业也纷纷进入竞争企业母国的市场进行反击。例如,法国米其林轮胎进入美国市场,使得美国本地企业固特异的轮胎市场遭受挤占,为了反击,固特异选择以低价策略进入欧洲市场。

五、全球经济体系格局和发展趋势

随着经济全球化的快速发展,国际经济一体化已成为当今世界经济的发展趋势。随之建立的全球经济体系也推动了国际经济一体化的发展。全球经济体系,即各国或地区通过各方经济密切交流合作,形成经济上相互依存、相互关联以及相互竞争和制约的关系,使世界经济通过各国在资源配置、生产、流通、消费等多方面实现融合从而形成不可分割、密切相连的有机整体。而区域经济一体化则是实现国际经济一体化的第一步。

区域经济一体化是指通过几个国家达成一致,共同设立自由贸易区、关税同盟、共同市场、经济同盟或政治同盟,放宽甚至取消成员之间贸易以及生产要素流动的障碍,以达到促进经济贸易发展的目的。

（一）欧盟

欧盟作为区域经济一体化进程中历史最悠久、集经济和政治实体于一身、对世界经济具有重要影响的组织,其成立可追溯到 1952 年为取消钢、铁以及煤在各成员国间运输的贸易障碍而成立的欧洲煤钢共同体,之后,欧洲煤钢共同体、欧洲原子能共同体和欧洲经济共同体合并统一,于 1967 年成立欧洲共同体。1993 年《马斯特里赫特条约》正式生效,欧盟正式诞生。

截至 2024 年年底,欧盟有 27 个成员国,欧元为欧盟的货币,取代了各成员国的原始货币。欧盟人口为 4.492 亿人,整体 GDP 约为 20.29 万亿美元。

（二）北美自由贸易区

北美自由贸易区由美国、加拿大以及墨西哥组成,旨在消除区域贸易壁垒、顺应区域经济一体化的趋势,就自贸区内的货物、生产要素等可自由流动且关税减免,而自贸区外保持原有的贸易壁垒以及关税达成一致意见。

北美自由贸易区的成立,对美国、加拿大以及墨西哥各自皆是有利的。对美国以及加拿大来说,其国内企业可将生产环节转移至墨西哥,利用其低廉的劳动力成本,大大降低企业的生产成本;而对墨西哥而言,美国和加拿大的生产工厂能够为其提供更多的就业机会,一定程度上缓解其失业率过高的问题。

（三）亚太经济合作组织

亚太经济合作组织(Asia-Pacific Economic Cooperation,APEC)诞生于 20 世纪 80 年代末冷战结束后的时代,区域经济一体化、经济全球化以及贸易自由化成为世界经济发展的潮流。为了推动亚洲地区的区域贸易投资自由化,促进各国之间的经济合作,1989 年在澳大利亚堪培拉由 12 个创始成员共同举行了首届"亚洲太平洋经济合作部长级会议",该会议即 APEC 成立的重要标志。作为亚太地区最高级别的各国政府经济合作机构以及亚太地区最重要的促进经济增长、合作、贸易、投资的论坛,截至 2024 年 APEC 共有 21 个成员。

1991 年,在尊重一个中国原则的基础上,中国以主权国家的身份,中国台北、中国香港以地区经济体名义正式加入。自此之后,我国不断积极参与 APEC 各个领域的建设合作,发挥大国精神,为推进 APEC 的发展以及成员之间的合作发挥了重要作用。

（四）东盟

东盟于 1967 年在泰国曼谷创立,截至 2024 年,东盟共有 10 个成员国,覆盖区域总面积约为 449 万平方千米,区域内总人口数约为 6.717 亿。东盟的成立旨在消除成员国之间的贸易壁垒,对所有商品贸易实行免关税。

东盟成立后,中国、日本、韩国等六国陆续与其组建自由贸易区,建立了"10 + 1""10 + 3""10 + 8"机制,而包含上述六国之外的美国、新西兰、俄罗斯等国也先后加入了《东南亚友好合作条约》[①]。作为亚洲第三大经济体以及世界第六大经济体的东盟,若能够持续推动各成员之间的自由贸易,其重要性还将不断提升。

（五）RCEP

2020 年 11 月 15 日,RCEP 由东盟十国和中国、韩国、日本、新西兰、澳大利亚共 15 个亚太地区国家签署,旨在推动高水平对外开放,促进经济复苏,建立广泛及现代化的区域自由贸易协定。

RCEP 作为亚太地区最重要和最庞大的自由贸易协定,其签署标志着人口最多、经济和贸易规模最大、发展潜力最大的自由贸易区正式成立,也充分体现出各国维护区域经济一体化和多边贸易的坚定方向,未来其将为亚太地区甚至世界经济繁荣复苏做出重要贡献。

经济全球化是国际经济一体化的重要标志,而受益于第三次工业革命,互联网的建立促使世界各国沟通交流更加紧密,各国开始重视多边合作,通过成立自由贸易区来降低或消除各国或地区之间的贸易障碍,进一步强化本国的资源配置,提升国际市场竞争力,推动成员之间共同发展。

随着经济一体化的不断发展与进步,区域经济一体化的程度也在合作的成员数量、成员地理位置、成员实力差距等层面不断实现突破,国际经济一体化将加速推动高度互联的世界经济体系的形成。

第二节　全球经济环境对国际营销的影响

一、全球经济环境的不确定性和风险

经济全球化已成为全球经济发展的大趋势,各国之间的关系逐渐紧密,随着经济全球化的不断推进与深化,由此产生的对国际营销的影响也更为复杂和多样化,这不仅体现在各国的互惠受益上,也体现在经济不景气时因相互依赖而造成的一系列风险以及不确定性的传播上。以经济全球化为主导的当代经济格局对国际贸易、国际营销以及从事国际营销的跨国公司来说不仅仅是机遇,也会带来一定的风险。其风险体现在以下几方面:

（一）贸易保护主义抬头

在经济全球化的背景下,自由贸易越发重要,但其在给国家带来利益的同时,也在一

---

① 《东南亚友好合作条约》于 1976 年签署,旨在促进东南亚国家间的和平、友好与合作。条约强调通过和平解决争端、不干涉内政、加强经济和文化合作,是维护地区稳定与一体化的重要框架。

定程度上冲击了国家内部产业的发展,导致贸易保护主义开始盛行。由此产生的贸易保护措施也发生了变化:相较于先前的公开、固定、单个国家的自我保护,现阶段的保护措施已体现出隐蔽化、灵活化、区域集团化的特点;贸易保护手段已不拘泥于加征关税,而是采取更加隐蔽的非关税壁垒以减少进口,非关税壁垒也成为各国主要的贸易保护手段。

随着我国产品在国际市场的占比逐渐增加,我国企业在国际上遭受反倾销、反补贴调查越发频繁。根据中国贸易救济信息网的统计,1995 年至 2025 年,全球对我国发起的贸易救济案件中,反倾销 1 830 起,占比 69.87%;反补贴 246 起,占比 9.39%;保障措施 454 起,占比 17.33%;特别保障措施 89 起,占比 3.41%,这使得我国国内企业遭受了巨额损失。贸易保护主义不仅不利于国际贸易的进行,还可能对国际营销以及从事国际营销的企业产生相当大的负面影响。

（二）金融风险增加

经济全球化的不断推进和深化加快了全球金融资本的流动,扩大了金融资本流动的规模,使跨境或大额资本的流动更为便利。经济全球化加深了各国经济相互影响和依赖的程度,为金融发展提供便利、为全球经济发展提供更强大的驱动力,但同时也增加了全球的金融风险,使全球金融市场的管理难度加大。一国的经济发生波动,可能波及其他国家,甚至造成全球性的金融危机。

2007 年美国次贷危机就是一次由于经济全球化导致的全球性金融危机。由美国次贷危机引发的 2008 年全球金融海啸中,不仅全球金融市场遭受打击,各国投资者损失惨重,而且原材料市场也受到影响。在经济全球化背景下,跨国公司在全球进行采购已成为常态。但随着美国经济遭受损失,美国对原材料的进口需求下降,这对依赖原材料出口的国家也造成了严重打击,并连带影响了当地从事原材料国际营销的企业。

在市场经济体制下,市场在资源配置中起到基础性作用,但市场的调节往往存在一定的滞后性和盲目性,因此需要国家从经济、法律、行政等方面进行宏观调控。但经济全球化使世界各国经济联系更紧密,国家之间利害关系更复杂,这也加大了国家的宏观调控难度。对于从事国际营销的企业来说,要对国际形势和前景有充分的了解与判断,并据此制定营销策略以应对一定的风险和不确定性。

二、全球市场的机会和挑战

（一）全球市场的机会

1. 新市场开发

由于世界各国经济发展状况不同,企业进入国际市场面临的市场潜力和机会也不同。世界银行依据人均国民总收入水准,将各国的经济发展状况分成四类,分别是:高收入国家、中高收入国家、中低收入国家以及低收入国家。不同发展阶段的国家具有不同的经济发展模式,因此为企业提供了更多元的机会。

在信息技术发达的全球化经济下,企业可以利用现代通信以及运输技术拓展新的市场,这些市场往往充满巨大商机。企业可以通过拓展市场,提高其在国际市场上的市场份额和盈利能力以创造更高的营业收入。此外,通过对市场的分析和调研,企业能够更深入地了解消费者的需求及消费习惯,并根据不同地区的消费者制定多样化的生产和销售策略,这也将为企业提供更加广阔的发展空间。

2. 经营多元化

随着经济全球化的拓展,全球市场日益多元化,企业有更多的机会将业务拓展至不同地区和不同的业务领域。经营的多元化也可以提高企业的国际市场份额,使其在全球市场上获得更大的竞争优势。经营多元化不仅能够提高企业的市场份额及竞争优势,还能带来集约化管理。通过整合来自全球各地的技术、人才、供应链等资源,企业能提高自身竞争力和创新能力,进而提高经营效率以及生产力。根据经营业务的关联性,可以将经营多元化分为同心多元化、水平多元化、垂直多元化和混合多元化四类。

同心多元化是企业利用其在某一主要产品或领域的技术和市场优势,围绕这一核心不断向外扩展,生产多种与核心产品相关联或互补的产品,从而充实和丰富产品系列。这种多元化策略的核心在于充分利用企业在某一领域的专长和资源,通过技术创新和市场拓展,实现产品的多样化和差异化。例如,以造船和飞机制造技术为中心的企业,可以充分利用其在金属加工、精密制造和复杂系统集成方面的优势,将业务扩展到生产车辆、机械等领域。这些产品虽然在用途和形态上有所不同,但它们在技术原理、生产工艺和市场定位等方面具有一定的关联性。

水平多元化是指企业在原有产品、服务或核心技术的基础上,向产业链或价值链的同一层级拓展,进入与现有业务相关但不同的市场领域。其战略核心在于充分利用企业在某一专业领域中积累的市场资源、品牌影响力、客户基础及技术优势,实现资源的横向延伸和协同效应。这种多元化有助于企业分散经营风险、拓展收入来源、增强客户黏性,同时提升整体抗市场波动能力。例如,一家服装企业不仅可以生产成衣,还可同时经营与其高度相关的面料、饰品、配件等业务,形成一个完整的时尚生态体系。这种扩展使企业在保持核心业务优势的同时,增强了对产业链中其他环节的控制力和话语权。此外,金融机构如商业银行,也常采用水平多元化策略,将业务从传统存贷扩展至信用卡、保险、理财、证券等多个领域,以实现客户需求的多维满足,从而提升客户满意度与终身价值。水平多元化适用于资源可共享、市场协同度高的情形,但需要关注资源分散、管理复杂度上升等潜在挑战。

垂直多元化是指企业通过向产业链上游(如原材料、零部件)或下游(如加工、销售、服务)延伸经营,以掌控更多价值创造环节的战略行为。其核心在于通过整合供应链资源、控制关键环节,降低生产成本和交易成本,提高运营效率与盈利能力。相比水平多元化,垂直多元化更强调生产流程的整合与价值链控制,是提高企业供应链安全水平和议价能力的重要手段。例如,一家纸杯制造企业若自行生产纸张,不仅能更好地控制原材料成本和品质,还可减少因外部供应波动带来的风险。同样,钢铁企业若向下游延伸至机械加工或终端产品制造,不仅提升了产品附加值,也增强了对客户需求的快速响应能力。垂直多元化在应对原材料价格波动、供应链不稳定或渠道过度依赖等方面具有明显优势。然而,它也可能带来资金占用大、经营范围扩大导致的管理压力等问题,因此在实施时需要结合企业自身能力、行业特点与长期战略目标进行综合权衡。

混合多元化是指企业发展的产品和其他经营业务与企业原有的产品、技术和市场没有直接联系。这种多元化策略的核心在于通过跨行业经营,分散经营风险,提高整体盈利能力和市场竞争力。例如,美国杜邦公司除生产化学产品之外,还生产摄影器材、印刷设备、生物医学产品,以及进行石油勘探等。这种跨行业的经营方式可以使企业更好地应对市场变化和竞争挑战,通过多元化经营实现风险分散和利润增长。然而,混合多元化也需要企业具备强大的资源整合能力和管理能力,以确保不同业务之间的协同效应和整体效益。

3. 成本降低

在成本驱动力下可分为三个方面:

第一,规模经济效果。企业进入国际市场将面临更广泛的市场需求,因此需要提高生产数量、扩大生产规模,这在一定程度上能够降低平均成本,提升最小有效经营规模,从而降低生产成本,产生规模效益。

第二,区位经济效果。企业进入国际市场,能够将价值链各环节配置于全球最具比较优势的区域,以此降低生产成本,获得经济效益。例如,我国企业将生产活动转移至拥有丰富劳动力的东南亚国家进行,可降低劳动力成本。

第三,经验转移。在全球化背景下,企业能够将某一地区成功的经营模式复制到其他地区,包括生产流程、产品和营销策略等,减少经验探索所造成的成本。

4. 品牌传播以及风险分散

企业进入不同的国际市场,能够推广和强化自身的品牌形象和市场影响力,且企业可以通过该方式降低对单一产品市场的依赖度,分散业务风险,并且提高在全球市场上的竞争力。

(二)全球市场的挑战

1. 对海外市场不熟悉

由于文化、习俗、语言等不同因素的影响,不同国家和地区之间的供需关系和消费者消费习惯等存在巨大差异。企业在进入海外市场前,由于缺乏当地市场的相关资讯,因此需要对当地市场进行市场调研和分析,了解当地市场的供求状况以及消费者偏好,但会产生更高的成本。例如,我国知名奶茶品牌 KOI 进入柬埔寨市场时,为降低不熟悉市场的风险,采取合资经营的方式,由柬埔寨合资者负责实际营运,中方团队进行协助和品质管控,借由当地从业者对柬埔寨饮食习惯和人文习俗的了解来降低经营风险。

2. 文化认知差异

不同国家和地区具有不同的文化特色和习俗,因此企业进入海外市场会面临巨大的文化差异,可能对企业营销策略和品牌形象造成影响。再者,企业进入海外市场可能面临当地的民族主义,即排挤外来品牌。因此除语言障碍之外,企业必须对当地习俗、宗教信仰等社会文化进行了解,在海外市场建立企业品牌形象,结合当地文化积极开展品牌宣传和推广活动,制定适合当地文化的营销策略,避免因文化认知差异所带来的运营风险,提高企业在海外市场的认知度和影响力。

3. 竞争压力和管理风险增加

企业出海时必定会面临不同的社会、法律等新的竞争环境,也会面临激烈的本地市场竞争,造成经营成本的增加。面对这样的竞争压力,企业首先应深入了解当地法律法规以避免由于违反法律造成的经济和商业风险;其次,面对激烈的本地市场竞争,企业需要加强人才培养,建立有多元文化背景和价值观念的经营团队,结合本地文化、消费习惯制定提升产品差异化的营销策略,提高企业在海外市场的适应性和竞争力;最后,进入海外市场意味着将面临更多的不确定性,当面临市场波动、政策变化等因素而导致的商业风险时,企业要有更加完善的风险管理措施和更加健全的危机管理体系。

三、全球经济环境对国际营销策略的影响

在经济全球化浪潮下,传统的营销策略已逐渐不适用于当前的国际市场。全球经济环境对国际营销策略的影响体现在以下几方面:

(一)营销方式数字化

互联网作为第三次工业革命的产物,充当了世界相互交流、信息传播以及电子商务的中介,而互联网的崛起是信息全球化的重要推动力,也为国际营销提供了一个全新的平台——数字营销。

互联网的普及为企业进行国际营销提供了助力,数字营销作为一种新型营销方式逐渐兴起,为传统的国际营销创造出了新的市场和机会,开创了新的国际营销方式。网络技术作为数字营销的技术支撑,扩大了企业的市场覆盖面,也有助于企业搜集销售数据以便更好地进行市场细分,增加销售机会。

同一性质的产品能够按照性别、年龄、喜好、消费习惯进行市场细分,而互联网的存在能够帮助企业更好地了解细分市场消费者的消费习惯,为企业争取到更多的消费者,从而使产品的销售在细分市场上更加多元化、多样化,产品的区域特色更加明显。

(二)营销策略和竞争方式的国际化

经济全球化意味着市场无国界,世界市场相互联系且逐渐融为一体。企业面对的不再只是国内的消费者,而是来自全球各地的消费者,因此企业在进行国际营销时,势必要结合全球消费者的消费习惯。另外,经济全球化也将使企业面临来自不同国家、同一行业的竞争者的竞争,尤其是那些拥有完善营销策略和优质品牌形象的跨国公司或东道国的企业。

全球化使跨国公司的数量日益增多,世界市场的竞争也日趋激烈,单一企业进入国

际市场与来自世界各地的竞争者进行竞争容易增加企业经营风险和生产经营成本。所以，为了迅速进入国际市场，减少风险和降低成本，许多企业纷纷选择与其他企业，如供应商或竞争对手建立战略伙伴关系，寻求优势互补、共享利益、共担风险。

（三）消费者消费需求的个性化

互联网的发展使得文化通过网络在全球范围内传播，各国文化不断碰撞和融合。在此背景下消费者的消费习惯和价值取向也受到影响，消费者对产品和服务的期望越来越高，主要体现在：

首先，在产品的设计上，消费者对产品的需求呈现出差异化和定制化的趋势，消费者对产品的选择不再遵循传统的"大众消费选择"的消费模式。

其次，随着科学技术的发展，消费者对于产品质量、功能有了更高的要求，对产品的用途选择倾向于全能型，同时也更加重视与产品相关的服务，如售前的参考建议和售后的维修、退换货服务。

最后，随着时代的发展，消费者的受教育水平逐渐提高，思想价值观念不断进步，越来越多地考虑产品的"性价比"，不再盲从"便宜无好货"的消费理念，而是追求物美价廉的产品。

在经济全球化的影响下，国际市场的改变是在持续进行的，随着国际营销环境的变化，企业应根据自身情况，选择适应当前全球经济环境的新型国际营销策略。

四、全球经济环境对企业竞争力的影响

在经济全球化的背景下，全球经济环境对企业竞争力的影响可分为三个方面：

（一）规模效应

经济全球化带来的规模效应反映在市场潜力、潜在客户、潜在供应商和合作伙伴以及潜在竞争对手的增加上。规模效应代表着企业所面临的竞争市场不再局限于单一的地区或单一的市场，而是更广阔的市场、更多元的销售渠道以及更广泛的客户群体。

随着区域经济一体化的推进，贸易壁垒开始不断减少，世界市场呈现一体化趋势，但这并不意味着同质化，而是表现为市场关联更强，外国企业进入本国市场参与竞争的壁垒逐渐降低，相应地，本国企业进入外国市场参与竞争的壁垒也在逐渐降低，因此，本国企业能够选择的供应商和合作伙伴拓展至全球范围。

虽然各国市场开始紧密相连，但各国市场仍然存在不同，各个国家的市场是多元化的，企业所提供的产品和服务的市场潜力不再仅仅局限于地方，而是全球性的。这意味着以前由于行业和地理位置的限制所划分出的细分市场潜力更大。随着市场总规模的扩大，潜在客户、潜在供应商和合作伙伴以及潜在竞争对手的数量也在不断增加。

（二）生产过程碎片化

价值链是企业生产的产品或服务增值的环节，企业在从事生产经营活动时必须利用自身价值链上的独特优势，以实现在市场上与同行竞争者的有效差异化。随着经济全球

化的推进,制造业的价值链被分割为多个环节并且每个环节的价值都有所增加,生产过程的碎片化开始出现,国际贸易的潜在规模也得以提升。美国经济学家保罗·克鲁格曼(Paul Krugman)将其称之为"分割价值链",并认为这将成为国际贸易的一个重要趋势,将使贸易出现高增长。得益于货物、劳动力和资本等生产要素跨境流动成本的降低,企业能够在价值链不同环节创造更多价值,而这种基于国际分工的资源配置形式也被称为"离岸外包"。

跨国公司离岸外包的规模不断扩大,跨国公司通过将业务转移至低成本国家以实现成本的节约和降低,减少资本投资。随着跨国公司组织和技术的不断发展,离岸外包的规模和形式也在不断变化升级,而这些复杂的供应链和分割的价值链正成为跨国公司核心竞争力的关键组成部分。

(三)竞争压力加剧

经济全球化带来的竞争压力加剧主要体现为更低的成本与价格、更多样化的市场和更多的竞争对手。

随着贸易壁垒的逐渐减少,经济逐渐开放,企业将面对更多的竞争者。为了保持自身的竞争力,企业首先面临的将是成本和价格降低的压力。为应对这种压力,企业需要全面提升对离岸外包与外包活动的管理能力,强化价值链的专业化分工,并优化碎片化生产流程的协同效率。而企业在国际市场上面临的竞争环境也随着客户偏好、竞争对手、产品周期、生产技术的不同而不断发生变化。

此外,更多样化的市场也是加剧竞争压力的原因之一。随着行业边界的全球化扩展,企业在进入规模更大、多样性更丰富的新兴市场时,面临的复杂性显著增加。一方面,具备全球布局能力的竞争对手可能通过市场多元化战略构建竞争优势;另一方面,信息技术的普及将降低市场准入门槛,使新竞争者更易涌入。因此,企业需要不断提高自身竞争力,不断创新和改进,以保持在世界市场中的竞争地位。

拓展阅读

蒙牛的东南亚投资环境分析

截至 2022 年,蒙牛的海外投资分布在澳大利亚、新西兰以及印度尼西亚等地。其中,澳大利亚的乳业公司总投资约 1.4 亿澳元,其产品主要向日本、东南亚等 25 个国家出口;位于新西兰的乳业公司则面向新西兰本国销售,部分销往中国;而位于印度尼西亚的工厂是蒙牛在全球建设的第 60 家工厂,其规划日产能达到 280 吨,年产值达到 1.5 亿美元。

政治环境分析

近年来,我国与东盟的合作越发稳定。以泰国为例,自中国开展"一带一路"建设以来,泰国便积极参与其中,且推出一系列吸引外商的战略和措施,如针对轻工业、农业和制造业的税收优惠政策。

2020 年,中国最大的贸易伙伴分别为东盟、欧盟和美国,而中国与东盟之间的贸易额较 2019 年增长了 283 亿美元。由此可见,近年来中国与东盟在推进一体化进程中取得了长足进步。中国与东盟的贸易规模在 1991 年至 2020 年间扩大了 85 倍,贸易发展仍然优于预期水平。2021 年第 24 次中国—东盟领导人会议的举行,既有利于拓展双方合作的深度,又有助于开启在更多新兴领域的合作。

蒙牛在印度尼西亚的海外投资项目于 2017 年立项,2021 年正式运营。早在 2016 年,中国与东盟双边贸易额就已突破 4 000 亿美元,东盟也成为中国第三大合作伙伴,而 2020 年,东盟已上升至中国第一大贸易伙伴。因此在这几年间,蒙牛充分发掘东南亚发展潜力并成功实现海外投资。

经济环境分析

印度尼西亚以农业经济为主且农业占据其 GDP 的 15% 以上。因此,前期印度尼西亚以廉价的土地和良好的投资环境吸引了蒙牛来此建设乳制品工厂。该工厂位于印度尼西亚的中印经贸合作区内,蒙牛在该地进行投资不仅能充分利用廉价的土地和优良的投资环境,还获得了税收方面的优惠,以及享受了普惠制政策,使得印度尼西亚的蒙牛工厂从新西兰和澳大利亚进口原材料更加便利。这些优惠政策都为蒙牛开拓东南亚市场提供了便利。

社会环境分析

从东南亚人口结构来看,2020—2030 年部分国家进入了人口红利期,而该阶段经济发展的潜力较大。根据联合国的《世界人口展望:2015 年修订版》,世界人口将持续增长,总人数在 2050 年将接近 100 亿。在许多发达国家都进入老龄化的当下,全球人口的持续上升主要在东南亚地区以及中东地区的发展中国家表现得尤为明显。目前中国生育率不断下降,企业将战略目光投向人口增长潜力大的东南亚地区是合理的,而且中国过去的发展模式和经验也可以复制到东南亚地区,以满足海外投资发展需求。

对于蒙牛来说,选择到东南亚地区进行投资意味着产品销量的进一步提高。东南亚地区的乳制品消费热情较高,加之东南亚地区处于人口红利期,这一社会环境因素将提高乳制品的生产效率。

技术环境分析

乳制品作为易变质产品,对生产与销售的冷链系统有一定要求,而常年高温多雨的东南亚地区对乳制品的低温保存提出了更高的要求。因此,冷链成为中国乳制品行业在东南亚投资发展的先决条件。而蒙牛通过收购当地冰激凌加工企业等方式,在当地建立了较为完善的冷链保鲜体系。

由于近十年中国电商体系的快速发展,目前东南亚地区的大部分电商物流企业均有京东、阿里巴巴等中国企业参股,同时其也得到了这些中国企业技术上的支持。因此,蒙牛进入东南亚市场,依托信息化程度较高的电商物流能够极大地促进乳制品的网络零售。再通过低温冷链物流体系,促进乳制品的稳定流通,形成蒙牛的重要技术优势。

在分析蒙牛的东南亚地区投资环境时,应首先关注作为大背景的政治环境,和谐稳定的政治发展是双边投资合作的重要因素。其次,经济环境下双边经贸区的蓬勃发展也促成了蒙牛在东南亚投资。再次,在社会环境方面,人口增长的变化将影响蒙牛目标市场的产品布局。最后,在技术环境方面,电商物流的蓬勃发展以及当地的冷链保鲜技术,使得蒙牛能够更好地在海外发展。

资料来源:刘泽禹. 蒙牛乳业东南亚投资环境分析[J]. 中国奶牛,2023(2):56-58.

第三节　经济全球化下的数字营销

一、数字营销的市场经济特点

互联网的诞生推动了国际商务的发展,同时也为企业的国际营销带来了新的平台——数字营销。二者的出现均对经济学产生了冲击,改变了现有市场的经济特质。企业在开启数字营销前必须对其竞争环境有所观察,了解数字营销的市场经济特点。

(一) 网络外部性

占据市场主导地位并掌握高科技产品的技术标准制定权,将会提升产品对个别使用者的价值,即产生网络效应。网络效应源自网络外部性,即产品对个别使用者的价值取决于使用该产品的总人数。有学者发现,网络的价值与其使用人数成正比,而网络价值的增长又将不断吸引新的参与者。因此,网络的价值取决于上网的人数,越多人使用,网络的价值就越高。

(二) 梅特卡夫法则(Metcalfe's Law)

这是由以太网(Ethernet)发明者及 3Com 公司创办人罗伯特·梅特卡夫(Robert Metcalfe)提出的一种网络技术发展规律,即网络效用等于使用者数目的平方,这也是数字经济中边际收益递增的规律。假如一个网络中有 n 个人,那么网络对每个人的效用与使用网络的其他人数量成正比,即网络对所有人的总效用与 $n \times (n-1)$ 成正比。若一个网络中网络对每个人的效用为 1 元,当网络规模扩大 10 倍时,网络总价值等于 100 元。以此类推,网络规模扩大 10 倍,则其价值也相应增长 100 倍。

该法则反映出的网络效应,即每增加一个新节点或使用者,网络的价值会急速增加,进而引申出商业产品的价值会随着用户数量的增加而增加的定律。其背后的理论就是所谓的网络外部性,即使用者越多,对原有使用者影响越大。梅特卡夫法则揭示了网络规模效应的巨大价值,它将产业数字化与企业间的信息互联相结合,通过网络外部性的乘数效应,催生出具有无限商机和发展潜力的数字营销平台和全球电子商务市场。

(三) 正反馈循环

正反馈循环,即随着使用者数量增加,产品变得更具吸引力,当使用者数量达到关键多数时,产品就能在市场上占据绝对优势。从本质上看,正反馈循环导致了"大者恒大、弱者越弱"的现象,这也是科技在呈现爆发式增长之后能够维持长期领先态势的原因。微软和麦金塔的系统之争是正反馈循环的一个典型例子。微软采取开放系统的战略,因此获得了网络效应,从而带动了正反馈循环,使得微软"大者恒大";而麦金塔采取封闭式的系统战略,结果导致了"弱者越弱"。

（四）收益递增规律

传统的经济形态中存在着收益递减规律,即在物质世界投入相同的生产要素,其收益最终会递减。然而,在数字经济时代,所有信息均可被数字化后进行传输储存,各个产业在一定程度上变成了"知识产业"。一则新闻、一篇文章在网络上点击率越高,其相应的影响力也越大,能够产生更多的利润。这种收益递增规律,即在超越一定门槛后,收益随着每单位投入而不断增加的现象已成为数字经济时代的一个普遍现象。

数字经济下的收益递增也是由网络外部性带来的,由此形成良性的反馈回路,在该回路中收益递增能够产生累积和强化的作用。该模式最初的营收增长非常缓慢,而在网络外部性的作用下,一段时间后营收将实现激增,同时单位成本也会稳步下降。网络的价值随着使用总人数的增加而增加,而网络价值的增加又吸引了更多的使用者加入,进而形成收益递增。但需注意由收益递增和网络外部性的共同作用导致的垄断。

（五）需求面的规模经济

传统经济追求"供给面的规模经济",即生产规模越大,单位生产成本越低,所产生的经济效益越高。但数字经济追求的是"需求面的规模经济"。这是因为数字产品开发制造成本很高,再制成本却很低,所以生产规模大小对单位生产成本影响很小。因此,为了降低开发成本,数字技术就需要被更多的消费者采用。使用产品的人越多,单位开发成本就越低,产品的价值就越高,因此就产生了"需求面的规模经济"。

需求面的规模经济已成为信息市场的普遍现象,当出现需求面规模经济时,消费者预期便会很快形成。换言之,若消费者预期产品将获得成功,那么产品将很快被广泛使用,且使用人数将会逐渐增加。反之,若消费者预期产品不会被广泛使用,最终则会导致产品停产。同样以微软和麦金塔的竞争为例,消费者之所以选择微软的作业系统并不是因为该系统是最好用的,而是因为该系统更符合消费者的心理预期,从而使得用户数量激增,最终成为行业标准。

（六）交易动态化

在网络还未普及时,消费者所接触的市场十分有限。而随着网络和相关技术的不断发展,消费者能够在线上通过不同的网站进行比价,消费者市场开始变得具有流动性。若企业无法掌握动态交易的性质,适时调整自己的经营方式和营销策略,在消费者越来越多地使用网络购物的时代,企业将失去对价格、成本和收益的控制。

二、经济全球化下的数字营销新规则

互联网的出现改变了传统的营销规则,进行数字营销的企业要确保长期盈利和可持

续发展,就必须做到适应外部环境的不断变化以及适时调整经营方式。目前经济全球化下的数字营销新规则体现在以下几方面:

(一) 由供给面规模经济向需求面规模经济转变

传统经济中,企业追求的是由更大的生产规模和更低的单位生产成本而带来的更高的经济效益,即供给面的规模经济;而在数字经济中,企业追求的是总用户数量带来的更高的经济效益,即需求面的规模经济。

(二) 产业标准建立占据了重要地位

数字经济下的数字营销关注的是网络效应推动的正反馈循环,即通过使用人数的增加达到关键多数以占据市场绝对优势。因此,为达成关键多数这一目标,建立产业标准就变得极为重要。

(三) 产业边界模糊

随着上网消费人数和上网营销企业的数量不断增加,网络产业无时无刻不在拓展自己的边界,在虚拟与实体经济加速融合的背景下,消费者能够通过不同的网站进行消费,因此产业边界逐渐模糊,潜在竞争者大幅增加,竞争态势加剧。

(四) 市场动态化

在网络技术和电子商务的推进下,传统市场的定义已被颠覆,现如今,由于市场每时每刻都在发生变化,因此完全把握市场的状态变得更困难。

(五) 网络全球化

在全球化的趋势下,网络拥有了能够将世界放大和缩小的能力。所谓放大,是指不论何地的生产者或消费者,均能够在不同时间、地点销售或购买产品或服务;而缩小是指,网络技术的发展能够使企业在线轻松获得其他国家的技术等生产投入,而节省下人员流动的成本费用。

拓展阅读

索菲亚的数字化转型之路

2003 年,索菲亚家居股份有限公司(以下简称"索菲亚")在广州增城成立,且于 2011 年在 A 股上市。经过 20 多年的快速发展,索菲亚已成为中国定制家具行业的领军企业。2020 年,索菲亚提出了"多品牌、全品类、全渠道"的战略布局,并且推出了"索菲亚""司米""米兰纳""华鹤"四大品牌组合,以定制衣柜为主打商品,提供 7 大品类、"8 + 1"空间整体解决方案,该企业也在 2021 年实现了 104 亿元的营收。

在全球数字化和智能化的背景下,由于定制家具行业受制于其长链条、重体验的行业属性,一度被认为是最难实现数字化转型的行业。索菲亚率先进行数字化升级,稳步推进数字化战略,并运用数字化技术和现代化管理打破定制家具行业的制造标准化与设计个性化的固有矛盾。其智能制造水平在全球定制家具行业处于领先地位,逐渐构建起数字化综合能力,并形成以产品力、品牌力、渠道力、数字化能力和供应链能力为核心竞争力的战略布局。索菲亚通过数字化转型成功解决了行业难题并取得显著成果,成为中国定制家具行业中智能与科技的引领者。

数字化转型阶段

数字化转型是指企业运用人工智能、大数据、物联网等现代数字技术为核心业务提供支持,不断提升客户体验,升级优化操作流程,实现商业模式创新的过程。索菲亚作为我国定制家具行业数字化转型领先者,2007 年就开始了信息化布局,推出 ERP(企业资源规划)系统,在生产过程中采用"标准件 + 非标准件"相结合的方式,致力于解决定制家具行业的固有矛盾,以及实现规模效益和个性化需求的平衡。索菲亚在 2011 年率先开启了数字化转型,其转型发展可分为初步转型、快速发展以及全面推广三个阶段。

数字化初步转型阶段(2011—2014):随着亚洲第一条柔性生产线的启用,索菲亚迈入了自动化与柔性生产的新时代。2013 年,企业实行"大家居"战略,并成立了信息与数字化中心,负责企业的数字化架构设计、数据处理、信息技术研究开发等工作。随后企业又推出了营销协同系统(X-Plan),实现了对终端客户的精细化管理,这一举措也标志着其数字化转型取得了初步成效。

数字化快速发展阶段(2015—2018):2015 年,索菲亚推出了大数据分析平台,进一步推动了信息与数据的深度融合,同时成立了广州宁基智能系统有限公司,通过自动化和信息化的紧密结合实现智能制造和仓储的融合,塑造了高效智慧工厂的形象。此外,索菲亚还投资了广州极点三维信息科技有限公司,推动了仓流程智能化改造,提高了家具的个性化定制效率和准确率。在该阶段,索菲亚通过结合信息与数字化中心、宁基智能系统有限公司和极点三维信息科技有限公司推动了企业数字化转型的快速发展。其中,DIY HOME 智能设计软件的研发和推广,是索菲亚达成"前端设计与后端制造的一键式下单"一体化发展目标的重要里程碑。

数字化全面推广阶段(2019 年至今):索菲亚秉承工业 4.0 标准,率先研发了以"1 大平台 +4 大板块 +10 大系统"为核心内容的全流程数字化运营体系。通过大数据 BI(商业智能)平台的推动,索菲亚完成了研发、营销、制造和服务四大板块的模式重构,DIY HOME 和制造执行系统(MES)等 10 大系统的有机整合,为企业提供高效运营的支持,推动了企业长期的数字化发展。

数字化转型成效

索菲亚通过数字化转型对企业内部的研发、制造、营销、服务等环节进行重构,数字化技术被运用到前端个性化订单 3D 智能设计、中端数字化供应链和生态平台的构造、后端智能化生产等环节,不断克服个性化定制与标准化生产的矛盾。

过去,索菲亚采取的整体运营模式是先制造后销售,而现在已转变为根据客户个性化需求进行设计和制造。设计师在客户家中完成测量且确认定制方案后,将尺寸与当地工厂同步,实现生产线与供应链的快速响应;同时,客户也可通过大数据实时查看生产制造进度。整个流程实现了高度自动化和无缝衔接,最终实现高效交付与安装。

资料来源:张玉利,田震.个性化与标准化:索菲亚数字化转型之路[J].清华管理评论,2023(3):104-114.

本章小结

1. 当前国际贸易的形势是经济全球化、国际贸易网络化、贸易自由化。此外,跨国公司也在国际市场中发挥着重要的作用。
2. 以经济全球化为主流趋势的全球经济环境对国际贸易、国际营销以及从事国际营销的跨国公司来说不仅是机遇,也带来了一定的风险。
3. 数字营销新规则体现在:由供给面规模经济向需求面规模经济转变,产业标准建立占据了重要地位,产业边界模糊,出现了市场动态化与网络全球化的特点。

思考题

1. 阐述当前国际贸易形势的特点,以及这些特点如何影响国际营销活动。
2. 分析全球经济增长面临的机遇与挑战,以及汇率和通货膨胀变化对国际营销的影响。
3. 阐述全球市场需求和供给变化的特点,以及企业如何根据这些变化制定国际营销策略。
4. 结合案例分析全球经济环境对国际营销的影响,包括不确定性和风险、市场机会和挑战以及对营销策略和企业竞争力的影响。
5. 阐述经济全球化下数字营销的市场经济特点和新规则,并结合案例说明企业如何开展数字营销。

案例分析题

东方中科:专精特新企业的国际化路径与经济环境适应策略

在全球制造业迈向高端化、智能化的背景下,中国专精特新企业成为国家推动产业转型升级的重要力量。东方中科作为国家级专精特新"小巨人"企业,通过构建高端测试测量技术平台和创新商业模式,逐步实现从本土市场向国际市场的延伸。其成长路径不仅展现了新质生产力的发展趋势,更凸显了经济环境因素在国际营销中的重要作用。

一、企业发展与经济环境的互动

东方中科起初作为一个测试测量设备供应商,在国内技术壁垒高、市场集中度低的经济环境中找到了突破口。随着中国在高端制造、新能源、航空航天等领域的产业升级,对高性能测试仪器的需求快速上升,为东方中科的崛起提供了重要的市场基础。东方中科通过对上游仪器核心部件进行系统整合,形成了"产品+服务+平台"的一体化解决方案,既满足了国内市场对定制化、系统化解决方案的需求,也打通了向海外市场拓展的路径。

　　从经济环境角度看,中国近年来持续推动产业链现代化与"双循环"战略,鼓励"走出去"的政策环境加速了东方中科的国际营销布局。尤其是在全球高端测试设备长期由欧美企业垄断的背景下,中国企业的崛起带动了新一轮的供给侧替代,东方中科抓住了全球供应链重组、技术本土化和制造业成本优化的国际经济趋势,在技术与资本双轮驱动下,逐步提升了其在国际市场中的话语权。

　　二、国际营销中的经济适配策略

　　东方中科在开展国际营销时,面临的最大挑战并非技术差距,而是目标市场经济结构与本土经验之间的适配问题。例如在发达国家市场,客户对测试设备的精度、服务响应速度和长期运维支持提出了更高要求,东方中科必须在售后体系建设、供应链布局和本地团队运营上进行同步优化。

　　为应对全球高端测试测量行业的经济集中度高、客户定制化需求强的特点,东方中科采用了差异化的国际市场进入策略。在东南亚、印度等新兴经济体,企业通过提供性价比更高、模块化灵活的产品来抢占市场份额;而在欧美市场,则强化技术授权合作与本地化集成服务,缓解直接与巨头竞争所面临的资源瓶颈和市场信任门槛问题。

　　此外,全球通胀压力、供应链波动和地缘政治的不确定性,也对东方中科的国际业务扩张构成挑战。面对原材料价格上涨和物流成本波动,企业通过建设跨国供应网络、采取多节点备货策略和整合本地渠道,有效缓解了成本波动带来的风险。这种对经济环境的敏锐感知与快速反应,成为企业海外扩展过程中的关键竞争优势。

　　三、制度与资源环境的支撑作用

　　中国政府近年来高度重视专精特新企业的国际化路径,出台多项金融、贸易和税收政策,为东方中科等企业提供融资支持和出口便利。例如,企业在"走出去"过程中享受的高新技术出口退税政策、对外投资备案制度优化等,极大地提升了其在国际市场的成本竞争力与市场进入效率。

　　同时,东方中科善于借助国家级重大工程平台,如"两机专项""核电工程""航空航天装备"配套项目,不仅提升了品牌信用,也为企业国际营销增加了技术背书和国家信誉支撑。这种"制度＋资源"的双重优势,使东方中科在国际经济环境中具备了更强的竞争力。

资料来源:霍春辉,杨艳茹,张启望.专精特新企业培育新质生产力的破局之道:基于东方中科的纵向案例研究[J].经济管理,2025(2):27－49.

　　思考题:

　　1. 东方中科在全球制造业转型和供应链重组的背景下,抓住高端测试测量设备国产替代与出口机会,实现国际扩张。结合案例,分析全球经济结构变化(如制造成本转移、技术自主化、地缘风险等)对中国技术型企业国际市场进入策略的影响。

　　2. 面对发达经济体与新兴市场在经济结构和技术需求方面的差异,东方中科采取了模块化产品与本地化合作相结合的策略。结合案例,分析企业应如何根据不同国家的经济环境调整国际营销模式以实现有效渗透。

3. 东方中科通过税收政策、出口便利化措施等国家支持降低了国际化过程中的制度性成本,同时采取多节点供应策略应对全球通胀与物流波动。结合案例,讨论宏观经济波动及制度环境对国际营销风险管理策略的影响,并说明企业如何进行应对。

第四章
国际营销的文化环境

不同的国家、民族处于不同的地理区域,书写着不同的历史,也发展出具有自身特色的政治和经济制度,这一切都影响着民族文化的形成。文化环境在国际营销活动中发挥着潜在的制约作用。国际营销需要充分考虑不同文化背景之间的差异,在不了解民族文化的情况下进行的营销活动必然会遇到困难和瓶颈。

在国际营销实践中,企业应注重文化差异的识别与适应。通过深入了解目标市场的文化背景、消费习惯和价值观念,企业可以制定更加精准有效的营销策略,避免文化冲突和误解。同时,企业还应加强跨文化沟通与交流,提升自身的文化敏感性和适应能力,以更加开放和包容的姿态融入国际市场。

学习目标

　　通过本章的学习,学生应了解不同文化体的特征以及国际营销中文化环境的影响,克服在国际营销中的自我参照惯性准则,掌握文化营销方法,深入挖掘中华文化的独特魅力和优秀特质,加强对中华文化的认同感。

〃 **引导案例**

海信赛事营销助力跨文化传播

　　海信作为中国国际化企业的代表,在全球市场扩张过程中曾遭遇了跨文化传播障碍,包括信息不对称和价值观异质,且这些障碍在不同文化场域中呈现出动态变化的特征。为了有效突破这些障碍,海信积极利用赛事营销这一策略,通过构建营销场和社交场,将多元文化场域的受众聚合在同一平台上,从而开展高效的品牌传播活动。

　　在具体实施过程中,海信的赛事营销活动经历了从"传递"到"沟通",再到"共创"的演化轨迹。初期,海信主要通过赛事赞助传递品牌信息,提高品牌的国际知名度。随着营销活动的深入,海信开始注重与受众的沟通互动,通过社交媒体等渠道加强与受众的联系,倾听其反馈,不断优化传播策略。之后,海信通过深度的文化融合和品牌共创活动,让受众真正参与到品牌传播中来,形成了较强的品牌忠诚度。

　　不同阶段的赛事营销活动对受众心理场域的影响也由浅入深。初期,受众主要通过认知同构来接受品牌信息,逐渐建立起对品牌的初步印象。随着活动的持续进行,受众的联想转移被激发,开始将体育赛事的积极形象与海信相联系。而后,通过深度的品牌共创活动,受众与海信共享价值观,形成了长期的品牌忠诚度。

资料来源:许晖,李阳,王亚君. 场域视角下中国国际化企业如何通过赛事营销突破跨文化传播障碍:基于海信集团的案例研究[J]. 管理学报,2022(12):1744－1755.

第一节　国际营销的文化环境概述

一、文化定义和文化环境的影响因素

　　荷兰管理学教授吉尔特·霍夫施泰德(Geert Hofstede)把文化称为"大脑的软件",将文化视作人类思想和行为的指南、解决问题的工具。[①] 被称为"人类学之父"的英国文化人类学奠基人爱德华 ·伯内特·泰勒(Edward Burnett Tylor)1871 年在其代表作《原始文

---

① Hofstede G,et al. Cultures and organizations:software of the mind[M]. 3rd ed. NY:McGraw-Hill,1991.

化》中给文化下的定义是：文化是一个复合的整体，其中包括知识、信仰、艺术、道德、法律、风俗以及作为社会成员而获得的其他方面的能力和习惯。

（一）文化的特点

文化的强制性、选择性和排他性是文化现象中的几个重要方面，它们描述了文化对个体和群体的影响以及文化之间的界限和差异。

强制性（Imperatives）：此维度体现的是文化对个体及社群行为的规训与引导机制。文化通过其内嵌的价值观、制度规范及行为范式，影响着个体的社会化进程，塑造个体的思维模式、行为模式及社交互动范式。这种约束既可以是显性的，如法律法规、风俗习惯的直接规定；亦可隐晦地作用于社会舆论与道德评判之中，形成强大的心理压力与期待，从而间接影响个体行为。

选择性（Electives）：文化的选择性揭示了文化接纳过程中个体与群体所展现出的主动筛选与偏好。尽管文化对个体存在固有的规范与导向，但个体亦能在一定程度上行使自主权，决定对特定文化特征的接纳、认同或抵制程度。此选择过程深受个体背景、教育经历、个人经验及意识形态等多元因素的影响，体现了文化适应的灵活性与多样性。

排他性（Exclusives）：文化的排他性聚焦于不同文化体系间存在的界限与独特性，这些界限往往通过独特的信仰体系、价值观、习俗及行为规范得以彰显，进而构建出鲜明的文化身份与社群认同。文化的排他性可能加剧文化间的隔离状态，甚至引发歧视与冲突，有时表现为对其他文化的排斥或敌意，进一步激化文化间的紧张关系。

需要注意的是，文化的强制性、选择性与排他性并非孤立存在的概念框架，它们在复杂的社会文化环境中往往交织互动，共同塑造着文化的动态演变。具体而言，文化的强制性可能削弱个体的选择空间，而排他性则可能加剧强制规范的实施力度。然而，鉴于文化的多元性与动态性，这些特性在不同文化语境下的表现形式与影响深度亦呈现出显著的差异性。

（二）文化环境的影响因素

1. 地理因素

地理因素包括气候、地形、植物和动物等多个方面。地理的影响体现在人们几千年来形成的最深刻的文化价值观中，并通过影响历史、技术、经济、社会制度等影响人们的思维方式。例如，不同地理环境的差异造就了不同的文化。沿海地区的社会往往与海洋相关，发展出渔业、海洋贸易以及与海洋相关的宗教和信仰；而山地地区的社会可能更侧重于农耕、畜牧等山地生活方式，并形成独特的山地文化。地理位置和资源的可利用性也会塑造文化。例如，位于沙漠地区的社会可能发展出节约用水的意识和技术，以适应干旱环境；而位于农田丰富地区的社会可能更加注重农耕文化的传承。

2. 历史因素

历史上的特定事件会对技术、社会制度、文化价值观甚至消费行为产生影响。战争、征服和殖民统治等历史事件可能导致文化交流、融合或冲突，殖民时期的国家在语言、饮食和价值观等方面受到殖民者文化的影响。例如，烟草在 1600 年成为弗吉尼亚殖民地经济来源这一偶然事件对美国的贸易政策产生了很大影响，如《烟草法案》等贸易政策的诞生，推动了殖民地与英国的经济联系。在法国殖民统治下的部分非洲国家，法语成为官方语言之一。此外，欧洲殖民者还在当地引入了许多西方食品和烹饪方法，如面包、奶酪和西式烹饪。

3. 政治经济因素

政治和制度对文化的影响主要表现在宏观层面上。不同的政治制度和体制安排会影响文化政策、文化产业的发展和文化创意的自由度。政治上的稳定与变革会对文化的流动性和多样性产生影响，经济发展水平和消费模式也会对文化产生影响。经济状况的变化会影响人们的生活方式和消费行为，进而对文化产业、文化产品和文化创作带来影响。经济发展也可能改变人们对于文化的需求和价值观念。随着跨国公司在全球范围内的发展，其影响区域内的文化开始呈现同质化趋势。

4. 科技因素

科技的发展推动了信息和知识的快速传播与全球化交流，促进了不同文化之间的相互了解、交流和融合。科技为音乐、电影等文化创作提供了新的表达方式和工具，促进了文化创新和多元发展。科技改变了人们的社交方式和行为模式，也引发了新的社交和道德问题，给传统文化观念和价值观带来了挑战。

5. 社会环境因素

社会环境是指人类在社会生活中形成的一种具体环境，由社会制度、家庭结构、教育体系等因素构成。社会环境与文化是相互关联、相互作用的。社会环境通过塑造价值观念、社会组织、经济条件和政治体制等，对文化的形成、发展和变革产生重要影响。同时，文化又与社会环境相互作用，共同构建和塑造社会的面貌。

社会环境塑造了人们的价值观念和行为规范。不同社会环境下有不同的价值观念，以及对道德、伦理、社会行为等方面的规定和期待。这些价值观念和规范对于文化的传承、发展和变革起着重要作用。社会环境中的教育体系和知识传播方式对文化的形成和演变具有深远影响。教育体系可以传承文化知识，培养文化意识和文化技能。同时，不同社会环境下的教育内容和重点也会对文化产生影响。

二、国际营销中文化环境的作用

国际营销是一门艺术，它与文化息息相关。文化，作为人类在生活实践中建立起来的价值观、消费观、道德观等有意义的象征综合体，在人类社会活动中的影响日趋重要，那么文化环境对国际营销的作用有哪些呢？

（一）文化适应是进入目标市场的先决条件

文化适应（Adaption）指的是通过对目标市场文化环境的了解和体会，在国际营销中充分考虑其文化特点，避免与当地文化传统、宗教禁忌等相冲突。文化适应是进入目标市场的先决条件之一。当企业希望进入一个新的国际市场时，了解和适应该市场的文化是非常重要的。文化适应可以帮助企业更好地理解目标市场的消费者行为、价值观和习俗，从而有效地定位产品、制定营销策略以及与消费者建立关系。如果企业忽视了目标市场的文化差异，可能会引起误解，或采用不适当的产品定位和营销策略，甚至破坏品牌形象。文化适应的关键在于深入了解目标市场的文化背景，包括语言、宗教、价值观、社会习俗等方面。这可以通过市场调研、观察消费者的行为和与当地人进行交流来实现。同时，企业还需要灵活调整自己的商业模式、产品特色和沟通方式，以更好地适应目标市场的文化需求。文化适应不仅有助于企业提高市场竞争力，还可以增强企业与目标市场消费者之间的亲近感和信任感。当消费者感受到企业尊重和理解他们的文化时，更有可能选择企业的产品或服务。

在国际营销中应遵守文化适应的十个基本准则：①宽容；②灵活；③谦逊；④公平与公正；⑤能适应不同的工作节奏；⑥具备好奇心与兴趣；⑦对他国有一定了解；⑧友好；⑨能赢得他人尊重；⑩能入乡随俗。因此，文化适应是进入目标市场的先决条件，在国际营销中，我们不能随意地使用在本国市场环境中养成的固有思维方式和行为准则来分析处理在别国市场遇到的营销问题。

（二）把握目标市场的文化差异

在国际营销中，避免文化冲突，并非仅仅被动地适应目标市场的文化习俗，还应积极主动地采取相关措施，巧妙运用文化策略，以及克服自我参照惯性准则（Self-reference Criterion，SRC）。自我参照惯性准则指的是个体在跨文化交流或国际市场拓展的过程中，由于自身的文化背景和经验的束缚，往往会过度依赖自己的价值观和框架来解释和评价其他文化的行为、习俗和观念。自我参照惯性准则表明我们在看待和理解其他文化时，常常会将其视为自己所熟悉的文化模式进行解读，而忽略了其他文化的独特性和特点。这种自我中心的倾向可能会导致误解、偏见和交流障碍。因此，了解并克服自我参照惯性准则对于有效地跨文化交流和开拓国际市场至关重要。美国学者詹姆斯·李（James Lee）提出的理论框架，系统地解决了自我参照惯性准则问题，其核心机制包括：

（1）根据本国的文化特征、习惯和规范来定义问题或目标。

（2）根据东道国的文化特征、习惯和规范确定问题或目标，不做价值判断。

（3）将自我参照惯性准则的影响分离出来，仔细研究它是如何使问题复杂化的。

（4）在不受自我参照惯性准则影响的情况下重新定义问题，并根据东道国的市场情况加以解决。

（三）利用文化变迁寻找营销机会

不同时代和不同阶段会赋予文化新的含义。在当代社会快速变迁的背景下，人们观念的包容性显著增强,使得新兴文化更易被接纳,尤其是年轻群体在消费行为中日益凸显对个性化表达与新奇特质的追求。

在当代营销实践中,应主动把握文化变迁脉络以发掘市场机遇,进而引领观念革新与文化演进。例如麦当劳开展的营销活动就宣传了一种新的生活时尚,在许多国家都很受欢迎。不难理解,迎合新奇消费,再加上方便、节省时间,无疑成为麦当劳成功打入新市场并迅速风靡全球的关键所在。

三、国际营销中的跨文化传播理论

(一)霍尔的高语境-低语境理论

随着全球化的发展,国际贸易和营销中的文化因素逐渐成为企业关注的焦点。美国学者爱德华·霍尔(Edward Hall)首先提出语境(Context)这一跨文化传播领域的基础概念。[①] 所谓语境,就是交际的语言环境或文化意义域。如图4-1所示,霍尔将语境分为高语境和低语境,高语境文化中人们更倾向于以社会情境等间接传递信息,信息较为模糊;低语境文化中人们相互交流沟通时主要由显性语言直接传递信息,而较少通过社会情境等传递信息。高语境文化中的信息表达体现出笼统和模糊的特点,而低语境文化中的信息更加强调细节,注重准确度。针对文化环境中高低语境的不同进行差异化的营销,能够强化受众的文化关联并增强用户黏性。

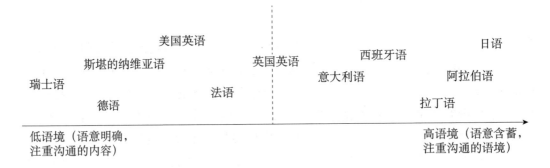

图4-1 霍尔关于语境、沟通和文化的分级

(二)霍夫斯泰德的文化维度理论

霍夫斯泰德通过研究 IBM 的员工价值观调查数据,提出了霍夫斯泰德文化差异指数[②](见表4-1),包括权力距离指数、个人主义/集体主义指数、不确定性规避指数和男性化与女性化。随着研究的深入,研究者又提出了长期导向与短期导向和自身放纵与约束两大维度。

---

① Hall E T. Beyond culture[M]. NY:Anchor press,1976.

② Hofstede G. Culture's consequences:comparing values,behaviors,institutions and organizations across nations[J]. Behaviour research and therapy,2003,41(7):861-862.

表4－1 霍夫斯泰德文化差异指数

维度	含义	代表国家
权力距离指数	高权力距离:这些国家在社会结构中存在较多的不平等,对权威和权力的尊重程度较高	墨西哥、新加坡、法国
	低权力距离:这些国家更强调平等和民主,社会结构中的不平等较少	美国、瑞典
个人主义/集体主义指数	个人主义:这些国家强调个体的自主性、独立思考和个人利益	美国、加拿大、澳大利亚
	集体主义:这些国家注重群体的利益、集体责任和团队合作	墨西哥、泰国
不确定性规避指数	高不确定性规避:这些国家在面对未知和不确定性时更倾向于寻求规则、安全和稳定	意大利、墨西哥、法国
	低不确定性规避:这些国家更接受风险和不确定性,更加开放、自由和灵活	加拿大、美国、新加坡
男性化/女性化	男性化:这些国家重视竞争、成功和成就,强调领导力和事业发展	日本、德国、荷兰
	女性化:这些国家注重关怀、平等、工作与生活的平衡,强调社会关系和高质量生活	瑞典、挪威、丹麦
长期导向/短期导向	长期导向:这些国家注重坚持、耐力和对长期目标的追求,重视传统价值观和长远利益	中国、日本
	短期导向:这些国家更注重即时利益、个人满足和当下的成就	德国、澳大利亚、美国、加拿大
自身放纵/约束	放纵:这些国家鼓励自由、享乐和个人满足,对欲望和快乐的控制程度较低	荷兰、澳大利亚、瑞士
	约束:这些国家更注重节制、自律和社会约束,对欲望和快乐的控制程度较高	印度、中国、韩国

权力距离指数(Power Distance Index):指某一社会中地位低的人对于权力在社会或组织中不平等分配的接受程度。由于对权力的理解不同,因此各个国家在这个维度上存在着很大的差异。高权力距离的文化中,人们接受权威和等级制度,较少质疑权威;低权力距离的文化中,人们更强调平等和民主,对权威持更加批判的态度。

个人主义/集体主义指数(Individualism/Collectivism Index):这一维度反映了社会中个人融入群体的程度,衡量的是某一社会总体是关注个人利益还是集体利益。个人主义倾向的社会中人与人之间的关系是松散的,人们倾向于关心自己及小家庭;而具有集体主义倾向的社会则注重族群内的关系,关心大家庭,牢固的族群关系可以给人们提供持续的保护,而个人则必须对族群绝对忠诚。

不确定性规避指数(Uncertainty Avoidance Index):指一个社会受到不确定事件和非常规环境威胁时是否通过正式渠道来避免和控制不确定性。高不确定性规避的文化比较重视权威、地位、资历、年龄等,并试图以提供较高的职业安全性、建立更正式的规则、不容忍偏激观点和行为,或相信绝对知识和专家评定等手段来避免不确定性与威胁。低不确定性规避的文化对于非常规的行为和意见比较宽容,规章制度少,在哲学、宗教方面容许各种不同的主张同时存在。

男性化与女性化(Masculinity/Femininity):这一维度主要衡量某一社会代表男性的品质如竞争性、独断性更多,还是代表女性的品质如谦虚、关爱他人更多,以及对男性和女性职能的界定。男性化指数的数值越大,说明该社会的男性化倾向越明显,男性气质越突出;反之,则说明该社会的女性气质突出。

长期导向与短期导向(Long-term/Short-term Orientation):这一维度指的是某一文化中的成员对延迟其物质、情感、社会需求的满足所能接受的程度。短期导向的文化强调即时满足、依照过去的传统和社会规范;长期导向的文化注重未来规划、坚持和适应环境变化。

自身放纵与约束(Indulgence/Restraint):这一维度指的是某一社会对人的基本需求与享乐欲望的允许程度。自身放纵的数值越大,说明该社会整体的约束力不大,社会对自身放纵的允许度越大,人们越不约束自身。

霍夫斯泰德的这一理论在国际营销中具有重要的应用价值。通过运用该理论,国际营销人员可以深入了解不同文化背景下消费者的态度、价值观和行为模式,更高效地定位市场和制定营销策略,从而更加有效地适应不同文化的需求和偏好,提高市场竞争力并实现商业成功。

第二节　文化环境对国际营销的影响

一、文化对产品和服务需求的影响

世界各国在语言、宗教、风俗、习惯、价值观等方面的差异,影响着消费者的观念和消费需求。现代科技的发展和社交网络的流行又与不同地区的文化相结合,不断催生出新的需求。

(一) 文化习俗和价值观对不同产品的偏好

根植于国民心中的文化习俗和价值观对产品需求有着深刻的影响,塑造着消费者的消费习惯和品位,进而影响其对不同产品的喜好和选择。不同文化背景的消费者,在饮食、服饰和时尚、家居装饰、娱乐和媒体偏好等多个方面都有着明显的差异。

文化塑造了人们的价值观和审美观,会影响人们对产品功能和特性的关注。比如,在儒家文化影响下,东亚地区的消费者强调家庭和社会的和谐,在选购家居产品时可能更注重家庭聚会和亲情交流的场所设计;而西方国家的个人主义和自由价值观则更注重个性化定制和创新性的产品。

文化还会影响产品的设计和外观。许多产品的包装设计会采用传统文化的符号、图案和传统艺术中的技法,以符合消费者的审美需求和文化认同感。例如,中国的祥云图案和龙纹、日本的和风图案,以及东方文化强调空间感和留白,西方文化偏向于细节丰富、华丽和个性化的设计,都是不同文化背景下独特设计的典型例子。

宗教和节日影响着人们的消费习惯和购买行为。宗教信仰在不同文化中起着重要作用,它影响着人们的思想、行为和价值观。因此,特定宗教群体可能会购买或使用与他们宗教信仰相关的产品。不同文化有着独特的节日和庆典活动,人们在这些特殊场合通常会购买或使用特定的产品。例如,在中国春节期间人们会购买烟花爆竹和传统食品;在美国感恩节时人们会购买火鸡和相关的家庭聚餐食品。

传统文化创造了异质性的产品需求,为国际营销提供了机会,也是在营销中满足消费者情感需求的重要方式。企业在市场竞争中,需要充分理解和把握文化习俗和价值观对产品需求的影响,以满足消费者的需求并与他们建立情感联结,提高用户黏性。

（二）流行文化创造对新产品的需求

一国的流行文化对新产品需求有着重要的影响。流行文化是一个国家特定时期内广泛接受和追求的观念、行为和趋势,它可以塑造人们的生活方式、审美观念和消费习惯,从而影响人们对新产品的需求。

流行文化是时尚和潮流的源头,对时尚产品和创新产品的需求起到推动作用。人们常常会受流行文化的影响,关注并追求流行文化中的新鲜事物和新颖体验。这会促使人们购买与流行文化相关的产品,以展示其个性和时尚意识。而流行电影、电视剧和游戏作品的推广往往会带动相关产品的销售,例如人们追逐和模仿电影中的角色或情节,从而产生对周边产品的需求。

新产品的诞生和流行文化互相影响,新产品引领流行文化,流行文化又塑造新的需求。例如,索尼于 1979 年推出了第一代 Walkman 便携式音乐播放器,并通过巧妙的营销策略,将 Walkman 定位为年轻人的时尚配件,使其成为一种潮流符号,风靡一时。

流行文化对新产品的设计也有影响。流行文化中的时尚和艺术风格往往会被应用于产品设计中,以迎合消费者的审美观念和文化认同感。北欧风格起源于 20 世纪 50 年代的挪威、瑞典等地,而到了 21 世纪,这种强调自然、简洁、舒适的风格特点对家居产品的设计和外观产生了影响。北欧风格的产品多采用实木和麻织物等自然材料,选用白色、灰色、米色以及淡蓝色和绿色等中性色调,强调实用性。这一设计理念满足了年轻人追求极简、可持续发展的理念,也造就了宜家(IKEA)、HAY 等品牌的发展。

流行文化还会影响人们对新产品功能和特性的关注。当一种特定的趋势在社会中盛行时,人们可能会更加关注与该趋势相关的产品特性。例如 1970 年美国嬉皮士文化的流行和环保意识的觉醒,就反映了年轻人对和平、自由和环保的追求。这些价值观的影响延伸到了服装、音乐和食品等各个行业,一些企业将这些价值观融入品牌形象中,通过广告和营销活动宣传产品的环保属性和社会责任实践。

一国的流行文化对新产品需求产生了广泛而深刻的影响。企业在开发新产品时应密切关注流行文化的变化和趋势,以满足消费者的需求并抓住市场机遇,塑造品牌因时而变的年轻化形象。

二、文化对促销策略和广告的影响

文化环境会对广告和促销策略产生深远的影响。语言差异对跨文化营销构成了天然的屏障,不同文化对于广告和宣传方式的接受程度和喜好也有所差异。企业需要根据目标市场的文化背景调整品牌定位、形象设计、语言表达和符号使用等。了解目标市场的文化背景,可以提高广告和营销活动的有效性和接受度,避免因文化差异而引发争议。

（一）文化对促销策略的影响

文化对促销策略的影响体现在多个方面。不同文化有着不同的价值观和信念,这会影响人们对产品、品牌和广告的态度与认知。促销策略需要考虑目标受众的文化背景,并与其价值观相契合,以建立情感共鸣和信任。例如,一些文化追求传统、家庭价值观和社群关系,而另一些文化偏重个人主义和自由主义,此时促销策略需要相应调整,以满足目标受众的需求。

流行文化和社会趋势会对促销策略产生重大影响。促销策略应紧贴时代潮流、流行元素和社会热点,以引起目标受众的共鸣。例如,在当下注重可持续发展和环保的社会氛围下,企业可以通过强调自己的环保实践和可持续性价值主张来吸引消费者的关注。

语言和文化之间存在紧密的联系,促销策略需要根据不同文化的语言特点和表达方式进行调整。特定的隐喻、幽默、象征或成语在某种文化中可能非常有效,而在其他文化中可能无法被理解。因此,适当地使用本土语言、俚语或文化元素,可以提高促销活动的吸引力。

综上所述,文化对促销策略有着重要的影响。了解和理解目标受众的文化背景,针对其价值观、社会趋势和语言特点进行灵活的策略调整,有助于提高促销的效果和推动产品销售。

（二）文化对广告的影响

语言隔阂容易产生误解。同样的词汇在不同文化中可能会有不一样的含义。在翻译的过程中,如果不加以了解而只是简单直译,就不利于品牌的跨文化推广。如美国彩妆品牌 REVLON 进入中国市场时就化用李白的名句,取名为"露华浓",不仅音义俱佳,也符合中国消费者的审美情趣。美国汽车品牌雪佛兰（Chevrolet）曾推出过一款名为"Nova"的车型,该词在英语中意为"新星",寓意闪耀与活力。然而,当该车型进入拉丁美洲市场时,销量却低于预期。后经了解发现,在西班牙语中,"nova"直译为"不走"或"跑不动",给消费者留下了负面印象,严重影响了品牌形象和销售。

在广告中,要避免使用与特定文化相关的负面符号或象征,避免涉及特定文化中不被认可的行为。这些符号或行为可能会引发负面情绪或争议,损害品牌形象。企业应确保广告内容积极健康,并传达正面的信息。例如肯德基曾在印度市场推出一则引起争议的广告,该广告以"Finger Lickin Good"为主题,展示了一位西方男子在享用肯德基炸鸡时舔手指的场景。但在印度文化中,舔手指是一种不礼貌和不卫生的行为,此次事件也给肯德基在印度市场造成了负面影响。

还有一些话题可能在特定文化中被视为敏感内容或禁忌。在广告和促销活动中,要谨慎处理与宗教、性别、种族、政治等话题相关的内容。避免使用具有争议性的言辞或图像,以免引起不必要的争议和负面反应。

三、文化对价格和渠道选择的影响

文化环境还会影响产品的定价策略和渠道选择。不同文化背景的消费者在价格敏感度、购物方式和渠道偏好方面有明显差异。例如,在一些国家,消费者对于优惠和特价活动非常敏感,因此采取折扣促销策略可能更有吸引力;而在某些地区,消费者更注重产品的品牌和质量,愿意为此支付更高的价格。此外,不同国家和地区消费者的消费习惯和购物渠道也有所不同,因此企业需要适应当地文化,选择符合消费者喜好的销售渠道,如电子商务平台或实体店铺等。

(一) 文化对价格敏感度的影响

文化会影响消费者的价值观和购买习惯。不同文化背景的消费者有着不同的产品价值观和购买习惯,这会影响他们对价格的接受度和购买决策。一些文化更注重产品的品质和性能,而另一些文化则更注重产品的品牌形象和社会地位。因此,在为产品定价时需要考虑目标市场的文化特点,以确定适当的价格水平。

文化也会影响消费者的价格感知和期望。在某些文化中,低廉的价格可能引发消费者对产品品质的怀疑;而在其他文化中,低价格可能被视为物超所值。因此,在制定国际价格策略时,需要根据目标市场的文化预期,合理设定价格,以符合消费者的感知。

文化还会影响价格策略和产品定位,以及消费者对不同价格策略和定位的反应。例如,在某些文化中,高档和奢侈品牌产品是社会地位的象征,因此可以定价较高。而在其他文化中,更注重实用性和经济性的消费者可能更关注产品的性价比。因此,在国际营销中,需要针对目标市场的文化特点,确定相应的价格策略和产品定位。

日本的"工匠精神"文化对日本食品价格的影响就是一个典型的例子。可以说,日本的"工匠精神"文化支撑了"日本制造"。日本在出口农产品的同时宣传和推广包括敬业情怀、专业精神和崇尚极致的"工匠精神",凭借"工匠精神"的文化标签,日本品牌不仅将工业品定价提升至市场同类产品的2~3倍甚至更高,更使西瓜、樱桃等农产品实现极致溢价。消费者愿意为这些高价产品买单的核心原因,正是"工匠精神"所构建的深度消费信任,这种文化价值已成为产品不可分割的组成部分。

综上所述,文化对于国际营销中产品的价格具有重要影响。了解目标市场的文化特点、价值观和购买习惯,考虑货币价值和汇率波动,确定适用的价格策略和产品定位,以及考虑竞争环境和供求关系,将有助于企业确定合适的产品价格,提高其市场竞争力。

（二）文化对渠道选择的影响

第一，文化影响着营销的传播方式与渠道。不同文化对于信息传播方式和渠道的选择有所不同。例如，在一些国家，电视广告可能是主要的营销渠道；而在另一些国家，社交媒体或口碑营销可能更为重要。了解目标市场的文化特点，将有助于企业选择适合该市场的传播方式和渠道。

第二，文化影响着分销结构与偏好。在某些文化环境下，消费者更偏向于在实体店购买商品，而在其他文化环境下，在线购物和电子商务可能更受欢迎。了解目标市场的分销结构和偏好将有助于企业选择适合的销售渠道。

第三，文化影响着渠道信任度与可靠性。在某些文化中，人们更相信传统的渠道和品牌，例如专卖店、大型超市等；而在其他文化中，消费者可能更倾向于购买来自网络平台或小众渠道的产品。了解目标市场对于渠道的信任度，对于渠道选择至关重要。

第四，文化影响着人际关系和社交网络。一些文化强调人脉和社交网络的重要性。在这种文化环境下，通过建立合作伙伴关系、寻求引荐或与社交圈子进行合作可能更为有效。了解目标市场的人际关系网络和社交习惯，能在渠道选择上为企业提供有益的指导。

第五，渠道特点和广告投放也应相互匹配。如油管的视频贴片广告都是播放 5 秒后即可选择跳过，这也让很多广告的完播率受到影响。而宜家在 2024 年推出的系列广告以"5 秒极简主义"的创新形式呈现，每支广告不仅严格控制时长，而且特意加入"用户主动点击跳过按钮"的互动设计。这种传播策略巧妙地传递了品牌"高效收纳、便捷生活"的核心卖点，实现了营销效果与用户体验的双重突破。

文化对于国际营销中的渠道选择具有重要影响。了解目标市场的文化特点、习惯和偏好，将有助于企业制定有效的渠道策略，提高市场的开拓效能和销售转化率。

第三节　国际营销中的"亚文化"环境

弗恩斯·特朗皮纳斯（Fons Trompenaars）和彼得·伍尔莱姆斯（Peter Woolliams）于《跨文化营销》一书中提出了品牌跨文化营销的五大发展趋势，即文化智能和个性化定制、社交媒体和数字营销、跨界合作和本地化合作、可持续发展和社会责任、新兴市场的崛起。[①] 而随着多元文化的碰撞和分化，跨文化营销的发展趋势在"亚文化"环境中得到了更为深刻的体现。

亚文化是相对于主文化而言的一种次文化，即离"社会中心"较远的边缘文化，也是一种文化形态。伯明翰学派较多地从社会阶级方面分析文化现象，他们用"风格""抵抗""收编"等理念作为其理论体系的主体；同时，过于强调意识形态及其影响，忽略了青

① 特朗皮纳斯，伍尔莱姆斯. 跨文化营销［M］. 刘永平，等，译. 北京：经济管理出版社，2008.

年亚文化的多元化和主体性。后亚文化学者认为,当代的青年亚文化社群已经演变为碎片化、混杂性、短暂性和偏离政治的"流动身份"。随着移动互联网时代的到来,青年亚文化与消费主义两者之间互相交融,从绝对激烈的反叛抵抗演变为一种圈内狂欢式的文化消费。[①]

在数字时代,由于社交媒体的普及和全球互联网基础设施的完善,亚文化的形成和扩散变得更加轻松。亚文化的产生对数字营销产生了深刻的影响,数字营销的对象往往不再以地理空间进行划分,而是跨越国界的、基于特定兴趣和特征的小众文化群体。基于亚文化的数字营销有下列特征:

第一,更精准的目标定位:亚文化的存在意味着细分市场的出现。通过了解特定亚文化群体的需求和偏好,企业可以更精准地进行目标定位,并制定相应的产品、服务和营销策略。

第二,更加个性化的营销内容:亚文化对于个体差异的重视使得个性化营销变得至关重要。企业可以根据目标亚文化群体的文化符号、风格等特征,创造更加个性化的营销内容,以引起受众的共鸣并提高其参与度。

第三,更高的用户参与度:亚文化群体通常非常活跃,参与度很高,他们积极与品牌互动、分享信息,甚至成为品牌的忠实粉丝。通过有针对性的亚文化营销,企业可以更好地与用户建立联系和进行互动,提升用户参与度和品牌忠诚度。

第四,更多的社交传播的机会:亚文化群体往往会在社交媒体上构建起高度紧密的社群网络,并以社交媒体平台为交流和传播信息的重要渠道。如果企业能够与亚义化群体建立良好关系并获得他们的认可,他们可能会在社交媒体上积极推广产品和服务,带来更大的品牌曝光度和口碑效应。

第五,更深入的跨国市场的挖掘:亚文化往往不受地域限制,随着数字时代的到来,越来越多的亚文化越过地理界限,形成全球性的影响力。对于国际营销人员来说,了解并利用这些跨国亚文化的特点,可以帮助企业进一步开拓国际市场,满足更广泛的消费者需求。

当下,盲盒已成为青少年潮流消费中受众最广、热度最高的品类,形成了独特的亚文化。例如,泡泡玛特聚焦盲盒经济,利用数字营销手段针对特定消费人群打造了一系列营销策略。泡泡玛特的消费群体以一、二线城市高消费力人群为主,而融合 IP(Intellectual Property,即知识产权)与潮玩文化为一体的盲盒为当代年轻人创造了全新的自我表达、社交分享的载体。泡泡玛特通过多渠道的数字营销拓展消费群体、满足消费者的需求;线上社群的建立也为消费者提供了社交空间,让产品本身变成一种社交话题。此外,泡泡玛特还与国内外知名 IP 产品进行跨界联名营销,联名涉及美妆、动漫、游戏、食品、日用品等多个领域,不断挖掘潜在消费群体,更在亚文化环境中占领了更多青年消费者的

---

① 陈健珊. 亚文化视角下"社群经济"营销现象探析:以我国电子竞技产业为例[J]. 现代营销(下旬刊),2021(1):49-51.

心智。据天猫 2019 年 8 月发布的《95 后玩家剁手力榜单》,"95 后"最"烧钱"的爱好中,潮玩手办排名榜首,其中盲盒成为玩家数量增长最快的领域。研究数据表明,预计 2025 年中国盲盒行业市场规模将达到 250 亿元。[①]

亚文化为国际营销带来了更多机遇和挑战。通过深入理解亚文化的特点和影响,企业可以更好地适应多元化的市场需求,制定更具特色的国际营销策略。

拓展阅读

牛仔裤如何进入马来西亚穆斯林女性市场——以李维斯的跨文化营销为例

一、李维斯概况

专营牛仔服饰的李维斯(Levi's)作为牛仔裤和牛仔裤文化的首推者,一直引领着全球牛仔裤市场的发展,在推动西方牛仔裤文化全球传播中扮演着先锋角色。1853 年,李维斯在美国旧金山成立。继欧洲市场的开拓之后,李维斯于 1971 年在日本开设分公司,标志着它开始正式进入亚洲市场。其后李维斯在亚洲迅速发展,1981 年之前已开展对新加坡、韩国、马来西亚、印度尼西亚等地的外包业务。截至 2023 年,李维斯已在全球 110 多个国家和地区拥有零售店,并且在全球范围内开设了多个工厂。基于此,本文将研究李维斯是如何通过跨文化营销策略突破马来西亚伊斯兰服饰文化壁垒的。

二、李维斯进入马来西亚市场的跨文化营销策略

营销本地化是将全球性营销思维运用到本土的发展中,以全球标准化营销策略为主要框架,通过对本土客户的研究,制定具有一定针对性的营销策略,从而实现标准化与本地化相结合的跨文化营销模式。在李维斯的商业活动中,除了常规的全球标准化营销活动,还有一些是充分结合当地文化特色、有针对性的本地化跨文化营销活动。

1. 多元分销渠道本地化

继日本、泰国、菲律宾之后,1989 年李维斯在马来西亚吉隆坡开设了第一家专营商店。截至 2017 年,李维斯在马来西亚 13 个州和 3 个联邦直辖区共开设 49 家加盟经销店,甚至在伊斯兰教氛围最浓厚的吉兰丹州也开设了 1 家加盟经销店。这种在当地设立分公司和授予特许经营权的做法,避免了直销邮购成本较高的弊端,是跨国公司在异质文化环境中进行跨文化营销的基础性步骤。

此外,李维斯还与 Zalora 和 iPrice 等线上购物平台有着密切的合作,借其代销牛仔裤产品。就女性牛仔裤来说,2015 年 Zalora 网站在售的李维斯品牌牛仔裤就达 80 款。

2. 营销活动嘉宾本地化

在 2011—2013 年的李维斯"Go Forth"全球主题活动的影响下,李维斯马来西亚分公

---

① 盲盒经济成风口三年抢占潮玩市场半壁江山 规模或达 250 亿引多家上市公司入局[EB/OL]. (2020 – 07 – 06)[2024 – 12 – 05]. http://www.changjiangtimes.com/2020/07/607033.html.

司也以"Go Forth"为主题参加和赞助了在吉隆坡举行的第十届城市户外艺术节。在此活动中,当地穆斯林女性时尚博主阿米被评为十大先锋人物之一。宣传网页上对她的描述是:"她在(伊斯兰)保守性和现代流行(文化)的鸿沟之间成功地架起了沟通的桥梁。"她将牛仔裤与头巾相结合,在时尚和信仰之间找到了新的平衡。她也强调,接受具有时尚内涵的牛仔裤并不代表背离自身的信仰,这只是一种新的生活方式,是她对自身精神世界的平和、个人理想以及健康生活的表达。2014 年 9 月,李维斯在吉隆坡举办品牌活动,邀请马丽娜·马哈蒂尔等 4 位穆斯林女性名人参加,她们在马来西亚流行文化与社会活动中具有较大的社会价值与较高的社会地位,而她们与李维斯牛仔裤的互动在一定程度上使牛仔裤有了她们所具备的符号化意义。这 4 位女性由两对母女构成,这样的代言人选择是李维斯有意利用马来西亚穆斯林社会心理和行为模式的支撑性因素的表现。

3. 商业评奖机制本地化

李维斯发起的"Ladies in Levi's"全球系列活动鼓励女性在社交平台上分享自己与李维斯牛仔裤的故事与照片,并精选优秀作品及活跃用户在企业网站上进行展示。马来西亚穆斯林女性在李维斯的 Instagram、脸书和推特主页积极参与该活动。这种商业评选的规则设置充分考量了穆斯林女性消费者的社会心理,其女性牛仔裤的符号化内涵始终包含"自然"与"个性"的文化特质。前文所述的名人代言策略强调的是具有社会影响力的穆斯林女性如何通过牛仔裤表达自我,而此类商业评选活动则凸显了普通穆斯林女性消费者同样能借助牛仔裤展现个性。

4. 企业文化本地化

李维斯始终倡导平等的价值观,在其全球各地的官网上都强调了这一理念及社会实践,但在不同地区,其对企业文化和社会责任感的宣传侧重点有所不同。在西方国家,李维斯更注重"平等"主题,强调尊重不同阶层与群体的平等权利;而在印度尼西亚、马来西亚、巴基斯坦等以伊斯兰文化为主的国家,其官网宣传则弱化了此类内容。这体现了李维斯的跨文化营销策略,即根据东道国文化调整宣传方式,以更好地融入当地消费市场。正如前文所述,李维斯选择长期致力于女性权益的马丽娜及其女儿作为商业代言人,正是为适应马来西亚社会文化而采取的本地化营销策略的体现。

5. 广告运作方式本地化

李维斯在全球拓展过程中,将牛仔裤与流行文化因素相结合,或是对流行歌手的表演服饰进行赞助,使牛仔裤成为摇滚明星及其粉丝所追捧的时尚服饰;或是赞助好莱坞电影角色的服装,塑造影视人物,使牛仔裤逐渐成为流行文化的象征。利用同样的方式,在马来西亚,李维斯注重对当地女性歌手商业活动的赞助,例如为女歌星纳吉瓦和希拉的演唱会及商业活动提供一定程度的赞助,以此间接地培养歌手的粉丝对于其穿着的牛仔裤的亲切感与喜爱。

根据霍夫斯泰德的文化差异指数,马来西亚文化应属于集体主义和高权力距离的类型,表现在进行消费时长者、意见领袖和榜样对消费者的消费决策具有较大的影响和引导作用。李维斯选择具有权威和榜样力量的代言人,再运用有吸引力的广告内容,潜移默化地引导了穆斯林女性的消费倾向。在社会层面,马来西亚人更加依赖群体,因此多组成俱乐部等群体组织;而在具体家庭层面,马来西亚人多以家庭为单位实行宗教教育,家庭起到极大的作用。① 这一文化特点在消费者行为中表现为父母对子女、长辈对晚辈有较强的引导作用。如前所述,李维斯选择由两对母女作为当地代言人,更能突出母亲穿着对女儿的影响,并用一种更容易被马来西亚文化接受的形式对牛仔裤进行了宣传和营销。可见,李维斯牛仔裤代言人的构成适应了马来西亚人注重家庭观念和长辈对晚辈的影响这一习俗,由此使得企业顺畅地将自身产品推入当地文化环境中去。

李维斯通过标准化与当地化策略的融合,形成"思考在全球,行动在地方"的跨文化营销策略,成功开拓了马来西亚穆斯林女性消费市场。李维斯结合马来西亚的文化特点,利用跨文化营销策略,突破并适应异质文化环境,在西方服饰文化和伊斯兰服饰文化的碰撞中,推动了牛仔裤及其文化的传播。

资料来源:邵红峦. 牛仔裤如何进入马来西亚穆斯林女性市场:以李维斯公司的跨文化营销为例[J]. 东南亚研究,2018(1):65-85.

本章小结

1. 文化具有强制性、选择性、排他性的特点。文化受地理、历史、政治经济、科技、社会环境等因素的影响。

2. 世界各国在语言、宗教、风俗、习惯、价值观等方面的差异,影响着消费者的观念和消费需求。现代科技的发展和社交网络的流行又与不同地区的文化相结合,催生出新的需求。

思考题

1. 阐述文化的定义和特点,以及文化环境对国际营销的影响。

2. 结合案例,分析文化适应在国际营销中的重要性,以及企业如何实现文化适应。

3. 阐述霍尔的高语境/低语境理论和霍夫斯泰德的文化维度理论在国际营销中的应用。

4. 分析文化对产品和服务需求、促销策略和广告以及价格和渠道选择的影响,并结合案例进行说明。

5. 阐述亚文化的概念和特点,以及亚文化给国际营销带来的机遇和挑战,并结合案

---

① 韩笑. 马来西亚城市化进程对马来家庭的影响[J]. 东南亚研究,2014(6):106-112.

例分析企业如何利用亚文化开展营销活动。

案例分析题

泡泡玛特:全球潮玩市场的文化适配与创新营销

一、泡泡玛特的品牌崛起

泡泡玛特成立于 2010 年,总部位于中国北京,最初是一家专注于设计和销售潮流玩具的小型企业。然而,通过独特的"盲盒"营销模式,其在短短几年内迅速崛起,成为全球领先的潮流玩具品牌之一。泡泡玛特的成功不仅在于其创新的产品和营销策略,更在于其深刻理解国际市场的文化需求,并能通过文化适配和全球化营销策略迅速在全球范围内拓展市场。

二、创新的"盲盒"模式与文化适配

泡泡玛特的核心产品是"盲盒",消费者在购买时不知道盒内的具体产品,往往只能看到外部的包装设计和系列主题。"盲盒"不仅给消费者带来了购买的乐趣和神秘感,同时也激发了人们对限量款和稀有物品的追求。泡泡玛特的每个"盲盒"系列都有对应的限量版或隐藏款,这激发了消费者的购买欲望,形成了强烈的社交分享和互动效应。

"盲盒"文化迅速在中国本土市场流行,并通过社交媒体和线上平台传播至全球。泡泡玛特通过"盲盒"营销模式,将消费者的购物体验从单纯的购买转变为一种社交活动。消费者在购买盲盒后,通常会通过社交平台(如微博、抖音等)分享自己的开盒结果,与其他人互相交换未获得的款式,从而形成了一种基于兴趣和共同爱好的社交圈子。这种社交互动不仅提升了消费者的参与感,也进一步加深了品牌与消费者之间的情感联系。

三、跨文化合作与国际化战略

泡泡玛特不仅在国内市场取得了胜利,其在国际市场的扩张同样值得关注。泡泡玛特自成立以来便注重全球化布局,通过与国际品牌和艺术家的跨界合作,成功将潮玩文化引入海外市场,尤其是日本、美国和东南亚等地。

泡泡玛特的国际化战略首先体现在文化适配上。不同于传统的玩具品牌,泡泡玛特的设计风格具有强烈的艺术感和个性化特征,能够引起不同国家和地区消费者的兴趣。为了迎合海外市场的消费需求,泡泡玛特的设计团队根据不同文化市场的审美和喜好,推出了定制化的潮玩产品。例如,在日本,泡泡玛特推出了与日本动漫文化相关的潮玩系列;而在欧美市场,泡泡玛特则推出了结合街头文化和艺术风格的潮玩系列,成功吸引了当地年轻人的目光。

泡泡玛特的成功还离不开其与国际知名品牌和艺术家的跨界合作。通过与迪士尼、漫威等的合作,泡泡玛特能够将其潮玩产品与全球知名 IP 进行联动,不仅提升了品牌的国际影响力,也增强了产品的市场认知度。例如,泡泡玛特与漫威合作推出的系列产品,不仅涵盖了漫威的经典人物,还融入了泡泡玛特独有的艺术设计,使得这些产品在全球

范围内受到了热烈欢迎。

四、数字营销与社交平台的应用

泡泡玛特的成功营销还得益于其高度数字化的运营方式和社交平台的有效应用。企业通过线上平台(如天猫、京东、抖音等)进行产品销售,结合大数据和社交媒体工具,准确把握消费者的需求和市场动态。与此同时,泡泡玛特通过在社交平台上与用户互动和对用户生成内容(UGC)的推广,打造了一个全球范围的粉丝社群,极大提升了品牌的曝光度和消费者的忠诚度。

例如,泡泡玛特通过与国内外知名的 KOL(关键意见领袖)和网络红人的合作,在海外抖音、Instagram 等平台上进行直播带货和推广。通过这些平台,泡泡玛特不仅能够展示其新产品,还能够与消费者进行实时互动,听取消费者的反馈和建议。这种互动性和参与感,进一步增强了消费者的品牌归属感和购买动力。

五、品牌文化与市场认同

泡泡玛特的品牌文化深度融合了年轻一代的潮流文化和艺术理念。泡泡玛特通过将潮流玩具与艺术、设计和文化融合,成功打造了一种独特的品牌形象。在全球范围内,泡泡玛特不仅是一个玩具品牌,更是一种生活方式的象征,它代表着个性化、艺术化和社交化的消费趋势。

尤其是在亚洲市场,泡泡玛特通过举办线下的潮玩展览、发布会等活动,不仅推动了品牌的本地化,还加强了与消费者的互动。例如,在东京和上海等城市,泡泡玛特定期举办的潮玩展览吸引了大量粉丝前来参观和交流。通过这些活动,泡泡玛特成功塑造了"艺术收藏品"与"潮流玩具"的双重身份,进一步提高了其在全球市场上的影响力。

资料来源:苏晓华,李建宁,许惠文. 新质生产力在潮玩行业中的融合与应用:以泡泡玛特 IP 打造策略为例[J]. 清华管理评论,2024(10):118 – 124.

思考题:

1. 泡泡玛特在进入不同国际市场时,根据各地文化特征进行了定制化设计和跨文化合作。例如,在日本市场推出了与日本动漫文化相关的潮玩系列。分析泡泡玛特在文化适配方面的策略,以及这种策略对品牌国际化扩展的影响。

2. 泡泡玛特通过社交媒体平台与全球消费者建立了密切联系,并利用 KOL 等进行品牌推广。分析社交媒体在泡泡玛特国际营销中的作用,尤其是在全球范围内提升品牌知名度和用户黏性方面的贡献。

3. 泡泡玛特通过与国际知名品牌的跨界合作和推出定制化产品,成功进入多个国际市场。探讨泡泡玛特在全球化过程中如何克服不同市场中的文化差异,并制定相应的品牌传播策略来提升其市场认同度。

第五章
国际营销的政治与法律环境

　　东道国市场错综复杂的政治环境及不同的法律体系和制度规则为企业进入国际市场设置了诸多壁垒,了解不同国家的政治风险特征及法律纠纷的解决方式为企业进行国际营销及规避风险提供了重要保障。党的二十届三中全会强调建设更高水平开放型经济新体制,这要求企业在国际营销中不仅要熟悉国际市场规则,还要善于运用法律武器维护自身权益,积极防范政治风险,确保国际营销活动的稳健推进。

学习目标

通过本章的学习,学生应明确国际营销政治风险的定义及类型,明确国际营销政治风险的评估及防范方式,了解不同产业特征及企业特征与政治风险的关系;在国际营销法律环境方面,熟悉不同国家国际营销中法律环境的特点,了解多元化法律风险及国际争端解决机制,熟悉国际市场准入和贸易政策及国际消费者权益保护法和竞争法,并深刻理解数字经济时代国际营销中法律环境的影响。

引导案例

中车株洲所提升国际技术标准话语权

中车株洲所诞生于1959年,当时是铁道部下属的电力机车研究所。2001年中车株洲所完成整体转制,成为南车集团下属企业集团。作为中国轨道交通领域的佼佼者,中车株洲所在提升国际技术标准话语权方面取得了显著成就。

2001年之前,中车株洲所作为IEC/TC9(轨道交通电气设备与系统技术委员会)的国内技术对口单位,积极参与国际电工委员会(IEC)的相关会议和活动,以熟悉国际标准化的"游戏规则",为后续的标准化工作奠定了坚实基础。2001—2010年,中车株洲所通过将国际标准转化为国内标准,不仅增强了自身的技术能力,还积累了参与国际标准制定的宝贵经验。这一阶段,中车株洲所参与了25项国际技术标准的制定,尽管多扮演着辅助角色,但其国际技术标准话语权已有明显提升。此后十年,中车株洲所更是在主导和参与制定国际技术标准方面全面发力。截至2021年年底,中车株洲所已主持制定了13项国际技术标准,参与制定了63项国际技术标准,这标志着其在轨道交通领域的国际技术标准话语权已实现质的飞跃。这一阶段,中车株洲所不仅推动了中国高铁技术成为国际领先标准,还在全球范围内建立了中国技术的影响力。

中车株洲所能成功提升国际技术标准话语权,得益于其构建了一套以战略引领、标准创新和生态重塑为核心机制的理论模型。通过明确的战略认知和战略规划,中车株洲所优先保障资源配置,推动了技术标准的国际化进程。同时,通过模仿学习、技术选择和资源协调,中车株洲所不断增强标准的先进性,从而在国际舞台上赢得了更大的话语权。此外,中车株洲所还通过社群融入、强化利基和国际竞争等手段,重塑行业生态,获得了广泛的国际认可和支持。

资料来源:周青,陈静,杨伟,等.后发企业如何提升国际技术标准话语权:中车株洲所的探索性案例研究[J].管理世界,2023(7):82-99.

第一节 国际营销的政治环境

一、国际营销的政治风险

（一）政治风险的定义

政治风险（Political Risk）是指在跨国公司经营活动中，由于东道国政局或政策的不稳定以及政府干预经济的行为，导致外国投资者在该国遭受损失的风险。可细分为政局风险、所有权及控制风险、运营风险、转移性风险等类型。因涉及国家主权、政权体制和意识形态的稳固，各类风险最终都有可能通过传导效应反映到政治领域，因此政治风险对其他各类风险具有决定性的影响。只有确保政治安全，才能有效维护经济、科技、文化、社会和国防等其他领域的安全。

政治风险作为一种客观存在，是一个政党尤其是执政党必须面对和解决好的重大问题。面临复杂多变的发展和安全环境，各种可预见和不可预见的风险因素明显增多。这些风险因素可分为两种：一种是直接、现实且紧迫的政治风险；另一种是具有潜在转化性的风险，若未得到及时有效管控，则可能演变为政治风险。

我们必须始终保持高度警惕，增强政治敏锐性和政治鉴别力，及时消除各种政治隐患，尤其应识别、防范、化解"黑天鹅"事件、"灰犀牛"事件等的冲击。提高风险化解能力，抓住要害、果断决策，避免各领域风险相互传导，坚决防止非公共性风险扩大为公共性风险，非政治风险蔓延为政治风险。

（二）政治风险的类型

国际营销面临的政治风险包括政局风险、所有权及控制风险、运营风险、转移性风险几种类型：

政局风险是国际营销中最具破坏性的政治风险类型之一，它源于东道国政治体系的不稳定性。这类风险的表现形式多样，包括但不限于政权更迭、社会动荡、武装冲突以及国际制裁等。政权更迭往往伴随着政策方向的重大转变，新政府可能会推翻前任政府与外资企业达成的协议，或者调整外资政策框架。社会动荡则表现为大规模的罢工、示威游行或民众骚乱，这些事件不仅会扰乱企业的正常经营秩序，还可能对企业的品牌形象造成持久伤害。2014年乌克兰危机就是一个典型案例，地缘政治冲突导致该国营商环境急剧恶化，迫使多家跨国公司暂停运营或撤出投资。更严重的是，当东道国遭遇战争或恐怖袭击时，企业资产和员工安全将面临直接威胁，这种极端情况下的损失往往难以估量。值得注意的是，政局风险具有显著的突发性和不可预测性，企业很难通过常规的商业手段来规避，这就要求跨国公司必须建立完善的风险预警机制和应急预案。

所有权及控制风险直接关系到企业在东道国的资产安全和经营自主权，这类风险主要表现为国有化征收、强制合资要求以及股权比例限制等形式。在资源密集型行业和战略性产业中,这种风险尤为突出。国有化征收是指东道国政府通过立法或行政手段将外资企业资产收归国有,委内瑞拉 2007 年对石油产业实施的国有化政策就是一个典型案例,该政策导致包括埃克森美孚在内的多家国际能源巨头遭受巨额损失。强制合资要求则表现为东道国政府规定外资企业必须与本地企业合作经营,这种政策在汽车制造业中相当普遍。股权比例限制是指东道国法律对外资在某些行业的持股比例设定上限,如印度零售业曾长期规定外资持股比例不得超过 51%。这些政策措施虽然在形式上有所不同,但本质上都是对企业的所有权结构和控制权进行干预,可能从根本上改变企业的经营模式和利润分配机制。

运营风险关注的是东道国政策调整对企业日常经营活动产生的直接影响。与所有权及控制风险相比,这类风险虽然不涉及资产所有权的变更,但会显著提高企业的经营成本和合规难度。外汇管制是最常见的运营风险之一,表现为东道国限制外币兑换或利润汇出,如阿根廷 2019 年实施的外汇管制政策就导致许多外资企业无法将利润汇回母国。劳工政策的变化也会对企业运营产生重大影响,包括强制雇用本地员工、提高最低工资标准或限制裁员等。如法国严格的劳工法就经常被跨国公司视为重要的运营障碍。此外,行业监管的趋严也是一个不容忽视的风险点,如欧盟近年来不断升级的数据保护法规和环境标准就给许多跨国公司带来了巨大的合规压力。印度 2020 年出台的电商外资限制政策是运营风险的典型案例,该政策要求亚马逊和沃尔玛等电商巨头调整业务模式,对其印度市场的经营战略产生了深远影响。

转移性风险主要涉及生产要素跨境流动的障碍,包括资本流动限制、技术转让要求以及人员流动障碍等。这类风险直接影响企业的全球资源配置效率和战略灵活性。资本流动限制是最直接的转移性风险,表现为东道国政府冻结外资企业账户或限制资金汇出,如俄罗斯在 2022 年乌克兰危机后实施的资本管制措施就属于这种情况。技术转让要求则更为复杂,一些国家会以市场准入为条件,强制要求外资企业分享核心技术,如欧盟拟对中国新能源汽车企业实施的技术转让政策就引发了广泛争议。人员流动障碍主要表现为东道国收紧工作签证政策,限制外籍管理人员入境或在当地工作。沙特阿拉伯曾经实施的"沙特化"政策就大幅减少了外籍员工的工作许可数量。这些限制性措施都在不同程度上制约了企业的跨国经营能力,增加了全球化管理的难度。

（三）政治风险的评估

对政治风险的评估有利于跨国公司的管理者评价政治事件对国际营销决策的影响,通过现有政治事件的相关资料设计预警系统、制订应变计划,可以减少出于政治动机而造成的损害。常用的政治风险评估方式包括以下几类:

（1）走访调查。走访调查是指通过实地考察投资国,了解当地政局、经贸政策、投资环境等信息。走访调查有多种形式,如高层管理人员出访投资国,并与当地政府官员、潜在客户进行访谈,以及收集所在地分支机构的员工反馈。然而以上两种形式都带有一定程度的主观色彩,可能导致企业对于政治风险的预测不全面且缺乏科学性。

（2）专家咨询。专家咨询是指企业咨询对当地政治情况有深入了解的专家，包括大学教授、外交人员、资深商人等。

（3）德尔菲法。德尔菲法又称专家意见法，是指对相关问题设置问卷，并采用匿名方式多轮次向专家征询有关问卷中问题的看法，每次征询意见后将收集的意见公开，专家参考其他人的意见后修正自己之前的看法，上述方式重复多次，直至最终得到一致的观点。

（4）定量分析。定量分析是指根据已经积累的历史资料信息，对可能引发政治风险的因素进行量化，进而测定风险。目前已有很多经济学家和机构利用定量分析方式测度政治风险，例如美联储经济学家达里奥·卡尔达拉（Dario Caldara）和马泰奥·拉科维洛（Matteo Lacoviello）制定的地缘政治风险（GPR）指数[1]，美国学者斯科特·贝克（Scott Baker）、尼古拉斯·布鲁姆（Nicholas Bloom）和史蒂文·戴维斯（Steven Davis）编制的经济政策不确定性（EPU）指数等。

（四）政治风险的防范

常用的政治风险防范方式包括以下几类：

（1）设置监控预警系统。通过全面收集目标国家的资料，全面了解东道国政治环境中的潜在风险，通过已有信息构建政治风险监控模型，为企业设置监控预警系统，一旦发现异常，及时反馈给企业管理人员，以此规避可能发生的损失。

（2）加强与东道国各经济利益体的联系。例如，企业通过与东道国的某些企业或个体合资设立新的企业来进行生产经营。通过合资经营，企业扩大了在当地的所有者基础，拉近了与东道国政府的关系，分散了企业经营风险，既可以缓和东道国反对国外企业的情绪，也可以对东道国政府产生牵制作用。

（3）分散化经营。通过融资、投资、生产、营销等多元化，转移分散风险。第一，实现融资主体多元化，融资方式多元化；第二，实现投资区域多元化，投资领域多元化，投资方式多元化；第三，实现生产地点多国化，生产产品多元化；第四，实现营销渠道多元化。

（4）投保。国际上通行的海外投资保险的范围一般限于禁止汇兑险、国有化或征用险、战乱险、营业中断险等四种基本类型，跨国公司可以通过投保将政治风险转移至保险机构。

二、国际营销政治环境影响程度的决定因素

（一）产业特征

（1）产业与国家安全的相关程度。与居民生活相关程度高且易对国家安全带来严重影响的产业，更易受国际政治风险的影响，如通信、银行、资源采伐等行业。

（2）产业的研发程度。更多使用现有成熟技术、研发投入低、研发占比小的产业更易

---

① Caldara D，Iacoviello M. Measuring geopolitical risk［J］. American economic review，2022（4）：1194－1225.

受国际政治风险的影响,如食品、饮料等行业。

（3）产业的垂直整合程度。垂直整合程度高的产业,抵御风险的能力更强,更不易受国际政治风险的影响,如光伏、化学、炼油等行业。

（4）产业的比较优势。企业自身的技术水平越高,拥有的专利越多,产业进入壁垒越高,越不易受国际政治风险的影响。

（二）企业特征

（1）企业资产性质。企业资产配置越复杂,分散风险的能力越强,因此与独资企业相比,合资企业应对国际政治风险的能力更强。

（2）企业盈利能力。企业盈利能力越强,对东道国国际收支贡献越大,其受国际政治风险影响的可能性越小。

（3）技术密集度。技术密集度越高的企业,协商能力越强,越不易受国际政治风险的影响。

（4）产品差异化。产品差异化程度越高的企业,其受国际政治风险影响的可能性越小。

（5）市场占有率。企业在东道国市场的占有率越高,其受国际政治风险影响的可能性越大。

第二节　国际营销的法律环境

一、国际营销中法律环境的特点

（一）多元化的法律制度

现有法律体系主要包括英美法系和大陆法系两种类型,其中英美法系源于英国普通法,主要在英国和美国等国家使用。它以判例法为主,注重案例的先例和司法解释。在国际营销中,英美法系国家通常具有较为灵活的法律体系,注重契约自由、商业竞争和市场自律。大陆法系源于罗马法,主要在欧洲大陆及其他一些国家使用。它以法典法为主,强调法律规则的明确和详尽。在国际营销中,大陆法系国家通常具有严格的法律合同和商业规则,对合同解释、执行和条款保护十分重视。

在法律合规性方面,不同法系国家有不同的法律制度和要求。企业需要了解目标市场的法律法规,包括广告、消费者权益保护、产品标准等方面的法律,确保自身营销活动符合当地的法律要求。违反当地法律可能使企业面临法律纠纷、罚款或声誉损害。

在合同和交易方式方面,不同法系国家对于商业合同和交易方式可能存在不同的要求和惯例。英美法系国家通常注重契约自由和合同的明确性,而大陆法系国家则更加依赖法典法和合同的详细规定。企业需要适应不同的合同法律制度,并与供应商、客户等建立清晰、有效的合同关系。

知识产权保护在国际营销中至关重要。不同法系国家对知识产权的保护程度和相关法律规定可能存在差异。企业需要了解目标市场的知识产权法律制度,采取合适的措施来保护自身的知识产权,如专利注册、商标保护等,防止侵权和盗版行为。例如在商标侵权的认定上,英美法系国家(如美国)采用"先注册制度",意味着商标必须在他人注册之前进行注册。侵犯他人商标权可能会导致商标侵权诉讼。大陆法系国家(如法国)采用"先使用制度",即商标必须首先在市场上使用,才能获得法律保护。商标持有人可以依据法国消费者权益法来保护其商标权益。混合法系国家(如日本)既接受先注册原则,也接受先使用原则,当先注册原则与先使用原则冲突时,日本商标法规定注册商标原则上享有全国排他权,但先使用人可在原有范围内继续使用。对于恶意抢注行为,法律允许撤销该注册商标,以平衡注册制度的确定性与使用者的正当权益。

在数据隐私和个人信息保护方面,不同法系国家有不同的法律要求。企业在进行国际营销时应了解并遵守目标市场的相关规定,确保合规处理和保护用户的个人信息。这可能涉及数据存储和处理方式、用户授权和许可等方面。例如,由于法律规定的差异,企业可能需要调整其数据处理方式,欧盟的《通用数据保护条例》要求企业获得用户明确的同意,而美国的《加州消费者隐私法案》则强调用户控制权,因此企业需要了解并满足不同法律对数据收集、存储和处理的要求。不同法系国家在数据隐私和个人信息保护方面的要求和标准的不同,也为企业适应不同法律环境增加了管理成本,包括内部培训、合规团队的建设、技术和安全设施的升级等。因此,企业需要在预算和资源管理方面进行合理规划。

（二）多种法律风险并存

国际营销的法律风险涉及企业在不同国家和地区开展业务时所面临的法律挑战,这些风险主要源于不同国家和地区的法律体系、文化背景和政策环境的差异。

1. 知识产权风险

侵权风险:在国际营销中,企业可能面临知识产权被侵犯的风险,如商标、专利、著作权等被他人未经授权使用。特别是在一些知识产权保护意识较弱或法律执行力度不大的国家,企业知识产权被侵犯的可能性更高。

保护不足风险:虽然保护知识产权是世界通行的规则,但知识产权毕竟有着地域属性,各个国家和地区的法律法规亦有差异。企业可能在某个国家已经取得了知识产权,但在其他国家开展业务时,可能面临知识产权保护不足的风险,导致企业权益受损。

2. 贸易壁垒风险

关税壁垒:不同国家可能实施不同的关税政策,以保护本国产业。企业在进入新市场时,可能面临高额的进口关税,使得产品成本增加。

非关税壁垒:除关税壁垒外,还可能存在技术壁垒、绿色壁垒、反倾销壁垒等非关税壁垒。这些壁垒可能限制企业产品的进口或要求企业满足特定的标准或条件,从而增加企业进入市场的难度和成本。

3. 合同法律风险

合同条款不明确:在国际营销中,企业可能面临合同条款不明确或存在歧义的风险。

这可能导致合同双方在履约过程中出现争议,甚至引发法律纠纷。

合同违约:交易对手可能违反合同条款,如未按时支付款项、未按时交付产品等。这可能导致企业遭受经济损失,并需要花费时间和金钱来解决纠纷。

4. 劳动法律风险

劳动法规差异:不同国家的劳动法规可能存在较大差异,包括工时薪酬、休假管理、反歧视及性骚扰、工会管理、解雇管理等方面。企业如果未充分了解并遵守当地劳动法规,可能面临劳动争议和法律风险。

雇佣关系管理:在国际营销中,企业可能需要雇用当地员工或外籍员工。这要求企业具备跨文化管理的能力,并遵守当地的劳动法规和雇用惯例。

5. 其他法律风险

税收政策:不同国家的税收政策可能存在较大差异,包括税率、税种、税收优惠等方面。企业如果未及时了解并遵守当地税收政策,可能面临税务风险和罚款。

广告法规:不同国家的广告法规也存在差异,包括广告内容、广告形式、广告审查等方面。企业在进行广告宣传时,需要遵守当地的广告法规,以避免法律风险。

(三) 多样化的国际争端解决机制

传统的国际争端解决机制包括谈判和协商、仲裁、诉讼、外交途径四种方式。谈判和协商是解决国际争端的首选方式。当双方在商业合作中发生分歧或纠纷时,可以通过直接对话和协商来达成共识和解决问题。这种方式通常比较灵活和快捷,可以节省时间和资源,并避免长期的法律纠纷。双方可以派遣代表进行谈判,并努力找到互利的解决方案。仲裁是一种常见的国际争端解决方式。在仲裁中,争端双方同意将争议提交给一个独立的第三方仲裁机构进行裁决,该裁决对双方具有约束力。仲裁通常更加迅速和专业,并且保证了中立性。作为最后手段,企业可以通过诉讼来解决国际争端。诉讼需要在涉及争端的国家法院提起,并遵守相关程序和规定。通过诉讼解决争端可能需要更长的时间和更高的成本,但在某些情况下是不可避免的。企业需要根据实际情况评估是否选择诉讼,并与律师合作,以确保案件得到恰当处理。在涉及国家间的争端时,外交途径也被广泛使用。外交途径通常用于解决涉及两个或多个国家之间的政治问题或国际关系的复杂争端。通过外交途径解决争端可能需要更长的时间和更多的外交努力,但是可以促进双方之间的对话和合作。

除了传统的争端解决机制,在数字经济时代还可以利用调解和调解平台解决争端。调解是指第三方中立人协助当事人进行谈判和达成争议解决的非正式过程。在数字经济时代,一些在线调解平台提供便捷的争端解决服务,当事人可以在平台上进行线上调解,以寻求共识并解决纠纷。ODR(在线争议解决)平台是数字经济时代解决国际争端的一种新型机制,它可以通过电子邮件、视频会议和在线论坛等方式促进当事人之间的沟通,寻求争议的解决。一些在线争议解决平台还结合了智能算法和数据分析,提供更高效和公正的争端解决服务。网络仲裁是在线争议解决的一个具体形式,是指利用网络技术进行仲裁的方式,以更高效和便捷地解决争端,一些专门的网络仲裁机构提供在线提交材料、远程听证和在线裁决等服务,使当事人能够通过网络平台解决争端。在线争议解决和网络仲裁的区别在于在线争议解决是一个包含多种争议解决机制的广义概念,而网络仲裁是一种正式且法律约束力较强的争议解决方式。

数字经济时代中国在解决国际营销争端方面提供了多种机制和平台,包括仲裁机构、法律服务平台,以及网络安全审查和投诉机制。当事人可以根据具体情况选择合适的争端解决方式,并寻求专业法律咨询和支持来处理争端。中国国际经济贸易仲裁委员会(China International Economic and Trade Arbitration Commission,CIETAC)是中国最具影响力的国际商事仲裁机构之一,它提供涉及国际商事合同纠纷的仲裁服务。当涉及数字经济时代的国际营销争端时,当事人可以选择将纠纷提交给 CIETAC 进行仲裁。CIETAC提供线上案件提交、远程听证和在线裁决等服务,为当事人提供了高效、专业的争端解决机制。在电子商务法律服务平台方面,法大大、阿里法务、E 律宝(E-Lawyer)等为电商企业和消费者提供了一站式法律支持,解决了电商交易中可能出现的法律风险和争议。在网络安全审查和投诉机制方面,工业和信息化部负责网络安全监管和投诉处理,当事人可以向其投诉涉及网络安全的争议,并寻求解决方案。

二、影响国际营销法律环境的因素

(一)国际知识产权保护

国际知识产权保护是一个复杂且仍在不断发展的领域,各国之间的合作至关重要。通过国际合作机制和法律框架的建立,全球范围内的知识产权保护得到了加强,并为创新和经济发展提供了更稳定和可持续的环境。

国际知识产权保护涉及多个方面和机构:①世界知识产权组织作为联合国的专门机构,致力于推动全球知识产权保护和创新,负责制定并管理多个国际公约和协定,如《专利合作条约》和《商标法条约》等;此外,它还为成员提供培训、技术支持和政策建议。②WTO下的《与贸易有关的知识产权协定》(TRIPS 协定)确立了知识产权在国际贸易中的保护标准和规则,并要求各成员采取措施确保对知识产权的有效保护,还规定了专利、商标、著作权、工业设计、地理标志等领域的最低保护标准。③双边和多边贸易协定。许多国家通过签署双边或多边贸易协定加强知识产权保护,这些协定通常包括更具体和严格的规定,以超越 TRIPS 协定的最低标准,例如美国与多个国家和地区签署自由贸易协定(如 USMCA),其中就涵盖知识产权保护的议定书。④国际合作与执法机制。国际合作对于打击跨国知识产权侵权行为至关重要,各国通过共享情报、加强执法合作并共同行动来打击知识产权侵权和盗版行为。举例来说,国际刑警组织设立了全球知识产权中心,协助成员国在边境和网络上打击知识产权犯罪行为。⑤争端解决机制。国际知识产权保护还包括争端解决机制,用于处理知识产权争端。在 WTO 下,争端解决机制提供了一个仲裁和裁决的平台,使成员能够解决彼此的知识产权纠纷,成员可以根据 TRIPS 协定提起仲裁,并接受专家组裁决。⑥技术援助。发达国家往往通过提供技术援助和培训来支持发展中国家的知识产权保护,例如世界知识产权组织和其他国际组织提供了各种技术援助项目,帮助发展中国家制定和实施有效的知识产权政策和法律。

（二）国际市场准入和贸易政策

国际市场准入和贸易政策是各国为促进经济发展和开展国际贸易而制定的一系列规则和政策,其目标是鼓励贸易自由化、推动经济增长,并建立公平和可持续的国际贸易体系。

在国际营销中,关税壁垒和非关税壁垒是两个常见的限制市场准入的方式。关税是政府对于跨境货物征收的一种税费,关税壁垒指的是通过提高进口商品的关税水平来限制进口和保护本国产业的做法,包括进口关税的设定、提高关税税率、设立关税配额等。关税壁垒使得进口商品的价格上涨,企业在国际市场上的竞争力降低。非关税壁垒是指除关税壁垒之外的其他措施,是用于限制国际贸易的方式。非关税壁垒多种多样,包括以下几种:①进口配额,即设立特定的进口配额以限制某些产品的进口数量;②技术壁垒,即通过技术标准、认证、许可证等要求来限制进口商品;③行政审批,即需要经过复杂的行政程序和审批才能进口商品;④反倾销措施,即针对进口商品的反倾销调查和征收反倾销税,以保护本国产业;⑤出口补贴,即一些国家对出口企业提供补贴,导致市场扭曲和不公平竞争。非关税壁垒不仅增加了企业的进入难度,还可能增加成本、延长交货时间。国际贸易涉及不同国家之间的商品流动,而各国对进口商品往往设立了不同的关税和非关税壁垒。了解目标市场的关税政策和规定,能够帮助企业制定合适的营销策略,优化产品定价和市场定位。

自由贸易协定也在国际营销中发挥着重要作用。自由贸易协定（Free Trade Agreement, FTA）是两个或多个国家之间达成的贸易协议,旨在消除或减少双方的贸易壁垒,促进商品、服务和资本的自由流动。自由贸易协定的主要目标是通过降低关税、取消非关税壁垒、减少贸易限制等手段,创造更加开放和自由的贸易环境。自由贸易协定可以涵盖多个领域,如商品贸易、服务贸易、投资和知识产权保护等。通过自由贸易协定,参与国家可以扩大市场准入、增加出口机会、吸引外商直接投资,并在更大范围内获得经济增长和福利提升的机会。世界上许多国家和地区都签署了自由贸易协定,如 NAFTA、CPTPP、RCEP 等。CPTPP 的目标是促进成员之间的贸易自由化和经济一体化,涵盖广泛的议题,包括关税和市场准入、贸易便利化、投资保护、知识产权、劳工和环境标准等。CPTPP 在国际营销中具有重要意义,主要体现在以下方面:①市场准入扩大。CPTPP 降低了成员之间的关税壁垒和非关税壁垒,扩大了市场准入,这为企业提供了更多进入不同市场的机会,增加了产品和服务的出口潜力。②贸易规则和标准的统一。CPTPP 在贸易规则、知识产权、劳工和环境等方面建立了一套统一的标准和规则,为企业创造了稳定和可预测的商业环境,降低了经营风险。③投资保护和争端解决机制。CPTPP 为投资者提供了更稳定和可靠的投资环境,并设立了争端解决机制。这增加了企业在外投资的信心,降低了投资风险。④数字经济和电子商务的推动。CPTPP 促进了数字经济的发展和电子商务的增长。它在数字贸易、数据流动和知识产权保护等方面制定了规则,为企业在数字领域开展跨境业务提供了便利和保障。因此,企业可以充分利用 CPTPP 提供的机会和优势,拓展国际市场,增加业务机会和利润。

区域经济一体化贸易政策,是指不同国家或地区合作,通过建立共同市场、关税联盟、自由贸易区等方式,促进经济一体化和深化贸易合作。区域经济一体化旨在消除区域内的贸易壁垒、提高经济效率、增加投资和就业机会,并达成共同的经济发展目标。区域经济一体化贸易政策通常涉及更广泛的领域,如经济政策的协调与整合、货币和金融合作、劳动力流动和产业链协作等。典型的区域经济一体化组织包括欧盟、东盟和南美的南方共同市场等。

国际贸易中,各个国家对外国直接投资往往会进行一定的限制和要求。这些限制和要求旨在保护国家安全、维护本国经济利益以及平衡国际贸易关系。国际贸易中常见的外国直接投资限制包括:①国家安全审查,许多国家会对涉及国家安全的领域,如军工等的外国直接投资进行审查,以确保外国投资不会对国家安全产生威胁。②控股限制,某些国家对外国投资者在关键行业或战略性企业中的控股比例设有限制,以确保国家能够保持一定程度的产业控制权和核心竞争力。

一些国家对特定领域的外国直接投资可能会设立所有权限制,要求该行业或领域的控制权必须由本国或指定的国家持有者拥有。某些国家对外国直接投资在特定行业或领域的准入条件设有限制,例如需要特定的执照、许可证或资质认证。一些国家限制对高科技行业或敏感技术行业的外国直接投资,以防止关键技术泄露或被外国获取。某些国家对外国直接投资流向特定地区设有限制,例如限制对边境地区或岛屿地区的投资。

中国在引进外资方面进行了很多努力,准入前国民待遇加负面清单管理制度是中国在外商投资领域实施的一种管理机制,旨在为外商提供更加公平、透明和便利的投资环境。具体来说,准入前国民待遇是指内外资企业在市场准入、行业管理、法律法规等方面享有同等待遇。也就是说,外商在进入中国市场时,应当享受与中国本国企业相同的待遇,不受歧视。而负面清单是对外商投资进行特定限制和禁止的行业和领域清单。中国政府发布的外商投资准入负面清单列出了限制或禁止外商投资的行业和领域。外国投资者投资此清单中的项目,可能需要满足一些额外的准入条件或面临限制。准入前国民待遇加负面清单管理制度的核心思想是,在尽可能开放市场的同时,也要保护国家安全、维护社会公共利益。这一制度可以帮助外商明确在哪些行业和领域可以投资,并为其提供更加透明和可预测的投资环境。另外,中国发布了一系列国家鼓励产业目录,对一些战略性新兴产业、高科技产业和现代服务业等领域提供优惠政策,以吸引外商投资;中国通过税收政策为外商提供优惠,如在鼓励发展的重点产业和地区投资的外商可以享受所得税优惠、减免或延缓缴纳等政策;中国政府还为外商投资企业提供一系列的支持和服务,包括简化注册审批程序、提供投资咨询和法律援助、加强知识产权保护等。

(三) 国际消费者权益保护法和竞争法

国际消费者权益保护法和竞争法共同构建了一个公平竞争的市场环境,为消费者提供了更多的选择权,并保护其权益免受不当行为的侵害。各国根据自身法律体系和经济情况制定和实施相应的法规和政策,以适应不断变化的市场需求。

国际消费者权益保护法旨在确保消费者在国际贸易中获得公平对待,并保护其权益。以下是一些重要的国际消费者权益保护法律框架和原则:①《联合国消费者保护准则》,该准则为各国提供了关于消费者权益保护的指导原则,包括公平和透明的市场交易、健康和安全的产品、消费者教育和信息、消费者救济机制等。②《欧盟消费者权益保护法》,欧盟通过一系列法规和指令来保护消费者权益,如《欧盟消费者权益保护指令》和《不公平合同条款指令》。这些法规涵盖了消费者权益保护的各个方面,如虚假广告、不公平合同条款、产品安全、远程销售等。③《加洲消费者隐私法案》,美国设立了多个机构来保护消费者权益,例如联邦贸易委员会和食品药品监督管理局。美国的消费者保护法律主要关注虚假广告、欺诈行为、产品安全等问题,并提供了消费者救济的途径。

竞争法旨在维护市场竞争秩序,促进公平竞争,并防止垄断和不正当竞争行为。以下是一些重要的竞争法原则和措施:①反垄断法,主要针对垄断行为,禁止个人或公司在市场上独占或滥用其市场支配地位,旨在保护消费者免受高价格、低质量和选择受限的影响。②反不正当竞争法,主要关注竞争中的不公平行为,如虚假宣传、商业诽谤、商业间谍等,旨在保护市场竞争的公平性和诚信度。③竞争政策和监管机构,负责执行和监督竞争法的实施,如美国的联邦贸易委员会和欧盟的欧洲委员会竞争总司。

三、数字经济时代国际营销的法律环境

(一) 法律监管方式

在数字经济时代,国际营销中的法律监管方式变得尤为重要。以下是数字经济时代国际营销中常见的法律监管方式:

1. 数据保护与隐私法律

由于数字经济中涉及大量个人数据的处理和传输,因此许多国家制定了数据保护和隐私法律来保护消费者的个人信息。例如,欧盟的《通用数据保护条例》要求企业在收集和处理个人数据时遵守一系列规定,包括明确告知、获得同意、保障数据安全等。

2. 电子商务法律

针对在线购物和跨境电子商务活动,各国都有相应的法律监管,这些法律通常涉及合同签订、消费者权益保护、虚假广告、在线支付、争议解决等方面。例如,欧盟的《电子商务指令》规定了电子商务运营商的义务和责任。

3. 跨境数据流动法律

在数字经济时代,国际商务中的跨境数据流动日益频繁。一些国家通过制定跨境数据流动的法律框架来保护数据安全和隐私。例如,欧盟的《通用数据保护条例》中规定了

个人数据跨境传输的条件和要求。

4. 广告法律

数字经济时代国际营销中的广告活动受到严格监管。各国通过制定广告法律来防止虚假宣传、误导消费者、侵犯竞争等。这些法律通常规定了广告的真实性、合法性、适度性以及特定产品的限制。

5. 知识产权法律

在数字经济时代,知识产权保护尤为重要,包括版权、商标、专利、域名等。国际商务中的营销活动也涉及知识产权的保护和法律监管。世界知识产权组织和国际商标协会等机构致力于促进知识产权的保护和协调合作。

这些法律监管方式有助于确保数字经济时代国际营销活动的合法性、公平性和透明度,保护消费者权益,促进国际商务的健康发展。在国际营销中,企业应了解目标市场的法律法规,并遵守相关规定,以降低法律风险并建立可信赖的品牌形象。

(二)互联网法院

互联网法院是指采用互联网技术手段来开展诉讼活动和处理争议的法院,其主要作用是提供便捷高效的在线纠纷解决渠道。在国际营销中,涉及跨境交易和争议时,互联网法院可能会扮演以下角色:①争议解决平台。互联网法院可以作为在线争议解决平台,提供在线调解、仲裁或判决的服务。当国际营销中出现争议时,相关各方可以选择将纠纷提交给互联网法院进行在线解决,以减少成本。②法律适用与司法管辖。互联网法院有可能参与国际营销中涉及的法律适用和司法管辖问题。例如,在涉及多个国家之间的争议时,互联网法院可能需要确定适用的法律和管辖权,以确保争议能够合理地得到解决。③执行程序监管。互联网法院可能也会涉及对国际营销中执行程序的监管。当一方获得判决后,互联网法院可能会参与并监督执行程序的进行,以确保判决得到有效执行。需要指出的是,目前互联网法院在国际营销领域的监管还处于初级阶段,存在一些挑战和问题。例如,涉及多个司法管辖区的争议处理、跨境执行和判决的认可等问题处理起来仍然存在困难。此外,不同国家之间的法律制度和互联网法院的建设水平也可能存在差异。因此,国际营销中的争议解决仍然需要综合运用传统法院、仲裁机构和其他在线争议解决平台,根据具体情况选择适当的解决方式,并且在合同签订时就明确争议解决的方式和管辖法院,以减少潜在的纠纷和法律风险。

拓展阅读

字节跳动的国际化突围之路——以 TikTok 封禁事件为例

一、字节跳动的概况

北京字节跳动科技有限公司(以下简称"字节跳动")成立于 2012 年,是最早将人工智能应用于移动互联网场景的科技企业之一。字节跳动以建设"全球创作与交流平台"为愿景,其全球化布局始于 2015 年。"技术出海"是字节跳动全球化发展的核心战略,其旗下产品有今日头条、西瓜视频、抖音、头条百科、飞书、懂车帝等。字节跳动于2016年成立了人工智能实验室,致力于探索和解决人工智能领域的长期性和开放性问题。研究方向包括自然语言处理、计算机视觉和机器学习等,以支持企业在技术创新和产品优化方面的持续发展。2022年5月,字节跳动更名为北京抖音信息服务有限公司。

二、字节跳动的国际化之路

字节跳动从创立之初就开始谋划进军海外市场,全球化理念深植于企业的基因中。其国际化之路可以分为三个阶段:

(一)"走出去"阶段(2015—2016)

2015—2016年,字节跳动开始将自身品牌和产品推向国际舞台。在这个阶段,字节跳动主要专注于新闻推荐类业务,着重于今日头条及其海外版TopBuzz在海外的布局。2015年8月,字节跳动发布了今日头条的海外版TopBuzz,在短时间内覆盖了日本、印度以及欧美等国家和地区,为字节跳动在国际市场的"出海"奠定了良好的基础。2016年10月至12月,字节跳动通过投资并购的方式控股了印度最大的新闻聚合平台Dailyhunt,该平台被称为"印度版今日头条"。随后,字节跳动开始与当地的170多家新闻机构合作,正式进军印度市场。这一举措为后来字节跳动在印度市场发展短视频业务打下了基础。通过这一阶段的海外布局,字节跳动在国际市场上逐渐扩大了影响力,为其后续的全球化战略打下了坚实的基础。

(二)"走进去"阶段(2017—2018)

在"走进去"阶段,企业国际化往往面临着提高客户黏性和增强合法性等挑战。对于字节跳动来说,这一阶段的重点是布局短视频类业务。2017年2月,字节跳动收购了一度风靡北美市场的知名短视频互动分享社区Flipagram。随后,结合抖音的运营经验,字节跳动于2017年9月在美国上线了抖音的国际版——TikTok,之后TikTok陆续进入其他国家和地区的市场,瞬间掀起了海外用户追逐短视频分享的热潮,其用户数甚至一路赶超脸书,在多国手机APP(应用程序)下载量中位居榜首。字节跳动因此被誉为最具全球化视野的中国互联网企业之一,成为中国企业在"走进去"阶段大获成功的典型代表。在这一阶段,字节跳动通过收购和整合先进的海外产品和技术,结合自身的运营经验,成功打造了适应不同国家和地区市场需求的短视频平台,为企业的国际化进程注入了新的活力。

(三)"走上去"阶段(2019年至今)

在"走上去"阶段,企业要实现深度国际化,就必须推动其文化、理念与价值观在国际市场上产生共鸣,从而转型成为一家国际知名企业。字节跳动"出海"的第三阶段是从2019年开始的,这也是它"走上去"的初始阶段。TikTok专注于提升用户黏性,通过独特算法向用户推送个性化内容,打破了"粉丝取胜"的传统模式,吸引了大量新用户。2020年3月,TikTok超越脸书成为全球下载量最大的APP,全球近一半网民下载了TikTok;截至2021年第二季度,TikTok连续四个季度蝉联全球APP下载量榜首。在两年半的时间里,作为中国企业独立开发的一款产品,TikTok 蕴含着中国文化、价值观和思想,中国元素在短视频分享热潮中被推向了国际舞台。通过一个小小的视频窗口,一个国家的文化、价值取向得以向外传递,让世界人民为之着迷,这意味着 TikTok 正朝着全球品牌的方向转变,也预示着字节跳动正在稳步迈入"走上去"的阶段。但随着 2020 年 8 月 TikTok 在美国被封禁,字节跳动也迎来了其在国际化过程中面临的最大挑战。

三、字节跳动在国际化进程中面临的法律危机

自 2015 年以来,美国一直是 TikTok 进军海外的重要市场。据报道,截至 2020 年 4 月底,TikTok 在美国市场上的用户下载量已达到 1.65 亿人次,其中 16~24 岁的用户占比超过 60%。此外,根据 2020 年美国头部社交 APP 关于用户日均与月均使用时长分布的统计数据,TikTok 的月均、日均以及活跃用户增幅都超过了美国本土社交软件脸书、Snapchat 和 Instagram,这表明 TikTok 以独特魅力撼动了这些传统社交产品的市场地位。然而,自 2019 年起,TikTok 在美国市场遭遇了打压,封禁事件和出售风波更是将字节跳动推向了舆论的风口浪尖。

(一)封禁导火索

封禁事件起源于 2017 年,当时今日头条以 10 亿美元收购了美国的短视频平台 Musical.ly。这项收购未经过美国外资投资委员会的许可。因此,2019 年 11 月,美国外资投资委员会开始对字节跳动收购 Musical.ly 是否合法展开调查。

(二)步步紧逼

被调查的风波还未结束,美国在 2019 年 12 月 16 日又以 TikTok 可能获取用户信息、泄露隐私并"威胁国家安全"为由起诉 TikTok,并警告美国用户使用 TikTok 可能导致多种安全隐患。2020 年 7 月 17 日,美国总统特朗普发表声明称"将禁止 TikTok 以及其他中国社交媒体应用以维护国家安全";7 月 28 日,美国总统竞选人拜登也公开表示将会避免使用 TikTok,理由与特朗普如出一辙。尽管 TikTok 一再强调不存在任何"安全"隐患,但美国坚称将会封禁 TikTok,而出售风波彻底将此事推向了高潮。8 月 6 日,特朗普签署行政令要求字节跳动在 45 天内必须出售 TikTok,否则将封禁该应用。字节跳动作为一家中国民营企业对美国此举略显无奈,且微软当时发表了一份声明,称正与字节跳动洽谈收购 TikTok 业务,外界疯传字节跳动不久就会向微软出售 TikTok 在美国的业务。此事一出,中国国内舆论一片哗然,出售 TikTok 一时间仿佛成为一种"必然"。

(三)峰回路转

危机发生后,字节跳动迅速采取了一系列应对措施,最终封禁事件出现了转机。最具代表性的举措是 2020 年 8 月 24 日,TikTok 宣布针对美国政府发布的与企业有关的一系列行政令,正式起诉美国政府以维护自身合法权益。在 TikTok 对美国政府提起诉讼的一个月后,美国哥伦比亚特区联邦法院宣布"暂停实施美国政府关于 TikTok 从美国移动应用商店下架的行政令"。这一裁决使得美国政府试图以"国家安全"为由打压 TikTok 的尝试破碎,也反映了 TikTok 起诉美国政府的前瞻性做法。至此,TikTok 终于迎来了转机,封禁事件暂告一段落。

（四）尘埃落定

在经历了长达八个月的拉锯战后,TikTok 在美国的封禁风波终于得到了解决。2021 年 2 月 26 日,字节跳动宣布将支付 9 200 万美元以解决美国部分 TikTok 用户的数据隐私索赔问题。字节跳动表示:"虽然并不同意诸如泄露用户隐私与威胁国家安全等说法,但与其进行漫长的诉讼,还不如把精力集中用在为 TikTok 社区打造更加安全、愉快的体验上。"2021 年 6 月 9 日,美国总统拜登签署行政令并宣布撤销前任总统特朗普在任期间有关"在美国境内禁止下载和使用 TikTok"的命令,标志着 TikTok 可以继续在美国市场上合法运行,也正式给封禁 TikTok 这场闹剧画上了一个句号。

资料来源:谢佩洪,李伟光. 字节跳动的国际化突围之路:以 TikTok 封禁事件为例[J]. 清华管理评论,2022(6): 98-107.

本章小结

1. 政治风险是指在跨国公司经营活动中,由于东道国政局或政策的不稳定以及政府干预经济的行为,导致外国投资者在该国遭受损失的风险,可细分为政局风险、所有权及控制风险、运营风险、转移性风险等。
2. 国际营销受知识产权保护、市场准入、贸易壁垒等法律环境因素的影响。

思考题

1. 阐述国际营销中政治风险的定义、类型和评估方法,并结合案例说明企业如何防范政治风险。
2. 比较英美法系国家和大陆法系国家在国际营销法律环境方面的特点,分析其对企业国际营销活动的影响。
3. 阐述国际市场准入和贸易政策的主要内容,包括关税壁垒和非关税壁垒、自由贸易协定以及区域经济一体化等方面,并分析其对企业国际营销的影响。
4. 结合案例分析国际消费者权益保护法和竞争法在国际营销中的作用,以及企业如何遵守相关法律法规。

案例分析题

美国"长臂管辖"下海康威视供应链安全策略的探索

海康威视成立于 2001 年,总部位于中国杭州,是全球领先的安防产品及解决方案提供商。其业务涵盖视频监控、人工智能、物联网等多个领域,并通过技术创新和市场拓展,逐步发展成为一家具有全球影响力的高新技术企业。截至 2022 年,海康威视在全球市场的占有率稳居第一,产品和解决方案覆盖 150 多个国家和地区。

作为技术密集型企业,海康威视在视频监控领域持续保持技术领先地位。企业每年将超过 10% 的营收用于研发,研发人员占员工总数的三分之一。其核心技术包括视频存储、智能图像处理和深度学习算法等,这些技术已广泛应用于智慧城市建设、交通管理、工业自动化等领域,为企业赢得了全球客户的认可。

然而,随着中美贸易摩擦加剧,海康威视的国际运营环境变得异常复杂。2019 年,美国商务部以国家安全为由,将海康威视列入"实体清单",对其实施出口管制。此举限制了美国企业向海康威视出口关键技术和零部件,尤其是在芯片和算法领域,对其供应链体系和产品开发构成了严重威胁。

这一制裁不仅影响了海康威视对美国技术的获取,也对其在国际市场上的品牌形象和客户信任造成了一定冲击。此外,美国的"长臂管辖"效应迫使一些欧洲和亚洲企业重新评估与海康威视的合作关系,从而对其全球供应链网络的安全性提出了新的挑战。

面对外部环境的深刻变化,海康威视意识到单纯依赖外部供应链已无法保障企业的长期发展。为了有效应对美国的技术封锁和供应链中断风险,海康威视逐步调整战略,构建起具有抗风险能力的供应链体系,并通过自主创新增强技术安全性。这一系列举措使得海康威视不仅在短期内成功化解了危机,还为长期可持续发展奠定了坚实基础。

在美国"长臂管辖"的影响下,海康威视面临多重挑战。首先,美国的出口管制直接切断了海康威视从美国企业获取芯片、算法等关键技术的渠道,导致部分产品生产受阻,显著影响了其核心业务的持续性。其次,国际制裁政策的扩展使海康威视的供应链网络变得脆弱,特别是在美国及其他市场,部分供应商因政策压力暂停合作,这大幅增加了供应链中断的风险。最后,制裁还削弱了海康威视在国际市场上的品牌形象和客户信任,导致部分客户转向其他竞争对手,从而进一步加剧了其市场竞争压力。

针对核心挑战,海康威视采取了一系列积极的应对策略,以确保供应链安全和业务稳定。海康威视先通过供应链区域多元化布局,拓展供应商网络,将核心零部件的来源分散至多个国家和地区,从而降低对单一区域的依赖。同时,其不断强化本土供应链建设,与国内芯片制造商和电子元器件供应商合作,构建关键零部件的国内供应体系,增强抗风险能力。为应对技术封锁,海康威视加大研发投入,推动自主创新,在视频存储、人工智能算法等领域取得突破,实现关键技术的"去美国化"。此外,海康威视通过与上下游企业及科研机构合作,构建供应链生态圈,促进知识共享和协同创新,为供应链的长期稳定提供强有力支持。

资料来源:孙笑明,马少华,苏屹,等. 美国长臂管辖下中国高新技术企业供应链安全测度及对策研究:基于华为和海康威视的双案例分析[J]. 管理评论,2024(4):273-292.

思考题:

1. 美国通过"实体清单"对海康威视实施出口管制,限制其获取关键技术和零部件。结合案例,分析政治环境(如制裁政策和地缘政治)如何影响国际高科技企业的市场进入策略和供应链安全。

2. 面对美国的"长臂管辖",海康威视通过供应链区域多元化和本土化策略加以应对。结合案例,讨论在国际营销中,企业如何在复杂的法律环境下制定合规性管理策略,以减少制裁或法律冲突对业务运营的影响。

　　3. 海康威视在应对技术封锁和市场竞争压力时采取了研发创新、供应链优化等多重策略。结合案例,探讨在国际营销中,企业如何识别和评估政治与法律环境中的风险,并制定适应性策略以确保业务持续发展。

第六章
国际营销的社会与技术环境

党的二十大报告明确指出，要"坚持高水平对外开放，加快构建以国内大循环为主体、国内国际双循环相互促进的新发展格局"，这为国际营销提供了新的战略指引，强调了在全球市场中深化合作、共享机遇的重要性。

全球化是国际营销的推动力之一，它带来了市场扩展的机会，但也对营销策略提出了新的挑战。不同国家和地区的社会和技术因素对国际营销具有深远影响，了解并适应各个市场的社会和技术环境对制定有效的市场策略至关重要。

学习目标

通过本章的学习,学生应意识到国际营销不仅涉及市场策略和商业利益,还需要考虑不同国家和地区的社会背景与技术创新差异对市场的影响,努力建立以人为本、尊重价值观多样性的观念,关注可持续发展和技术革新。

引导案例

福耀玻璃被控"剥削劳工"

2010 年,福耀玻璃宣布和美国企业签订战略合作协议,宣布未来要进入美国市场,并在美国建厂保障供货。彼时美国的大部分汽车制造厂都建立在俄亥俄州代顿市,但由于美国本土制造业的不断衰落,加之 2008 年金融危机的影响,美国当地的汽车制造厂陆续倒闭,大部分员工都陷入失业困境。正是基于这样的历史原因,福耀玻璃创造人曹德旺瞄准了代顿市的大量待业劳动力以及曾经的汽车旧厂房,决定将福耀玻璃美国工厂建在代顿市。对于当时的代顿市来说,福耀玻璃工厂的建立无疑解决了当地许多居民的生存问题,也再次带动了当地的经济发展。

但福耀玻璃自进入美国以来就出现了各种"水土不服"的症状。2017 年 6 月,美国当地媒体曝出福耀玻璃在美国遭遇工人抵制。至于双方矛盾的起因,主要是中国企业文化与美国工人工作态度的冲突。对于大部分中国工人来说,只要保证合理的工作福利与待遇,即使是高强度的工作,他们也能够承受。但对于美国工人来说,这样的工作压力让他们感到不堪重负。在这种情况下,美国工人要求福耀玻璃成立工会保证当地工人的权益。从 2016 年开始,福耀玻璃工厂附近便时常出现支持建立工会的美国工人,他们四处游走只为说服福耀玻璃的内部员工。

尽管外部舆论一直处于不利状态,曹德旺本人却显得异常坚定。他始终坚持,工厂需要做好相应的管理工作,而作为"无政府主义"的工会无法实现管理的作用,甚至可能会在一定程度上影响工厂的正常运作。为了支持自己的立场,曹德旺甚至一度提出通用汽车工厂之所以破产就是因为工会过分介入。随后,为了避免工厂内的美国工人被煽动,曹德旺特意花费 100 万美元邀请了美国当地的反工会组织,希望能够为工人讲清其中的利害关系。

2017 年 11 月,在曹德旺的不断坚持下,福耀玻璃工会争议终于落下了帷幕。在美国劳资委的安排下,福耀玻璃工厂内部的 1 500 余名工人进行了自由投票。一切都按曹德旺的预期发生,大多数工厂内的工人并不赞成成立工会。2019 年,纪录片《美国工厂》曝光了福耀玻璃的管理问题,特别是工厂对工会的强烈反对以及内部存在的安全隐患,引发全球关注。曹德旺为公司辩护,称文化差异和管理方式是问题的根源。2020 年,员工提起诉讼,指控公司违反劳动法。2021年,福耀玻璃承诺改善工资待遇和安全条件,但反对工会成立的立场未变。2022年,福耀玻璃开始在工资和安全方面进行部分改进,尽管工人投诉有所减少,但是劳资矛盾依然存在。总体而言,福耀玻璃的劳工问题反映了跨国公司在全球化运营中面临的文化冲突和管理挑战。

资料来源:市值蒸发110亿,福耀在美工厂被突袭搜查,指向承包商劳工问题[EB/OL]. (2024-07-29)[2024-12-05]. https://baijiahao. baidu. com/s?id=1805922679472016059&wfr=spider&for=pc.

第一节　国际营销的社会环境

一、国际营销社会环境的组成部分

社会环境有狭义和广义之分,狭义的社会环境指组织生存和发展的具体环境,具体而言就是组织与各种公众的关系网络,如各类社会组织等。广义的社会环境还包括社会价值观等更大的范畴,它们与组织的发展也是息息相关的。

(一)社会组织

社会组织是人们为了有效地达成特定目标按照一定的宗旨、制度、系统建立起来的共同活动集体。它有清楚的界限、明确的目标,内部实行明确的分工并确立了旨在协调成员活动的正式关系结构,比如政党、政府、企业等。由于社会组织涵盖了与企业相关的社会机构、社团和社交网络等多个方面,因此其成为影响国际营销的重要因素之一。以下是一些可能影响国际营销的社会组织因素:

1. 行业协会和商会

行业协会和商会在国际贸易中发挥着重要的作用,它们代表了特定行业或商业的集体利益,通过促进成员之间的合作、信息共享和资源整合,为企业提供了多维度的赋能和对外发展机会。行业协会和商会从本质上来讲是一个信息共享平台,它通过定期举办行业会议、研讨会和展览会等活动,使其成员了解行业趋势、市场需求和创新技术。这些组织还可以提供市场调研和分析报告,帮助其成员洞察全球市场并制定相关策略。行业协会和商会还可以促进成员之间的商业联系和合作。通过组织商务洽谈会、商业交流活动和商业代表团等,成员之间可以建立起互利共赢的合作关系,开展贸易、投资和技术合作,并共同应对市场挑战和竞争压力。与此同时,行业协会和商会通常与政府部门保持着密切联系,代表成员参与政策制定。它们可以通过与政府机构的沟通和合作来推动制定有利于行业发展和国际贸易的政策、法规和标准,为企业打造更好的营商环境。此外,行业协会和商会还可以通过举办国内外的展览会、商贸洽谈会等推广活动,提升成员的品牌知名度和市场曝光率。它们还可以提供市场准入方面的指导和支持,帮助成员了解目标市场的相关法规、标准和认证要求,从而更顺利地进入国际市场。

2. 跨国公司

跨国公司作为一种国际性企业,在国际贸易中扮演着重要角色,它们通过跨越国界的投资和贸易活动,促进全球经济一体化。跨国公司不仅在不同国家建立了供应链网络、生产基地和销售渠道,实现了资源的全球配置和专业化分工,还为各国提供了更多贸易和就业机会,它们在全球范围内雇用大量员工,为当地居民创造了就业机会并提供了稳定的收入来源。与此同时,跨国公司带来的先进管理经验和培训机会也促进了当地人才的培养和职业发展,为当地人才提供了更多发展空间。跨国公司通常还拥有先进的技术,在国际贸易中起到技术引领和创新推动的作用,它们通过在不同国家开展研发、制造和合作项目,推动了技术的跨境转移和共享,提升了各国产业的竞争力和创新能力。此外,跨国公司的国际贸易活动还直接促进了各国的商品和服务交流,扩大了国际贸易的规模,提高了贸易往来的频率,通过出口和进口商品带来了外汇收入,为国家的经济增长和国际收支平衡做出贡献。这些作用使得跨国公司在国际贸易中成为重要的经济参与者和推动者。

3. 非政府组织

非政府组织是不属于任何政府、不由任何国家建立的组织,它们在塑造国际贸易规则、推动企业承担社会责任和促进经济可持续发展方面发挥着重要作用。非政府组织通常致力于倡导公平贸易和可持续发展,它们监测和研究国际贸易的发展动向,提出政策建议,并向公众传达信息,呼吁制定更加公正和环境友好的贸易规则。非政府组织同时关注国际贸易对劳工权益和人权的影响,它们追求劳动条件的改善、工资的公正和良好的工作环境,并且对侵犯人权的情况进行监督和揭露。除此之外,非政府组织在国际贸易中还扮演着桥梁的角色,意在促进社会公众的参与和提高公众知情权。通过组织研讨会、论坛和媒体宣传,它们向公众提供有关贸易政策和实践的信息,激发公众参与和讨论,并推动政策的多元化和民主化。最后,非政府组织在国际贸易中还提供一定的技术支持,这对于发展中国家的小型企业等来说尤为重要,它们会帮助这些组织提升生产技能、产品质量和市场准入能力,通过培训、咨询和信息共享,促进其参与国际贸易并获取更高的市场地位。

(二) 社会价值观

社会价值观反映了人们对道德、伦理、社会责任和可持续发展等问题的看法。在国际营销中,企业需要考虑目标市场的社会价值观,以免违反当地道德规范和法律规定,同时也要关注社会责任和可持续发展的问题。

1. 劳工权益

社会价值观中对劳工权益的态度会影响国际贸易的多个方面,如消费者偏好、政策和法规、贸易协定和标准等。消费者偏好方面,当一个社会的价值观强调对劳工权益的保护时,会引起消费者对相关问题的关注。消费者会倾向于选择那些为员工提供公平待遇、安全工作环境和良好福利的企业的产品。而这导致了市场上对这些产品的需求增加,从而促使企业改善劳工条件以满足消费者的期望。政策和法规方面,当一些国家和地区将劳工权益视为优先考虑的问题时,它们会制定相应的法律和政策来对其加强保护,这些政策可能包括最低工资标准、最大工时限制、强制劳动合同和工会权利等。当涉及国际贸易时,这些国家可能要求其贸易伙伴也遵守类似的劳工标准,否则可能会施加贸易限制或惩罚措施。贸易协定和标准方面,一些贸易协定和国际标准化组织已经将劳工权益纳入其议程,并要求参与成员遵守相关标准。例如,国际劳工组织制定了一系列劳工标准,鼓励各国采取措施保护劳工权益。因此在国际贸易中,这些劳工标准可能被纳入贸易协定,以确保参与国遵守劳工权益的最低要求。

2. 知识产权

不同社会价值观对知识产权的态度会对国际贸易产生不同影响。一些社会价值观可能重视知识共享和开放创新,在技术转移和知识交流方面有更宽松的政策,这种立场可能鼓励国际贸易中的技术和知识流动,促进全球合作与创新。企业可能更容易获取和使用他们需要的技术和知识,从而推动经济增长和贸易发展。另一些社会价值观可能更强调对知识产权的保护,认为知识产权是创新和创造力的保护和激励机制。这种立场可能导致知识产权保护和执法体系的强化,以防止盗版、侵权或其他侵犯知识产权的行为。企业在国际贸易中可能更有信心,因为他们的知识产权权益能够得到有效保护。与此同时,社会价值观对知识产权的态度也会影响一个国家或地区的出口竞争力。如果一个国家或地区对知识产权的保护不足,企业可能不愿意在该地投资或开展贸易,因为他们担心自己的技术和知识可能会被侵犯、盗用或泄露。相反,一个重视并保护知识产权的国家或地区可能会吸引更多的国际投资和贸易,因为企业认为在这些地区运营更加安全和可靠。不同态度的社会价值观还可能影响跨国合作的意愿和方式。一些社会价值观强调合作共赢和知识共享,鼓励企业在国际贸易中进行技术转让和合作研发。另一些社会价值观可能更注重保护本国企业和知识产权,可能对跨国技术合作持谨慎态度,这种差异可能影响国际贸易中的技术合作模式和对合作伙伴的选择。总而言之,不同社会价值观对知识产权的态度将对国际贸易产生广泛影响,这些影响可能会在知识产权的保护和开放之间形成平衡,从而塑造国际贸易的发展方向,影响企业的战略和决策。

3. 企业社会责任

当社会价值观重视企业社会责任实践时,消费者会更倾向于选择那些在社会和环境方面表现良好的企业的产品,消费者更愿意支持那些关注可持续发展、环保、社区贡献和商业道德实践的企业;政府可能会采取激励措施,如减税或补贴,以鼓励企业关注社会、环境和经济可持续发展。这些政策和法规可能会对企业起监管和评估作用,确保其履行社会责任的承诺;非政府组织也更可能发起对企业的调查活动,以引起公众和媒体的关注,并迫使企业改善其社会责任表现。在这样的背景下,企业也更可能会为了维护声誉和应对利益相关者压力,采取更加积极的措施来提高其社会责任水平。

二、社会环境对国际营销的影响

在全球化的商业生态中,社会环境已成为塑造国际营销策略的关键变量。人际关系构建信任网络,决定市场准入的深度;社会责任意识影响品牌声誉,成为跨国经营的隐形门槛;而社交媒体的裂变式传播则重新定义了消费者互动的规则。这三个维度相互交织,共同构成了企业必须应对的复杂环境矩阵——忽视其中任何一环,都可能让国际营销战略陷入被动。以下将逐层解析这一环境框架如何深刻影响企业的全球化实践。

（一）人际关系营销

人际关系营销,又称关系营销或人际营销,是一种强调建立和维护人际关系的营销策略和方法。它的核心理念是通过建立互信、理解和合作的关系来达成市场目标。人际关系营销的基本原则是,人们更愿意与他们认识和信任的人做生意。它关注个人之间的相互作用,重视客户的满意度和忠诚度,强调长期合作关系的建立。

人际关系营销涉及以下几个方面的关键要素:

（1）关系建立:建立良好的人际关系是人际关系营销的首要任务。这包括积极寻找潜在客户并进行有针对性的沟通,了解他们的需求和期望,同时建立互信的关系。通过建立良好的人际关系,企业可以更好地了解客户的需求,提供个性化的产品和服务。

（2）个性化服务:人际关系营销注重提供个性化的服务,以满足客户的需求。企业需要深入了解客户的喜好、习惯和偏好,通过定制化的产品、个性化的推荐和定期跟进等方式提供优质的服务。

（3）持续沟通:人际关系营销强调与客户之间的持续沟通和互动。企业需要建立有效的沟通渠道,包括面对面交流、电话沟通、电子邮件、社交媒体等,以及定期提供有价值的信息和建议。通过保持与客户的密切联系,企业可以与之建立更深入的关系,并及时解决问题和回应反馈。

（4）忠诚度管理:人际关系营销注重提升客户的忠诚度和建立长期合作关系。企业需要积极管理客户关系,包括识别重要的客户群体、提供专属的福利和奖励、关注客户的反馈和投诉,并持续透出权益以保持客户的忠诚度。

（5）口碑营销:人际关系营销依靠口碑推广。满意的客户会主动向他人推荐产品和服务,帮助企业扩大市场份额。通过提供更好的客户体验,企业也可以获得更强的口碑效应。

人际关系营销是一种基于建立和维护人际关系的营销策略。它注重个性化服务、持续沟通和忠诚度管理,通过建立互信和合作的关系,提高客户满意度和忠诚度,从而达成市场目标和提升品牌价值。

（二）社会责任营销

社会责任营销是一种企业在经营过程中积极承担社会责任并将其融入营销战略的方法。它强调企业对社会和环境的影响,提倡可持续发展和社会福祉的实现。社会责任营销的核心理念是通过履行道德义务、主动参与公益活动和推动可持续发展来赢得消费者的认同和信任。通过社会责任营销,企业可以提升品牌形象、打造竞争优势,并为社会做出积极的贡献。社会责任营销要求企业在商业决策中秉持道德和伦理原则,坚守诚信和公平竞争的原则。企业应始终遵守法律法规,尊重消费者权益,拒绝贿赂和腐败,遵守劳工权益和环境保护等方面的标准。还需要认识到自身经营活动对社会和环境的影响,并采取措施来减少负面影响、促进可持续发展。例如,减少碳排放、节约能源、推广环保产品、支持社区项目等。社会责任营销鼓励企业与各利益相关者,如消费者、员工、供应商、非政府组织等进行积极的互动。通过与利益相关者的沟通和合作,企业可以更好地了解他们的需求和期望,并确保自身的营销活动符合其利益。社会责任营销也涉及企业开展公益活动来改善社会福祉。企业可以通过捐赠资金、物资或提供志愿者服务等方式帮助解决教育、健康、环境保护等领域的社会问题。这不仅有助于解决社会问题,还可以树立良好的企业形象。

(三)社交媒体营销

社交媒体营销是指企业或品牌利用社交媒体平台来推广产品、服务或建立品牌形象的营销策略。这种形式的营销可以帮助企业与消费者建立互动,扩大品牌知名度,并促进销量和业务增长。在开始社交媒体营销之前,企业一般需要明确设定营销目标,同时还需要根据目标受众和营销目标选择适合自身的社交媒体平台,常见的平台包括微博、微信、领英、脸书、Instagram、推特等。不同平台的用户群体差异大,喜好风格和类型各不相同,企业需要注意区别,精准针对不同用户开展营销。社交媒体营销的核心是创造有吸引力的内容,包括产品介绍、用户案例、行业动态、有趣的故事等,可以以文本、图片、视频等形式呈现,并与目标受众的兴趣和价值观相贴合。同时,社交媒体营销强调受众的互动和参与,企业需要积极回应用户的评论和提问,与用户建立良好的关系。此外,企业还可以组织有趣的互动活动,如投票、问答、转发或评论赢取奖励等,以吸引用户参与和分享。定期发布也是社交媒体营销的重要环节,企业需要根据受众的活跃时间和特点来制订发布计划,并确保按时发布内容。同时,企业还需要监测和分析发布效果,根据数据调整发布内容和频率,以获得最佳的营销效果。

第二节　国际营销的技术环境

一、国际营销技术环境的组成部分

(一)物联网

物联网(Internet of Things,IoT)指的是通过互联网将物理设备、传感器和其他对象连接在一起,实现互相通信和数据交换的网络系统。物联网的核心思想是将传统的智能设备变成能够通过互联网进行远程控制、监测和数据传输的物联网设备。

物联网对国际营销产生了深远的影响,具体表现如下:

(1)数据收集与分析。物联网连接了大量的传感器和设备,可以实时收集和传输丰富的数据,包括消费者行为、产品使用情况、供应链信息等。这些数据可以帮助企业更好地了解市场需求和消费者行为模式,从而制定更精准的营销策略。

（2）个性化营销。物联网设备可以收集用户偏好、习惯和行为数据,使得企业可以根据个体消费者的需求和兴趣提供个性化的产品推荐和定制化服务。通过物联网,企业能够实现更加精准的定位和营销,提高用户满意度和购买转化率。

（3）跨境销售和供应链管理。物联网可以帮助企业实现全球范围内的供应链管理和物流跟踪,提高国际贸易效率和产品溯源能力。通过实时监测和数据分析,企业可以更好地掌握供应链流程,减少成本,提高交付速度,有效应对市场需求。

（4）新的营销渠道。物联网为企业提供了新的营销渠道,例如家居智能设备、可穿戴设备和智能汽车等。通过这些设备,企业可以直接与消费者互动、推广产品,甚至实施增值服务。同时,企业可以通过物联网设备收集消费者反馈和评价,进一步优化产品和服务。

（5）品牌建设与客户忠诚度。物联网的智能化功能可以提升品牌形象和客户体验,从而提高客户的忠诚度。通过与物联网设备的交互,消费者可以享受更便捷、智能的服务,形成品牌认同感,并乐于与企业建立长期关系。

总之,物联网使得国际营销更加智能化和个性化,还能帮助企业更好地理解市场、满足消费者需求,提升运营效率和品牌价值。但企业也需要注意数据隐私和安全等问题,构建合法、安全、可信的物联网应用环境。

（二）云计算

云计算是一种基于网络的计算模式,通过虚拟技术将计算资源和服务以服务模型的形式提供给用户。它包括基础设施即服务（IaaS）、平台即服务（PaaS）和软件即服务（SaaS）三种模型,可以按需提供计算、存储和应用程序等资源。云计算按照部署方式,一般可以分为公有云、私有云和混合云。公有云指的是由第三方服务提供商建立和管理的云平台,向公众开放使用,用户可以按需购买和使用云服务,而无须关注底层的基础设施和运维工作。而私有云则是由单个组织或企业内部搭建和管理的云平台,用于满足特定的安全和合规需求。混合云是公有云和私有云的结合,通过技术手段实现两者的互通和资源共享。云计算的优势在于其弹性扩展、低成本、灵活性与便利性,以及可靠性与安全性。通过云计算,用户可以随时随地访问和使用云服务,享受高效、便捷、可靠和安全的计算环境,促进创新和业务的发展。

云计算通过将计算资源交付给用户的方式,避免了企业自行购买和维护昂贵的硬件设备和软件系统,这一成本效益对于国际营销来说尤为重要。企业能够根据实际需求灵活地使用云端的资源,并根据需要进行弹性扩展或缩减。这样一来,不仅运营成本大大降低,资金利用效率也得到了提高。同时,云计算提供了弹性的计算和存储资源,使企业能够根据业务需求快速扩展或收缩规模。这种灵活性和可扩展性使得国际营销中的市场推广、广告宣传和数据分析等任务可以更加灵活地进行,并能够适应不同市场的需求变化。无论是新兴市场的快速增长还是成熟市场的下滑,企业都能够获知并及时调整和优化策略。云计算服务商通常在全球范围内建立了多个数据中心,使得企业可以更便捷地将其业务扩展到国际市场。无论企业在哪个地区,都可以通过云计算平台实现全球化的部署和运营,极大地简化了国际业务拓展的流程。企业还可以通过云计算获得全球范围内高性能的计算和存储资源,确保其国际业务的顺利进行。云计算服务商也会投入大量资源用于确保数据的安全性。相比企业自行建设的数据中心,云平台通常具备更高的安全标准和更专业的安全防护措施。这为企业提供了更可靠的数据存储和处理环境。此外,云计算也优化了不同团队或合作伙伴之间的数据共享方式,促进了跨国合作和业务协同。最后,云计算提供了丰富的基础设施和多样化的开发环境,使得企业能够更加专注于创新和核心业务。通过利用云计算平台上的各种工具和资源,企业可以快速开发和部署新的营销应用和服务,提高市场反应速度,增强市场竞争力。云计算为国际营销带来了更大的灵活性、更低的成本、更高的安全性和更强的创新能力,使企业能够更好地适应和把握全球市场的变化和机遇。

（三）区块链

区块链技术是一种基于分布式账本的去中心化数据库技术,其核心思想是将交易记录按照时间顺序连接成一个不可篡改的链式结构。每个交易被打包成一个区块,并通过加密算法和共识机制添加到整个链上。

区块链的核心特点如下:

(1)去中心化。区块链不由中央机构控制,而是由众多节点组成的网络共同参与数据存储和交易验证。这使得其没有单一的中心点可以被攻击或操纵,增加了系统的安全性和可信度。

(2)透明性。区块链中的所有交易记录都被公开并保存在分布式账本上,任何人都可以查看。这提供了交易的可追溯性和验证性,减少了信息不对称和欺诈行为。

(3)不可篡改性。一旦交易被写入区块链,就无法更改或删除。每个区块都包含前一个区块的哈希值,由此形成了一个紧密相连的链条。这样的设计使得区块链具有高度的数据完整性和安全性。

(4)安全性。区块链使用密码学技术对数据进行加密保护,确保交易和用户身份的安全。同时,通过分布式存储和共识机制,攻击者很难篡改大多数节点上的数据,从而提高了系统的安全性。

(5)智能合约。区块链支持智能合约,这是一种自动执行、不可更改的合约代码。智能合约可以在满足特定的条件时自动触发交易或执行业务逻辑,提供了更高效和可靠的合约执行方式。

(6)去中介化。区块链通过共识机制和密码学算法,消除了对中介机构的依赖,使得不同实体之间可以直接进行可信的交易和合作,降低了交易成本、节省了交易时间。

区块链具有广泛的应用领域,包括数字货币、供应链管理、金融服务、投资和融资等。它为各行各业提供了一种安全、高效、透明和可信的数据管理和交易解决方案,将在未来继续引领技术和商业的创新。

区块链对国际营销的影响是广泛而深远的。第一,它通过提高交易透明度和建立信任,使消费者能够更加准确地了解产品的来源和品质,从而增加对企业的信任度。第二,区块链优化了供应链管理,实现了供应链的透明化和可追溯,有效解决了假冒伪劣产品和供应链欺诈等问题,保护了消费者权益。第三,区块链技术降低了交易成本、节省了交易时间,通过智能合约实现自动化的交易和结算,减少了烦琐的中间环节,提高了整体交易效率。第四,区块链为企业创造了更多的市场准入机会,通过发行代币或使用区块链平台进行全球性融资和众筹,吸引更多的投资者和用户参与,推动了创新和商业发展。第五,区块链通过采用密码学和分布式存储的方式,保障了数据隐私和安全,并帮助企业打击假冒伪劣产品和解决盗版问题,保护了知识产权。总之,区块链为国际营销带来了更高效、透明和安全的交易环境,增强了消费者对产品和品牌的信任感,同时创造了更多的市场机会和更大的商业潜力。

(四) 人工智能和机器学习

人工智能是研究和开发用于模拟、延伸和扩展人类智力的技术和系统。它涉及多个学科领域,包括计算机科学、数学、统计学、神经科学等。人工智能的目标是使机器能够执行需要智力的任务,例如理解自然语言、推理、学习、感知、解决问题和自主决策等。机器学习是人工智能的一个重要分支,它是一种让计算机通过学习数据和经验来改善性能的方法。机器学习的核心思想是通过构建和训练数学模型,使计算机能够从数据中学习规律和模式,并进行预测或做出决策。机器学习的关键是利用大量的数据来训练模型,使其能够从中学习到有用的信息和知识。机器学习在众多领域都有应用,例如自然语言处理、计算机视觉、医疗诊断、金融预测和智能推荐系统等。通过机器学习,计算机可以从海量的数据中挖掘出有价值的信息,并辅助人们做出更准确、更智能的决策。随着技术的不断发展,人工智能和机器学习将继续推动科学、工业和社会的发展,为我们带来更多的便利和创新。

人工智能和机器学习为企业在国际营销中提供了更强大的工具,改变了市场推广、客户关系管理、市场预测等方面的方式和策略。

(1)数据分析与个性化营销。人工智能和机器学习可以处理和分析大量的数据,并从中提取有价值的信息。利用这些技术,企业能够更好地了解国际市场的客户需求和消费者行为模式,进而定制个性化产品、服务和营销策略,提高市场反应速度并优化用户体验。

(2)市场趋势预测与决策支持。通过对历史数据的分析和建模,人工智能和机器学习可以帮助企业预测国际市场的发展趋势和可能发生的变化。这有助于企业做出决策以便更好地把握市场机会、调整产品定位和定价策略,提前预测竞争对手的动向等。

(3)自动化营销和客户关系管理。人工智能使得自动化营销变得更加智能和高效。通过机器学习,企业可以针对各个客户群体制定个性化的营销策略,自动化开展市场推广活动,并实时优化营销效果。此外,人工智能还能够优化客户关系管理系统,提供更好的客户服务和支持。

（4）跨文化交流与语言处理。人工智能在国际市场中发挥着重要作用。机器翻译技术的进步使得企业能够更方便地进行多语种交流和沟通。同时，自然语言处理技术能够帮助企业更好地理解和分析跨文化环境下消费者的意图和需求，有助于定制本地化的营销内容和沟通方式。

（5）智能广告投放和市场推广。人工智能和机器学习为广告产业带来了变革。通过对海量数据的分析和学习，人工智能可以更准确地定位用户、预测广告效果，并实时优化广告投放策略。这有助于企业在国际市场中更精准地传达品牌信息、提高广告投资回报率。

人工智能和机器学习在国际营销中起到了重要的推动作用。它们提供了更高效、个性化和智能化的解决方案，让企业能够更好地理解市场需求、优化决策和资源配置，提升竞争力，并在全球范围内实现创新和增长。

二、技术环境对国际营销的影响

（一）技术对消费者需求的影响

1. 消费者需求的多样化和个性化

技术的快速发展和普及为消费者提供了更多的选择。通过互联网和电子商务平台，消费者可以轻松地浏览全球范围内的商品和服务。消费者可以在服装、电子产品、家居用品甚至是旅游、娱乐等服务中，根据自身需求和偏好选择最合适的产品或服务。这种多样化的选择充分满足了消费者的个性化需求。同时，技术革命也推动了个性化定制和生产的发展。通过3D打印、物联网和大数据分析等技术，消费者可以根据自身的特殊需求和偏好进行定制化的设计和制造。比如，消费者可以使用在线工具自定义家具的尺寸、颜色和样式，或者定制符合个人审美的运动鞋。这种个性化的定制能够让消费者更好地满足自身的需求，提高消费满意度和个性化体验。另外，技术革命也为消费者提供了更加智能化和个性化的推荐服务。通过大数据分析和人工智能算法，平台可以根据消费者的浏览历史、购买记录和偏好，向其提供智能化的推荐服务。这种智能化推荐让消费者能够更快速地找到符合自己喜好的商品，提升购物的便捷性和效率。

多样化的选择、个性化定制和智能化推荐等因素共同推动了消费者需求的个体化和差异化发展。消费者越来越倾向于追求独特、个性化的体验和产品，而技术的不断进步为满足他们这一需求提供了更多的机会。

2. 消费者价格敏感化

在技术革命的浪潮下，消费者对商品价格变得更加敏感。新技术的广泛应用使信息更透明，获取更便捷，从而使消费者能够更轻易地了解市场上各种商品的价格情况。过去，消费者往往只能通过实体店或者有限的渠道了解产品的价格，这使得他们很难对价格进行有效比较和评估。现如今，互联网和电子商务平台的兴起使得这一情况发生了根本性改变。消费者可以通过在线购物平台或者价格比较网站快速搜索并比较不同商品的价格。他们可以在几分钟内查看多个品牌、型号、供应商的产品价格,并进行全面对比。此外,新技术还引入了智能手机购物程序和移动支付等便利工具,使消费者能够随时随地了解商品价格的动态变化。通过接收推送通知或者订阅价格跟踪服务,消费者可以及时获取商品降价、促销活动等信息。这让他们能够抓住最佳的购买时机,以更低的价格购买心仪的商品。

3. 消费者更注重消费的便利性

传统的购物方式通常需要消费者前往实体店进行选购,受时间和空间的限制。而技术革新使得消费者足不出户就可以获取全球各地的商品和服务。通过互联网和智能设备,消费者可以访问各种电子商务平台,无论身处何地都能够轻松购物、查询商品信息,并完成交易。这种空间灵活性使消费者不再受限于特定的地理位置,从而拓宽了选择范围,提升了购物的便捷性。同时随着生活节奏的加快,人们对时间更加珍惜。而技术革新带来的便捷性使得消费者能够更快速地完成购买和交易,无须花费大量时间在传统的购物方式上。在这样的背景下,消费者会更倾向于选择能够提供更方便、更快捷的购物方式和更优质的用户体验的品牌和服务。

4. 消费者更追求消费的参与感

现代消费者不再只看重产品本身,还关注品牌的文化、价值观和社会责任等多个方面。新技术为消费者提供了更多了解品牌的渠道,使得他们更加关注品牌背后的故事、可持续发展等。消费者希望与品牌建立更密切的联系,参与品牌的价值追求,以实现个人价值。同时,新技术改变了消费者与企业的沟通方式,并增强了消费者的参与意愿。社交媒体、在线评论和评分系统等平台能让消费者表达自己的意见、分享购物体验,并与其他消费者进行交流和互动。

(二) 技术对企业战略的影响

1. 数据驱动的决策

新技术使企业能够充分利用数据,更好地了解消费者的偏好、行为和需求,进而制定更精准和有针对性的营销策略。通过数据分析,企业可以深入挖掘消费者的购买历史和行为模式,获取有价值的洞察。企业可以通过移动应用、网站、社交媒体等平台收集消费者的个人信息、互动记录、搜索行为等。这些数据包含了丰富的消费者特征和行为信息,有助于揭示消费者的兴趣和购买偏好。企业还可以借助大数据技术和人工智能算法对海量数据进行快速处理和深度挖掘。通过对数据的清洗、整合和分析,企业可以识别出消费者的潜在需求、购买模式及其背后的驱动因素。基于数据分析的结果,企业可以制定个性化推荐策略。通过了解消费者的购买历史和偏好,企业可以向他们推荐符合其需求的产品和服务。个性化推荐不仅可以提高销售转化率,还可以增强客户满意度和忠诚度。此外,企业还可以利用数据分析来优化广告投放策略。通过分析消费者的行为模式和兴趣偏好,企业可以将广告信息发送给潜在客户,并在合适的时间和地点进行定向投放,从而提高广告效果和投资回报率。

2. 精准定位和目标市场细分

新技术的发展为企业提供了更多精确定位和目标市场细分的渠道和工具。通过社交媒体、搜索引擎等平台,企业可以广泛收集消费者的兴趣、喜好和行为信息,从而更精准地定位目标受众,并根据其需求制定相应的营销策略。这样做不仅能提升营销效果,还能有效减少资源浪费。此外,新技术还使得企业能够通过数据分析将消费者细分为更具体和更精准的群体。通过建立消费者画像,企业可以将目标市场进一步细分为不同的人群,并根据不同人群的需求制定相应的营销策略。这种细分将帮助企业更加有针对性地进行产品定位、广告投放和市场沟通,从而提升营销效果和营销转化率。

3. 创新的营销手段和渠道

新技术的出现为企业带来了创新的营销手段和渠道,为企业与消费者互动提供了更多可能性。移动设备的普及使得移动营销成为一种重要手段。通过移动应用和短信营销等方式,企业可以直接与消费者进行互动。移动应用为企业提供了一个个性化的平台,可以定制化地推送与消费者兴趣相关的信息、优惠和活动。短信营销则是通过短信推送特别优惠、新产品发布等消息,直接与消费者进行沟通。这些移动营销手段使得企业能够更加精确地触达目标受众,并且与他们建立更紧密的联系。同时,社交媒体、视频营销等已经成为吸引消费者注意力的重要手段。通过社交媒体平台,企业可以与消费者进行实时互动,分享品牌故事、活动信息和进行产品宣传。视频营销则通过视觉冲击,更好地吸引消费者的眼球和引发情感共鸣。企业可以利用这些媒体形式制作吸引人的广告、宣传片或品牌故事,增强品牌的曝光度和用户的参与度。此外,新技术还为企业带来了许多其他创新的营销手段。例如,虚拟现实(VR)和增强现实(AR)技术可以创造出沉浸式的体验,让消费者更加深入地了解产品特点和使用方式。这些创新的营销手段有助于企业提升品牌的竞争力和市场影响力。

4. 用户体验的提升

新技术的应用可以帮助企业提升用户体验,进而增强品牌价值和竞争力。各种新技术都为企业创造独特且有价值的用户体验提供了机会。首先,虚拟现实和增强现实技术可以为消费者提供沉浸式的购物体验。通过虚拟现实技术,消费者可以在虚拟环境中试穿衣物、体验产品功能等,从而更好地了解产品特点并做出购买决策。增强现实技术则可以将虚拟内容叠加在现实世界中,使消费者可以直接在自己所处的环境中与虚拟物体进行互动。这些技术的应用可以提升购物的乐趣和便利性,为消费者创造更加个性化和逼真的购物体验。其次,人工智能和机器学习也可以提供个性化的推荐。这种个性化的推荐可以满足消费者的特定需求和偏好,提高他们的满意度和忠诚度。此外,人工智能还可以用于自动化客户服务,通过智能聊天机器人等方式与消费者进行实时互动,解决问题和提供支持,提高用户沟通的便利性和效率。最后,物联网技术可以实现产品的智能互联。通过连接各种设备和传感器,企业可以将产品与互联网连接起来,实现远程控制、数据收集和共享等功能。例如,智能家居可以通过手机应用实现远程操控和监控,智能可穿戴设备可以收集个人健康数据并进行实时监测。这些智能化的功能可以为消费者带来更加便捷和前卫的生活体验,增强品牌在智能科技领域的竞争力。

第三节　电子商务的兴起

电子商务(Electronic Commerce, E-commerce)是指利用互联网和信息技术进行商业活动的过程、方式和方法,包括商品和服务的在线销售、在线支付、物流配送等。电子商务的出现为企业提供了更多的商业机会,通过开发网络商业模式,企业可以打破地域限制、降低交易成本、拓展销售渠道,从而扩大市场规模和提高市场份额。同时,电子商务可以缩短交易链条,提高交易效率,减少交易环节中的人力、时间、物力等方面的浪费,提高交易速度和效率。此外,电子商务不仅能提供更加便捷、快速、个性化的购物体验,让消费者可以随时随地购买心仪的商品,还可以根据用户需求进行推荐并提供定制化服务。电子商务作为数字经济发展的重要组成部分,不仅可以推动传统产业升级,促进新型工业化、信息化、城镇化、农业现代化的发展,还可以提升国民经济整体发展的水平。

一、电子商务的四种模式

(一) B2C(企业对消费者)模式

B2C 模式是电子商务中最常见和广泛应用的一种模式。在这种模式下,企业通过建立自己的网站或利用第三方平台,向消费者直接销售产品或提供服务。消费者可以在网站上浏览商品、选择购买、进行在线支付,并享受便捷的物流配送服务。B2C 模式能够打破地域限制,实现全球范围内的销售,为消费者提供更多的选择,同时也为企业带来更多的市场机会。

(二) B2B(企业对企业)模式

B2B 模式是指企业之间通过互联网进行交易和合作的模式。在 B2B 模式下,企业通过自己的网站或在线市场为其他企业提供产品或服务。这种模式主要应用于供应链管理、采购和销售等环节,可以方便企业之间快速、高效地进行交流和合作。B2B 模式对于提高供应链的透明度和优化资源配置具有重要意义,同时也为企业带来了拓展市场、扩大合作伙伴网络的机会。

(三) C2C(消费者对消费者)模式

C2C 模式是指消费者之间通过在线市场进行交易的模式。在这种模式下,个人消费者可以通过在线平台发布自己的闲置物品、二手商品或个人创意产品,其他消费者可以进行浏览、选购并完成支付。C2C 模式的典型代表是拍卖网站和分类广告网站,它们为消费者提供了一个便捷的交易平台,促进了个人之间的资源共享和互利合作。

(四) 社交电商和直播带货模式

社交电商和直播带货是近年来迅速崛起的新兴电商模式。社交电商是指在社交媒体平台上进行的在线销售活动,通过社交分享,将商品推荐给潜在顾客,并通过粉丝互动和口碑传播形成销售闭环。直播带货则是借助网络直播平台,通过主播展示产品、演示使用方法、解答问题等方式,吸引观众进行购买。这两种模式通过结合社交媒体的流量和影响力,增强用户购买欲望和信任感,为企业拓展市场、提高销售额带来了全新的机遇。同时,这也为消费者提供了更加个性化、互动性更强的购物体验。

以上四种模式各具特点,企业可以根据自身的产品性质、市场定位和营销战略需要选择合适的模式来开展电子商务活动。

二、电子商务的发展趋势与挑战

电子商务的发展给人们带来了很多便利,如今电子商务已经成为人们日常生活的重要组成部分。未来电子商务的发展将受到诸多趋势和挑战的影响。首先,移动端的增长是不可忽视的,随着智能手机和移动互联网的普及,越来越多的消费者通过移动设备进行在线购物和支付。因此,电商平台需要优化移动端用户体验,提供便捷的移动支付方式,以满足用户的需求。其次,社交电商的兴起将为企业拓展市场提供新的机遇。企业可以通过社交分享、社群互动等方式增加用户参与度和购买意愿。年轻消费者尤其倾向于使用社交电商平台进行购物,因此这一模式的发展潜力巨大。跨境电商与社交媒体的结合将成为未来的重要发展方向。随着全球化的推进和国际贸易的便利化,消费者可以通过跨境电商平台轻松购买海外商品,而企业也可以通过跨境电商拓展国际市场。然而,跨境电商面临着语言、文化、支付方式和物流等多重挑战,企业需要解决这些问题才能提供更好的服务。数据驱动的个性化营销也是电子商务发展的重要趋势。借助大数据和人工智能技术,企业可以收集、分析和利用消费者的数据,实现精准的个性化营销。通过了解消费者的购买习惯、兴趣偏好等信息,企业可以更好地定位目标市场,提供个性化的产品推荐。最后,安全与信任是电子商务中不可或缺的因素。用户对于个人信息和支付安全的关注日益增加,企业需要加强信息安全保护,建立信任机制,如评价系统和售后服务,提升用户对平台和商家的信任度。电子商务还需要遵守相关法律法规并接受监管,维护公平竞争和市场秩序。随着电子商务的快速发展,相关法律法规和监管手段也在不断完善。企业需要遵守规定,保护消费者权益,防止虚假宣传和假冒伪劣产品等问题。

总之,未来电子商务的发展将受移动端增长、社交电商兴起、跨境电商快速发展、数据驱动个性化营销、安全与信任的建立以及法律法规和监管手段的完善的影响。只有通过创新技术、提供优质服务和合规经营,企业才能在电子商务竞争中取得成功。

拓展阅读

社会环境对国际营销影响的案例

社会环境对国际营销的影响体现在人际关系营销、社交媒体营销、社会责任营销等方面。企业首先应根据不同市场的特点,灵活调整其人际关系策略,以最大化营销效果。其次,企业还需要结合当地的社会问题,开展相应的社会责任项目。最后,社交媒体的普及使得信息传播更加迅速和广泛,开展国际营销的企业也可以利用这一渠道与消费者进行更直接的互动。

一、人际关系营销——星巴克在中国的关系营销策略

星巴克在进入中国市场时,通过人际关系营销,成功实现了品牌本地化和文化融合。中国传统文化重视人际关系和社交网络,星巴克在门店设计和服务中融入"第三空间"理念,为消费者提供既非家庭也非办公室的舒适社交场所。此外,星巴克积极与当地社区和企业合作,举办咖啡文化推广活动,如咖啡品鉴会和手冲咖啡体验课程,加强与消费者的情感联系。星巴克还通过与微信和支付宝等本地数字平台合作,推广移动支付和会员计划,提升用户黏性。这些策略使星巴克在中国不仅成为咖啡消费的象征,更成为社交生活的重要组成部分。

二、社交媒体营销——可口可乐的"开心共享"活动

可口可乐的"开心共享"(Share a Coke)活动是一个全球性的营销活动,通过个性化的包装设计和独特的消费体验,鼓励消费者与家人、朋友和同事分享快乐时刻。该活动将常见的名字或称谓印在产品包装上,以激发消费者的情感联系,并通过社交媒体互动和定制化活动进一步提高用户参与度。这个活动不仅提升了可口可乐的销量和市场份额,还成功塑造了其积极、有趣和与消费者紧密相关的品牌形象,成为一种流行的文化现象。

三、社会责任营销——Patagonia 的环保营销策略

Patagonia 是一家以环保为核心价值观的户外服饰和装备企业,其环保营销策略在业界广为人知。Patagonia 通过一系列有力的举措,将环保理念融入品牌的方方面面,并通过建立共同关心的价值观拉近与消费者的距离。首先,Patagonia 倡导产品的耐用性和修复性,设计和生产高质量的产品,以延长产品使用寿命并减少对资源的过度消耗。Patagonia 还提供修补服务,鼓励消费者修复旧款服装,从而减少资源浪费和对环境的负面影响。其次,Patagonia 积极参与环境保护活动。作为一个有社会责任感的品牌,Patagonia 将 1% 的销售额用于资助环保项目,如保护野生动物、推动可持续农业发展等。Patagonia 还发起了"不要购买不需要的东西"活动,号召人们反对过度消费文化,呼吁消费者仔细思考购买行为的环境影响。最后,Patagonia 倡导建立透明和可持续的供应链。他们致力于追踪产品原材料的来源,并与供应商建立紧密的合作关系,确保在生产过程中尽量减少对环境的负面影响。Patagonia 还积极推动使用可持续材料和研发纺织工艺,以减少对环境的负面影响。Patagonia 的环保营销不仅仅是一种品牌形象的塑造,更是务实而坚定的环保行动的体现。这种积极的环保态度吸引了有着同样价值观的消费者,并得到了他们的认可和支持。通过环保营销,Patagonia 不仅提升了品牌的知名度和忠诚度,还为消费者提供了具有环保意识的购物选择,进一步推广了可持续发展和环境保护的理念。

资料来源:作者根据品牌官网的资料及相关信息整理。

本章小结

1. 狭义的社会环境指组织生存和发展的具体环境,广义的社会环境还包括社会价值观等更大的范畴。
2. 国际营销的技术环境包括物联网、云计算、区块链、人工智能和机器学习。
3. 电子商务包括 B2C 模式、B2B 模式、C2C 模式、社交电商和直播带货模式。

思考题

1. 阐述国际营销中社会组织的主要类型及其对企业国际营销的影响。
2. 分析社会价值观中的劳工权益、知识产权和企业社会责任对国际营销的具体影响。
3. 以某一企业为例,说明技术环境中的物联网、云计算、区块链、人工智能和机器学习等技术是如何影响其国际营销策略的。
4. 探讨数字经济时代消费者需求的变化趋势,以及企业应如何应对这些变化。
5. 分析技术对国际营销渠道选择的影响,举例说明企业如何利用新技术拓展销售渠道。

案例分析题

人工智能赋能供应链韧性的典型实践:迈创案例分析

在当今 VUCA(不稳定、不确定、复杂、模糊)环境下,打造供应链韧性成为一种应对市场不确定性和危机的重要能力。迈创企业管理服务股份有限公司(以下简称"迈创")成立于 2004 年 2 月,总部位于上海。迈创通过对人工智能技术的深度应用,成功构建并演化其全球售后供应链韧性,为企业稳定发展提供了强有力的支持。下文将从适应型、持续型和变革型三个供应链韧性塑造阶段分析迈创的实践过程。

1. 适应型供应链韧性塑造:以透明性认知为基础

在迈创发展的早期阶段,人工智能的透明性认知为其初步实现适应型供应链韧性奠定了基础。迈创通过以下措施应对跨国物流的不确定性:一是技术运行可视化。迈创构建了数据采集和分析系统,确保数据来源可追溯、流程透明,使管理者信任人工智能的运行。二是物流解耦点优化。迈创利用人工智能预测客户需求,优化仓储布局,建立五级仓储结构,减少了物流波动的影响。三是业务绩效稳健化。通过人工智能的风险预测能力,迈创成功降低了库存资金占用率,并通过实时调整运营策略有效应对风险。

2. 持续型供应链韧性塑造:基于负责性认知

在面对全球公共卫生事件等冲击时,迈创依靠人工智能的负责性认知实现了供应链的快速恢复和持续运转:一是技术责任可追溯。通过明确数据权限和算法职责,迈创提高了人工智能决策的可用性和指向性。二是双元解耦点聚合。迈创利用人工智能协调物流与信息流,通过优化流程和提升数据流通效率,增强供应链的敏捷性。三是业务关系网络化。人工智能助力迈创与供应链成员之间的协作,通过构建分布式仓储网络和利益共享机制,提升供应链整体的协同能力。

3. 变革型供应链韧性塑造:以公平性认知推动创新

在全球贸易复杂性背景下,迈创以人工智能公平性认知为核心,通过业务模式创新实现供应链韧性的变革型塑造:一是技术资源广覆盖。迈创部署低耦合度的人工智能中枢系统,提升人工智能应用的广泛性和可接受性。二是多元解耦点重构。人工智能支持商流、信息流和物流的解耦点重构,升级服务模式,提升客户需求响应能力。三是业务发展生态化。迈创将人工智能应用扩展到新行业,为更多客户提供智能化服务解决方案,推动供应链生态协同发展。

资料来源:宋华,韩梦玮,沈凌云.人工智能在供应链韧性塑造中的作用:基于迈创全球售后供应链管理实践的案例研究[J].中国工业经济,2024(5):174-192.

思考题:

1. 迈创通过人工智能技术实现物流优化、风险预测和供应链网络协作,显著提升了供应链韧性。结合案例,分析人工智能技术如何超越传统供应链管理工具,对全球市场中的产品交付、客户满意度和品牌竞争力产生影响。

2. 迈创通过人工智能的透明性、负责性和公平性认知,逐步建立了对技术的信任与广泛应用。结合案例,讨论迈创如何在不同国家的市场中推广技术驱动型供应链解决方案。

3. 迈创利用人工智能技术实现了供应链生态的协同发展,优化内部运营并拓展外部服务边界。结合案例,评估技术驱动的全球供应链生态系统如何改变国际营销环境中的跨文化合作模式,以及企业如何在这一生态系统中获取竞争优势。

第七章
国际营销目标市场的选择

　　企业在选择国际营销目标市场时,需要综合考虑多种因素,如市场规模、竞争程度和文化差异等。党的二十大报告强调,中国坚持对外开放的基本国策,坚定奉行互利共赢的开放战略,不断以中国新发展为世界提供新机遇,推动建设开放型世界经济,更好惠及各国人民。这为企业在国际市场中寻找新机遇、开拓新空间提供了宏观指引。

　　企业应了解国际营销目标市场的重要性,并选择适合自身的目标市场,以更好地降低风险和应对挑战。

学习目标

通过本章的学习,学生应明确国际营销目标市场选择的定义及影响因素,掌握国际营销目标市场划分的主要方法,深刻理解数字经济背景下目标市场选择的主要变化。

引导案例

普联技术(TP-LINK)的国际市场选择策略

普联技术有限公司(以下简称"普联技术")成立于1996年,总部位于深圳市,是全球领先的网络通信设备供应商,在德国、美国、俄罗斯、英国等地设立了海外子公司或代表处,在全球有超过2万名员工,产品远销全球100多个国家和地区。作为一家天生的国际化企业,普联技术从一开始就意识到,在竞争激烈的全球市场环境中,寻找并专注于未被充分开发的利基市场是其快速崛起的关键。

普联技术首先选择具备高度需求潜力的细分市场作为切入点。这些市场往往是被大型跨国公司忽视或难以充分覆盖的,尤其是在网络通信设备和智能家居产品领域。通过深入调研和分析不同国家和地区的市场需求,普联技术识别出了具有高增长潜力的细分市场,并据此制定了有针对性的市场推广策略。其次,作为来自中国这一新兴市场的企业,普联技术拥有丰富的人力资源和低廉的产业配套成本等优势。这些优势使得普联技术能够在产品开发、生产和营销等各个环节上保持较高的效率和灵活性,从而在全球范围内快速响应市场变化并抢占先机。最后,普联技术在国际市场布局上采取了稳健而灵活的策略。在初步站稳脚跟后,它并没有急于全面扩张,而是根据市场反馈和自身能力逐步扩大市场覆盖范围。同时,普联技术也注重与当地合作伙伴建立长期稳定的合作关系,以共同应对市场挑战并分享成长机遇。

资料来源:邹立凯,唐继凤,李新春. 新兴市场天生国际化企业海外市场扩张机制研究:基于两家中国科技型企业的案例分析[J]. 管理学报,2021(11):1581-1588.

第一节　国际营销目标市场选择的重要性

一、目标市场选择的定义和概念

目标市场选择是指企业针对产品或服务选择一个或多个特定的市场群体,将其作为营销活动的重心和重点关注对象。通过选择目标市场,企业可以更加精准地了解客户需求,从而提高市场活动的效率和效果,提高销售收入和市场份额。

目标市场选择涉及的概念包括市场细分、目标市场确定、市场定位和营销组合设计。市场细分是将市场按照一定的标准划分为不同的子市场,以更好地了解潜在客户的需求和行为。在市场细分的基础上,选择一个或多个市场群体作为重点关注对象,即目标市场确定。市场定位则是根据目标市场的特定需求和行为来确定企业在市场中的位置和制定差异化竞争策略,从而提高品牌认知度和客户忠诚度。营销组合设计是根据目标市场的产品需求和消费者行为调整产品设计、定价、促销和分销策略,以满足客户需求,提高销售收入和市场份额。通过综合运用这些概念,企业可以更加有针对性地开展营销活动,获得更好的市场表现和业绩增长。

目标市场选择是营销活动中重要的一环,企业需要通过研究市场和分析客户需求,选择合适的目标市场,并制定相应的营销策略,以提高市场份额和客户忠诚度。

二、对目标市场进行选择的优势

(一)提高资源利用效率

企业的资源是有限的,通过选择目标市场,企业可以将精力和资源集中于少数与企业产品特点相符合的市场上,从而更好地满足市场需求,提高资源的利用效率。

(二)提高营销成功率

选择目标市场有助于企业更加精准地了解和满足客户需求。企业可以通过市场调研、数据分析等方式,对目标市场的消费者行为、偏好、需求等进行深入了解,并根据这些信息来开发有针对性的产品和营销策略。这种做法可以有效地提高品牌知名度和客户忠诚度,进而提高营销成功率和产品销量。

(三)降低营销成本

选择目标市场可以让企业更加精准地投放广告和开展促销活动,从而降低运营成本。通过对不同市场进行精确定位和制定推广策略,企业可以避免在无效的市场上的资源错配与浪费,从而集中精力开展有针对性的市场活动,提高市场活动的效率和效果,从而降低整体的营销成本。

(四)建立品牌形象

选择目标市场可以让企业针对不同的市场需求和行为,建立相应的品牌形象和制定差异化竞争策略。通过深入了解目标市场的消费者、竞争对手和市场环境等因素,企业可以更好地维护品牌形象,使其与目标市场的消费者紧密联系起来。这样一来,企业的品牌将在目标市场中获得更高的认可度和更强的口碑效应,进而树立更好的品牌形象。

(五)提高品牌竞争力

选择目标市场可以帮助企业提高产品在该市场中的竞争力。通过对目标市场的深入了解,企业能够更好地了解竞争对手的产品、定价、推广等策略,并结合自身产品优势,制定相应的竞争策略,有针对性地满足目标市场的需求。这不仅有助于提高品牌的价值和知名度,还有助于提高企业在目标市场中的竞争力。

选择目标市场是企业营销成功的重要一环,可以帮助企业提高资源利用效率、品牌竞争力和营销成功率,降低营销成本,建立品牌形象,从而有助于企业在市场中取得更好的业绩和竞争优势。

三、影响目标市场选择的因素

（一）市场规模和增长潜力

目标市场的规模和增长潜力是选择目标市场的重要考虑因素。第一,目标市场的规模对企业的销售额和利润有直接的影响。一个大规模市场意味着有更多的消费者,他们有更大的购买力和更多需求。这使得企业能够向更广泛的受众推销产品或服务,从而增加销售额。此外,在一个大规模市场中,竞争也可能更激烈,但如果企业能够提供有竞争力的产品或独特的价值主张,就有机会获得更大的市场份额。第二,市场的增长潜力也是企业选择目标市场的一个重要考虑因素,具有较高增长潜力的市场意味着未来有更多的发展机会和更大的市场份额。随着经济和人口的增长,市场需求可能会不断增加,这样的市场提供了可持续发展的机会,企业可以通过不断吸引新顾客和满足现有顾客的需求来扩大自己的业务。虽然具有较高增长潜力的市场通常也会吸引更多的竞争对手,但这也意味着市场前景广阔,企业有更多机会实现业务扩张和盈利增长。因此,目标市场的规模和增长潜力是企业选择市场的重要因素。综合考虑这些因素,并将其与其他市场因素进行比较,有助于企业选择适合自身发展的目标市场,并制定相应的市场策略和业务计划。

（二）政治稳定性和经济环境

目标市场的政治稳定性和经济环境对企业的进入策略和实际运营有直接影响,在选择目标市场时,必须考虑这些因素。其一,政治稳定性是稳定经商的基础。政治不稳定的市场常常存在政权更迭、社会动荡、政策变化等风险,这可能导致企业面临持续的不确定性和市场不稳定性,从而增加经营风险;而政治稳定的市场提供了一个相对可靠的经商环境,为企业的长期发展提供了稳定的基础。其二,经济环境对企业的进入策略和实际运营也具有重要影响。一个健康和稳定的经济环境创造了更多的商机和市场需求。在经济困难的市场中,消费者的购买力可能下降,市场需求可能受到冲击,从而限制企业的销售额和利润增长。此外,经济环境还涉及税收政策、金融体系、劳动力市场等方面,这些因素都直接关系到企业的成本和运营效率。因此,选择政治稳定和经济环境良好的市场对企业的发展至关重要。这些市场提供了更稳定的经商环境,降低了政治和经济风险,使得企业能够更好地规划和实施长期战略。同时,这样的市场通常也为企业提供了更多的发展机会,尤其是在经济增长和市场需求上升的情况下。因此,企业应综合考虑目标市场的政治稳定性和经济环境,并基于这些因素做出明智的市场选择,以确保获得稳定且可持续的商业成功。

（三）文化差异和消费行为

不同的文化和消费行为对产品设计、市场推广和销售策略有着直接影响。文化习俗、价值观和消费习惯是特定地区或国家的独特特征,反映了该地区的历史、传统和社会背景。首先,了解目标市场的文化因素对于产品设计至关重要,企业需要确保其产品与当地文化相符合,以满足消费者的需求和喜好。例如,饮食习惯、宗教信仰、礼仪习俗等因素都可能影响产品的功能、外观、包装等方面的设计。通过将文化因素与产品设计相融合,企业可以提供更贴近消费者需求的产品,增加产品的受欢迎程度。同时,针对特定文化背景的消费者,企业需要制定相应的市场推广策略。有针对性的营销活动可以更好地传递产品与消费者价值观和期望的契合度。这可能涉及使用特定的语言、符号或图像来吸引消费者的注意,以及在广告和宣传活动中强调与当地文化相关的元素。此外,了解消费者的消费习惯也有助于企业选择合适的销售渠道和促销策略。例如,在一些文化中,消费者更偏好在实体店购物,而在其他文化中,电子商务和移动购物可能更受欢迎。通过了解这些信息,企业可以调整销售策略,以更好地满足消费者的需求。最重要的是,对目标市场的文化理解和有针对性的营销活动有助于提高产品的接受度和市场份额。一般来说,消费者更容易接受与他们自身文化相契合的产品和品牌。当消费者感到企业真正了解并尊重他们的文化时,他们更有可能建立起对企业的信任,从而增加忠诚度,并且愿意与企业建立长期的关系。此外,通过这种定制化的市场推广活动,企业还可以增加产品在市场中的竞争力,并扩大市场份额。

总之,文化差异和消费行为对于产品设计、市场推广和销售策略有着重要的影响。了解目标市场的文化习俗、价值观和消费习惯,并有针对性地制定相关策略,可以帮助企业更好地满足消费者需求,提高产品的接受度和市场占有率。

（四）竞争环境

目标市场的竞争环境对企业的市场份额和盈利能力有着直接影响。如果目标市场竞争激烈,企业可能会面临价格战、市场份额争夺等压力,并且这些因素可能对利润产生负面影响。相反,选择竞争相对较小或具有竞争优势的市场可以增加企业成功的机会。竞争激烈的市场常常会导致价格下降和利润率降低。当多家企业争夺同一目标市场时,它们往往会通过降低产品价格来吸引消费者,以获取更大的市场份额。价格战可能会给企业带来成本上涨、利润减少甚至亏损的风险。在竞争激烈的市场中,企业需要投入更多的资源来提高产品质量、进行创新和市场推广等,这可能增加企业的成本压力。与此同时,由于消费者选择众多,企业需要更具竞争力的产品、品牌和营销策略才能吸引他们的注意力。如果企业无法在竞争激烈的市场中脱颖而出,就难以获得足够的市场份额,并且很难实现规模经济效应。而在竞争相对较小或具有竞争优势的市场上,企业会更容易获得更大的市场份额并建立稳固的地位,从而更有机会实现盈利。在这样的市场环境中,企业可能更容易建立差异化优势,提供独特的产品或服务,并与消费者建立密切的关系。竞争相对较小的市场通常还意味着更小的竞争压力和更大的定价空间,这也有助于企业获利和获得更大的成长空间与更多的发展机会。

（五）法律与法规

了解目标市场的法律制度、知识产权保护和行业监管等方面的要求对于企业进入目标市场具有重要影响。在正式进入目标市场之前,企业应深入研究目标市场的相关法律法规,并确保自身的产品、服务和运营方式符合当地的法律要求。目标市场的相关法律制度包括商法、劳动法、环境法等。企业需要了解这些法律规定,以确保在市场中合法经营。例如,如果一个国家对外国企业的市场准入设有限制或要求特定的注册资本,企业就需要满足这些要求才能进入该市场。此外,了解劳动法规定的劳动合同、工时和薪酬标准等,有助于企业与当地员工建立合法合规的雇佣关系。知识产权保护也是目标市场中的重要问题。企业需要了解当地的专利、商标和版权法律,确保自身的知识产权得到有效的保护。如果目标市场的知识产权保护不严格,企业可能需要采取额外的措施来保护自己的技术或品牌,以防止知识产权侵权和盗窃行为。与此同时,行业监管也会对企业的进入能力和运营成本产生影响。不同行业有着不同的监管要求,企业需要了解并遵守这些规定,以确保产品或服务符合相关标准,并获得必要的许可证或资质认证。另外,行业监管的合规要求通常需要企业投入一定的人力、物力和财力来满足,因此对运营成本也会有一定的影响。合规经营对于企业来说非常重要。在目标市场中,遵守法律法规可以帮助企业避免法律纠纷和风险,并维护良好的市场形象。同时,合规经营也有助于建立企业的可信度和声誉,吸引更多的消费者和合作伙伴。因此,企业在进入目标市场之前应全面了解当地的法律法规,并制定相应的合规措施,以确保在市场中的合法经营和可持续发展。

（六）通信和物流等基础设施

目标市场的通信和物流等基础设施的完善程度将直接影响企业的进入能力和销售能力。具备良好的通信基础设施和高效的物流网络对企业在市场上的经营至关重要,它们不仅能够确保产品及时交付,还能降低运营成本并缩短交货时间。首先,通信基础设施的状况决定了企业与客户之间沟通的质量。目标市场的通信基础设施状况包括互联网、移动通信等各种通信工具的覆盖范围和质量。如果通信基础设施发达,企业就能够通过多种渠道与潜在客户进行有效的沟通,了解市场需求、传递产品信息和提供售后服务,从而有助于建立客户关系,提高销售能力,促进业务的快速发展。其次,高效的物流网络能够保证产品的及时交付。物流基础设施包括仓储、运输、配送等环节。如果目标市场的物流网络发达,企业可以更快地将产品送达客户手中,缩短交货时间,提高客户满意度。同时,高效的物流网络还能帮助企业降低运营成本。例如,快速、可靠的供应链可以减少库存积压和运输成本,提高企业资源利用效率。因此,企业在选择目标市场时,需要综合考虑通信和物流等基础设施的情况,并相应地制定营销和推广策略,以充分利用基础设施条件促进市场份额的增长。

（七）通货膨胀和汇率波动

通货膨胀和汇率波动是企业在国际市场上经营时需要认真考虑的重要因素。它们对企业的产品定价、成本以及海外销售收入转换均产生影响。因此,企业应对这些因素进行评估,并采取适当的风险管理措施。第一,通货膨胀率的高低将直接影响企业产品的定价和成本。在高通货膨胀环境下,原材料、劳动力和运输等成本可能会上升,从而增加企业的生产成本。为了维持盈利能力,企业可能需要调整产品价格以应对成本上涨。然而,如果企业的竞争对手没有相应调价,可能会对企业的市场份额和销售能力产生不利影响。因此,企业需要密切关注目标市场的通货膨胀情况,并制定灵活的定价策略,在盈利的同时保持竞争力。第二,汇率波动可能会对企业的海外销售盈利产生影响。当企业将海外销售收入转换为本国货币时,汇率波动会导致实际收益的波动。如果本国货币贬值,企业可能会受益,因为海外销售所得的本国货币收入将相应增加。反之,如果本国货币升值,企业可能会遭受损失,因为转换后的本国货币收入将减少。企业可以采取多种策略,例如使用外汇衍生品进行对冲、灵活选择外汇结算时间或在目标市场建立本地货币账户等,以减轻汇率波动对企业盈利的不利影响。因此,在国际市场上经营时,企业需要评估通货膨胀和汇率波动对自身的影响,并制定适当的风险管理措施,例如密切关注目标市场的通货膨胀情况,灵活调整产品定价以反映成本变化;同时,采取合适的汇率风险对冲策略,使海外销售收入免受汇率波动的影响。

第二节　国际营销目标市场选择的方法

在国际营销中,科学划分目标市场是制定精准营销策略的基础。本节将系统介绍国际营销目标市场划分的主要方法,探讨如何结合文化、经济与消费特征识别差异化市场机会。同时,分析评估细分市场的有效性标准(如可衡量性、可进入性),并阐述企业如何通过集中化、差异化或定制化策略选择目标市场,最终实现资源优化与竞争优势提升。学习这些方法有助于企业精准识别全球消费者需求。

一、地理区域划分法

在选择目标市场时,地理区域划分是国际营销中常用的一种方法。通过将世界划分为不同的地理区域,企业可以更好地了解和管理不同市场,以及适应不同地区的文化、经济和法律环境。

（一）基于地理位置和历史文化等因素的划分

1. 大陆区域划分

即根据大陆分布(如亚洲、欧洲、北美洲等)来划分目标市场。同一大陆的各个国家和地区之间通常具有相似的语言、文化和经济背景,因此在营销策略和产品定位上可能存在相似性。企业可以根据各大陆的市场规模、增长潜力和竞争情况来选择目标市场。

2. 国家划分

这是最常见的地理区域划分方法。通过选择特定的国家作为目标市场,企业可以更加精确地了解该国的市场潜力、消费者行为和文化差异。不同国家之间可能存在语言、法律、文化和习惯等方面的差异,因此企业需要针对不同国家制定相应的营销策略。

3. 地理区域群组划分

这种划分方法将相邻的国家或地区组合在一起形成地理区域群组。这些群组通常具有相近的地理位置、文化背景、贸易协定和经济联系。例如,欧盟就是一个地理区域群组,它由许多欧洲国家组成,享有贸易自由化和共同市场的优势。

4. 城市/地区划分

在某些情况下,企业可能会根据城市或特定地区来选择目标市场。这种划分方法特别适用于大型国家或地区内部具有不同市场需求和竞争环境的情况。企业可以根据消费者人口、收入水平、消费习惯和竞争程度等因素来选择目标城市或地区。

在实际应用中,企业通常会综合考虑各种划分方法,根据自身的资源和竞争优势选择最适合的目标市场。此外,随着经济全球化的推进,跨国公司也越来越注重跨国市场的整合管理,通过建立全球统一的品牌形象和制定总体营销策略来实现规模经济和品牌一致性。

(二) 根据发展程度和市场规模进行的划分

1. 发展程度划分

(1)发达市场:这些市场通常具有高度发达的经济体系、成熟的产业结构和消费者市场,并拥有较高的人均收入水平。美国、欧盟国家等就属于发达市场。

(2)新兴市场:这些市场在经济和社会发展方面处于上升期,有巨大的增长潜力,但它们可能面临一些挑战,如基础设施建设、贸易壁垒等。中国、印度、巴西等就属于新兴市场。

(3)开发中市场:这些市场相对落后于发达市场和新兴市场,但其经济和社会正在发展,它们可能面临更多的发展障碍和挑战。例如,非洲和东南亚的一些国家等就属于开发中市场。

2. 市场规模划分

(1)大型市场:这些市场人口众多且市场规模巨大,为企业提供了广阔的商机和发展潜力,如中国、印度等。

(2)中型市场:这些市场规模较大型市场小,但仍然具有一定的商业机会,它们可能在某些特定领域或行业中具有竞争优势,如泰国、越南等。

(3)小型市场:这些市场人口少且市场规模相对较小,但在特定的细分市场中可能有机会,如新加坡、瑞士等。

在实际操作中,企业可以根据自身的资源条件和市场需求,选择适合的目标市场。企业也可以综合考虑发展程度和市场规模,如选择具有较高发展程度和较大市场规模的市场,以追求更大的商机和高额利润。此外,还应注意不同市场之间文化、经济、法律等的差异,制定相应的营销策略和适应措施。

二、消费者细分法

利用消费者细分法,企业可以更精确地了解目标市场的消费者需求和特征,并根据不同细分市场的需求开展有针对性的市场营销活动。不同细分市场的消费者可能具有不同的购买决策过程,因此企业需要采取个性化的营销方法来满足消费者的需求,提高市场份额和客户忠诚度。

（一）根据消费者类型、需求和行为等进行细分

1. 个人消费者市场和企业消费者市场

（1）个人消费者市场:以个人为主要购买者,包括零售消费市场、在线购物市场等。个人消费者市场可根据人口统计学特征,如年龄、性别、收入等进行细分。

（2）企业消费者市场:以企业和机构为主要购买者,涵盖对生产设备、原材料、办公用品等的需求。企业消费者市场可根据不同行业、规模和购买动机进行细分。

2. 高端消费者市场和大众消费者市场

（1）高端消费者市场:面向高收入阶层和追求奢侈品牌的消费者,如奢侈品、高端汽车、度假旅行等,通常注重品质、服务和独特性。

（2）大众消费者市场:面向普通消费者,注重价格、实用性和性价比,如日用品、衣物、电子设备等。

3. B2B 市场和 B2C 市场

（1）B2B 市场:主要是企业间的交易和合作,包括供应链、商业服务、批发和分销等,可根据不同行业和规模进行细分。

（2）B2C 市场:企业直接面向个人消费者的市场,涵盖零售、电子商务、服务业等,可根据产品类型、购买渠道和消费行为进行细分。

4. 刚性需求市场和非刚性需求市场

（1）刚性需求市场:针对基本生活需求的市场,如食品、医疗保健、教育等。这些需求通常属于消费者的基本权利,市场规模较大且相对稳定。

（2）非刚性需求市场:针对奢侈品、娱乐、旅游等非必要消费的市场,受到社会整体经济状况和消费者购买力的影响较大。

5. 线上市场和线下市场

（1）线上市场:通过互联网平台进行交易和销售的市场,如电商平台等。消费者可以随时随地访问和购买产品或服务。

（2）线下市场:传统的实体店铺和市场,为消费者提供面对面的购物体验,可根据不同类型、位置和规模进行细分。

企业可以根据其定位和目标,有针对性地选择适合的市场制定营销和销售策略。同时,在进行市场划分时要考虑每个市场的文化差异和法规要求,确保符合当地法律法规并尊重当地消费者的需求和习惯。

（二）分析消费者细分群体市场的潜力和利润水平

1. 高潜力高利润市场

这些市场具有巨大的市场潜力和高利润水平。其中可能包括新兴经济体,如中国、

印度、巴西等,这些国家的中产阶级正在不断增长,消费能力不断提升。另外,一些发达国家的高收入人群市场也属于这一类别。

2. 稳定潜力中等利润市场

这些市场具有相对稳定的市场潜力和中等利润水平。发达国家中的一般消费者市场属于这一类型。尽管市场饱和度较高,但消费者购买力稳定,产品和服务的竞争仍然存在。

3. 增长潜力中等利润市场

这些市场虽然在经济上相对较弱,但具有增长潜力和中等利润水平。一些东南亚国家和非洲国家的中等收入人群市场属于这一类型。这些市场的消费者需求和规模正在逐步增加。

4. 高潜力低利润市场

这些市场具有巨大的市场潜力,但由于竞争激烈或者当地消费者购买力相对较弱,利润水平较低。一些发展中国家农村地区的消费者市场属于这一类型。虽然销售规模可能很大,但需要考虑成本控制和价格优势。

5. 限制性市场

这些市场受到政府管制、文化习俗、贸易壁垒或其他因素的影响,市场潜力和利润水平有限。例如中东地区部分国家的消费者市场就属于这一类型。

在进入国际市场时,企业应该根据自身资源、产品或服务的特点,选择符合其战略目标的市场,并制定相应的营销策略。同时要进行充分的市场调研和分析,了解各个市场的消费者需求、偏好以及竞争环境,以便更好地满足消费者需求并取得持续性的利润。

第三节　数字经济背景下国际营销目标市场的选择

在数字经济背景下,目标市场选择面临一些新的变化和机遇。随着科技的飞速发展和互联网的普及,数字经济正成为全球经济发展的重要驱动力,企业在评估目标市场时,应灵活应对新的变化和机遇。

一、网络覆盖范围扩大

网络覆盖范围的扩大是数字经济带来的重要变化之一。随着互联网的普及和全球网络基础设施的不断完善,越来越多的人能够接入互联网并享受各种网络服务,这一变化为企业选择目标市场提供了更多的机会和灵活性。第一,跨境电子商务成为企业进入不同国家和地区市场的一种重要方式。通过建立电子商务平台等,企业可以直接面向全球消费者提供产品或服务。企业还可以建立国际物流网络,实现跨境配送与支付,并利用互联网技术进行在线营销、推广和客户服务。这使得企业能够突破地域限制,迅速进入新的市场,并扩大其客户群体。第二,数字广告为企业在不同国家和地区进行定向营销提供了有效的工具。通过数字媒体平台,企业可以根据消费者的地理位置、兴趣爱好、行为习惯等精确定位目标受众,并投放相关的广告内容。这样,企业可以在目标市场上提高品牌曝光度,吸引潜在客户,并引导他们进行购买或促进转化。数字广告的灵活性和可度量性使得企业能够更好地了解市场反馈,调整营销策略并获得更好的市场开拓效果。总之,网络覆盖范围的扩大使得企业在数字经济时代可以通过跨境电子商务和数字广告等手段更容易进入不同国家和地区的市场。通过充分利用数字技术和网络渠道,企业可以在全球范围内扩展业务,增加市场份额,并获得可持续发展的竞争优势。

二、消费者行为数字化

消费者行为数字化是数字经济时代的一个显著特征。随着互联网和移动设备的普及,越来越多的消费者倾向于使用在线平台进行购物、信息获取和社会交往。这一趋势为企业带来了许多机遇,使得它们能够更准确地了解消费者,并精确定位目标市场。首先,消费者在互联网上的行为留下了大量的数字足迹。通过各种在线平台和社交媒体,消费者表达了他们的需求、喜好和购买意向。企业可以通过分析这些数据,了解消费者的兴趣爱好、消费习惯和购买偏好。例如,通过监测消费者在电商平台上的浏览记录和购买行为,企业可以发现热门产品、销售趋势和潜在需求,从而更准确地把握目标市场的特点,提供符合消费者需求的产品或服务。其次,数字化的消费者行为促使企业采用更精细化的营销策略。通过精确了解消费者的需求和购买习惯,企业可以制定个性化的营销方案,更有针对性地进行产品定位、定价和推广。例如,企业可以通过个性化推荐系统,根据消费者的兴趣和历史购买记录,向其提供相关的产品或优惠信息。这种精准化的营销策略有助于提高消费者满意度,并促使他们更频繁地购买和推荐产品,从而扩大企业的市场份额。最后,数字化的消费者行为也为企业提供了与消费者进行直接互动的机会。通过社交媒体和在线社区,企业可以与消费者进行实时互动并收集反馈。消费者可以提出问题、提供意见或分享使用经验,而企业可以及时回应并反馈。这种双向的沟通和互动有助于建立消费者的忠诚度和品牌认可度,同时也为企业提供了改进产品和服务的有用信息。

三、数据驱动的市场分析

数据驱动的市场分析是一种基于大数据和分析技术的市场研究方法,它可以帮助企业更准确地了解各个市场的潜力、竞争态势和需求,从而更有针对性地选择目标市场。在数字经济时代,随着各种在线平台和社交媒体的普及,消费者在互联网上留下了大量的数字足迹,这些数字足迹包含了消费者的需求、购买偏好等多方面信息。通过对这些数据进行分析,企业可以获取深入和全面的市场分析结果。首先,大数据和分析技术可以帮助企业识别不同市场的潜力和趋势。通过收集和分析大量的市场数据,企业可以了解各个市场的规模、增长速度、消费者结构等信息,并发现那些具有潜力的市场。同时,通过对历史数据和趋势的分析,企业还可以预测未来市场的发展方向和趋势,为企业的市场拓展提供有力支持。其次,数据分析工具可以帮助企业评估市场竞争态势。企业可以通过收集和分析竞争对手的数据,了解它们的产品和服务特点、市场占有率和营销策略等信息,找到自己与它们的差距。这样,企业可以更全面地了解市场竞争态势,并据此制定更合理的市场策略和营销方案。最后,数据分析工具可以帮助企业了解市场需求,从而更有针对性地选择目标市场。例如,企业可以通过分析消费者历史购买记录和搜索关键词,了解消费者的购买偏好和需求,从而更精准地为消费者提供符合其需求的产品和服务,提高市场份额和盈利水平。

四、新兴数字经济市场的崛起

在全球范围内,一些发展中国家和地区的数字经济市场正在以惊人的速度崛起,成为全球性的创新和增长极。这些市场具有多重优势,包括庞大的人口基数、不断完善的互联网基础设施以及潜在的巨大消费能力,这对企业来说具有较大的吸引力。首先,这些新兴数字经济市场拥有较大的人口红利。许多发展中国家和地区人口众多,尤其是年轻人口占比较高。年轻人通常会更加积极地接受科技和数字化创新,他们在数字经济领域具有较高的消费需求和参与度。这给企业提供了巨大的市场潜力和机遇,可以通过向这些市场提供定制化产品和服务满足消费者需求,实现业务增长。其次,这些新兴市场的互联网基础设施正不断完善。随着全球互联网的普及,越来越多的发展中国家和地区开始大规模投资建设高速互联网网络和相关基础设施。这为数字经济的崛起提供了有力支持,促进了电子商务、在线支付、移动应用等数字经济领域的快速发展。企业可以充分利用这一趋势,在这些市场中推出创新产品和服务,满足当地消费者的需求。与此同时,这些新兴市场具有巨大的潜在消费能力。随着经济的快速发展和居民收入水平的提高,消费者的购买能力不断增强。数字经济为消费者带来了更多选择和便利,提供了全新的消费体验。消费者对于高品质、创新和个性化的产品和服务有着强烈的渴望。企业可以借助数字经济的力量,在这些新兴市场中开展业务,满足消费者的需求并获得良好的回报。总而言之,发展中国家和地区的新兴数字经济市场正在成为全球性的创新增长点。通过深入了解这些市场的特点、精确把握消费者需求,并提供定制化的产品和服务,企业可以从中获得巨大商机。

拓展阅读

目标市场选择实例分析

一、麦当劳在国际市场的营销策略

麦当劳作为一家国际餐饮巨头,始创于20世纪50年代中期的美国。在创立初期,其创始人就利用美国经济高速发展下工薪阶层对方便快捷饮食的需求获得了巨大的成功。如今,麦当劳已成长为全球最大的餐饮集团,在100多个国家和地区拥有超过3.8万家连锁店,年营业额超过210亿美元。麦当劳的成功离不开其对市场细分战略的重视。无论是在美国还是其他国家,麦当劳都面临着不同的饮食习惯和文化背景。因此,地理细分是麦当劳采用的重要策略之一。

每年,麦当劳都会投入大量资金进行认真严格的市场调研,研究各地的消费者特征、文化习俗等,并撰写详细的研究报告,以制定适应当地生活方式的市场策略。例如,在进入中国市场初期,麦当劳大量传播美国文化和生活理念,以经典的美式产品牛肉汉堡来吸引中国消费者。然而,鸡肉产品更符合中国人的口味,更容易被中国消费者接受。针对这一情况,麦当劳调整了策略,推出了适应中国市场的鸡肉产品。

同时,麦当劳还会根据人口要素进一步细分市场。通常情况下,人口细分市场是基于年龄、性别、生命周期、收入、职业、受教育水平、宗教、国籍等变量划分的。而麦当劳主要侧重于根据年龄和生命周期阶段对人口市场进行细分。具体而言,他们将20岁以下的年轻消费者划分为少年市场,将年龄在20至40岁之间的年轻人划分为青年市场,同时还划定了年长人口市场。在确定人口细分市场后,麦当劳会分析不同市场的特征并确定其定位。以少年市场为例,麦当劳以孩子为中心,将孩子视为主要消费者,并非常注重培养他们的忠诚度。在餐厅用餐的孩子们经常会惊喜地获得印有麦当劳标志的气球、折纸等小礼物,这进一步增强孩子们对麦当劳的喜爱。

根据人们的生活方式,快餐业通常可以细分为两个潜在的市场:方便型和休闲型。在这两个细分市场上,麦当劳都表现出了出色的运营能力。针对方便型市场,麦当劳提出了"59秒快速服务"的理念,致力于确保顾客从点餐到离开柜台,标准时间不超过59秒,即一分钟内完成整个过程。而对于休闲型市场,麦当劳非常注重餐厅店堂的布置,努力将其打造成一个具有独特文化的休闲场所,让顾客感到舒适和自在,从而吸引休闲型市场的消费者群体。

二、可口可乐在国际市场的营销策略

可口可乐是一家享有全球声誉的饮料企业,其采用有效的市场细分策略来划分国际市场。在市场细分方面,可口可乐主要考虑地理、人口和心理要素,并将主要关注点放在北美洲、欧洲、亚洲和拉丁美洲等地区。

为了满足不同地区和群体的需求,可口可乐推出了多种口味和包装的产品。在北美洲,可口可乐在建立广泛的渠道网络的同时还推出了多个系列的产品,如原味可口可乐、零卡路里可乐、健怡可乐等,以迎合消费者的不同选择。在欧洲,可口可乐与当地分销商合作,推出了一些特殊口味的产品,以迎合当地消费者的偏好。在亚洲市场,可口可乐与本土企业合作,并请亚洲明星进行代言,以吸引年轻消费者的关注;可口可乐还针对当地文化和市场定制其营销活动,提升品牌形象。在拉丁美洲市场,可口可乐与当地饮料企业合作,并积极参与社会公益活动,以加深与消费者的情感共鸣。

通过这些市场细分和营销策略,可口可乐在全球范围内建立了强大的品牌影响力,成为受到全球消费者喜爱和认可的饮料品牌。

三、苹果在国际市场的营销策略

苹果根据不同国家和地区的文化背景、经济条件和竞争环境等因素进行市场划分。它们会通过深入了解当地的语言、宗教、风俗习惯和审美偏好等因素,制定适应特定文化环境和符合消费者喜好的产品和营销策略。例如,其在不同地区推出的产品版本有所不同,并且在广告和宣传中融入的文化元素也各有特色,从而更好地吸引当地消费者。同时,苹果会根据国家和地区的经济条件来进行市场划分。它们会对不同国家的 GDP、收入水平、居民消费能力和消费习惯等因素进行评估,将市场划分为发达经济体和新兴经济体,并相应地制定产品定价策略和市场策略。对于发达经济体,苹果可能会推出更高端的产品,并采取较高的定价策略;对于新兴经济体,它们可能会推出更实惠的产品,同时根据当地消费能力调整定价。

苹果还会根据各个国家和地区的竞争环境进行市场划分。它们会评估竞争对手在当地的影响力、市场份额和产品定位等因素,以制定相应的竞争策略。通常情况下,苹果会首先投资于市场潜力大且竞争相对较弱的地区,以快速占领市场并建立品牌优势。

苹果充分考虑文化背景、经济条件和竞争环境等多方面因素,进行了全面的市场划分,并相应地制定了产品策略、营销策略和竞争策略。通过这样的市场划分和策略制定,它们能够更好地满足各个市场的需求,提升品牌影响力并在全球范围内实现业务增长。针对不同的市场,苹果会根据当地的文化特点和消费习惯,灵活地调整和优化产品策略。例如中国市场的 iPhone 手机和 Apple Watch 手表在设计和功能上考虑到本地消费者对金融支付的高度依赖,因此与支付宝和微信支付进行了深度集成。除了产品方面,苹果在营销上也采取了差异化的策略。它们深入了解不同市场的消费者需求和购买行为,并根据需求特点制定相应的营销策略。通过打造个性化的广告宣传、合作推广和线下活动,它们成功地与消费者建立了情感联结,并提高了品牌影响力。苹果还高度重视竞争策略的制定。它们对市场上的竞争对手进行深入分析,并根据竞争对手的强项和短板制定相应的竞争策略。它们不仅在技术研发上持续投入,不断推出创新产品,还注重提供卓越的用户体验、建设完善的生态系统,并通过控制供应链和优化成本结构来保持竞争优势。

总体而言,苹果充分考虑文化背景、经济条件和竞争环境等因素进行市场划分,并制定相应的产品策略、营销策略和竞争策略,更好地满足了各个市场的需求,提升了品牌影响力,并在全球范围内实现了业务增长。

资料来源:作者根据公开资料整理。

本章小结

1. 目标市场选择是营销活动中的重要一环,企业需要通过研究市场和分析客户需求,选择合适的目标市场,并制定相应的营销策略,以提高市场份额和客户忠诚度。

2. 选择合适的国际营销目标市场需要基于一系列评估标准。市场规模和增长潜力是重要评估指标,企业需要考察目标市场的需求规模、增长速度和购买力。文化差异和消费行为也是重要考量,企业应理解当地消费者的文化背景和购买行为,以避免文化冲突。对竞争环境的分析有助于判断市场的竞争强度和进入的可行性。此外,经济、政治环境的稳定性、法律法规和基础设施等外部因素,也需要进行全面的考量。

3. 市场细分是实现精准市场选择的基础。通过将市场划分为不同的细分群体市场,企业可以识别出具有相似需求和行为的消费者群体,从而制定个性化的营销策略。常见的市场细分维度包括地理位置、人口特征、行为模式以及消费者心理需求等。细分市场能够帮助企业减少资源浪费,提高市场进入的效果和效率。

4. 国际市场环境是动态变化的,企业在选择目标市场后,应持续监控市场状况,评估是否需要调整战略。全球趋势如数字化转型、可持续发展和绿色经济等也会影响市场的吸引力。因此,企业应保持灵活性和前瞻性,定期评估市场环境的变化,并根据新的全球趋势及时调整市场选择策略,以应对全球化竞争带来的挑战和机遇。

思考题

1. 阐述目标市场选择的重要性,并结合普联技术的案例说明企业应如何选择国际营销目标市场。

2. 比较地理区域划分法和消费者细分法在国际营销目标市场选择中的应用特点,并结合麦当劳、可口可乐和苹果的案例进行分析。

3. 分析数字经济背景下目标市场选择面临的新变化和机遇,以及企业应如何适应这些变化。

4. 以某一具体企业为例,说明企业在选择国际营销目标市场时应如何考虑市场规模、竞争程度和文化差异等因素。

5. 探讨国际营销目标市场选择对企业品牌建设和市场竞争力的影响。

案例分析题

传音在非洲市场的品牌国际化营销

深圳传音控股股份有限公司(以下简称"传音")成立于 2006 年,主要从事以手机为核心的智能终端的设计、研发、生产、销售和品牌运营,致力于成为新兴市场消费者喜爱的智能终端产品和移动互联服务提供商。2006 年前后,国内手机市场虽然规模巨大且增长迅速,但市场竞争也异常激烈,导致创建新品牌的壁垒很高。传音创始人竺兆江曾任波导手机销售公司海外业务副总经理,具有国际视野和丰富的国际化经验,创业之初就抱有进军海外市场的强烈动机和坚定决心。当时非洲地区的移动通信市场虽起步较晚,但发展迅速;非洲人口规模大,但人均收入低,对低价手机需求巨大;非洲市场上的手机品牌少,竞争并不激烈。因此,传音在创建初期就另辟蹊径地将目光瞄准几乎空白的非洲市场。

在产品开发方面,传音一开始就坚持以自有品牌聚焦非洲市场,提供非洲人用得起、喜欢用的手机。由于非洲国家普遍存在多个运营商且网络信号较差,消费者需要准备多张运营商 SIM 卡在不同区域用以替换。传音在调研阶段精准把握到消费者的这一痛点,将具有双卡功能的手机 T780 作为第一款主打手机投向非洲市场,并以非常低的价格出售(不到 30 美元的功能机)。T780 不仅满足了非洲消费者的基本通信功能需求,且价格便宜品质又有保证。该产品推向非洲市场后迅速得到消费者的认可。

在渠道建设方面,由于非洲有 50 多个国家,市场有着较强的碎片性。传音借鉴波导的渠道建设经验,在非洲市场自建可控的分销渠道网络,并针对非洲各国零售基础设施情况构建有区别的代理商—经销商—零售店的渠道体系,深度渗透当地市场。传音也是第一个在非洲建立售后服务体系的手机厂商,这既是为了获得用户信任又体现了其对非洲市场的坚定承诺;同时,传音还通过质量召回保证和本地推广支持等措施来提振渠道成员的信心。2012 年,以 TECNO 品牌形象店在尼日利亚开业为契机,传音积极布局线下旗舰店,持续推动门店的信息化升级。随着非洲电商的兴起,传音也积极进行线上渠道的拓展以及建立自己的销售商城。传音通过在各国设立办事处或派驻营销专员来精细化管理渠道并赋能经销商和零售店,提升它们的经营能力,让渠道成为品牌的竞争壁垒。

在宣传推广方面,得益于广泛覆盖的分销和零售网络,传音将国内曾经流行的"刷墙扫街"推广方式也应用到非洲。户外广告牌、宣传板以及能够涂写的墙成为传音最早的宣传渠道,星罗棋布的零售门店成为传音与消费者沟通和品牌宣传的前站。传音在非洲的宣传推广也注意与当地文化相结合,充分利用社交平台和直播等形式与用户沟通,并通过推出高性价比和有科技含量的产品来诠释"Expect More"(更多可能)的品牌理念。

在成功树立 TECNO 品牌后,传音又相应推出了针对低收入消费者的入门级品牌 itel 以及针对互联网年轻人的 Infinix 品牌,形成传音的品牌体系,实现对主流市场的覆盖。

资料来源:胡左浩,洪瑞阳,朱俊辛.中国领先企业的品牌国际化营销之道:以消费电子行业为例[J].清华管理评论,2021(3):14-23.

思考题:

1. 在选择国际营销目标市场时,企业应如何评估目标市场的潜力?

2. 选择目标市场时,企业应如何将自身优势同目标市场特点进行匹配?

第八章
国际市场进入战略

    不同的市场进入战略有不同的特点,国际化企业在全球市场进行生产经营需要选择最为合适的市场进入战略,以顺利进入目标市场并达成销售目标。习近平总书记在党的二十大报告中指出,要"深化要素市场化改革,建设高标准市场体系",这要求企业在选择与实施市场进入战略时,既要注重市场的开放性与包容性,也要提升自身的竞争力与适应能力,确保能够在激烈的国际竞争中立于不败之地。

学习目标

通过本章的学习,学生应了解常见的国际市场进入战略的基本内容,以及如何使国际市场进入战略得到良好的实施,并结合相关案例做到理论联系实际。本章有助于引导学生探究高质量出口型企业的建设路径,从而为我国开展对外贸易、快速发展经济做出贡献。

引导案例

乐歌:专注于人体工学科技

乐歌人体工学科技股份有限公司(以下简称"乐歌")成立于2002年,总部位于浙江宁波。乐歌旗下拥有多家高新技术企业,并在宁波、广西以及越南等地设立了制造基地,实现全球化生产、营销和运营。2017年,乐歌在深交所创业板挂牌上市,成为大健康人体工学行业首家A股上市企业,也是通过IPO(首次公开发行)形式上市的跨境电商第一股。

第一阶段(1998—2009):初期代工

1998年,项乐宏凭借敏锐的市场感知和对外贸行业蓬勃发展的预期,决定创办乐歌并专注于外贸代工业务。在此阶段,乐歌主要依赖感性认知、历史经验和实际行动等方式来识别国际市场机会。项乐宏通过参加国际展会等形式,敏锐地捕捉到市场趋势和产品需求的变化,逐步建立了自己的工厂并成功转型为外贸代工企业,此阶段乐歌主要从事舞台设备支架、三脚架、音箱电缆等视听设备金属结构件的简单加工及出口贸易业务。在积累一定制造经验和生产能力后,乐歌开始尝试踏入电脑支架产品领域,并于2005年推出了第一台人体工学电脑支架。此后,乐歌通过迅速响应市场需求、调整生产方式和业务模式,逐步提升了海外市场的占有率和品牌影响力。

第二阶段(2010—2015):向自主品牌转型

在这一阶段,乐歌的国际化程度逐步加深,企业开始由经营外贸代工业务向建立自主品牌转型。随着市场经验的积累和资源的丰富,乐歌逐渐意识到品牌的重要性。2009年,乐歌踏出品牌战略转型第一步,推出"乐歌"自主品牌。同时,其开始从多方面开启全球化布局。在此阶段,乐歌继续基于内部经营和主动试错等方式识别和把握市场机会,不仅加强了品牌建设和市场营销力度,还通过参加国际展会、建立电商平台和拓展销售渠道,逐步提升了品牌知名度和市场影响力。

第三阶段(2016年至今):全球化布局与打造垂直品类

为了进一步提升市场竞争力,乐歌将经营模式由铺杂货模式转向垂直品类和单一品牌模式,不断扩大国际网络,聚焦人体工学,采用以"乐歌Loctek"为核心的自主品牌发展战略。在这一阶段,乐歌主要基于计算、分析和预测等复杂手段来识别国际市场机会,其不仅加强了市场分析和趋势预测,通过深入研究目标市场和消费者需求,精准定位产品和制定市场策略,还注重技术创新和品牌建设,通过持续的研发投入和品牌建设活动,不断提升产品竞争力和品牌影响力。

由此可见,乐歌的国际市场进入战略是从代工起步到品牌建设再到全球化布局和技术创新的逐步发展过程。通过不断优化业务模式、加强技术创新、提升产品质量和服务水平,乐歌在国际市场中树立了良好的品牌形象,实现了企业快速发展和业绩持续增长。

资料来源:苏萌萌,冯永春,李子玉,等. 新兴市场跨国公司国际市场机会识别规则及其演变机制:基于乐歌的纵向案例研究[J]. 管理学报,2024(5):633-643.

第一节　选择国际市场进入战略前的准备工作

一、国际市场环境分析

在正式进入国际市场之前,企业首先应对目标市场具有完整和清晰的了解。依据前几章的探讨,企业应先对目标市场的经济环境、文化环境、政治与法律环境、技术与自然环境进行分析,判断该市场是否具有进入的可行性,并对该市场进行持续的跟踪,从而适时调整企业国际营销策略。

国际市场环境分析是企业进行跨国销售的第一步,前期市场调研的充分性也会在很大程度上影响后期跨国销售的效果。国际市场环境分析可以帮助企业更好地了解市场偏好,捕捉市场动态,从而帮助企业更好地调整产品和服务策略,提高市场竞争力。然而,国际市场相较于国内市场更加复杂和多变,除经济和政治因素外,企业在进入国际市场时,还要面对文化壁垒和各类不确定性因素以及各类国际营销风险。在这种情况下,深入的前期市场环境分析不仅有助于企业制定更有效的市场进入策略,而且是识别和化解潜在风险的关键步骤。在全球化程度日益加深的今天,企业若想在国际市场中长久生存和发展,就必须投入必要的资源来进行这一项重要的分析工作。

二、企业资源和能力评估

在全球化竞争的激烈态势下,为确保企业在国际市场中稳固立足与持续发展,进而有效供给市场所需的产品与服务,达成既定的经营战略目标,对企业自身资源与能力的全面审视与精准评估显得尤为关键。国际市场相较于国内市场有着更大的风险与不确定性,因此企业资源的基础性作用更加凸显,成为抵御外部冲击、把握市场机遇的重要依托。企业在筹划开拓国际市场之际,不仅应对目标市场进行详尽的外部分析,更需要同步开展深入的内部资源与能力自我评估,以科学判断自身是否具备足够的实力与适应性,从而选择适当的市场进入战略。

（一）企业资源和能力的含义

企业资源可细化为三大维度:有形资源、无形资源及人力资源。有形资源,作为直观可测、货币价值明确的资源集合,涵盖了物质资源(如土地、厂房、设备等)、财务资源、组织资源及技术资源等,它们是企业运营的物质基础与财务支撑。无形资源体现了企业长期积累的精神财富与知识资本,包括品牌价值、商誉、技术专利、商标权、企业文化、组织经验等非物质形态资产,这些资源虽难以精确量化,却是企业竞争优势的重要来源。人力资源是指企业员工所具备的技能、知识及决策能力,是企业创新发展的不竭动力。企业资源的丰富程度与其进入国际市场的难易度及后续市场运营的可持续性直接相关。

而企业能力则聚焦于企业对既有资源的优化配置与高效利用,贯穿于生产经营活动的每一个环节。这种能力不仅体现在企业对内部资源的整合与管理上,更全面展现在国际营销活动中。具体而言,企业的组织管理能力通过优化内部流程、提升决策效率,为企业稳健运营提供坚实保障;市场开拓能力则助力企业在国际市场中积极寻求资源、拓展业务版图,增强国际竞争力;技术创新能力则是企业持续迭代产品与服务、巩固核心竞争力的关键所在,为企业的长远发展奠定坚实的技术基石。

（二）评估步骤

在正式进入国际市场之前,必要的评估工作能够使企业明确自身优劣势,优化进入策略,促使其更好地制定未来战略。对企业资源和能力的评估主要分为以下步骤:

第一,评估企业现有资源储备。资源基础理论最初由美国麻省理工学院教授伯格·沃纳菲尔特(Birger Wernerfelt)在其1984年发表的一篇文章中提出[1],后由其他学者如美国管理学会院士杰恩·巴尼(Jay Barney)进一步发展[2]。该理论提出,现有资源储备一定程度上是企业的规模和财务实力的量化,现有资源的多少也决定着其在国际市场上的活动范围。因此,企业进行自身评估之初,应从规模、财务实力与资源储备的关联角度,对自身资源总量进行全面评估。

第二,分析企业资源利用情况和利用结构。对企业资源利用情况和利用结构的评估可以通过一系列财务指标实现,常见的是进行投入产出比的测算。

第三,评估企业资源的应变能力。企业资源的应变能力主要是指企业资源对市场变化的适应程度。在进入国际市场时,企业会面临国内市场向国际市场的转变,因此具备较强的资源应变能力十分重要。

总体而言,在进入国际市场前对企业资源和能力的评估既需要结合企业内部状况,也应结合目标市场因素,以预判企业重点资源要素的市场适应性。

第二节　国际市场进入战略的选择

企业在进入国际市场之初面临多种战略选择,本节主要介绍直接出口、间接出口、建立跨国公司、成立联合企业、相关产业投资和建立独立企业这六种最常见的战略选择。

---

①　Wernerfelt B. A resource-based view of the firm[J]. Strategic management journal,1984(2):171－180.

②　Barney J B. Firm resources and sustained competitive advantage[J]. Journal of management,1991(1):99－120.

一、直接出口

直接出口策略作为企业直接进入国际市场的一种重要方式,主要通过与海外中间商建立稳固的合作关系,将产品直接输送至国际市场。这一过程要求企业具备高效的产品生产能力,同时需要精通国际贸易规则,以确保从产品设计、生产、质量控制到物流运输、售后服务等整个出口流程的顺畅运作。通过直接出口,企业能够实现对出口流程的全方位控制,从而确保在每个环节都能实现利润的最大化。这种策略促进了企业与海外客户的直接沟通与交流,提高了品牌在海外市场的曝光度与认知度,为企业树立国际品牌形象奠定了坚实基础。国际市场瞬息万变,直接出口策略使企业能够迅速捕捉市场动态,灵活调整市场策略,以应对各种突发情况。

然而,直接出口策略的实施需要企业投入大量的时间与人力资源,并进行市场调研、客户关系维护、品牌建设等一系列工作,这对企业的国际化运营能力提出了较高的要求。

二、间接出口

与直接出口相比,间接出口策略为企业提供了一种更为灵活、风险更低的国际市场进入途径。通过与国内专业的出口管理企业或贸易企业合作,企业能够借助其丰富的市场资源、专业的贸易知识与经验以及广泛的国际销售网络,实现产品的快速出口。这种策略不仅降低了企业直接面对国际市场的风险与不确定性,还在一定程度上节省了企业在市场调研、客户开发、品牌建设等方面的投入成本。

然而,间接出口策略也存在固有局限性。由于企业在出口流程中的控制权相对较弱,可能对产品质量、交货期等方面的控制不足,进而影响客户满意度与品牌声誉。通过中介机构进行出口还可能面临利润空间压缩的问题,因为中介机构会从中抽取一定的佣金或费用。更重要的是,间接出口策略不利于企业直接积累国际贸易经验,对企业长期国际化战略的实施可能产生一定的制约作用。因此,企业在选择间接出口策略时,需要充分权衡其利弊得失,结合自身的实际情况与发展需求做出明智的决策。

三、建立跨国公司

建立跨国公司是指国际化企业决定在全球市场上提供产品或服务,将业务扩展到其他国家或地区的一种模式。跨国公司这一组织形式要求企业的产品或服务适应不同国家或地区的经济、政治、文化和法律环境。

跨国公司的经营涉足多个市场,不仅要在本国销售产品或提供服务,还要进入其他国家或地区的市场,以扩大客户基础和增加收入来源,因此跨国公司相比于在国内经营的企业需要考虑更多的因素。[1] 例如,跨国公司需要调整其运营方式,以满足不同国家或

---

① Bartlett C A, Ghoshal S. Managing across borders:the transnational solution [M]. Boston:Harvard business school press,1989.

地区的需求,如采用不同的生产和分销策略,以适应当地的法规和文化。同时,跨国公司需要进行广泛的市场调研,以了解不同市场的需求、竞争环境和消费者行为,并制定相应的市场战略。良好的品牌形象在无形之中可以为企业带来增益,跨国公司需要在不同国家建立统一的品牌形象,以提高品牌知名度和客户信任度。跨国供应链是指由多个国家或地区的制造商、供应商和分销商组成的供应链体系。这些企业相互合作以满足全球市场的需求,从原材料采购到最终产品的生产和销售,跨国供应链涵盖了供应链的各个环节。跨国公司需要不断完善供应链,以确保产品的供应和分销在不同国家之间顺畅进行。跨国公司还需要关注目标市场的汇率变动,依据汇率变动采取相应的措施来规避风险和减少损失。不同的目标市场拥有差异显著的法律法规和文化传统,因此跨国公司需要事先了解不同目标市场的这些特点,以免造成不必要的损失和麻烦,这些损失与麻烦甚至会影响跨国公司的继续经营。

四、成立联合企业

联合企业,即一家企业与一家或多家本土企业乃至国际伙伴携手,通过合资或协作方式,在特定地理区域内共同推广产品或服务的市场渗透模式。此战略旨在有效降低跨国运营的风险系数,通过资源的整合与专长的互补,实现对市场需求的精准把握与高效响应。

该策略展现出多样化的实施形态,核心模式包括合资经营、签定协作协议以及成立战略联盟。合资经营,作为一种深度协作形式,涉及两个或多个实体在特定业务领域内的共同出资与管理,旨在通过资金、资源及风险共担机制,共享经营成果。此类合作可设定为短期项目导向,亦可长期存续,依据市场变化与战略目标灵活调整。

协作协议,则是一种更为灵活的合作框架,详细界定了各方在合作过程中的权责利分配,包括但不限于责任范围、权利保障、利润分配原则、运营管理模式及合作期限等要素。与合资经营不同,协作协议未必要求设立新的法律实体,从而便于在供应链整合、研发协同、市场推广等多个维度展开广泛合作。

战略联盟,则进一步强化了合作双方的长期性与战略性,旨在通过资源共享(涵盖资金、技术、专业知识、分销网络及供应链体系等)、优势互补,共同追求既定的战略目标。这种合作往往超越了单一项目的范畴,深入企业运营的多个层面,形成稳固的市场竞争力。

通过成立联合企业,国际化企业能够显著降低进入新市场所面临的成本壁垒与不确定性风险。本地合作伙伴的深度市场洞察与运营经验,为国际化企业提供了宝贵的文化理解、法规遵循、消费者行为分析及竞争态势把握的窗口。双方或多方在资源优化配置方面的紧密协作,不仅促进了生产效率与产品质量的提升,还通过品牌联合与市场推广的协同效应,以较低的成本实现了市场份额与销售业绩的快速增长,展现了高效且高成功率的市场拓展路径。

五、相关产业投资

在全球化经营的宏伟蓝图中,相关产业投资成为国际化企业布局未来、拓展版图的重要战略举措。此战略聚焦于那些与企业核心业务紧密相连,但又非直接重合的产业或领域,旨在通过精准布局,实现产品组合的丰富化、客户基础的多元化以及市场份额的稳步扩张。这一策略的核心价值在于,它不仅为企业开辟了新的收入来源,更为企业的长远发展奠定了坚实的基础。

相关产业投资为企业带来了多维度的益处。通过投资与核心产品或服务相关联的领域,企业能够有效拓宽其产品线或服务范围,从而构建起更加完善的产品组合。这一举措不仅增强了企业的市场适应性,还显著降低了对单一产品或市场的过度依赖,为企业的持续稳健发展提供了有力保障。

相关产业投资为企业开辟了新的市场蓝海。这些新市场虽与现有市场存在一定的交集,但往往蕴含着更为广阔的增长潜力和发展空间。通过精准把握市场脉搏,企业能够迅速切入新兴领域,抢占市场先机,实现业务的快速增长。投资于相关技术领域是提升企业核心竞争力的关键所在。通过引入并吸收新技术,企业不仅能够优化现有业务流程,提高运营效率,还能够为产品注入新的活力,增强市场竞争力。这些新技术的应用,不仅有助于巩固企业在现有市场的领先地位,更为其在新兴市场的拓展提供了强大的技术支撑。

相关产业投资还显著提升了企业的品牌协同效应。通过在不同领域的品牌布局和宣传,企业能够进一步提升其品牌知名度和美誉度,构建起更加完善的品牌形象体系。这种品牌协同效应的发挥,不仅有助于增强消费者对品牌的忠诚度和认同感,更为企业在市场竞争中赢得了宝贵的品牌优势。同时,相关产业投资还促进了企业间的资源共享与优势互补。投资合作的各方企业在研发、生产、分销和营销等各个环节中的紧密协作与资源共享,不仅降低了企业的运营成本,提高了运营效率,还为企业带来了更加丰富的市场资源和专业知识。这些资源的汇聚与整合,为企业在新兴领域的快速发展提供了强大的动力支持。

作为国际化企业的重要战略选择,相关产业投资产生的深远影响不仅体现在产品组合的丰富化、客户基础的多元化以及市场份额的扩张上,更在于其对企业核心竞争力的提升、品牌协同效应的发挥以及资源共享与优势互补的促进上。这些综合效益的发挥,将为企业在全球化经营中赢得更加广阔的发展空间和市场机遇。

六、建立独立企业

选择建立独立企业作为国际市场进入战略意味着一家企业决定独立、不依赖于合作伙伴或投资者,直接进入新的市场或领域,以销售产品或提供服务。建立独立企业通常需要企业承担更多的风险和资源投入,但也使其能够保持更大的独立性。

相较于其他市场进入战略,通过建立独立企业进入国外市场有着更大的风险与不确定性,因此国际化企业需要更充分的准备与评估。企业需要进行详尽的市场研究,以了解新市场的需求、竞争情况、法规和文化差异等,这有助于其制定有效的产品战略、营销战略、竞争战略等。独立企业需要企业投入大量的资源,包括资金、人力资源和技术,以建立新的业务或开拓新的市场。在没有直接合作伙伴的情况下,企业需要制定有效的市场推广策略,以建立品牌知名度并吸引客户。在供应链管理方面,独立企业需要构建良好的供应链体系(可能包括生产、分销和物流等环节),以确保产品或服务在新的市场中能够顺畅运作。风险管控方面,独立企业需要识别和管理市场进入过程中的风险,包括竞争风险、汇率风险和市场风险。此外,独立企业在遵守目标市场法律法规、文化习俗等方面也面临着更大的挑战,因此需要制定长期的规划。

第三节　国际市场进入战略的实施

在对目标国际市场进行深入分析以及对自身资源能力进行评估后,企业就可以选择适合自身的市场进入战略。本节将阐述国际市场进入战略的具体实施步骤以及进入国际市场时的注意事项。

一、准备实施

进入国际市场是一项复杂的战略决策,需要企业进行全面的前期准备。首先,企业必须开展深入的市场研究,包括分析目标市场的规模、增长趋势、竞争格局、法规要求和文化特征等关键要素。同时需要明确产品定位,确保产品符合当地市场需求,必要时应进行相应的调整。此外,要详细估算市场进入成本,如市场调研、产品改造、营销推广和渠道建设等各项开支。在制定国际营销策略时,应重点考虑品牌传播、广告宣传、销售渠道和定价方案的本土化设计,尤其要重视语言文化因素的融入。

选择合适的合作伙伴可以为国际化企业进入国际市场创造有利条件,一方面,目标市场的合作伙伴对当地消费者有足够的了解,可以帮助企业熟知当地消费者的偏好;另一方面,其对当地政治情况的了解可以减少企业进入市场的风险与成本。但是国际化企业需要关注进入国际市场可能存在的风险,包括汇率风险、自然灾害、政治风险等。

国际市场进入是一个长期且复杂的过程,需要耐心和灵活应对。成功进入国际市场的关键在于不断学习和适应,并根据市场情况调整战略。同时,建立稳固的合作关系和品牌声誉也是关键要素之一。

二、销售和推广

进入国际市场后,销售与推广成为国际化企业经营至关重要的环节,它们能帮助企业建立品牌、提升知名度、吸引客户并实现销售增长。

国际化企业可以选择多种销售策略,例如多渠道营销、定制销售、数字营销、广告宣传、社交媒体活动等。在国际市场中,国际化企业可以选择多种不同的销售渠道,如直销、分销、代理、在线销售、实体店推广等。企业应根据产品特征和目标市场的特点,选择适合的销售渠道。

企业应针对不同国际市场的文化特征、法规要求和消费习惯,制定差异化的销售策略,重点考虑定价策略、销售周期设计及销售团队的本土化培训。同时,可借助数字营销工具实现高效推广,包括社交媒体运营、搜索引擎优化(SEO)、搜索引擎营销(SEM)及精准邮件营销等多元化渠道。在国际市场开展营销活动时,企业应充分利用当地主流社交媒体平台,通过发布优质内容、与潜在用户互动等方式与目标客群建立深度连接。同时,可设计具有吸引力的促销方案,如限时折扣、消费返现、附送赠品等方式,有效提升销售转化率和市场占有率。

国际市场的销售与推广是一个动态优化过程,要求企业持续洞察目标市场特征,实时追踪行业趋势与竞争格局变化,这种持续的适应能力是企业跨国经营成功的核心要素。

三、服务和支持

当企业跨越国界,步入国际市场的广阔舞台时,构建并维持一套卓越的客户服务与综合支持体系显得尤为重要。此举不仅是塑造良好客户关系、巩固品牌国际形象的关键,更是提升客户满意度和客户忠诚度的核心驱动力。

具体而言,该体系需要涵盖多元化、多层次的服务与支持形式,包括但不限于:跨语言客户服务能力的建立,确保企业能够无缝对接全球范围内不同语言背景的潜在客户与既有客户,增进沟通的深度与广度;实施全天候在线支持策略,通过集成在线聊天、电子邮件及电话支持等多种方式,满足不同时区客户的即时需求,展现企业的专业响应速度;提供定制化的培训与教育资源,如详尽的视频教程、用户友好型手册及互动性强的在线课程,助力客户深度理解并高效利用企业产品,增强用户黏性;建立高效的客户反馈与投诉处理机制,确保所有来自客户的声音都能被及时聆听与妥善处理,这不仅是产品与服务迭代优化的重要依据,也是企业以客户为中心价值理念的直接体现;同时,完善保修与售后服务体系,确保客户在遇到问题时能迅速获得专业的技术支持与解决方案,进一步巩固客户信任;构建活跃的客户社区或在线论坛,促进客户间的知识共享与经验交流,这不仅有助于增强客户归属感,还能在无形中提升品牌的社交影响力与正面口碑。

综上所述,在国际市场中,一套全面、高效且以客户为中心的服务与支持体系,不仅是企业赢得市场竞争、巩固市场地位的战略要素,更是推动企业可持续发展、实现品牌价值国际化的重要基石。

四、评估和调整

进入国际市场后,为了确保企业的业务保持竞争力和持续增长,企业需要定期进行相应调整和评估。

　　企业实施市场进入战略之后需要定期评估关键指标,包括销售数据、市场份额、客户满意度等,以识别是否达成预期目标或者是否存在改进空间等。这要求企业定期收集来自客户、分销商和合作伙伴的反馈①,了解它们的需求、意见和建议,以便及时做出调整。在竞争方面,企业要定期分析竞争对手在国际市场的表现,了解它们的策略和市场份额,识别自身的优势和竞争劣势,并相应调整策略。同时,企业要定期评估国际业务是否符合当地法规要求,确保遵守进出口法规、知识产权保护等方面的规定。

　　企业应根据评估结果对相关要素进行调整,包括产品和服务优化、销售策略调整、战略定位调整等。企业有必要根据客户反馈和市场需求,不断优化其产品或服务,例如性能改进、功能扩展、定价策略调整等;同时,根据市场反馈和数据分析,调整销售和营销策略,优化广告渠道、定价策略和推广活动。企业还应根据市场情况和评估结果,考虑是否需要调整国际市场进入战略。

　　定期的调整和评估能帮助企业保持竞争优势,并确保国际市场业务在不断变化的环境中持续增长和获得成功。

拓展阅读

振华重工:后发企业的国际市场进入战略

　　上海振华重工(集团)股份有限公司(以下简称"振华重工")作为中国起重机械装备制造业的代表性企业,从成立初期的"技术追赶者"成长为全球港口机械装备领域的领导者,其国际化过程展现了后发企业如何克服多重障碍,通过逆向创新与市场战略协同,成功进入国际市场。其成长路径对于理解国际市场进入战略中的模式选择、资源整合与制度应对具有重要意义。

一、从技术模仿到价值创新:起步阶段的被动进入

　　振华重工的国际化始于对国外港机产品的模仿与本地化改造。由于缺乏核心技术积累、品牌认知度和国际话语权,企业最初只能依靠价格优势进入非主流市场。以东南亚和非洲市场为例,振华重工通过低价竞标成功赢得部分订单,但也因此给国际客户留下了"质低价廉"的印象,陷入被动竞争局面。

　　这一阶段振华重工的国际市场进入战略以出口为主、外包为辅,企业通过 OEM(原始设备制造商)方式向国外客户提供定制化设备,但核心设计与系统集成仍由外方主导,技术附加值有限。

二、克服制度障碍与品牌歧视:战略调整与正面竞争

　　随着全球业务拓展,振华重工逐渐遭遇制度性进入壁垒与品牌歧视障碍。例如在欧美等发达市场,严格的港机安全标准、透明的招标制度以及对中资企业的安全性审查,使

---

①　Kotler P,Keller K L. Marketing management[M]. 15th ed. NJ:Prentice hall,2016.

得振华重工一度无法直接参与主流港口项目的投标。

为此,振华重工采取了三项关键战略:

1. 本地化制造与服务网络布局:通过在欧美国家或地区设立分公司与备件仓库,实现"本地交付、本地服务"的全流程覆盖,有效缓解了非关税壁垒带来的交付与售后压力。

2. 技术标准对接与认证突破:企业专门设立国际认证团队,对接 ISO、CE 等国际标准,并主动参与港机行业的标准讨论,逐步赢得市场话语权。

3. 关系营销与口碑扩散:振华重工通过承接大型港口改造工程项目,与国际港口运营商(如新加坡港务集团等)建立信任关系,通过项目落地推动品牌口碑在行业内传播,从而逐步扭转"后发者"的市场定位。

这一阶段,振华重工的市场进入模式从单一出口转向"出口+海外设点+项目合作"的复合模式,实现了在发达市场的战略突破。

三、逆向创新驱动下的价值链重构:主动式全球进入

在积累了一定的全球客户基础后,振华重工进一步推动逆向创新,即将国际市场中的高端需求反馈至研发体系,实现从"适应性供给"向"引领性供给"的转变。通过整合全球用户在自动化、绿色港口、智能运维等方面的前沿需求,振华重工逐步从港机制造商转型为港口智能解决方案提供商。

以智能岸桥为例,振华重工联合欧洲客户共同开发了新一代智能码头解决方案,并通过先在海外试点、再反哺国内市场的方式,建立起自主品牌技术标准和国际创新网络。振华重工这一阶段的国际市场进入战略已从"跟随型"转变为"引领型",表现出战略主动性与结构性嵌入全球产业链的特征。

此外,随着共建"一带一路"不断走深走实,振华重工积极参与一些国家的港口建设,进入"基建+装备+运维"全周期服务市场,实现了从单一设备出口向综合解决方案出口的转型升级。

四、逆向创新后发企业的国际市场进入战略启示

振华重工的国际化历程展现了中国重装制造企业如何在技术、品牌与制度不利的条件下,逐步突破国际市场进入壁垒,完成从被动跟随到主动引领的战略跃迁。其成功经验表明:国际市场进入战略不应仅限于产品出口,更应聚焦制度适应、本地化协同与标准对接;后发企业可通过"逆向创新"实现对国际需求的吸纳再输出,增强全球竞争力;在全球不确定性增强的背景下,构建本地化服务网络与政府—企业合作机制,有助于缓解地缘风险与制度冲突。

振华重工的国际化路径为当前中国企业制定全球市场战略提供了可行参考,尤其是在一些新兴市场环境中,强调"创新—适配—协同"三位一体的进入模式,已成为后发企业全球化的现实选择。

资料来源:王鑫,徐雨森.后发企业逆向创新多重障碍演化研究:"迈瑞"与"振华重工"的纵向案例分析[J].科技进步与对策,2021(11):61-69.

本章小结

1. 选择合适的国际市场进入战略能够帮助企业在复杂的国际环境中最大化资源利用,降低风险并实现长期竞争优势。企业需要根据市场潜力、资源能力和风险承受能力等制定国际市场进入战略。

2. 企业在进入国际市场时可以选择多种模式,包括直接出口、间接出口、建立跨国公司、成立联合企业、相关产业投资和建立独立企业等。每种模式有不同的适用场景,直接出口适合低风险测试市场,成立联合企业有助于共享资源与降低风险,而建立跨国公司和独立企业则有助于满足规模扩张与资源控制的需求。

3. 国际市场环境在不断变化,因此企业需要保持战略的灵活性。市场进入模式应根据市场需求、竞争态势和外部变化进行动态调整。灵活的战略能够帮助企业应对快速变化的国际市场并抓住新的机会。

思考题

1. 阐述企业选择国际市场进入战略前分析市场环境和评估自身资源能力的重要性。

2. 阐述直接出口、间接出口、建立跨国公司、成立联合企业、相关产业投资和建立独立企业这六种国际市场进入战略的优缺点。

3. 以振华重工为例,分析企业在进入国际市场时应如何选择合适的进入战略,并说明其实施过程。

4. 分析企业在实施国际市场进入战略的过程中可能遇到的风险和挑战,以及应如何进行风险管理。

案例分析题

长城汽车利用全球生产网络构建氢能技术产品开发平台

近年来,氢能技术作为"零碳"能源解决方案,成为全球能源经济的重要增长极。长城汽车作为中国领先的车企,于2016年启动氢能技术产品开发项目,以"后发者"的姿态进入这一复杂技术领域,利用全球生产网络构建自主产品开发平台。其发展过程可总结为以下三个阶段:

一、平台定义阶段(2016—2017)

(1)战略导向确立。长城汽车选择以正向开发为核心战略,决定从关键零部件的自主开发入手,逐步掌控核心技术。面对如丰田、现代等在氢能领域处于领先地位的竞争者,长城汽车提出了以技术追赶为目标的长周期预案,并明确定位中高端市场。

(2)全球网络布局。长城汽车通过引进全球顶尖人才构建跨国社区,在德国慕尼黑、日本横滨成立技术研发中心,并聘请宝马氢能领域负责人担任副总裁,吸引50多位国际专家加入。此外,长城汽车通过在保定建设中国首座氢能技术中心,整合全球资源和本地优势,为产品开发提供强有力的技术支持。

(3)知识吸收与学习。长城汽车通过全球专家主导的导入式学习模式,快速吸收技术领先者的知识与经验。从基础理论到正向设计,国外专家的引导帮助长城汽车克服了技术起步的难题,为其后续产品开发提供了初始加速度。

二、平台形成阶段(2018—2019)

(1)核心功能实现。长城汽车通过关键零部件的自主开发突破技术瓶颈。2018年,长城汽车控股收购了上燃动力这一具备商用车领域技术积累的企业,并将其整合到全球生产网络中。

(2)网络布局优化。为推动技术产品化,长城汽车注册成立未势能源公司,以专注氢能产品市场化运营,并通过国内外网络支点协作,解决储氢技术等关键问题,实现技术与市场的高效对接。

(3)成果展示。2019年,长城汽车发布了首款商用燃料电池发动机"超越—300E",成功实现从研发到市场化的跨越。此后,长城汽车还推出了一系列核心技术产品,标志着平台进入初步成熟阶段。

三、平台递进阶段(2020—2022)

(1)竞争优势塑造。随着国家政策的推动和市场需求的增长,长城汽车转向以优化成本—能力比为目标的产品迭代开发模式,并聚焦车规级产品标准,以确保技术与市场的双重适配。

(2)协同融合式布局。面对复杂的市场与技术需求,长城汽车调整全球生产网络的职能分工。其新成立的温哥华分公司专注于下一代高耐腐蚀性Y型堆开发,填补国内技术空白。同时,国内研发团队与国际分支机构之间加强协作,共同攻克"卡脖子"技术难题。

(3)平台的全面升级。到2022年,长城汽车已形成覆盖燃料电池系统、电堆、储氢系统等全产业链的技术能力,逐步实现从功能开发到竞争力塑造的全面提升。

资料来源:周麟,贺俊,兰宗敏,等.后发企业如何利用全球生产网络构建自主产品开发平台? 对长城汽车氢能技术产品开发的纵向案例研究[J].管理世界,2023(11):152-173.

思考题:

1. 长城汽车通过在德国、日本等地布局全球生产网络,招募国际顶尖人才和整合技术资源,并结合本地化能力建设了从无到有的自主产品开发平台。长城汽车在选择和布局这些国际网络支点时,如何根据目标市场需求与技术资源分布确定市场进入策略? 这种布局如何支持其全球市场竞争力的塑造?

2. 长城汽车在进入国际市场的过程中采取了多种策略,如通过收购本地企业(上燃动力)加强国内技术能力,同时依靠自身研发能力推动产品开发。结合案例,讨论后发企业在进入国际市场时,如何在技术合作与自主开发之间权衡以提升竞争优势。

3. 从平台定义到平台递进,长城汽车在不同时期采取了不同的市场进入模式(如直接投资设立分公司、并购企业、战略合作等)。这些模式如何适应其产品开发阶段和市场需求的变化? 若未来考虑进入新兴氢能市场,这些模式可能面临哪些挑战?

第九章
国际营销新业态

国际营销的新趋势和新业态包括贸易全球化、科技全球化、金融全球化,以及消费者行为变化、外包服务普及等多个方面。在此背景下,数字营销兴起并不断发展,历经从营销1.0到营销4.0的进阶,各阶段有着不同的特征和营销理念。展望未来,数字营销将呈现全域营销闭环驱动增长、社交媒体职能升级、创意与技术深度融合的态势,但数字营销也面临数据保护法规严管挑战。因此,国际化企业唯有创新应对,才能把握机遇实现发展。

学习目标

　　通过本章的学习,学生应深刻理解全球经济环境的变化对国际营销的影响,掌握数字营销的发展历程、核心特点、关键要素和策略方法等内容,从而为企业进军国际市场提供有力的理论支持和指导实践。

⫸ 引导案例

SHEIN:数字化驱动加速国际化之路

　　在数字化转型的大背景下,许多中国企业为应对国内市场竞争加剧,开始进军跨境电商领域,寻求更广阔的市场和更多机会。然而,由于文化差异、市场环境的多变及运营策略的不适应,多数企业未能在国际市场上取得预期成效,部分企业甚至遭遇失败。

　　SHEIN,中文名希音,成立于2008年,总部位于广州,是一家全球领先的时尚和生活方式在线零售商。SHEIN凭借其数字化平台,以及广泛的产品线、高效的物流系统和个性化的消费体验,成功进入国际市场,并在激烈的竞争中脱颖而出,迅速成长为全球年轻人关注的快时尚品牌。SHEIN自成立起就将数字化技术应用于产品设计和生产,随后建立了数字化供应链体系和管理系统。2019年,SHEIN进一步优化其组织架构,构建了围绕业务线的扁平化组织。借助信息科技框架和大数据分析,SHEIN构建了一个全面的数字化生态系统。这种深度的数字化转型不仅提高了SHEIN的运营效率,而且在文化多样性和市场需求快速变化的国际环境中显示出高度适应性和灵活性。2021年,SHEIN应用程序在美国苹果应用商店和安卓应用商店的下载量超过了亚马逊,成为全球54个国家/地区苹果应用商店购物应用排行榜的领先者。截至2022年,SHEIN的营收达到227亿美元,估值高达千亿美元。

　　SHEIN不走寻常路,背靠中国稳定的供应链基础,自成立之初就瞄准海外业务,具有天生国际化企业的特征。在激烈的海外市场竞争中,SHEIN通过国际化经营快速成长为大型企业,不仅打破了传统的国际化企业发展模式,而且国际化业务范围得到拓展,品牌知名度大幅提高。纵观SHEIN的国际化过程,数字化管理和应用一直扮演着极为重要的角色。十几年来,SHEIN通过不断提升数字化技术水平和管理水平,协调和优化供应链、销售渠道、市场推广等方面的运营,为不同国家和地区的顾客提供个性化服务。

　　资料来源:杜雨轩,胡左浩. 数字化驱动加速国际化之道:以SHEIN为例[J].清华管理评论,2024(Z1):110-118.

第一节 国际营销新趋势概述

一、国际营销新趋势的背景

(一) 贸易全球化

随着科技的发展和各国对外开放程度的提高,流通领域中国际交换的范围、规模得到扩大,程度得到增强。贸易全球化的前提是技术的全球扩散。在国际分工发展的基础上,跨国公司将一些成熟和关联性的技术扩散到世界各地,加强了各国之间的经济联系,从而引发了世界范围内产业结构的调整,产业在各国之间进行梯度转移。跨国公司的发展促进了国际贸易和世界经济的增长,使发达国家的产品能够通过对外直接投资的方式在东道国生产并销售,从而绕过了贸易壁垒,提高了其产品竞争力;跨国公司对外直接投资和私人信贷,补充了发展中国家进口资金的短缺;跨国公司的资本流入,加速了发展中国家对外贸易商品结构的变化。随着加入区域集团的国家和地区增多,国际贸易的范围和规模日益扩大,还出现了更便捷、更灵活的贸易方式,尽管世界上存在着不同形式的贸易壁垒,但是各国之间的贸易联系日益加强,各国对出口贸易的依存度也在不断提高。

(二) 科技全球化

科技全球化主要是指人类科技活动在全球范围内得到广泛认同,科技活动要素在全球范围内自由流动与合理配置,科技活动的成果为全球共享,科技活动的规则与制度环境在全球范围内渐趋一致的现象。随着科学研究领域的国际合作日益增强,跨国界的信息沟通与交流日益增多,跨国公司在向全球各地销售其产品的同时,纷纷在国外建立独立的研发机构甚至中央研发机构,并与其他企业建立战略技术联盟,目前这种企业之间与战略性技术有关的联盟在全球多达 4 000 多个。同时,信息业等新兴产业迅速崛起,已成为世界第一支柱产业,成为带动世界经济增长的火车头。信息技术与传统产业的有机结合,有力促进了传统产业的技术升级。跨国公司一方面在世界各地建立研发机构,争夺信息和人才,另一方面又通过多方合作,形成战略联盟,不仅使研发投资全球化,还充分利用了各地的科技资源,尤其是人才资源。国际技术贸易是人类科技活动成果共享的一种形式,是一种有偿的共享,其发展既是科技全球化的重要表现,又是科技全球化的重要动因。

(三) 金融全球化

金融全球化是指世界各国、各地区的金融业务和金融活动按全球统一规则运行,同质的金融资产价格趋于等同,巨额国际资本通过金融中心在全球范围内迅速运转,从而形成全球一体化的趋势。金融全球化从整体上有力推动了世界经济和国际金融的发展,带来了众多利益。首先,单个国家的经济发展不再受制于国内储蓄和资金积累的限制,特别是国际直接投资所带来的技术扩散效应、示范效应和学习效应等功能极大地促进了东道国经济的发展。其次,金融全球化使各国资金可以在全球范围内调剂余缺,从而实现资本等生产要素在全球范围的优化配置,提高了生产要素的利用效率,促进了世界经济的发展。最后,金融全球化增强了金融机构的竞争能力和业务发展能力,金融机构可以在全球范围内经营业务并开展竞争,金融创新的成果可以在全球范围内普及推广,有利于提高全球金融业的服务质量和管理水平,推动各国金融体制的改革完善和金融结构的合理调整。

（四）消费者行为变化

消费者行为变化也是推动国际营销新趋势的重要因素。随着生活水平的提高和消费观念的转变,消费者对于产品的需求不再仅仅局限于基本的功能性需求,而是更加注重产品的品质、设计、环保性能以及品牌文化等方面。同时,消费者的购物渠道也更加多样化,从传统的实体店购物到线上购物、社交媒体购物等多种方式并存。这种变化要求企业在制定营销策略时更加注重消费者体验和服务质量,以满足消费者的多元化需求。

（五）外包服务普及

随着经济全球化和信息技术革命的深入,国际服务外包日益成为企业提高核心竞争力的战略选择,逐步成为现代服务业中一种极具发展潜力的运营模式。通过服务外包,跨国公司可以降低成本、优化产业链、提高竞争力。近年来,国际服务外包呈现出一些新趋势,包括发包主体多元化、外包服务高端化、外包方式拓展、外包业务边界日益模糊等。目前,国际服务外包广泛应用于信息技术服务、人力资源管理、金融、会计、客户服务、研发、产品设计等众多领域,服务层次不断提高,服务附加值明显增大。从服务外包市场分布来看,主要集中在北美、西欧、亚太和拉美地区,其中,美国服务外包市场较为成熟,亚太地区保持强劲增长,成为全球服务外包业务增长最快的区域之一。随着业务范围逐渐扩展,发包商逐渐倾向于将信息技术外包(ITO)和业务流程外包(BPO)捆绑,以满足企业自身技术和业务发展的需求。

二、数字营销的兴起与发展

自 1967 年科特勒的《营销管理》第一版发行至今,已经过去大半个世纪,其间经济周期的变换、消费群体的迭代以及科学技术的飞速提升,不断推动着不同阶段营销理论的孵化与发展。营销作为企业战略的重要组成部分,始终围绕着市场与技术两大核心要素进行动态调整。技术的每一次升级与变动,都会引发生产力的进化,而生产力的变革又进一步牵动着生产关系的调整。生产关系的革新同样会带来消费观念、消费习惯以及消费行为的深刻变化,这些变化不断推动着企业的营销方式与营销理论的革命性发展。

科特勒指出,随着数字经济时代的到来,营销领域正经历着从传统到数字的深刻转型。这一转型过程可以清晰地划分为几个阶段,即从营销1.0、营销2.0、营销3.0到营销4.0的进阶。每一阶段的跃升,都代表着营销理念与实践的重大革新。

营销 1.0 阶段起始于 20 世纪五六十年代,这一时期世界经济刚从第二次世界大战的阴霾中走出,开始稳步复苏,人们的消费重点主要是满足生存与安全的基本需要。当时的企业以产品为中心开展营销活动,吸引顾客购买。许多营销学家也结合当时的营销实践,孵化出了一系列以产品为中心的营销理论,如营销 4P 理论(产品、价格、渠道、促销)、产品生命周期理论以及品牌定位理论,等等。这些理论的提出,为当时的企业营销实践提供了有力的理论指导与支持。

到了 20 世纪七八十年代,全球经济在加快发展的同时,也遭遇了两次石油危机的巨大冲击。这两次危机给多数国家的经济带来了深远的影响,导致生产成本急剧增加,通货膨胀肆虐,社会总供给减少,供需关系发生了显著的变化。这一系列现象使得企业家们逐渐意识到,市场实际上是一个多元化需求的集合体,消费者的关注重点已经从产品的功能转向了自身情感与价值的满足。在这一阶段,产品的主导优势难以凸显,消费者本身成为企业竞相追逐的稀缺资源。因此,营销 2.0 时期应运而生,它强调以消费者为中心,追求与消费者之间建立情感联系,通过深入了解消费者的需求和期望,来提供更加个性化和有温度的产品和服务。

进入 21 世纪,科技的飞速发展、网络基础设施的完善以及网络通信的便捷,极大地开阔了人们的消费视野,改变了原有的沟通方式。世界各地的人们交流更加频繁,个体思想在碰撞中不断解放。人们日益发现,单纯的物质性消费已经难以满足他们的精神需求。同时,科技发展带来的自然、环境与气候等隐性问题也促使消费者更加追求精神上的安全与幸福。这一诉求直接推动了以人为主、强调人本精神的营销 3.0 时代的到来。在这一阶段,企业在进行营销活动时,将顾客视为完整的、具有独立思想的、价值与情感的合作者和参与者,强调与顾客建立深层次的情感联结,共同创造价值。

随着营销前三阶段的发展,人们的部分基本需求已经得到了较大的满足,自我实现的需求成为消费者最大的诉求,也是企业发展的最大难点。而移动终端、互联网、大数据等数字技术的发展,为企业更好地洞悉消费者价值提供了有力的工具。消费者之间、消费者与企业之间的交流痕迹被互联网所记录,产生了大量的消费者行为数据。这些数据是消费者与任何相关领域接触的连接点,企业通过观察与分析这些连接点数据,可以发现消费者的痛点,并帮助其实现价值。从整体过程来看,消费者价值的自我实现实际上是企业与客户价值共创的行为。

在数字技术迅猛发展的当下,数字营销即营销 4.0 阶段所需面对和解决的问题,是由价值观、连接、大数据、社区、分析技术为基础共同组成的。这是一次思维的变革,数字营销阶段将从人本精神转向价值观驱动,依托大数据、互联网等数字优势,完成企业、品牌与消费者的价值共创。在这一阶段,企业需要更加深入地理解消费者的价值观和需求,通过数字化的手段与消费者建立更加紧密的连接,利用大数据和分析技术洞察消费者的行为模式和偏好,从而在营销活动中更加精准地满足消费者的需求,实现企业与消费者的价值共创。

第二节　数字营销的特点和关键要素

一、数字营销的概念与特点

(一) 数字营销的概念及发展

数字营销是指利用数字技术和互联网平台,通过网络、移动设备和其他数字媒介开展营销活动的一种商业行为。数字营销强调通过数据分析、社交媒体、搜索引擎优化等方式,针对目标受众制定营销策略和计划,以达到推广品牌、促进销售、提高客户满意度等目的。然而,数字营销绝非简单地将搜索引擎、微博、微信等各种数字工具叠加的低端营销手段,而是要在企业运营中实现产品、营销深度融合,以达到提高获客率和用户黏性的目的。中国学者曹虎的《数字时代的营销战略》一书中也提到过,数字营销不是一种渠道或者技术,它首先需要营销战略思维的升级,同时拥抱技术,尤其是大数据技术,需要建立内容平台和数字平台,整合这些新的工具和应用。现在许多企业致力于利用大数据获取消费者的喜好、消费行为、消费层级等,进而描绘出用户画像,再利用数字渠道向客户精准营销,提高销售转化率,这说明现代营销已经从传统的粗放型走向精准型,数字营销让企业与顾客在互动沟通中有了更多的接触机会。

数字营销具有精准度高、成本低、效果易测量等优势,已经成为企业营销的重要手段。数字营销的主要方式包括搜索引擎优化、搜索引擎营销、社交媒体营销、电子邮件营销、内容营销、移动营销等。数字营销需要企业具备一定的数字化技术能力和数据分析能力,以更好地理解和满足目标受众的需求,并达成营销目标。

在全球化背景下,数字营销的影响力日益凸显。据市场研究机构 eMarketer 的报告,全球数字广告市场的增长势头依然强劲,连续多年保持两位数增长,至 2023 年已达到惊人的 6 109 亿美元的规模。这一数据不仅反映了数字营销在全球范围内的普及程度,也预示着其未来巨大的发展潜力。尤为值得注意的是,移动设备作为数字广告支出的主要增长点,其占比持续攀升,预计将在未来几年内占据数字广告市场的一半以上,进一步巩固其在数字营销中的核心地位。

在中国市场,数字营销同样展现出了强劲的增长势头。根据第三方机构 iResearch 的深入分析,2024 年中国广告市场规模首次突破 1.5 万亿元。在这一过程中,互联网广告的表现尤为抢眼,其市场份额逐年攀升,至 2024 年已占据各类媒介广告发布收入的86.5%,成为推动市场增长的主要力量。

随着消费者对数字化体验的需求不断增加,数字营销将成为未来营销的主要趋势,因此,企业应更加注重数据分析和用户体验,通过各种数字媒介为用户提供更加个性化和精准的服务。同时,也要更加注重隐私保护和数据安全,更好地满足用户的合规要求。

(二) 数字营销的特点

数字营销最显著的特点在于其营销活动的全面数据化,企业通过数据分析精准决策,增强客户体验感与互动感,降低成本并拓宽市场覆盖范围。数字营销能帮助企业实时跟踪市场动态,优化资源配置,从而提高竞争力和盈利能力。其特点具体如下:

1. 传播速度快且范围广

当下互联网早已普及,移动端使用率极高。微信、微博、头条、抖音、钉钉等热门应用,早已融入人们的日常生活,借助社交媒体进行大规模的数字营销所面向的受众群体是非常庞大的。编辑一篇软文、根据热点事件发朋友圈、拍短视频,内容在发送后几秒钟内就可以传送到粉丝的电脑或手机上,再经大量转发、点赞就能获得更多的阅读量。

2. 可实现定制化

数字营销通过大数据收集顾客的需求,深入挖掘消费者的购买习惯、兴趣偏好、行为模式等深层次信息。基于这些数据,企业可以构建出详尽的顾客画像,通过这些画像,企业能够深入理解每一位消费者的独特需求,并据此为他们提供量身定制的产品和服务。例如,电商平台可以根据用户的浏览历史和购买记录,智能推荐符合其兴趣的商品;在线教育平台可以根据学生的学习进度和成绩,为他们提供个性化的学习计划和辅导资源;而餐饮连锁企业则可以根据顾客的口味偏好和饮食习惯,推出定制化菜单和套餐。

3. 具有及时性和便捷性

产品的种类、价格和营销方式等可以根据客户的实际需求、企业的库存情况及时调整,网络传播能克服时间、空间限制,提供详尽的产品功能、外观、特色信息以及常见问题的解决方法,客户也可以通过网络方便、快捷地收集相关信息,从而提升对产品的认识。数字营销打破了传统营销在时间和空间上的限制,实现全天候服务,确保消费者售前、售后都能够获得高效服务,让消费者更满意。

4. 成本效益显著

数字营销以其独特的优势,在成本控制上展现出了前所未有的高效性。通过直接在互联网上发布信息,企业能够绕过传统的分销层级,直接将产品呈现给消费者,这不仅极大地缩短了供应链,还显著降低了分销成本。同时,数字营销还打破了空间和时间上的限制,使得企业能够轻松触及全球范围内的潜在客户,进一步扩大了销售版图。此外,数字营销能够精准定位目标受众,避免广撒网式的广告投入,从而减少了无效传播带来的资源浪费。这种成本节约不仅提升了企业的盈利能力,还使产品更具价格竞争力。一项研究数据显示,企业在采用数字营销策略后,其营销成本降低了30%,销售额增长了20%,这充分展现了数字营销在成本控制方面的卓越能力。

5. 能促使用户参与互动

数字营销平台在消费者和企业之间搭建了一座畅通沟通的桥梁。消费者不再仅仅是产品或服务的被动接受者,而是可以通过网络渠道积极表达自己对产品或服务的意见和看法,与企业进行实时互动。这种高参与特性,不仅提升了消费者的满意度和忠诚度,还为企业提供了宝贵的市场反馈。企业可以根据消费者的反馈,及时调整产品和服务策略,确保满足市场需求。以小米为例,其"米粉"文化正是建立在企业与消费者深度互动的基础之上。小米通过社交媒体、论坛等多种渠道收集消费者的意见和建议,不断优化产品设计和用户体验,从而赢得了大量忠实粉丝。这种双向沟通机制,不仅增强了用户对品牌的认同感,也为企业带来了持续的创新动力。

6. 可提高营销转化率

数字营销之所以能够实现高营销转化率,得益于其广泛的传播范围和精准的定制化策略。通过大数据分析和人工智能技术,企业能够深入了解消费者的需求和偏好,为他们推荐个性化的产品和服务。这种精准营销不仅提高了广告的曝光率和点击率,还大大提高了潜在客户的转化率。此外,数字营销还擅长利用社交媒体、短视频等热门平台,通过病毒式传播和口碑效应,迅速扩大品牌影响力,吸引更多潜在客户。这种高效、精准的营销方式,使得企业在有限的预算内实现了最大化的营销效果,从而在竞争激烈的市场中脱颖而出。一份行业报告指出,相比传统营销方式,数字营销的平均转化率高出近50%,充分证明了其在提升营销效果方面的巨大潜力。

二、数字营销的关键要素

(一) 目标受众的精准定位

在数字营销的浩瀚海洋中,精准定位目标受众如同点亮了一盏明灯,为整个营销旅程指明了方向。这一过程不仅需要简单的市场细分,更要深入理解每一个潜在客户的心理与行为模式。企业可通过分析消费者的社交媒体互动记录、在线浏览历史、购买记录等数据,构建出目标受众的立体画像。

具体而言,除基本的年龄、性别、地域、职业等人口统计特征外,企业还需要关注受众的心理特征,如价值观、兴趣爱好、生活态度等,以及他们的购买行为模式,如购买频率、购买渠道偏好、支付习惯等。这些信息如同拼图般组合在一起,帮助企业描绘出一幅幅生动的目标受众画像,为后续制定个性化营销策略打下了坚实的基础。通过精准定位,企业能够确保营销信息精准触达那些最有可能对产品或服务感兴趣的人群,从而提高营销效率,减少资源浪费,最终实现销售转化率与品牌忠诚度的双重提升。

(二) 高质量的内容策略

在数字营销的世界里,内容为王。高质量的内容不仅是吸引目标受众的磁石,更是塑造品牌形象、传递品牌价值、建立品牌信任的重要载体。因此,制定并执行一套科学、有效的内容策略,对于任何企业而言都至关重要。

首先,内容的原创性和独特性是其生命力的源泉。在信息爆炸的时代,同质化内容早已让消费者感到厌倦。企业需要通过深入的市场调研和创意挖掘,打造出能够触动人心、引发共鸣的独特内容。这种内容不仅能够吸引受众的眼球,更能在他们心中留下深刻的印象,为品牌加分。

其次,内容应具有吸引力和价值。无论是文字、图片、视频还是其他形式的媒体,都需要精心策划和设计,以确保能够吸引目标受众的注意力并激发他们的兴趣。同时,内容还需要具备一定的实用价值或娱乐价值,能够满足受众的某种需求或带来愉悦的体验,从而促使他们主动分享和传播。

最后,内容需要与品牌定位和营销目标紧密相连。每一篇推文、每一个视频、每一段文案都应围绕品牌的核心价值展开,传递出一致的品牌形象和品牌信息。这样不仅能够加深受众对品牌的认知和理解,还能够提升品牌的整体形象和影响力。

（三）多元化的渠道布局

在数字营销领域,一个成功的营销策略往往依赖于多元化的渠道布局。这是因为不同的目标受众群体倾向于在不同的平台上获取信息和进行交流。因此,企业需要采取一种全面而灵活的策略,以覆盖尽可能多的潜在客户。

社交媒体凭借庞大的用户基数和高度互动的特点,成为数字营销的核心阵地。企业可以根据产品特性和目标受众的兴趣点,选择适合的社交媒体平台进行内容发布和互动。通过定期发布有趣、有价值的内容,企业可以增加品牌曝光度,与受众建立情感联系。搜索引擎优化是另一个不可或缺的渠道。随着互联网的普及,大多数消费者在购买产品前都会通过搜索引擎进行查询。因此,优化网站内容和结构,提高其在搜索引擎结果页面的排名,对于吸引潜在客户至关重要。通过关键词研究、内容优化和链接建设等手段,企业可以确保当潜在客户搜索相关产品或服务时,企业网站能够出现在显眼的位置。电子邮件营销则是一种直接且个性化的营销方式。通过收集用户的电子邮件地址,企业可以向他们发送定制化的促销信息、新品发布通知等。这种一对一的沟通方式有助于深化客户关系,提高客户忠诚度和复购率。内容营销则通过创作和分享高质量的内容来吸引和留住受众,包括博客文章、视频教程、电子书等多种形式。通过提供有价值的信息和见解,企业可以建立自己在行业内的权威地位,吸引潜在客户的注意力。

在多元化的渠道布局中,跨媒介整合营销尤为重要。这意味着企业需要协调不同渠道之间的营销活动,确保它们相互补充,共同传达一致的品牌信息和价值观。例如,一个社交媒体上的热门话题可以在博客文章中进行更深入的探讨,而博客文章中的精彩片段又可以作为电子邮件营销的内容。通过这种方式,企业可以实现全方位的营销覆盖,最大化营销效果。

（四）数据驱动的决策

数字营销的核心在于数据。通过收集和分析各种来源的数据,企业可以洞察市场趋势、消费者行为和竞争对手的动态,从而制定更加精准和有效的营销策略。

数据收集是第一步。企业可以利用各种工具和技术来收集数据,包括网站分析工具、社交媒体监控工具、市场调研问卷等。这些数据可以涵盖用户行为、偏好、购买决策过程等多个方面。数据分析则是将数据转化为洞察力的关键。通过运用统计方法和数据挖掘技术,企业可以揭示数据背后的模式和趋势。例如,通过分析用户访问路径和点击行为,企业可以了解到哪些内容对用户最具吸引力;通过对比不同营销活动的转化率,企业可以评估哪些策略更为有效。

数据驱动的决策意味着基于数据分析的结果来制定营销策略。这种决策方式更加科学和客观,有助于减少主观臆断和盲目尝试。例如,如果数据分析显示某个社交媒体平台上的用户互动度较高,企业可能会增加在该平台上的投入;如果某个营销活动的转化率低于预期,企业可能会调整活动方案或重新评估目标受众。

通过数据驱动的决策,企业可以不断优化营销方案,提高投资回报率。同时,这种决策方式也有助于企业建立更加稳固的客户关系和提高客户忠诚度。因为基于数据制定的营销策略更加贴近客户需求和期望,能够更好地满足他们的需求。

第三节　数字营销的策略

一、品牌战略

品牌战略是数字营销中的核心组成部分,它关乎企业在市场中的定位、形象塑造及长期竞争力。有效的品牌战略不仅能提升品牌知名度和美誉度,还能促进消费者更加忠诚,为企业的持续发展奠定坚实基础。

(一)数字化品牌建设

随着数字化技术不断发展,仅凭产品或服务很难在进入国际市场之初打动消费者。企业可以利用数字化手段,让目标国际市场的消费者更直接、全面地感受品牌魅力,由此提升品牌影响力,为企业进入国际市场奠定良好的品牌基础。

1. 建立数字化品牌形象

数字时代下,企业进入国际市场前应结合自身产品或服务的类型提炼核心卖点,尽可能在数字化媒体平台建立具有辨识度的品牌形象。企业不仅可以结合自身产品或服务特征,也可以根据产品蕴含文化的独特性建立区别于目标市场传统文化、更具特色的品牌形象。企业也可以选择建立自身产品网站或借助国际第三方平台来进行宣传,以此提升自身品牌在目标市场的知名度和影响力。

2. 融入国际社交媒体平台

随着通信技术的不断发展,企业在制定品牌出海战略时可以通过融入国际社交媒体平台这一方式加快提升品牌影响力。了解海外社交媒体平台,有助于企业做出更明智的海外市场决策,为品牌的海外推广提供更好的支持。

在国际市场,社交媒体平台总体来说可以分为以下三类:

(1)日常交流类。这类社交媒体平台主要负责用户的日常沟通和信息交流,例如WhatsApp、Line、Snapchat等。日常交流类社交媒体平台的功能和用途较为单一,企业在这类平台上推广品牌时,更多采用的是广告投放或者建立官方账号的方式。同时,由于这类社交媒体平台具有较强的国别属性,企业如果选择这些平台推广自身品牌,应提前了解目标市场对于该类社交媒体平台的偏好和具体的用户分布情况。

(2)社交分享类。这类社交媒体平台以用户生成内容为核心,例如Instagram、脸书和推特等。由于社交分享类平台具有公开分享内容的属性,因此企业选择这类平台进行品牌建设是非常合适的。许多国际知名品牌在这些社交分享类平台上都创建了自己的官方账号,并且会在平台上持续发布产品最新动态,随着品牌账号的粉丝量和转发量不断增长,企业在这类平台上的影响力也会不断扩大,从而提升企业在目标市场的品牌知名度。

(3)视频发布类。当今视频媒体平台发展十分迅速,其依托用户生成内容模式在Z世代群体中持续渗透。其中,短视频平台抖音和长视频平台油管最具代表性和影响力。企业可以利用这类平台用户集聚的特性,发布相关品牌内容和广告,提升品牌知名度,也可以与目标市场KOL合作,加快自身品牌推广进程。

以上提及的几类社交媒体平台在用户结构、使用场景、平台调性和广告投放上均有所不同,企业应将自身资源能力以及产品或服务的核心卖点与各个国际社交媒体平台的特点相结合,从中找到最适合自身品牌建设的平台。

3. 虚拟现实技术和体验营销相结合

虚拟现实技术是通过计算机生成三维动态模拟环境,为用户提供沉浸式交互体验的技术体系。体验营销作为一种创新的营销手段,能够为消费者带来良好的产品服务体验。虚拟现实技术和体验营销手段相结合能够在很大程度上提升用户体验,进而提升企业的品牌影响力。

第一,虚拟现实技术能应用于产品的展示和体验环节。通过虚拟现实技术,用户可以身临其境地体验产品的功能和特点。例如,汽车制造商可以利用虚拟现实技术让用户坐在虚拟驾驶室中,感受驾驶的真实感;房地产开发商可以创建虚拟的房屋模型,让用户在虚拟空间中参观和体验。

第二,虚拟现实技术能增强企业与消费者的互动性。虚拟现实技术为企业开创了沉浸式互动广告新形态,它突破了传统广告的单向传播模式,通过高度参与性和互动性重塑了消费者决策路径。例如,企业可以通过场景化体验(如线上"VR看房"等)或游戏化互动(如达成成就解锁优惠等)显著提升消费者的记忆留存率和转化率。

第三,虚拟现实技术能提升个性化服务水平。虚拟现实技术可以用于设计虚拟的定制体验,创建虚拟展示厅或环境,从而允许客户个性化地配置产品或服务。例如,除感受驾驶体验之外,汽车制造商还可以让客户在虚拟环境中选择汽车的颜色、内饰、配件等。此外,对于服装、眼镜、化妆品等商品,虚拟现实技术可以模拟试用或试穿效果,以帮助客户做出购买决策。虚拟现实技术还可以集成数据分析和人工智能,根据客户的历史行为、偏好和反馈提供个性化建议和体验。这可以涵盖产品推荐、定价策略和营销活动等全过程和全方面。

(二)品牌内容营销

内容营销是另一种企业品牌营销方式,而数字化内容营销作为数字化大背景下产生的一种新的营销策略,利用数字技术和在线平台来创建、发布和传播有价值的内容,以吸引、留住目标受众并与目标受众建立联系,从而达成营销和业务目标。

数字化内容营销具有以下几个主要特点:

第一,内容为主。数字化手段的应用并不会改变品牌内容营销的本质,因此数字化内容营销的核心仍然是内容的质量和价值。优质内容应满足受众的需求,通过提供有趣、有用、有吸引力的信息,企业可以有效建立品牌信任和吸引受众的注意。

第二,多样性的内容形式。数字化内容营销可以采用多种形式,包括文字、视频、图像、音频等,以满足不同受众的偏好和习惯。

第三,多渠道传播。内容可以通过多种在线渠道传播,包括社交媒体、搜索引擎优化、电子邮件营销、内容分发网络等。这些渠道有助于扩大内容的影响力。

总之,数字化内容营销是一种适应性强、交互性高、数据驱动的营销策略,它利用数字技术和在线渠道来建立受众关系,从而获得更好的营销成果。

企业在进入国际市场时,如果选择数字化内容营销的品牌战略,可以采取以下步骤:

首先,明确营销目标,了解目标受众。企业需要确定数字化内容营销的具体目标,例如提高品牌知名度、增加销量、培养受众忠诚度等。在建立营销目标的基础之上,企业需要充分了解自己品牌的目标受众,包括兴趣、需求、偏好、购买行为等信息。

其次,制定内容战略,创建高质量内容。在前期调研和准备工作完成后,企业可以基于目标受众的需求和兴趣制定详细的内容战略,包括将选用的内容类型、主题、发布频率和分发渠道。在这个过程中,企业需要始终确保内容与其品牌和目标一致。

最后,优化、推广和跟踪。在数字化内容营销过程中,企业应持续优化内容以提高搜索引擎可见性。[①] 企业可以使用相关关键词,确保内容易于被搜索引擎索引和排名。企业也可以利用社交分享、付费广告、电子邮件宣传等方式来推广内容,以扩大受众范围。在这个阶段,企业可以使用分析工具来追踪内容的表现,了解哪些内容和渠道效果最好,然后调整和优化策略,确保能够达成营销和业务目标。

通过以上步骤,企业可以建立一套有效的数字化内容营销策略,与目标受众建立密切的联系,从而达成业务目标。在数字化迅速发展的今天,数字化内容营销是动态演进的,企业需要不断学习新技术和适应新趋势,与时俱进,不断提升数字化内容营销的表现力。

二、社交媒体策略

在数字营销的广阔领域中,社交媒体策略不仅为企业提供了与消费者直接互动的机会,还成为品牌塑造、市场推广和用户增长的关键驱动力。

(一)社交媒体平台的选择

社交媒体平台的多样性要求企业在制定社交媒体策略时,首先明确目标受众的偏

---

① Ryan D. Understanding digital marketing: marketing strategies for engaging the digital generation [M]. 4th ed. London: Kogan page, 2016.

好和行为习惯,以此为基础选择合适的平台。例如,针对年轻、时尚的消费群体,Instagram 和抖音可能是更理想的选择,因为这两个平台以其视觉化和创意性强的内容著称,能够迅速吸引年轻用户的注意力。而对于商务和专业人士,领英则是一个不可或缺的社交媒体平台,它为企业提供了展示专业形象、拓展商业网络的机会。

在规划社交媒体平台布局时,企业还需要考虑平台的用户规模、活跃度、地域分布以及与自身品牌形象的契合度等因素。通过综合分析这些因素,企业可以设计出覆盖全面、精准定位的社交媒体平台方案,为后续营销策略的实施打下坚实基础。

（二）社交媒体内容策略

社交媒体内容策略要求企业根据品牌定位和受众需求,制定出具有吸引力、独特性和价值性的内容方案。在内容呈现形式上,企业可以灵活运用文字、图片、视频等多种媒体形式,以多样化的方式呈现品牌故事、产品信息和用户评价等。

在制定社交媒体内容策略时,企业需要注意以下几点:一是保持内容的持续性和规律的更新频率,以吸引和留住用户;二是注重内容的原创性和创新性,以区别于竞争对手并提升品牌形象;三是关注用户反馈和互动情况,及时调整和优化内容策略以满足用户需求。

此外,企业还可以通过与 KOL 或行业专家等合作,借助他们的影响力和粉丝基础来提升品牌曝光度和内容传播效果。这种合作不仅能够增加品牌的可信度,还能够提高潜在用户的关注度和购买意愿。

（三）社交媒体影响力的提升

企业需要采取一系列措施来加强与用户的互动和联系。企业可以通过定期举办线上活动、发起话题讨论或挑战赛等方式来吸引用户参与和关注。这些活动不仅能够增加用户的黏性和活跃度,还能够为品牌带来更多的曝光机会。

通过及时回应用户的咨询、投诉和建议等,企业能够建立起良好的用户口碑和品牌形象。这种积极的客户服务态度不仅能够提升用户的满意度和忠诚度,还能够为品牌带来更多的口碑传播和推荐效应。

企业还可以利用社交媒体数据分析工具来监测和分析自身的社交媒体表现情况。通过了解用户的行为习惯、兴趣偏好以及内容传播效果等数据指标,企业能够更准确地评估自身的社交媒体影响力,并据此调整和优化社交媒体策略以取得更好的宣传效果。

三、搜索引擎策略

搜索引擎策略涵盖了搜索引擎优化、搜索引擎广告以及关键词竞价等多个方面,它们共同构建了一个全面而有效的在线推广体系。

（一）搜索引擎优化

搜索引擎优化是企业提升网站在搜索引擎自然排名中的位置,从而吸引更多有机流量的重要手段。这一过程不仅仅是技术层面的调整,更是对网站内容、结构和用户体验的全方位优化。

企业需要深入挖掘目标受众的搜索习惯和需求,创造出高质量、原创且富有吸引力的内容,再将这些内容自然而然地融入关键词中,让搜索引擎能够轻松识别并索引。同时,网站的结构设计应简洁明了,内部链接应布局合理,确保用户能够顺畅地浏览和获取信息。此外,技术层面的优化同样不可忽视,如提高网站加载速度、实现响应式设计等,这些都能显著提升用户体验,进而提高网站的点击率。

(二)搜索引擎广告

搜索引擎广告即通过付费方式在搜索引擎结果页面上展示广告,这为企业提供了一种快速获取流量和曝光的机会。与搜索引擎优化的自然排名不同,搜索引擎广告的广告展示位置更加醒目,能够迅速吸引用户的注意。企业可以根据自身需求,选择搜索广告或展示广告等不同的广告形式。搜索广告直接针对用户的搜索查询进行展示,具有高度的相关性和精准性;而展示广告则通过广泛的网络覆盖,将品牌信息传递给更多潜在用户。无论采用哪种广告形式,企业都需要精心策划广告内容,确保其既符合品牌形象,又能有效吸引用户点击。同时,通过监控广告投放效果数据,企业可以不断优化广告策略,提高广告的投资回报率。

(三)关键词竞价

关键词竞价是搜索引擎广告中的一个关键环节,它决定了企业在搜索引擎广告中的竞争力和展示机会。企业需要对目标关键词进行深入研究和分析,了解其在搜索引擎中的竞争力和商业价值。在此基础上,企业可以设定合理的出价策略,以确保自己的广告能够在用户搜索相关关键词时获得理想的展示位置。

然而,关键词竞价并非一劳永逸的。随着市场竞争的加剧和用户搜索行为的变化,企业需要不断调整和优化出价策略,以保持广告的竞争力和宣传效果。此外,企业还需要关注关键词的质量得分和广告质量等因素,这些因素同样会影响广告的展示位置和点击率。因此,在关键词竞价的过程中,企业需要综合运用多种策略和手段,以实现广告宣传效果的最大化。

四、电子邮件营销策略

电子邮件营销策略是指企业或个人通过电子邮件向目标客户发送信息,以达成特定营销目标的一系列计划和行动。

(一)专业邮件的撰写

一封有效且专业的电子邮件,首先要能够吸引收件人的注意,激发其阅读兴趣。在撰写邮件时,标题的设计至关重要。一个简洁明了、具有吸引力的标题,能够瞬间抓住收件人的眼球,促使其打开邮件阅读。同时,邮件的开头部分也需要精心设计,通过简短的开场白,迅速建立与收件人的联系,并明确邮件的主题和目的。正文部分则应注重内容的逻辑性和可读性,避免冗长复杂的句子和过多的专业术语,以确保收件人能够轻松理解并接收邮件中的信息。此外,个性化的称呼和落款也是增强邮件效果的重要手段,能够让收件人感受到企业的关怀和尊重。

（二）邮件发送频率

邮件发送频率是影响电子邮件营销效果的关键因素之一。过于频繁的发送可能会让收件人感到厌烦甚至产生抵触情绪,而过少的发送则可能导致信息传达不及时,错失营销机会。因此,企业需要根据自身业务特点和目标客户群体的需求,合理设定邮件发送频率。一般来说,企业应遵循"少而精"的原则,确保每次发送的邮件都具有较高的质量和吸引力。同时,企业还可以利用数据分析工具,对邮件发送效果进行监测和评估,根据反馈结果调整发送频率和策略,以达到最佳的营销效果。

（三）邮件内容的优化

在优化邮件内容时,企业需要从多个方面入手。首先,要注重邮件的视觉效果设计,通过合理的排版、色彩搭配和图片插入等,提升邮件的美观度和可读性。其次,要关注邮件内容的针对性和个性化程度。企业应根据目标客户群体的特征和需求,量身定制邮件内容,确保信息传达的准确性和有效性。同时,还可以利用数据分析技术,对客户的购买历史、浏览行为等进行深入挖掘和分析,以便更好地了解客户的偏好和需求,为邮件内容的优化提供有力支持。最后,邮件内容的创新性和互动性也是不可忽视的因素。企业可以通过引入新颖的营销策略、设置互动环节等方式,提升邮件的趣味性和用户的参与度,引起更多客户的关注。

五、数据分析策略

（一）数据采集

数据采集作为数据分析策略的基础,其重要性不言而喻。为了确保数据的全面性,企业须采用多元化的采集手段,如 API（应用程序接口）调用、网络爬虫、物联网设备等,从多个维度和渠道收集数据。同时,数据的准确性是企业决策的生命线,因此,在数据采集过程中,必须实施严格的质量控制措施,如数据清洗、去重、校验等,以确保每一份数据都真实可靠。此外,随着市场环境的快速变化,数据的时效性也变得尤为重要。企业须建立实时数据采集系统,确保能够及时捕捉市场动态和客户需求变化,为决策提供最新鲜的"情报"。

（二）数据分析

企业须借助先进的统计分析软件、机器学习算法和数据挖掘技术等工具,对采集到的数据进行深度分析和解读。通过构建复杂的分析模型,企业可以揭示数据之间的内在联系和潜在规律,进而预测市场趋势、识别客户偏好、评估业务风险等。正如谷歌创始人之一拉里·佩奇所言:"最好的决策是基于数据的决策。"数据分析帮助企业摆脱了传统经验主义和主观臆断的束缚,让决策更加科学、更加精准。

(三）数据应用

数据应用意味着企业需要将数据分析的成果深度融入其运营的每一个环节。这不仅意味着将报告中的数字作为参考,更要将这些洞察转化为实际行动的指南。例如,在产品开发过程中,企业可以根据市场数据分析的结果,调整产品特性,使其更加贴近消费者的需求;在制定营销策略时,通过对消费者行为数据的分析,企业可以精准定位目标市场,实现个性化推广,提高营销效率。

随着数据应用的深入,企业能体验到业务流程的智能化与自动化带来的便利。通过数据分析,企业能够识别出业务流程中的瓶颈和冗余环节,进而优化流程设计,提高运营效率。例如,在供应链管理领域,企业可以利用数据分析预测需求变化,实现对库存的精准把控,减少库存积压和浪费;在客户服务方面,数据分析可以帮助企业快速识别并解决客户问题,提升客户满意度和忠诚度。

拓展阅读

Ubras:以无尺码内衣引领市场潮流

内衣品牌 Ubras 采用了多元化的营销策略,以"私域流量 + 聚焦策略 + 创意策略 + 媒介策略"为核心,全方位提升品牌影响力和用户黏性。在行业内其他品牌纷纷转型无钢圈内衣的背景下,Ubras 另辟蹊径,选择从细分领域入手,首创业界无尺码内衣,这一创新举措不仅打破了传统内衣行业的尺码限制,也为女性消费者带来了全新的舒适体验。除无尺码内衣外,Ubras 还推出了多种类型的内衣产品,如运动内衣、睡衣等,以满足不同消费者的需求。这一独特的品牌战略定位,为 Ubras 在竞争激烈的市场中脱颖而出奠定了基础。

Ubras 的成功并非偶然,其背后离不开一系列精准有效的营销策略。

一、早期以微信公众号和微商模式进行营销

Ubras 创立之初采用微信公众号和微商模式进行营销,重点选择一些粉丝集中为 20～35 岁的女性垂直类微信公众号,采用软文推荐、广告投放、带货返佣以及代理销售等方式进行营销推广,并且在京东等平台上逐步积累粉丝,向电商渠道引流。2016 至 2018 年,Ubras 在消费者心中逐渐建立起品牌认知,其倡导的无钢圈、无尺码的内衣概念逐渐为年轻女性消费者所接受。

二、明星代言和 KOL"种草"实现超常规发展

在获得资本投资有了充足的资金后,Ubras 开始在营销上大踏步发展。在流量获取方面,Ubras 采用明星代言和 KOL"种草"的策略。2019 年 10 月,Ubras 正式签约当红小花成为品牌首任代言人,并在微博上官宣和发表文章。2021 年 9 月,Ubras 签约名模为品牌代言人,帮助推广"肌底衣"产品。此后,Ubras 与多位女星展开合作,同时在小红书、微博、抖音等平台上推广产品。

除明星代言之外,Ubras 紧紧抓住"种草经济",开始在主流平台进行大量的 KOL 投放,并有针对性地引流至淘宝。在微博上选择中腰部达人推广,以配合品牌的新品发布;在小红书上选择中腰部达人,内容侧重日常"种草";在抖音上投放代言人相关信息流广告;在 Bilibili 选择中腰部服饰、美妆类博主推广,并配合知乎等平台强化线上流量,夯实转化引流到淘宝店铺。Ubras 还与分众传媒进行战略合作,大规模投放分众传媒广告,抢占潜在消费者心智。作为初创品牌的 Ubras,在短短几年时间内就成为"无尺码"内衣的代表品牌。

三、直播带货催化 Ubras 逆袭成为内衣行业销量第一

2019 年 12 月,Ubras 借力电商直播,首先和头部主播签订年度框架协议并进行绑定,同时在自己的淘宝店铺进行高频率的品牌直播,还借助抖音等其他渠道进行品牌直播。调研数据显示,2020 年在线直播为 Ubras 带来了 35%～40% 的销量。在直播上的投入无疑是 Ubras 在营销端所做的最成功的决策之一。Ubras 能够从 2019 年天猫内衣销售前 10 名直接一跃成为 2020 年的首位,一个重要因素就是直播带货。

带货主播之所以选择 Ubras,是因为它非常满足直播带货选品的三个条件,即有一定的品牌、适合直播带货场景、有供应能力。经过三年的淘宝店铺运营和前期的以"流量＋广告""内容＋品牌""社交网络＋强势媒体""KOL/KOC(关键意见消费者)/KOS(关键意见传播者)＋明星"的营销手段,作为内衣新消费品牌的 Ubras 已经成为"无尺码"内衣的代表。与传统内衣相比,无尺码内衣只需要"选择颜色＋购买"这样的短链路购买决策,非常适合直播带货这样的场景,且由于尺码单一不会因尺码不符而导致高退货率。Ubras 的单一尺码和工序缩减可以促使供应链根据下单情况快速响应,减少库存量,因而具有完备的供货能力。同 Ubras 签订年度框架物流协议的"菜鸟裹裹"可以帮助 Ubras 迅速铺货并打通到消费者的"最后一公里",实现直播带货和营销契合的"双赢"。

四、私域营销

从 2019 年 7 月起,Ubras 着手运营私域,其最初通过激励的方式邀请普通消费者在小红书上晒单,打通私域,形成"种草"闭环。

1. Ubras 私域引流的渠道

Ubras 主要通过微信公众号、小程序、视频号以及小红书、微博、抖音、淘宝或线下门店进行私域引流。

2. Ubras 的私域运营

其私域运营分两部分:微信客服的人设 IP 和社群运营。Ubras 对客服微信进行了精细化的打造,建立了真实的 IP 形象——设计师小悠。其角色定位是 Ubras 产品设计师,教育背景是英国伦敦艺术大学设计硕士(塑造 IP 专业形象身份),形象是穿着无尺码内衣的真人女性半身照。小悠是 90 后,目标客户主要为 20～34 岁女性群体,其 90 后的设定符合做 Z 世代女孩知心大姐姐的人设。

消费者在添加小悠的客服微信之后,系统会自动发送欢迎语,第一时间发送新人福利,并告知社群福利,引导消费者进入社群。小悠的朋友圈主要分为三类:产品种草、品牌宣传、福利活动,基本都是与产品相关的导购式、营销式广告内容。

　　3. Ubras 的会员体系

　　Ubras 目前在电商平台和小程序内搭建了会员体系。以淘宝为例,截至 2024 年,Ubras 在淘宝上拥有 700 多万粉丝,以"成长型会员 + 储值卡 + 会员积分"为主,由此构成了电商平台会员体系;小程序会员体系主要包括成长会员体系和积分体系,成长会员体系又分为五个等级,等级越高享受的权益越多。

　　得益于上述策略的实施,Ubras 在短时间内取得了显著的营销成果。品牌成功占领了无尺码内衣细分品类的第一心智领域①,并在市场上取得了优秀的销售业绩。创立第一年,Ubras 就拥有 50 万用户并实现了 7 000 万元的销售额;2021 年至 2023 年连续三年夺得天猫 618 狂欢节单品无尺码内衣销量冠军的殊荣更是彰显了其不凡的市场地位。

　　Ubras 的成功不仅为内衣行业树立了新的标杆,也为其他新兴品牌提供了宝贵的经验。在竞争激烈的市场中,只有不断创新、精准定位、有效营销才能赢得消费者的青睐和市场的认可。未来,我们有理由相信 Ubras 将继续保持其创新精神和市场敏锐度,为消费者带来更多优质、舒适的产品和服务。

　　资料来源:邵兴东.ʺUbrasʺ品牌的商业模式[J].经济研究导刊,2023(22):57 - 59.

第四节　数字营销的未来发展趋势

一、数字营销的未来展望

(一) 全域营销闭环成为增长新引擎

　　在数字化时代,营销的边界正在被重新定义。随着消费者行为的日益复杂化和多元化,企业必须从传统的营销模式中跳出来,探索更加高效、精准且富有影响力的营销方式。从私域到全域营销的转型,正是这一趋势下的必然产物,它不仅标志着企业营销策略的升级,更是企业增长新引擎的启动。

　　私域运营,作为近年来兴起的营销概念,其核心在于构建并维护一个与企业直接互动的消费者社群。然而,私域运营并非简单地拉群发优惠券或在朋友圈塑造人设那么简单。其精髓在于直面消费者,通过社群、朋友圈等渠道,以更加直接、有亲和力的方式拉近与消费者的距离,从而提升用户体验,并与用户建立深厚的情感联结。这种联结不仅仅是交易关系,更是基于信任、理解和共鸣的深层次关系。

　　企业的真正实力不仅体现在短期利润和市场占比上,更取决于其能否在经济波动中持续发展,在激烈竞争中构建不可替代的核心优势与竞争壁垒。这需要企业具备敏锐的

---

　　①　"第一心智领域"是指在消费者的认知中,某个品牌在特定品类或细分市场中占据了首要的、最突出的位置,成为消费者存在相关需求时首先联想到的品牌。

市场洞察力、强大的产品研发能力、高效的运营管理体系以及卓越的客户服务能力。而全域营销,正是帮助企业达成这一目标的重要工具。

全域营销是一种更为广泛的营销策略,它强调在不同渠道和触点上,通过多元化的营销手段和内容,实现完整的用户互动,以提高用户获取率和留存率。全域营销不仅关注线上渠道,还注重线下渠道的整合,即充分利用社交媒体、电子商务、实体店等各类资源,提供一体化的用户体验。全域营销的目标是通过多渠道、多平台的整合,将品牌形象传达给更广泛的受众,并与用户建立更紧密的互动关系。自 2022 年起,腾讯、阿里巴巴、字节跳动等互联网巨头纷纷将全域营销作为未来发展的重点方向。这是因为,从品牌方角度来看,全域营销将是未来五年乃至更长时间的营销主流。与全渠道营销不同,全域营销更注重从消费者角度出发,打造 360 度全方位的消费者体验。通过整合线上线下资源,利用大数据、人工智能等先进技术,企业可以更加精准地洞察消费者需求,理解消费者行为,从而提供更加个性化、定制化的产品和服务。这种以消费者为中心的全域营销策略,将极大地提升消费者的满意度和忠诚度,进而推动企业的持续发展。

对企业而言,全域营销具有重要战略价值。通过收集和分析消费者数据,企业可以更好地赋能产品的研发和迭代,加快决策速度,促进内部高效协同。这将有助于企业更加敏捷地应对市场变化,提升运营和管理效率,以更加灵活和富有弹性的方式服务消费者。同时,全域营销也有助于建立一种可持续的业务模式,通过不断满足消费者的真实需求,赢得高质量的客户,从而实现企业长期稳定的收益增长。

(二)社交媒体承担更多责任

随着数字化时代的深入发展,P2P(点对点)的商业模式正逐渐崭露头角,其中社交媒体作为连接不同个体的桥梁,其已从单纯的社交娱乐平台转变为促进销售增长的重要驱动力。这一转变不仅重塑了社交媒体的功能定位,也深刻影响了商业生态的运作模式。

在平台方层面,无论是抖音的"兴趣电商"模式,还是快手的"信任电商"策略,都在积极探索如何更好地利用社交媒体的海量用户数据,实现精准营销。这些平台通过深入分析用户的兴趣偏好、消费习惯等信息,为用户推送个性化的优质内容,并巧妙地将商品融入其中,引导用户在享受内容的同时产生购买欲望。这种"润物细无声"的营销方式,不仅提升了用户的购物体验,还增强了用户对平台的信任感,实现了销售额增长与消费者忠诚度的提升。

与此同时,品牌与消费者之间的交互关系也在悄然发生变化。传统的品牌传播往往采用一对多的方式,即由企业向广大消费者传递统一的信息。然而,在 P2P 的时代背景下,品牌开始更加注重与消费者建立一对一的对话关系,通过个性化营销满足消费者的独特需求。这种转变要求品牌具备较高的市场敏感度和较强的定制化服务能力,能够根据消费者的个性化需求提供量身定制的产品和服务。

为了达成这一目标,越来越多的品牌开始打造自己的品牌 IP 和创始人 IP,通过鲜明的形象和独特的定位引起消费者的关注。这些 IP 不仅代表了品牌的形象和价值观,还成为品牌与消费者之间情感联结的纽带。通过精心策划的内容营销和互动活动,品牌能够深入消费者的内心世界,构建强有力的情感纽带,从而实现品牌价值增值。然而,尽管内容营销在吸引消费者注意力方面发挥了重要作用,但商业的本质始终是"交易"。因此,在追求内容创新和情感联结的同时,品牌还需要关注如何将这些内容转化为实际的销售成果。这要求品牌具备强大的商业变现能力,能够在适当的时机实现商业变现,从而确保企业的持续盈利和健康发展。

（三）创意与技术相融合

在人工智能时代,营销行业正经历一场前所未有的变革,这场变革不仅深刻影响着行业的运作模式,更在创意与技术之间搭建起了一座桥梁,实现了艺术与科技、感性与理性的动态平衡。

尽管流量红利逐渐消退,但创意作为营销的灵魂,其重要性非但没有减弱,反而因技术的赋能而焕发出更加璀璨的光芒。今天的广告创意不再局限于传统的视觉与文字组合,而是借助增强现实、虚拟现实等前沿技术,创造出沉浸式、互动式的体验,让受众仿佛置身于广告故事之中,实现了从被动接受到主动参与的转变。这种超越时空限制的创意表达,不仅极大地提升了广告的吸引力,也加深了品牌与消费者之间的情感联结。

与此同时,技术的飞速发展正以前所未有的方式重塑着营销生态。5G 技术的高速、低延迟特性为高清视频、实时互动等提供了坚实的基础,使得营销活动能够更加流畅、高效地触达目标受众。人工智能则通过大数据分析、用户画像构建等手段,实现了精准营销,让品牌能够更准确地把握消费者需求,提供个性化、定制化的服务。而区块链技术的引入,则为营销数据的安全性、透明性提供了有力保障,增强了消费者对品牌的信任。

在人工智能时代,创意与技术不再割裂,而是成为相互依存、相互促进的共生体。一方面,技术为创意提供了无限可能,让创意得以跨越传统界限,以更加新颖、独特的方式呈现;另一方面,创意则为技术赋予了灵魂,让冰冷的技术背后充满了情感与温度,更加贴近人心。这种创意与技术的深度融合,不仅推动了营销行业的创新发展,也为品牌带来了前所未有的增长动力。

二、科技对数字营销的影响

（一）精准定位与个性化营销

科技在数字营销领域的广泛应用,极大地增强了企业对目标客户的精准定位能力。通过大数据分析工具,企业能够收集并分析海量的用户行为数据,包括浏览历史、购买记录、兴趣偏好等,从而构建出详细的用户画像。这些画像不仅能帮助企业理解客户的真实需求,还使企业能制定高度个性化的营销策略。例如,电商平台可以根据用户的购买历史和浏览行为,推送符合其兴趣的商品,提高购买转化率。个性化营销不仅增强了用户体验,还显著提升了营销效果,成为数字营销的核心竞争力之一。

（二）提高营销效率和资源利用率

科技的进步使得数字营销过程更加自动化和智能化,极大地提高了营销效率和资源利用率。自动化工具可以完成大量重复的营销任务,如邮件发送、社交媒体内容发布等,从而节省大量的人力和时间成本。同时,智能分析系统能够实时监测营销活动的表现,提供详细的数据报告和洞察,帮助企业快速识别问题并调整策略。这种灵活性使得企业能够迅速响应市场变化,优化资源配置,提高营销投资的回报率。通过科技赋能,数字营销变得更加高效和精准,为企业带来了更高的业绩增长。

（三）拓展营销渠道和方式

随着科技的不断发展,数字营销的渠道和方式日益丰富多样。除搜索引擎优化和搜索引擎广告外,内容营销、电子邮件营销等方式也成为企业营销的重要选择。这些渠道和方式各具特色,能够覆盖更广泛的受众群体,实现更高效的品牌传播和用户互动。例如,内容营销通过提供有价值的信息和有趣的内容,吸引用户的注意力。通过灵活运用这些渠道和方式,企业能够构建全方位、多层次的数字营销体系,提升品牌知名度和影响力。

（四）推动营销创新

科技的不断进步为数字营销带来了源源不断的创新动力。虚拟现实、增强现实、区块链等前沿技术的应用,使得数字营销体验更具有沉浸感和互动性。例如,通过虚拟现实技术,企业可以创建虚拟的购物环境或产品展示空间,让消费者身临其境地体验产品或服务;增强现实技术则可以将虚拟信息叠加到现实世界中,为消费者提供更加直观和有趣的产品介绍方式。此外,区块链技术也为数字营销带来了新的可能性,如实现营销数据的透明化和不可篡改性,增强消费者对品牌的信任。这些创新不仅提升了用户体验和参与度,还为企业带来了更多的营销机会和竞争优势。

（五）重构商业生态

科技的飞速发展正深刻改变着商业生态的运作模式和竞争格局。数字营销作为商业生态中的重要一环,也在经历着前所未有的变革。通过数字化手段,企业能够实现线上与线下商业生态的深度融合和贯通,打破传统商业模式的界限和壁垒。这种融合不仅促进了资源的优化配置和共享利用,还推动了商业生态的智能化、网络化和协同化发展。例如,电商平台通过与线下门店的合作,实现线上线下无缝对接和库存共享;智能物流系统则通过大数据和物联网技术优化配送路线。这些变革不仅提升了商业生态的整体效能和竞争力,还为消费者带来了更加便捷和高效的购物体验。

三、数字营销行业的机遇和挑战

数字营销行业,作为现代商业体系中不可或缺的一环,其发展历程始终与法律法规的演进紧密相连。尽管面临着日益严格的政策限制,特别是围绕数据保护与隐私安全的法律法规,如《中华人民共和国个人信息保护法》和《数据出境安全评估办法》的出台,为行业设立了更高的合规门槛,但这并未能阻挡数字营销行业持续前行的步伐。相反,这些挑战成为推动行业向更高层次发展的催化剂,预示着数字营销领域仍是一片充满机遇的蓝海。

《中华人民共和国个人信息保护法》的实施,标志着我国对个人隐私保护的力度达到了前所未有的高度。这一法律的出台,直接影响了数字营销行业的客户触达策略。以往依赖大规模数据收集与分析来精准定位消费者的做法,现在要谨慎为之,以避免侵犯个人隐私。这种变化限制了客户触达方式,进而影响了营销的触达广度和效果。企业需要投入更多资源,创新营销策略,以更加合法、合规的方式获取用户信任。同时,消费者主权意味着,即便有充足的预算,如果未能获得消费者的明确授权,也难以有效触达目标受众,这对数字营销的效率和效果构成了双重挑战。

另一方面,《数据出境安全评估办法》的出台,为跨国公司和出海企业设定了数据出境的门槛。对于在中国运营的跨国公司而言,它们不得不重新评估并调整其全球营销战略,寻找符合中国法律法规要求的本土营销技术解决方案,以替代那些服务器不在国内的国外营销平台,如 Marketo、Salesforce 等。这一转变促使跨国公司加强与本土合作伙伴的联系,共同探索符合中国市场的数字营销策略。而对于出海企业而言,无论是寻求海外市场的拓展还是专注于国内业务,都需要高度关注隐私及数据合规问题,以确保在全球化的商业环境中稳步前行。

然而,正是在这样的背景下,数字营销行业展现出了强大的生命力和创新能力。面对挑战,行业内的企业和从业者没有退缩,而是积极拥抱变化,不断探索新的营销模式和技术手段。他们利用大数据、人工智能、区块链等先进技术,提升营销的精准度和效率;同时,也注重与消费者建立更加紧密、透明的互动关系,以赢得消费者的信任和支持。数字营销行业始终站在商业创新的前沿,以敏锐的洞察力和敢于尝试的精神,引领着企业的数字化转型和商业模式升级。

展望未来,随着技术的不断进步和法律法规的逐步完善,数字营销行业将迎来更加广阔的发展前景。企业将继续深化对数字营销的理解和应用,推动营销策略的创新和优化;同时,也将更加注重数据安全和隐私保护,为消费者提供更加安全、可信的营销环境。未来,数字营销将成为企业实现可持续发展和竞争优势的关键力量。

拓展阅读

数字拟人品:数字技术与商业模式创新在国际营销中的应用

随着数字技术的迅速发展,数字拟人品(Digital Human Products)成为全球市场中的一股新兴力量。数字拟人品是指利用人工智能、虚拟现实、增强现实等技术,创造出能够与消费者进行拟社会互动的数字化产品或虚拟形象。数字拟人品不仅具备高度的拟人化特征,还能通过智能算法与用户建立个性化的互动关系,提供定制化的产品和服务。数字拟人品代表了国际营销的新形态,重新定义了品牌传播、消费者体验和商业模式。

1. 数字拟人品的商业模式创新

数字拟人品通过结合先进的数字技术和社会化互动,创造了全新的商业模式。以虚拟主播和人工智能顾问为例,品牌不再依赖传统的广告或销售人员,而是通过虚拟人物与消费者建立深度的情感联结。这些虚拟形象不仅能够与用户进行情感交流,还可以通过大数据分析和人工智能技术实时满足消费者的需求,提供个性化的服务和产品推荐。

例如,日本的虚拟歌手"初音未来"在全球范围内获得了极大成功。"初音未来"是一位虚拟偶像,可以通过数字平台与粉丝进行互动,定期参与直播、音乐会等活动,并通过与品牌的跨界合作来推广相关产品。通过数字技术的支持,"初音未来"成为一个集娱乐、社交和商业于一体的虚拟品牌形象,为品牌提供了前所未有的营销新方式。

2. 拟社会互动与全球营销策略

拟社会互动(Pseudo-social Interaction)是数字拟人品的一大特色。通过这种互动,消费者不再是单纯的产品购买者,而是品牌故事的共同创造者和传播者。数字拟人品通过模拟社会化互动,如语音交互、情感分析和个性化定制等,能够显著提升用户黏性和品牌忠诚度。

这种互动模式在国际市场推广中尤为重要。例如,品牌可以通过虚拟角色为全球消费者提供多语言、跨文化的定制化服务,使其能够与不同国家和地区的消费者建立更加紧密的情感纽带。通过全球数字平台,虚拟人物能迅速适应不同市场的文化和需求,从而提升品牌在国际市场的渗透力。

3. 数字拟人品在国际市场中的营销变革

数字拟人品的出现为国际营销带来了全新的变革。品牌不再仅仅依靠传统的市场调研和广告宣传,而是通过数字技术和拟社会互动实现与消费者的深度连接。这种创新的营销模式能够实时响应消费者的需求,提供更加个性化的产品体验,并且通过虚拟形象增强品牌的辨识度和吸引力。

例如,中国的"虚拟主播"平台在国际市场上迅速崛起,这些虚拟主播不仅在社交媒体上进行直播销售,还通过与品牌合作开展全球范围的营销活动。消费者在观看直播的同时,还能与虚拟主播进行互动,参与品牌推广和产品推荐。这种虚拟人物与消费者的互动,使得品牌能够在全球范围内实现更加精准的市场定位和更高效的客户关系管理。

资料来源:罗兴武,孙萌,刘洋,等.数字拟人品:数字技术、拟社会互动与商业模式内容创新的共演[J].管理世界,2024(8):24-41.

本章小结

1. 数字化转型推动了国际营销的革命,企业通过互联网平台和社交媒体进行营销,利用数据分析和精准广告提高效率并快速响应消费者需求。数字营销不仅改善了传统营销模式,还促进了个性化定制和更高效的市场决策。

2. 社交媒体平台已成为重要的营销工具。企业通过与社交平台上的意见领袖合作,精准触及目标消费者群体,提升品牌曝光度和消费者信任。

3. 借助大数据和人工智能技术,企业能够进行个性化营销,满足不同消费者的需求,提升客户体验和品牌忠诚度。

思考题

1. 阐述国际营销新趋势的背景,包括贸易全球化、科技全球化、金融全球化和消费者行为转变等方面。
2. 分析数字营销的兴起与发展,包括营销 1.0 到营销 4.0 的阶段特征和主要特点。
3. 探讨数字营销的关键要素,包括目标受众的精准定位、高质量的内容策略、多元化的渠道布局和数据驱动的决策等。
4. 以 SHEIN 或 Ubras 为例,分析企业在国际营销中应如何运用数字营销策略。
5. 展望未来数字营销的发展趋势。

案例分析题

数字营销赋能品牌破圈成长——以初创企业希望树为例

随着近年来人们对"家"品质的关注显著提升,室内装修过程中的甲醛超标问题已受到广泛重视。但一提到除醛就能立刻联想到的巨头品牌尚不多见。除醛新兴品牌希望树开创了国内首个凝胶形态除醛产品的先河,并借助抖音平台进行数字化营销,凭借其产品的差异化定位实现了从无到有、从新兴到头部的飞速蜕变。

一、找准赛道抢占市场先机

自 2019 年起,在反复的探索与试错中,希望树逐步确定了家清赛道、加速锚定了除醛这个蓝海市场。2020 年 6 月,希望树除醛果冻正式上线,同年 11 月植物除醛急救喷雾正式上线,除醛品类更加丰富。随着产品布局完成,希望树于 2021 年正式入驻抖音平台,开启了数字营销之路。在抖音旗下数字营销服务平台——巨量引擎的帮助下,品牌销量进入了快速增长阶段。自 2021 年年底起,希望树又将营销视角从关注投产转向品牌曝光,其曝光方式也从单纯的明星代言转向"巨量星图"与达人合作,以期树立除醛行业专家的形象。

二、希望树的制胜路径

1. 打造差异化产品占领消费者心智

希望树通过将复合雪松纯植物除醛因子作为产品原料,添加激活材料并设置可视化的产品变色机制,采用大豆油墨印刷、PET(聚对苯二甲酸乙二醇酯)材料,打造"安全无害、绿色环保"的除醛产品。这在很大程度上打消了消费者因无法感知除醛效果而对除醛产品产生的怀疑,让消费者获得了全新、可信赖的除醛体验。

2. 构建客户画像,锁定目标人群

根据前期的产品投放效果与内部商议,希望树团队将品牌用户画像锁定在一二线城市、年龄 25～35 岁、对健康安全更敏感的高知宝妈群体。在与抖音平台合作后,巨量云图数据显示产品在精致妈妈、资深中产、新锐白领这三类人群中的渗透率最高,分别达到

23.47%、14.84%、11.68%,这也进一步验证了希望树在目标用户投放上的精准性。

3. 聚焦抖音平台,布局品牌营销

经过反复商榷后,希望树将品牌营销的主战场聚焦在了抖音平台,依托其强大的用户基础、营销资源和数据能力,通过持续投放高品质原创短视频内容引流圈粉,登顶日化行业品牌热度指数榜首、获评2021年"十大最具投资潜力的新品牌"。

4. 活用巨量引擎,加速品牌传播

抖音强大的营销能力来自平台的数字营销工具——巨量引擎(包括巨量云图、巨量星图和巨量千川,简称"星川云")。希望树通过借力"星川云"工具,以提升转化效果为目的进行品牌打造,引领营销效果和销售转化的同时实现。

在巨量云图方面,团队通过数据精准聚焦价值人群,优化品效配比及巨量千川的跑量模型,科学验证各渠道的广告投放效果。在巨量星图方面,团队利用"达人 + 品牌 + 竞价广告"组合模式,以巨量星图追投内容热推的思路助力达人打造高价值的爆款内容,同时稳步提高短视频的更新频率。在巨量千川运营方面,团队以巨量云图为指导实时调整优化"定向、频率控制、流量控制"投放模型,以巨量星图为内容来源及时优化跑量素材(包括明星口播、明星/达人混剪、达人口播、素人使用展示、素人口播、素人测评、素人情景剧、产品使用展示、直播间高光片段、图文快闪、素材混剪等)实现预定的商品交易额目标。"星川云"带来的便捷投放体验、专业流量思维、权威榜单体系,帮助希望树实现了圈层拓展、多元化营销和业务新增长。

资料来源:杜雨轩,胡左浩,赵子倩,等.数字营销赋能品牌破圈成长:以初创企业 FOH 希望树为例[J].清华管理评论,2023(6):112-121.

思考题:

1. 数字营销平台如何帮助新兴品牌快速实现市场渗透和品牌建设?

2. 在数字营销中,如何精准定位目标人群并提高销售转化率?

第十章
国际市场产品策略

　　全球市场环境错综复杂,国际化企业在全球市场进行经营时需要根据国家或地区对市场进行分类。不同国家或地区的市场有着不同的特点,企业在进入国际市场时需要选择最为合适的产品策略,有效应对竞争进而达成预期的销售目标。企业在选择合适的产品策略之前需要进行大量的准备工作,然后需要进行产品策略的回顾与调整,以不断优化市场布局,提升国际竞争力。

学习目标

通过本章的学习,学生应明确国际市场产品策略的基本概念、类别以及不同产品策略的优势,了解国际化企业选择合适的产品策略需要做哪些准备,了解企业如何选择适合的国际市场产品策略、产品策略实施之后如何进行回顾与调整以及常用的数据分析方式及应用。本章有助于学生理解中国企业在"走出去"的浪潮中如何把握全球市场趋势,做到全球整合与因地制宜的统一。

▓▓▓ 引导案例

波音 & 空客:前沿的产品策略

波音(Boeing)和空客(Airbus)作为航空业的两大巨头,其影响力远远超越了其原产国界限,成为全球航空运输体系中不可或缺的一部分。这两家企业不仅致力于技术创新、推动航空业的进步,还深刻理解全球航空市场的多元化需求,通过标准化的设计和规格来生产飞机,以确保产品在全球范围内的兼容性和安全性。

波音总部位于美国芝加哥,以其广泛的飞机产品线(包括商用喷气式飞机、军用飞机、直升机以及卫星等)而闻名。在商用航空领域,波音的 737、747、777、787 等系列飞机,凭借其卓越的性能、高效的燃油经济性和舒适的乘坐体验,赢得了全球众多航空公司的青睐。这些飞机在设计时便考虑到了全球运营的需求,采用了标准化的驾驶舱布局、维护程序和零部件,大大降低了航空公司的运营成本,提高了航空公司的运营效率。

空客则是由欧洲多个国家联合成立的,总部位于法国图卢兹。空客以其 A320、A330、A350、A380 等系列飞机,在全球航空市场上与波音展开了激烈的竞争。空客同样注重产品的标准化设计,使不同国家和地区的航空公司能够轻松运营这些飞机,同时减少飞行员培训成本和设施维护复杂性。此外,空客还积极推动技术创新,如 A350XWB 宽体飞机就采用了先进的复合材料结构和航电系统,进一步提升了飞行效率和乘客舒适度。

资料来源:刘昊,韩祺.更好统筹民用航空产业的发展与安全[J].宏观经济管理,2024(6):67-73.

第一节 制定国际市场产品策略前的准备工作

国际市场产品策略是指设计、生产和销售国际市场产品的策略。由于不同目标市场拥有差异显著的政治、经济、文化、法律等环境,因此国际化企业需要选择适合目标市场的产品策略,以此来满足目标市场消费者的需求、最大化市场份额与企业利润。成功的国际市场产品策略离不开进入市场之前的准备工作,包括目标市场分析、产品定位与差异化、产品标准化与适应性的选择以及确定产品包装与标志等。

一、目标市场分析

国际化企业在选择适合的产品策略前首先需要对目标市场进行分析,其中包括对目标市场的调研、目标市场细分及目标市场的选择。

全球环境复杂多变,对目标市场进行调研是确定合理的国际市场产品策略的前提和基础,其主要内容就是对目标市场进行评估。首先,国际化企业需要时刻关注目标市场政治和经济形势的变化,例如目标市场国家加入区域经济组织的新政策、国际贸易的优惠政策、目标市场国家发生政治变动如战乱等。其次,国际化企业需要认真研究目标市场的营销环境,例如目标市场的经济发展状况、人口数量、法律环境、自然条件等。最后,国际化企业需要了解目标市场的文化环境,例如不同的宗教信仰、特殊的节日习俗以及当地的语言习惯,正确对待文化差异。

目标市场细分是指将具有相同需求偏好的消费者放于一个集合内,对不同集合的消费者采取不同的营销策略,为其提供不同的产品和服务。目标市场细分可以将全球市场划分为具有不同需求偏好的子市场,有利于国际化企业更好地发掘潜在的市场机会,满足消费者的独特需求,从而在与对手的竞争中占据优势地位。[1]

目标市场细分是在对目标市场调研的基础上进行的,在此之后,国际化企业需要选择合适的目标市场。选择的目标市场应该满足以下三点要求:首先,该市场具备一定的购买力,人口规模与消费潜力可观;其次,该市场存在尚未被满足的需求以便国际化企业提供相应的产品和服务;最后,国际化企业有能力和水平进入该市场,不会出现被"拒之门外"的情况。

对目标市场的分析是国际市场产品策略选择的基础与前提,企业需要预先投入一定的人力与财力分析目标市场,以提升国际市场产品策略实施的成功率。

二、产品定位与差异化

产品定位是指国际化企业在全球经营中确定其产品或服务的独特地位和市场形象以满足细分市场的独特需求,从而在激烈的全球竞争中占据优势地位的行为。产品定位是国际营销的重要部分,合适的产品定位有助于国际化企业树立良好的品牌形象,打造独特的品牌标识,吸引目标消费者进而达成其销售目标。[2] 国际化企业在进行产品定位时需要考虑诸多因素,如独特卖点、品牌一致性、灵活性等。

产品差异化是指国际化企业通过各种方式将其产品或服务与国际市场上同类产品或服务区别开来进而打造独特卖点的行为。国际化企业在不同细分市场经营时需要关注各市场的独特需求,因此便需要体现其产品或服务的差异性,这也是产品定位的核心

---

① Hollensen S. Global marketing[M]. 7th ed. Harlow:Pearson education,2017.

② Kotler P,Keller K L. Marketing management[M]. 15th ed. NJ:Prentice hall,2016.

与关键。这种差异化体现在方方面面,例如产品的性能、外观、定价、售后服务等。①

国际市场上的产品定位与差异化是为了适应不同市场的多样性,满足消费者的不同需求和偏好。产品定位和差异化策略需要根据目标市场的特点进行精心设计和规划,以确保满足消费者的期望。成功的产品差异化策略可以帮助国际化企业在全球范围内获得竞争优势和更大的市场份额,从而达成其市场目标。

三、产品标准化与适应性的选择

(一) 产品标准化

在全球经济一体化的背景下,产品标准化策略已成为国际化企业提升竞争力、实现可持续发展的重要基石。这一策略不仅是对规模效应与成本控制的追求,也是对全球市场需求深刻洞察后的战略抉择。

产品标准化通过统一的设计、生产流程和质量标准,极大地简化了生产过程中的复杂性和多样性。标准化的生产线使得工人可以更快地掌握操作技巧,减少培训时间和成本;同时,也减少了因频繁更换模具、调整工艺参数等带来的生产停滞,大幅提高了生产效率。这种高效的生产模式降低了企业的运营成本,加快了企业的市场响应速度,使企业能够更快速地满足市场需求。

标准化不仅提升了生产效率,也保证了产品品质的全球一致性。统一的质量标准使得产品无论在哪个国家和地区生产,都能达到相同的品质,有助于维护企业的品牌形象和声誉,增强消费者对产品的信任度和忠诚度。在全球市场上,高品质的产品往往能赢得更广泛的认可和更多的市场份额,从而推动企业持续增长。

标准化的品牌形象与营销信息是企业在全球市场快速建立品牌认知的关键。通过统一的品牌标识、宣传口号和视觉形象,企业能够在全球范围内形成统一的品牌形象,增强品牌的辨识度和记忆点。这种一致性的品牌形象有助于提升消费者对品牌的认知度和好感度,进而促进购买行为的产生。同时,标准化的营销信息也使得企业能够更高效地传达品牌价值和产品特点,加速市场渗透和扩张。

然而,产品标准化并非简单地忽视市场差异而盲目统一。相反,它要求企业在深入研究全球市场共性的基础上,提炼出能够跨越文化、地域界限的产品特性。这些共性可能包括产品的基本功能、核心性能、安全标准等,它们在全球范围内具有普遍适用性和吸引力。通过抓住这些共性并进行标准化设计,企业能够创造出"一种产品,全球通行"的奇迹,实现产品在全球范围内的广泛销售和成功推广。

但产品标准化策略的实施也面临着诸多挑战。不同国家和地区在文化、法律、消费者偏好等方面存在差异,这要求企业在标准化生产过程中充分考虑这些差异因素,并制定相应的调整策略;随着市场环境的不断变化和消费者需求的日益多样化,企业需要保

---

① Kotler P, Keller K L. Marketing management[M]. 15th ed. NJ: Prentice hall, 2016.

持对市场的敏锐洞察和快速响应能力,及时调整和优化标准化策略以适应市场变化。

(二)产品适应性

国际化企业需要根据经营目标在产品的适应性与标准化之间进行权衡,以便在全球整合和因地制宜之间寻求平衡。产品适应性与标准化的选择会影响国际营销的各个环节,包括产品定价、品牌建设、国际分销等。本章的第二节会详细阐述产品适应性与标准化的内容、优势以及如何实现二者的平衡。

四、确定产品包装与标志

(一)产品包装策略

(1)文化敏感性与适应性。在全球化背景下,文化差异成为不可忽视的因素。国际化企业在设计产品包装时,需要深入研究目标市场的文化背景、审美偏好及禁忌,确保包装元素既能吸引当地消费者,又能避免文化冲突。例如,色彩、图案、文字等元素的选择应符合目标市场的文化习俗,避免使用可能引起误解或带有冒犯性的元素。

(2)创新性与差异化。为了在竞争激烈的市场中脱颖而出,产品包装须具备创新性,通过独特的设计元素、材质选择或互动体验等方式,吸引消费者的注意力并激发其购买欲望。同时,针对不同细分市场或消费群体,企业应推出差异化的包装,以满足多样化的需求。

(3)环保与可持续性。随着人们环保意识的提升,环保包装已成为企业赢得市场的重要筹码。国际化企业应积极采用可回收、可降解材料进行包装,减少过度包装,减少对环境的负面影响。同时,通过包装上的环保标识或宣传语,向消费者传递其环保理念和社会责任感,提升品牌形象。

(二)产品标志策略

(1)清晰与准确。产品标志作为产品的"身份证",应清晰、准确地传达产品的基本信息,包括名称、产地、生产日期、保质期、成分、使用说明等。这些信息对于消费者了解产品、做出购买决策至关重要。

(2)标准化与合规性。不同国家和地区对产品标志有不同的法律法规要求。国际化企业在设计产品标志时,应严格遵守目标市场的相关标准和规定,确保产品标志的合法性和合规性。这有助于避免法律纠纷和减少市场准入障碍。

(3)品牌识别与记忆点。产品标志不仅是信息的载体,更是品牌形象的重要组成部分。通过独特的设计风格和视觉元素,企业可以塑造鲜明的品牌形象,增强消费者对品牌的认知和记忆。同时,标志中的品牌名称、图案等元素应易于识别和记忆,以便在消费者心中留下深刻印象。

第二节   国际市场产品策略的选择

国际化企业做好国际市场产品策略的准备工作之后要选择具体的产品策略,主要包括标准化产品策略、适应性产品策略和混合产品策略。全球市场复杂的经济、政治、文化、法律环境要求企业选择最为合适的产品策略以达成企业的目标,最大化经济效益与社会效益。

一、标准化产品策略

国际化企业实施标准化产品策略意味着企业选择了全球整合的趋势,企业的产品或服务在全球范围内将保持统一。[①] 例如,航空制造业、医药行业可能会选择标准化策略,这些行业具有以下特性:①在全球市场上存在相似的细分市场集合;②产品的规格具有普适性;③消费者和客户对产品的需求趋同。

作为全球领先的生物制药企业,辉瑞(Pfizer)在制药领域的贡献不可忽视。辉瑞致力于研发、生产和销售一系列创新药物,以应对人类面临的各类健康挑战。在标准化药物生产方面,辉瑞严格遵守国际药品生产质量管理规范,确保每一批次的药物都达到最高标准的品质要求。青霉素的量产作为辉瑞历史上的重要里程碑之一,不仅挽救了数以亿计的生命,也标志着现代抗菌治疗时代的到来。近年来,辉瑞对新冠疫苗的研发和生产更是展现了其强大的科研实力和全球协作能力,为全球抗疫斗争提供了重要支持。

这些标准化药物的生产,不仅要求严格的原料控制、生产工艺的精确执行,还需要经过多轮的质量控制检测,以确保药品的安全性、有效性和稳定性。辉瑞通过全球化的生产网络和供应链体系,确保了这些重要药物能够及时、安全地送达全球患者手中。这种标准化的生产模式不仅提高了生产效率,降低了成本,更重要的是为全球公共卫生事业做出了巨大贡献。

国际化企业选择标准化产品策略可以获得诸多收益:

(1)实现规模经济,降低生产成本。标准化产品策略的重点在于通过统一的产品设计、生产流程和质量控制标准,实现大规模生产。这种生产方式能够显著提高生产效率,降低单位产品的固定成本,如研发、模具开发、生产线调整等费用。随着生产规模的扩大,企业能够享受规模经济带来的成本优势,进而在价格上形成竞争力。此外,成本的降低为企业提供了更多的财务资源,使其能够在技术研发、产品设计以及营销等方面加大投入,不断推动产品创新和品牌升级,形成良性循环。

(2)打造全球品牌,增强市场竞争力。标准化产品策略有助于国际化企业在全球范围内树立统一、鲜明的品牌形象。通过统一的品牌标识、包装设计、广告宣传等手段,企业能够迅速提升品牌知名度和美誉度,增强消费者对品牌的认知和信任。全球品牌效应不仅有助于吸引新客户,还能提高客户忠诚度,促进口碑传播。同时,标准化产品策略使得企业在不同市场上的产品推广和营销活动更加高效、统一,有助于形成强大的市场渗

---

① Kotler P, Gertner D. Country as brand, product, and beyond: a place marketing and brand management perspective [J]. Journal of brand management, 2002(9): 249 - 261.

透力和品牌影响力,从而在激烈的市场竞争中脱颖而出。

（3）增强管理一致性与控制力。标准化产品策略要求企业在全球范围内采用统一的管理体系、流程和标准,这有助于增强企业管理的一致性和控制力。通过标准化的管理流程,企业能够简化管理程序,提高管理效率,降低管理成本。同时,标准化的管理还能够确保企业在全球各地的分支机构或子公司都按照统一的标准和流程进行运营,减少因地域、文化等因素导致的差异和冲突。这种一致性和控制力不仅有助于企业实现全球资源的优化配置和高效利用,还能够降低企业的经营风险,确保企业稳健发展。

综上所述,国际化企业选择标准化产品策略可以获得多方面的收益。通过实现规模经济、打造全球品牌以及增强管理一致性与控制力,企业能够在全球市场中占据有利地位,实现可持续发展。当然,在实施标准化产品策略的过程中,企业也需要注意平衡标准化与本土化的关系,根据不同市场的特点和需求进行适当调整和优化,以确保策略的有效性和适应性。

二、适应性产品策略

国际化企业选择适应性产品策略意味着企业选择了因地制宜的趋势,企业的产品或服务在各目标市场有所不同。[①] 将书籍翻译成其他语言在海外发行、国际连锁餐饮店针对当地口味的调整、软件产品在不同国家的本地化改进,都是适应性产品策略的体现。选择适应性产品策略的行业一般具有以下特性:①消费者需求在不同细分市场存在较大差异;②不同细分市场的法律法规存在较大差异;③不同细分市场的经济发展水平存在较大差异;④全球市场上存在明显文化差异。

例如,可口可乐会根据不同国家和地区的需求和文化差异调整其产品包装,在不同国家和地区其包装会使用不同的语言和图案,以确保产品能够更好地融入当地市场。全球汽车制造商通常会调整驾驶座位的位置和转向盘的位置,以适应不同国家消费者的驾驶习惯。例如,大多数欧洲国家的汽车驾驶座位在左侧,而美国和大多数亚洲国家的汽车驾驶座位在右侧。

国际化企业选择适应性产品策略也有其特定的考量。首先,选择适应性产品策略有时是进入该市场的前提与基础,例如当受到当地法律法规的限制时,产品或服务必须经过调整方可进入当地市场。其次,企业选择适应性产品策略可以满足特定消费者群体的独特需求,挖掘潜在的市场机会,增加企业的市场份额,提升品牌的知名度与国际化水平,同时也有利于提升自身的竞争力,在与对手竞争时占据优势地位。最后,选择适应性产品策略是一个学习的过程,通过在目标市场经营,企业能积累足够的经验,进而在产品的研发方面产生更具创新性的思路,这往往会给企业带来超预期的效果与可观的收益。

---

① Hollensen S. Global marketing[M]. 7th ed. Harlow:Pearson education,2017.

三、混合产品策略

国际化企业在制定国际市场产品策略时,并非简单地在标准化产品策略与适应性产品策略之间二选一,而是会依据实际情况尽力寻找最佳平衡点,即企业通常会选择标准化与适应性相结合的混合产品策略,以获得最优的市场效果。[①]

标准化产品策略与适应性产品策略存在一定冲突,二者的结合可能需要权衡取舍。标准化产品策略的核心之一就是形成规模经济进而降低成本,但是这会导致某些细分市场的独特需求无法被满足。适应性产品策略可以更好地满足目标市场消费者的独特需求,但这会增加企业的运营成本。因此,企业一般会采取较为折中的方案,根据细分市场的特性,适当调整其国际营销的部分要素进而达到一种平衡,给企业带来最大的收益。

星巴克作为全球知名的咖啡品牌,在全球范围内实施的便是混合产品策略。例如,星巴克在全球范围内通过标准化产品策略,确保其咖啡饮品在不同国家的一致性。然而,其在本地化方面也表现出灵活性,会根据不同市场的文化和饮食习惯提供一些带有本地特色的产品。例如,在中国,星巴克推出了一些绿茶相关的饮品,以迎合当地消费者的口味。苹果的创新与经营也体现出混合产品策略。作为一家以创新和高价值为特点的科技企业,苹果不断推出如 iPhone 和 iPad 产品以吸引全球消费者,同时采用不同的产品定价策略以适应不同的市场。

第三节 国际市场产品策略的回顾与调整

全球市场环境并非一成不变而是时刻处于变化之中,国际化企业如果不能及时把握全球市场尤其是目标市场的环境变化,就无法保持其竞争优势,进而无法持续性地获取收益。国际化企业需要持续关注和监测市场变化、进行反馈与评估并及时地调整策略。

一、监测目标市场变化

国际化企业需要定期跟踪、分析和评估国际市场上的各种因素,包括市场规模、竞争格局、法律法规等,以便更好地理解和应对市场变化。监测目标市场变化是企业维持竞争优势的重要一环,也是成功开展国际营销的重要组成部分。

与选择国际市场产品策略类似,企业监测目标市场变化也需要进行市场研究,将目标市场的相关数据加以收集、整理和分析,例如通过发放问卷、在线采访等方式进行信息收集。国际化企业需要时刻了解竞争对手的产品、产品策略和市场份额进而有效识别市场上的潜在机会和可能的威胁。国际化企业需要时刻关注目标市场的文化与社会变化,尤其是主流价值观的变化,以使企业的产品或服务与时俱进,保持较高的创新性与吸引

---

① Bartlett C A, Ghoshal S. Managing across borders: the transnational solution[M]. Boston: Harvard business school press, 1989.

力。目标市场法律法规和政治环境的变化会给企业的经营带来巨大的不稳定性,对企业的生产经营造成巨大的冲击。国际化企业需要实时监测汇率、通货膨胀率、失业率等宏观经济指标,以了解市场的经济健康状况,避免产生不必要的经济损失。

国际化企业监测目标市场变化时需要遵循以下几个原则:

(1)实时性。全球市场随时可能会发生变化,企业需要定期更新市场数据来确保对全球市场的足够了解。

(2)多样性。数据与信息存在偏差,企业需要保持数据与信息来源的多样性,多渠道获取相关信息,进而减少信息偏差的风险。

(3)合规性。企业监测全球市场的形势变化需要在目标市场的法律法规框架内进行,这要求企业充分了解当地的法律法规。

监测国际市场有助于降低风险,最大限度地利用市场机会,提高国际业务的竞争力。因此,及时监测和分析市场变化非常重要。

二、反馈与评估

(一)反馈

国际化企业监测市场变化之后采取相应行动以适应这些变化的过程被称为反馈。反馈在国际市场中是一种重要的业务实践,它有助于企业更好地理解市场趋势、顾客需求和竞争情况,从而更灵活地调整战略。反馈的内容是多方面的,包括销售数据、客户体验、竞争信息等。

国际化企业对实施产品策略后目标市场上的相关数据进行收集整理,进而对其进行分析是反馈的先导步骤。企业在进行数据分析时一般会使用专业的数据分析工具,并运用相应的统计方法。人工智能的发展为企业便捷、高效、深入地洞察数据提供了可能性。国际化企业需要在数据分析的基础上进一步制定市场策略,例如产品调整、产品定价、产品推广、销售渠道变化等。

国际市场产品策略的反馈需要遵循以下原则:

(1)及时性。企业应确保国际市场产品策略的信息反馈具有及时性,这为企业快速响应市场变化提供了保障,反馈不及时很可能使国际化企业错失潜在的市场机会或面临不必要的市场风险。

(2)高品质性。企业在进行数据分析前要确保收集的数据具有高质量、高精度。低质或者存在误差的数据可能会导致错误的反馈,进而影响后续活动的进行。

(3)综合分析。国际化企业不能依赖单一的数据进行分析,而是要对多个来源的数据进行综合分析。综合分析可以提升国际化企业产品策略反馈的准确性,进而获取更全面的市场洞察。

(4)竞争意识。竞争意识体现为企业对市场竞争态势的敏锐感知和主动应对能力。因此,企业在进行产品策略反馈时,不仅要关注自身业务,也需要仔细考察主要竞争对手的动态。

（二）评估

评估是对已经采取的行动和策略的效果进行系统性和综合性的分析与判断,是企业实施国际市场产品策略之后的重要环节。评估有助于确定已经采取的行动是否取得了预期的效果,是否需要进一步改进或调整。[①] 国际化企业在开始评估之前,需要明确企业的预期目标,预期目标应是具体、可量化和可衡量的。企业通过对收集到的数据进行分析并与先前的数据进行比较,可以确定是否已经取得了满意的进展以及在哪些方面需要改进。

国际市场产品策略的评估需要遵循以下原则:

（1）客观性。国际化企业在进行国际市场产品策略评估时应遵循客观性的原则,不受主观偏见的影响,以数据和证据作为评估的基础,确保评估的客观性。

（2）透明性。产品策略评估的透明性可以让关键利益相关者了解评估的过程和结果,这有利于利益相关者团结一致、合作共赢。

（3）持续性。对产品策略的评估应不仅被用于确定已采取行动的效果,还应作为持续改进的重要依据,这样企业可以不断提高绩效和适应市场变化。

（4）绩效引导。企业应使用恰当的绩效指标来评价已采取行动的效果,绩效指标应与业务目标直接相关,这有助于企业量化产品策略的实施效果,使其更加可视化。

产品策略评估是一种关键的管理工具,它有助于组织在不断变化的市场环境中取得成功。通过持续的反馈和评估,企业能够更好地满足市场需求和适应市场变化,达成业务目标。

三、调整策略

国际化企业如果发现已采取的行动未能达到预期的效果,或者有改进的空间,就需要进行调整。调整是指对策略、战术或行动计划进行修改以更好地适应市场变化或达成目标的过程。

国际化企业调整产品策略的基本步骤主要包括修正战术、重新分配资源、创新与改进、培训与发展。国际化企业在回顾国际市场产品策略的过程中,若发现无法达成整体预期目标便需要重新制定战略,例如重新确定目标市场、营销手段等。[②] 其次,企业需要对具体的战术和行动计划进行调整,这可能包括更改市场推广、产品定价、销售渠道等策略。此外,企业要将有限的资源重新进行分配,通过确定优先事项来调整预算和人力资源投入等。预期目标无法达成很可能是因为产品或服务存在瑕疵,国际化企业在调整产品策略时需要对产品或服务进行创新与改进,例如流程改进与技术升级。员工

---

① Kotler P,Keller K L. Marketing management[M]. 15th ed. NJ:Prentice hall,2016.

② Thompson A ,Peteraf M,Strickland A,Gamble J. Crafting and executing strategy:the quest for competitive advantage: concepts and cases[M]. 21st ed. NY:McGraw-Hill education,2017.

的能力或知识是企业发展的智力支持,当员工素质不足以支持新战略实施时,企业则需要为他们提供培训与发展机会。

国际市场产品策略的调整需要遵循以下原则:

(1)敏捷性。企业产品策略的调整应是迅速敏捷的,不可拖延,避免因滞后性而加大商业风险,引发经济或信誉损失。

(2)数据驱动。数据驱动要求企业坚持客观性原则,依据可靠的事实和数据进行判断与决策,避免主观臆想。

(3)团队合作与沟通。企业需要向利益相关者明确新产品策略的具体内容与实施方法,以获取相应的理解与支持。

(4)客户反应。企业需要考虑新产品策略实施后可能引起的客户反应,要满足客户的各项需求,与客户建立和谐的关系。

国际市场产品策略的调整是企业实施国际市场产品策略的最后一个环节,如此循环反复,企业可以及时对市场变化做出反应,保持自身的优势,这对企业的成功起着关键作用。

第四节　数据分析策略

本节将阐述国际化企业数据分析策略所涉及的相关内容,主要包括数据收集、数据分析和数据应用。正如前文所述,国际化企业无论是在产品策略的准备方面,还是选择具体的产品策略方面,抑或对国际市场产品策略进行回顾与调整时,通常都会使用数据来确保决策正确。

一、数据收集

数据收集是国际化企业获取信息的过程,是企业进行决策的重要依据与基础,企业在前期市场研究环节需要收集数据,实施产品策略的结果也需要通过数据来反映。

数据收集的方式多种多样,常用的有问卷调查、访谈、文献研究、网络抓取等。问卷调查是一种较为常见的数据收集方法,通常被用于收集个人或团体的观点、态度、看法和意见。随着互联网的发展,问卷已经从纸质形式过渡至电子形式。访谈也是数据收集的重要途径,有面对面和远程访谈两种形式。访谈可以深入了解采访对象的想法,半结构化和结构化访谈可以用于定性和定量研究。文献研究作为重要的数据来源对企业的前期研究与决策具有重要的现实意义,包括已有报告、学术文献等文本资料。网络抓取是通过自动化工具和技术从互联网和社交媒体上收集数据的方法。这种方法可以用于分析在线评论、社交媒体趋势、新闻报道等。

收集数据时需要保证数据的准确性、多样性、合法性,同时也需要遵循以下原则:

（1）目的性。国际化企业在收集数据之前需要明确收集数据的目的与目标，这样有助于提升数据收集的精度与速度，同时也更容易获得高质量的数据。

（2）伦理性。数据问题常常与个人隐私和数据安全联系在一起，数据的收集不得侵犯公众个人隐私，更不得影响企业或国家的数据安全。此外，在研究动物、环境等问题时，也需要注意伦理问题，有时需要伦理委员会的批准方可进行数据收集。

（3）数据记录。收集的数据需要确保可追溯、可审查，因此企业在收集数据时应按照规定进行记录与文档化。

（4）样本选择的独特性和多样性。企业收集的数据应准确反映目标人群的相关特征及独特性，这样可以提高数据的适配度。同时数据应是多样的，要在多样化数据的基础上进行决策与战略部署。

数字技术的发展不仅使数据收集的方式变得更加多样化，同时也提升了数据收集的效率。越来越多的国际化企业通过数字转型来提升效率、降低成本，并在数据收集方面获取收益便是一种体现。

二、数据分析

数据分析是指使用专业的数据分析工具或其他手段将收集的数据转化为有意义见解的过程。国际化企业可以根据数据的性质和分析目标的不同，选择不同的数据分析方法。

企业可以使用计量软件如 Stata、Spss 等对数据进行计量分析，常用的计量分析方式有描述性统计、因子分析、聚类分析等。这些数据分析方式便捷高效，具有理论基础，但是需要对计量方式有足够的了解。企业进行数据分析时可以将数据转变为图形、表格等可视化形式，这有助于直观了解相关数据的变化趋势、占比情况、异常值等。人工智能的发展使数据分析呈现出崭新的态势，企业可以利用人工智能技术快速准确地预测发展趋势，并提供相关的建议，因此人工智能逐渐成为企业青睐的数据分析方式。网络分析在企业数据分析中的应用也逐步增多，网络分析可以用于研究复杂系统中的网络关系，包括社交网络分析、网络流动分析等。例如，数字经济的发展使人际关系网络向线上转移，企业可以使用相关方式来分析线上社交关系，并以此为基础制定进一步的决策。

数据分析是一个较为复杂且专业性较强的过程，需要遵循以下原则：

（1）基础性。数据分析需要遵循一定的理论依据与理论模型，需要分析人员对基础知识具有足够的了解并且拥有较为丰富的经验，这可以避免数据分析出现差错，影响企业的决策进程。

（2）透明度。数据分析应是透明的，这不仅便于利益相关者进行数据分析的复查，还有助于集思广益，减少出现错误的概率，提升研究的准确性。

（3）可验证性。数据分析不可过度追求速度，更重要的是准确性，因此数据分析需要进行结果的验证与复查,多方面多层次的验证与复查可以确保结果的准确性。

（4）结果的呈现。数据分析的结果需要以简单明了的方式呈现给利益相关者,以便其能够看懂数据分析的结果并据此进行决策。

企业应根据数据的具体特点选择最为合适的一种或几种方式来进行数据分析,并遵循数据分析的各种原则。

三、数据应用

数据的收集与分析最终是为了解决现实问题,数据应用是指将数据用于解决问题、做出决策或达成业务目标的过程。[①] 企业在理解消费者需求和市场动态的过程中,对数据的应用尤为重要。

数据是决策的重要驱动因素,企业应依据数据进行决策,例如国际市场产品策略的制定建立在数据分析的基础之上。企业需要时刻关注全球市场的变化,利用收集的数据进行市场预测与市场分析,企业可以建立模型来预测行业发展趋势,例如销售预测、需求预测等。大数据的发展使企业可以利用相关数据洞察客户偏好,进行个性化推荐来提供定制的产品,这在电子商务和营销中应用广泛并且往往会取得良好的效果。风险管理是企业生产经营需要着重关注的内容,企业可以利用数据识别潜在的风险从而采取相应的措施来进行预防,例如金融机构会使用数据进行风险管理,包括信用风险、操作风险等。物联网技术的发展使数据分析有了更高层次的运用,通过对来自传感器和设备的数据进行分析,可以监控、预测和优化物理系统,这一技术已应用于智能城市、工厂自动化和健康监测等领域。

数据应用需要遵循一些原则以确保数据被有效和负责任的使用。以下是数据应用要遵循的一些重要原则:

（1）安全性。数据安全是企业顺利经营的重要保障,企业在运用数据时要采取措施来保护数据的安全,包括数据的存储、传输和访问控制,以确保数据不被泄露和未经授权的使用。

（2）可解释性。数据的应用应是可以解释的,以便利益相关者从中获取洞见,为日后的决策积累相关的经验。

（3）定期审查。数据的应用需要定期审查来确保未出现偏差而远离目标,这对企业的可持续发展至关重要,审查的内容包括数据的安全性、目的性、准确性等。

数据的应用贯穿于各个领域的各个环节,利用数据可以提升业务效率、增加竞争力、提供更好的客户体验,也有利于科学研究和政策制定。数据应用应是负责任的、可信的,这要求企业在应用数据时不仅要为业务和决策制定提供有价值的见解,还要满足法律和伦理的要求。

---

① Kotler P, Keller K L. Marketing management[M]. 15th ed. NJ: Prentice hall, 2016.

拓展阅读

伊利的国际化战略与实践

内蒙古伊利实业集团股份有限公司(以下简称"伊利")是中国乃至世界著名的乳制品生产企业之一。其产品线覆盖液态奶、奶粉、酸奶、冷饮、奶酪等全部乳制品品类,并已经开始涉足矿泉水、饮料等乳业以外的市场。伊利 2021 年年报显示,企业实现营业总收入 1 105.95 亿元,首次突破千亿规模。2022 年上半年其营业总收入高达 634.63 亿元。

一、布局新兴市场

伊利对海外消费市场的探索主要通过三种方式进行:

一是贸易。跨国公司通常会选择难度较低的贸易方式进入国外市场,在建立品牌形象的同时立足当地市场,为后续的投资建设做准备。伊利已经通过这种方式考察了多个东南亚国家:2015 年,伊利首先在印度尼西亚设立全资子公司,负责冷饮和乳制品的销售,将中国产品出口到印度尼西亚。2018 年,伊利在印度尼西亚率先发布了面向国际市场的冷饮品牌 Joyday。2019—2020 年,伊利又在马来西亚、越南和缅甸等国家分别设立了销售贸易子公司,将国内成熟品牌"安慕希""优酸乳"等产品销往东南亚市场。

二是收购。2018 年 11 月,伊利发布公告称收购泰国本土最大冰激凌企业 Chomthana 96.46% 的股权,交易初始对价为 8 056 万美元(约合 5.5 亿元人民币)。收购完成后,伊利将 Chomthana 原有业务与中国总部实现了对接,用总部更先进的管理理念提升 Chomthana 的运营效率,优化主打品牌 Cremo 的形象,从而提升企业整体业绩。据伊利统计,2020 年 Chomthana 在泰国本土年度销售额同比增长了 68%,成为联合利华(Unilever)和雀巢(Nestle)等国际品牌在泰国的有力竞争对手。

三是投资。经过 4 年经营后,伊利于 2019 年在印度尼西亚建成了经销商网络,市场份额稳步攀升,因此伊利决定在印度尼西亚投资建设冷饮生产线,将冰激凌生产本地化。一期项目于 2021 年 12 月建成投产,投资额达 8.67 亿元人民币,产能达每日 159 吨。此外,伊利收购的威士兰乳业、澳优乳业、Chomthana 等企业的市场和运营都已跨出本地走向海外,因此伊利也得以通过这些企业的渠道进一步拓展国际市场。

二、国际化的初步战绩

自 2010 年伊利启动国际化战略以来,其海外布局已经初具规模,境外资产占总资产的比例为 14.60%。伊利高管曾在访谈中表示,截至 2022 年,海外原料供应达到伊利所用总原料的 15% 以上。

2018 年,伊利设立国际业务部,负责海外市场开拓。截至 2021 年,国际业务部的业绩年复合增长率高达 56%。其中,泰国冷饮市场份额从 5% 一路上行到近 12%,进入当地市场前三;印度尼西亚市场份额从零起步,达到 4% 以上,进入当地市场前五。2022 年上半年,伊利进一步提升全球供应链管理水平,实现海内外生产基地间的高效联动,使当期国际化业务收入同比增长 58%。

伊利认为,一方面随着国内经济的发展,消费潜力进一步提升,对以乳品为代表的健康食品的消费需求增加;同时,随着奶牛养殖技术的改进和电子商务行业的长足发展,乳制品的供给能力得到了很大提升。因此,国内的乳制品市场有着充足的发展空间。根据标准普尔的研究,在不进行大规模并购的前提下,仅依靠当前经济环境下的内生增长,按照销售额计算,伊利在2025年左右也可进入世界乳制品前三的行列。

但另一方面,新生儿出生率降低、人口老龄化速度加快等因素,使得国内的乳制品消费前景存在不确定性。因此,提前布局海外市场,既是伊利"成为全球最值得信赖的健康食品提供者"愿景的要求,也对其找到新的增长机会、保持持续发展具有重要的战略意义。在印度尼西亚建设产能,在泰国进行收购,在越南、缅甸、马来西亚和新加坡布局销售渠道,伊利国际市场布局的第一步选在了东南亚。东南亚八国人口总共超过6亿,人口结构年轻,经济前景充满潜力,乳制品消费量受制于地理环境和经济发展水平存在较大上升空间,因此伊利对东南亚市场的未来充满信心。

其他一些中国企业(特别是资源采掘业)在海外发展过程中曾经出现过以下情况:本地人认为中国企业投资的目的在于获取当地自然资源,并未注重解决本地就业、发展当地经济,从而引发负面事件。鉴于此,伊利在海外经营的过程中特别注重与当地分享利益,尽量加大本地采购,雇用本地人员:一方面以消费品的形式提高当地人均营养水平,另一方面为当地创造就业、增加人们的收入。经济纽带将伊利和当地各个利益实体联系在一起,而各方日益加强的联系又促进了伊利产品的推广,从而实现稳定发展、合作共赢。

伊利表示,未来在条件成熟时,还会考虑发展与东南亚市场类似的非洲市场。

资料来源:陶志刚,乔亿源. 伊利集团的国际化战略与实践[J]. 清华管理评论,2022(10):113-123.

本章小结

1. 国际市场产品策略是指设计、生产和销售国际市场产品的策略。
2. 在国际市场上,可以采取标准化产品策略、适应性产品策略与混合产品策略。
3. 数据分析策略包括数据收集、数据分析与数据应用。

思考题

1. 阐述制定国际市场产品策略前有哪些准备工作。
2. 阐述标准化产品策略、适应性产品策略和混合产品策略的特点和优势。
3. 以波音或空客为例,分析企业在国际市场上应如何选择合适的产品策略。
4. 探讨国际市场产品策略回顾与调整的重要性,以及企业应如何洞察目标市场变化、反馈与评估和调整策略。
5. 阐述数据分析策略在国际市场产品策略中的作用。

案例分析题

全球化视角下的数字产品开发：以《原神》为例

随着全球数字经济的快速发展，中国企业持续探索全球化路径，而数字产品凭借其强大的跨地域传播能力，正成为企业核心竞争力之一。作为米哈游旗下的代表性产品，《原神》凭借独特的产品设计和创新的开发机制，在国际市场取得了巨大成功。本文从用户洞察和产品开发机制的角度，分析《原神》如何通过"设计师驱动型"产品开发机制实现其全球化。

1. 海外用户洞察的核心

《原神》的成功首先源于其对海外用户特征的深刻洞察。米哈游发现，《原神》的目标用户多集中在日本、美国和韩国等市场，这些地区的游戏用户具有以下显著特征：

（1）在内容层面，海外用户的需求表现出趋同性和稳定性。大多数核心用户对游戏内容的专业性和规则的标准化有着高度的期待，例如日本用户对高质量画面和复杂游戏机制的偏好。同时，他们倾向于持续关注游戏内容的更新，这意味着他们对游戏的黏性较高。

（2）在互动层面，《原神》的目标用户多为沉浸式体验者，其行为具有连贯性和明确性。用户通常沿着游戏主线剧情进行探索，其行为轨迹清晰可辨，偏好明确的任务目标。这使得米哈游能够通过对用户行为数据的精准分析，指导游戏的内容迭代。

（3）在关系层面，《原神》的用户社区具有高度的专业性和垂直性。用户群体主要围绕游戏攻略、角色技能以及游戏内容的深度挖掘展开讨论，例如寻找隐藏任务和分析角色属性等。社群内的互动基于用户对游戏的深入了解而展开，这种深度参与强化了玩家的归属感。

2. 设计师驱动型产品开发机制

基于海外用户的这些特征，《原神》采取了"设计师驱动型"产品开发机制。这一机制强调设计师的主导作地位，结合用户数据进行持续优化，并以标准化的逻辑进行产品迭代。具体表现为开发式产品设计、主导式人机沟通和启发式内容扩散。

开发式产品设计是《原神》开发机制的核心。米哈游团队在保持产品稳定性的基础上，通过模块化设计将核心功能和非核心功能分离，并通过场景创新不断丰富游戏体验。例如，团队通过对《刺客信条》和《塞尔达传说：荒野之息》等知名游戏的研究，构建了开放世界框架，同时添加了钓鱼、赏景等轻度互动玩法，以满足不同用户群体的需求。

在主导式人机沟通方面，《原神》采取了连续性追踪和迭代式优化相结合的方法。团队通过将数据工具嵌入产品后端，全面记录用户行为数据，如战斗策略、任务选择和场景探索。这些数据为设计师提供了可靠的迭代依据。例如，在产品上线后，团队会根据用户行为分析，调整后续版本的任务难度、奖励机制和地图布局，从而优化用户体验。

启发式内容扩散进一步提升了《原神》的国际影响力。米哈游通过可信赖的信源进行内容传播,例如与知名游戏博主和专业玩家合作,推出高质量的内容创作和推广活动。与此同时,团队还通过多语言支持和提供全球服务器,确保用户无障碍进行跨国游戏社群的互动。这种方法不仅增加了产品的国际曝光率,还强化了玩家之间的联系,进一步增强了用户黏性。

3. 对全球数字产品开发的启示

《原神》的成功为其他企业提供了重要的启示。在数字经济时代,全球化的数字产品开发需要从用户洞察出发,结合市场特征和用户需求设计创新的开发机制。设计师驱动型产品开发机制强调企业对产品开发的深度控制,同时通过精准的数据分析优化用户体验,是一种值得借鉴的策略。

通过对用户需求的深度理解和开发机制的精准实施,《原神》不仅成为全球范围内的现象级产品,还树立了中国企业在国际数字产品市场中的标杆地位。这表明,只有深入挖掘用户特征,并结合自身技术优势,企业才能在全球竞争中脱颖而出。

资料来源:许晖,孙懿,周琪,等.生而全球化:基于海外用户洞察的数字产品开发机制研究[J].管理学报,2023(5):655-666.

思考题:

1. 在国际市场产品策略中,模块化设计如何帮助企业实现产品标准化与本地化的平衡?

2. 在国际市场中,企业应如何利用用户行为数据调整和优化产品策略,以更好地适应不同市场的需求?

3. 在国际市场中,企业应如何制定有效的品牌传播策略以提升产品认知度和市场竞争力?

第十一章
国际市场定价策略

　　价格是营销组合的一个重要因素。产品价格的高低直接决定着企业的收益水平,也影响产品在国际市场上的竞争力。国内定价原本就很复杂,当产品销往国际市场时,运费、关税、汇率波动、政治形势等因素更增加了国际定价的难度。因此,企业必须高度重视并投入大量精力,深入研究国际市场定价策略。在国际市场上,企业应更加注重定价的科学性和合理性,全面考虑定价策略的选择、定价策略的实施、调价策略的灵活性以及定价趋势的把握等国际定价的基本问题,以期在激烈的市场竞争中立于不败之地,实现可持续发展。

学习目标

通过本章的学习,学生应了解国际市场上产品价格的影响因素,掌握国际市场价格制定的理论和方法,学会根据不同的国际市场特点选择定价策略。

⫸ 引导案例

万华化学:定价主导型国际化战略路径

万华化学,作为中国聚氨酯行业的领军企业,成功实现了"从跟随到引领"的全球化转型,在国际市场定价策略上展现出极强的主动性与战略性。该企业通过打通技术创新链与全球产业链,建立了从原材料到高附加值终端产品的纵向一体化体系,摆脱了传统依赖成本优势竞争的路径,转向价值主导型定价。

早期,中国化工企业普遍依赖低价出口抢占国际市场份额,长期受制于国外化工巨头的价格控制。万华化学则通过自主掌握核心技术,实现高性能材料的稳定供给,在国际市场中形成稀缺性产品竞争力。在定价上,万华化学不再简单跟随国际主流价格,而是根据自身品牌溢价能力和客户依赖度设定价格,并针对不同区域采取差异化定价策略:在东南亚等新兴市场采用"优价导入",迅速打开市场;而在欧美等高端市场,则通过技术认证和定制化服务支撑高价定位。

此外,万华化学通过构建全球本地化服务和仓储体系,将"定价-交付-服务"一体化嵌入客户价值链,提升了客户黏性,也增强了价格调整的灵活性和抗风险能力。企业还通过与下游战略客户签署长期价格锁定协议,减少原料价格波动对国际营收的冲击。

万华化学的实践表明,中国企业在走向国际市场的过程中,唯有掌握核心技术与定价权,才能真正实现由"价格竞争"向"价值引领"的战略跃升。

资料来源:王美香,陈智,张耀伟,等. 产业链与创新链融合闭环构建逻辑:基于万华化学的案例研究[J]. 科研管理,2025(1):83-94.

第一节 制定国际市场定价策略前的准备工作

一、目标市场分析

在全球经济一体化的浪潮中,国际市场展现出的多样性和复杂性要求企业在国际化进程中必须采取谨慎而周密的策略。因此,企业在正式进军国际市场之前,首要且核心的任务是对目标市场进行深入、细致且全面的剖析,以确保战略决策的正确性和有效性。

这一过程不仅要求企业进行数据收集和整理,还需要企业运用专业的分析工具和方法,从多个维度对目标市场进行透彻的分析。其中,对市场规模与增长潜力的探究是至关重要的。市场规模的适宜性是一个动态变化且相对主观的概念,它取决于企业的规模、实力以及发展战略。大型企业凭借其雄厚的资源和广泛的渠道,往往更倾向于选择那些具有巨大销售潜力的广阔市场,以期实现规模经济效益;而小型企业,则可能受资源有限和风险控制需求的影响,更倾向于寻找那些规模适中、易于管理和掌控的市场作为切入点。市场的增长潜力也是评估其吸引力的重要指标之一。一个快速增长的市场能够为企业带来持续的销售增长和利润提升,但也需要警惕快速增长背后可能隐藏的激烈竞争和利润空间压缩的风险。

（一）目标市场规模和增长率研究

企业须关注目标市场是否具有适当的规模和增长率。"适当的规模"是一个相对概念,大企业可能偏好规模大的目标市场,对规模小的目标市场不感兴趣;小企业则由于实力较弱,会有意避开较大规模的目标市场。目标市场增长率是指目标市场的销量和利润具有良好的上升趋势,然而,快速增长的市场意味着竞争者的迅速进入,从而可能降低企业利润。在探索与评估市场规模及其增长潜力的过程中,企业须采取更为精细化和前瞻性的策略,以全面揭示市场内部的复杂结构与潜在增长点。

企业可以运用先进的市场分析工具和技术,如大数据挖掘、消费者行为研究等,对市场进行多维度、精细化的划分,以揭示不同消费群体之间的深层次差异,包括但不限于年龄、性别、地域、收入水平、受教育程度、生活方式、兴趣爱好及价值观等。通过深入了解每个细分市场的独特需求、偏好及购买决策过程,企业能够设计出更加贴合目标消费者心理的产品和服务,从而实现精准营销。

准确把握未来市场趋势的核心在于对市场增长动力的深度挖掘。企业不仅要关注宏观经济因素(如 GDP 增长、政策导向、技术进步等)对市场的整体影响,还须细致分析行业内部因素(如竞争格局变化、新产品/服务涌现、消费者行为变迁等)所驱动的具体增长点。通过构建增长动力模型,企业可以量化评估各因素对市场增长的贡献度,识别出最具潜力的增长领域,并据此调整战略方向,优化资源配置。

基于上述深度挖掘的结果,企业可制定出更加科学、高效的定价策略。在定价过程中,要综合考虑成本、市场需求、竞争状况以及消费者的支付意愿等多重因素。针对特定细分市场,依据其独特需求和价值感知制定差异化价格,如对高收入、追求品质的消费群体采用高端定价策略,以体现产品或服务的优越品质和独特价值;对于对价格敏感、注重性价比的群体,则推出更具竞争力的价格方案。同时,企业还须建立灵活的市场监测与反馈机制,密切关注市场动态和竞争态势对定价的影响,及时捕捉市场变化,确保定价策略的有效执行与适时调整。

（二）目标市场的结构吸引力

具有适当规模和增长率的目标市场,也可能缺乏盈利潜力。如果许多势均力敌的竞争者同时进入一个目标市场,或者说,在某个目标市场上已经具有多个颇具实力的竞争者,尤其是当市场趋于饱和甚至萎缩的时候,该目标市场的吸引力会大幅下降。目标市

场的结构吸引力,一般以波特的五力模型进行分析:

(1)行业内竞争者的强度。当众多势均力敌的竞争者同时涌入一个目标市场,或该市场已聚集了多个颇具实力的竞争者时,竞争将变得尤为激烈。价格战、营销战、技术战等层出不穷,导致企业的利润空间被大幅压缩。因此,评估行业内竞争者的数量、实力分布、竞争策略及市场反应速度等,是判断目标市场吸引力的重要一环。

(2)潜在进入者的威胁。新进入者可能带来额外的生产能力,要求获得市场份额,这可能导致价格战、广告战。评估潜在进入者的威胁,需要考虑行业壁垒的高低(如技术门槛、资金要求、品牌忠诚度等)、市场饱和度以及现有竞争者的反应能力等因素。

(3)替代品的竞争压力。替代品是指那些能够满足相同或类似需求的不同产品或服务。如果市场上存在大量替代品,且这些替代品在价格、性能、便利性等方面具有优势,那么它们将直接削弱目标市场内产品的吸引力。因此,分析替代品的市场地位、发展趋势以及消费者对其接受程度,对于评估目标市场的吸引力同样重要。

(4)供应商的议价能力。供应商通过提高价格或降低产品和服务的质量来影响行业中现有企业的盈利能力与产品竞争力。如果供应商拥有较强的议价能力,如掌握关键资源、技术或具有高度的市场集中度,那么它们可能通过提高价格或限制供应来挤压下游企业的利润空间。因此,评估供应商的议价能力也是判断目标市场吸引力的关键方面。

(5)购买者的议价能力。购买者通过压低价格、要求更高的质量或更多的服务来影响行业中现有企业的盈利能力。如果购买者拥有较强的议价能力,如购买数量多、购买集中或掌握重要信息,那么他们可能通过谈判压低价格或要求更多的优惠条件,从而降低企业的盈利水平。因此,分析购买者的议价能力对于评估目标市场的吸引力同样关键。

(三) 目标市场与企业自身目标和资源的适应程度

除上述两大因素以外,企业自身的目标和拥有的资源对目标市场选择意义重大。如果某些有吸引力的目标市场不符合企业的长期目标,企业就没有必要在该市场投入相应资源。对于企业来说,目标市场的选择至关重要,是决定企业经营方向的大事。

二、成本分析和边际贡献分析

成本分析是确定产品定价的基础。企业需要考虑生产成本、运输成本、关税和其他与进入国际市场相关的费用。同时,企业还需要进行边际贡献分析,以确定每销售一个单位产品能为企业带来的净利润。

(一) 生产成本

生产成本是企业生产过程中所支出的全部生产费用,即企业为生产产品而发生的成本。生产成本是生产过程中各种资源耗用情况的货币表示,包括各项直接支出和制造费用。直接支出包括直接材料(如原材料、辅助材料、备品备件、燃料及动力等)、直接工资(如生产人员的工资、补贴等)、其他直接支出(如福利费等);制造费用是指企业内的分厂、车间为组织和管理生产活动所发生的各项费用,包括分厂和车间管理人员的工资、折旧费、维修费、修理费及其他制造费用(办公费、差旅费、劳保费等)。生产成本是企业在制定产品价格时最先考虑的因素。

（二）销售成本

销售成本是指企业在从事经营业务过程中所发生的广告和推销费用。在市场经济体制下,企业为了增加销量、提高市场份额,往往会增加广告投入或采取其他促销手段,因此,企业在制定产品价格时必须考虑销售成本。

（三）储运成本

储运成本是指企业将产品传递至消费者手中所耗费的运输和储存费用。由于国际市场产品交换的距离远,产品需要经过长途运输、装卸与储存,与国内市场产品交换相比,距离远、时间长、难度大,风险也比较高,所涉及的装运费、保险费和包装费就比较高,因此,企业在制定产品价格时必须考虑储运成本。

（四）关税

关税是一种特殊形式的税收,指当货物从一个国家进入另一个国家时所缴纳的费用。这也是国际市场产品价格构成与国内市场产品价格构成的明显区别之一。

（五）边际贡献分析

边际贡献是确定产品定价的关键。企业需要计算每销售一个单位产品能为企业带来的净利润,以确定产品的最佳价格。

三、了解定价标准和政策

许多国家普遍通过政府出台的法律政策来控制价格。一家企业在进行国际营销时,既要受到本国法律政策对价格的干预,又要受到外国政府对价格的干预。有些国家对所有产品实行价格控制,而有些国家只对个别产品实行价格控制。例如,法国曾经全面冻结产品价格;美国政府除对少数公共产业产品实行价格控制外,均实行市场价格;而日本仅对稻米的价格加以管制。通常实行价格管制的是必需品,如食品、日常用品、药品等。

政府出台法律条文对国际市场定价进行干预的形式多样,一些国家直接控制利润率,如阿根廷政府规定制药企业的标准利润率为11%。政府对价格的管制主要表现在限定最高(最低)价格、限制价格变动和国际价格协定方面。

（一）限定最高(最低)价格

出口企业不可避免地要受到各国政府有关价格规定的限制,遵守政府对进口商品实行的最低限价和最高限价,就约束了企业的定价自由。如为了防止进口商品在本国市场上低价倾销,许多国家都制定了反倾销政策,对低价倾销产品要加收反倾销税,这对出口企业的产品价格会带来较大的影响。如在欧盟市场上,中国企业生产的彩电和节能灯等产品就由于价格过低而被加征反倾销税。

（二）限制价格变动

在通货膨胀条件下,为了控制物价上涨,政府会通过制定相应的法规来限制产品价格上涨的幅度与频率。

（三）国际价格协定

即使东道国政府对价格的干预很小，但企业仍可能面临如何应对国际价格协定的问题。国际价格协定是同行业各企业之间为了避免恶性竞争，尤其是竞相削价而达成的价格协议。国际价格协定有些是在政府支持下，由同一行业中的企业共同达成的；有些则是由政府直接出面，通过国际会议达成的多国协议。企业必须注意目标市场的价格协定，同时关注各国的公平交易法（或反不正当竞争法）对价格协定的影响。

四、了解竞争格局和价格敏感度

了解目标市场的竞争格局是制定有效定价策略的关键。企业需要考虑其产品在目标市场中的竞争地位，以及与主要竞争对手的价格差异。此外，企业还需要考虑目标市场消费者的价格敏感度，以确定产品的最佳价格。

（一）竞争格局

市场竞争也是影响产品定价的主要因素之一。按照竞争程度可以将市场分为完全竞争市场、完全垄断市场、垄断竞争市场和寡头垄断市场四种类型。市场结构不同，对企业定价的影响程度也不同。在完全竞争市场条件下，价格完全由市场决定，企业是市场价格的接受者，没有定价的主动权。而在寡头垄断市场条件下，由于企业数量较少，企业间相互依存、相互影响，企业任何价格的变动都会引起竞争者的关注，并致使竞争者采取相应的对策。在完全垄断市场条件下，一个行业由一家企业垄断，因此，该企业完全控制了市场价格。在垄断竞争市场条件下，各家企业的产品具有差异性，但产品之间又可以相互替代，存在着竞争，定价的主动权在企业，企业可以根据产品的差异化程度和竞争者的价格制定适当的价格。产品差异化程度高、竞争优势明显的企业，其制定的价格可以高于其他竞争者。

（二）价格敏感度

根据供求规律，价格与市场需求之间存在着相互影响、相互作用的关系。在其他因素不变的情况下，需求量随着价格的上升而减小，随着价格的下降而增大，两者表现出一种负相关关系。反过来，价格变动会影响市场需求总量，从而影响企业的销量，因此，企业制定价格时必须了解价格变动对市场需求的影响程度。

需求价格弹性是指商品需求量对于价格变动的敏感程度。其公式是：

需求价格弹性 ＝ 需求量变动的百分比 ÷ 价格变动的百分比

为了计算方便，需求价格弹性通常取绝对值。当需求价格弹性大于 1 时，表示需求富有弹性，即价格若发生变动，需求量也会随之发生变动，且变动的幅度更大。这意味着如果价格降低，需求量会增大，价格下降的幅度小于需求量增长的幅度，从而企业总收益增加。当需求价格弹性小于 1 时，表示需求缺乏弹性，即价格降低将导致需求以小于价格变动的幅度增大，企业总收益趋于下降。当需求价格弹性等于 1 时，表示需求弹性为中性,价格降低的幅度与需求增长的幅度相一致,企业总收益保持不变。因此,企业无论是提价还是降价,都必须考虑产品的需求价格弹性。

第二节 国际市场定价策略的选择

一、渗透定价法

渗透定价法是指故意以较低的价格出售产品以扩大市场份额和提高市场占有率的定价方法。渗透定价法的目的在于占有和维持市场份额。但是,在经济持续快速发展、大量人口进入中等收入阶层的国家中,即使市场竞争程度很低,也可以通过渗透定价法来刺激市场增长。在新兴市场中,跨国公司不可避免地需要与众多母国企业进行竞争,即使具备技术、产品等方面的优势,也会迅速被母国企业模仿、追赶甚至超越。因此,渗透定价法能够帮助企业迅速抢占市场份额和用户心智,以建立竞争优势,最大化销售收入。

二、撇脂定价法

撇脂定价法是指当企业进入一个价格弹性小、消费者愿意为获得产品而支付高价的细分市场时,可以在产品生命周期初期定价较高,以期获得最大利润,尽早收回成本。这是对市场的一种榨取,就像从牛奶中撇取脂肪一样,因此被称为撇脂定价法。撇脂定价法只在一定条件下有意义:其一,产品的质量和形象必须与产品价格一致,有相当多的顾客接受这种价格下的产品;其二,生产较少产品的成本不能太高,要保证高定价所带来的好处不能被抵消;其三,竞争者无法轻易地进入市场,以同样的价格参与竞争。

三、成本导向定价法

成本是企业生产经营过程中所发生的实际耗费,客观上要求通过商品的销售来得到补偿,并且要获得大于其支出的收入,超出的部分表现为企业利润。以产品单位成本为基本依据,再加上预期利润来确定价格的成本导向定价法,是各国企业最常用、最基本的定价方法。最常用的成本导向定价法是成本加成定价法,即按照单位成本加上一定百分比的加成制定销售价格。加成的含义是一定比率的利润。所以,成本加成定价法的公式为:

$$P = C(1 + R)$$

其中,P 为单位产品售价,C 为单位产品成本,R 为成本加成率。与成本加成定价法类似,零售企业往往以售价为基础进行加成定价。其加成率的衡量方法有两种:一是用零售价格来衡量,即加成(毛利)率 = 加成(毛利)/售价;二是用进货成本来衡量,即加成率 = 加成(毛利)/进货成本。

成本导向定价法又衍生出了总成本加成定价法、目标收益定价法、边际成本定价法、盈亏平衡定价法等几种具体的定价方法。在这种定价方法下,所有为生产某种产品而发生的耗费均计入成本的范围,计算单位产品的变动成本,合理分摊相应的固定成本,再按一定的目标利润率来决定价格。

四、需求导向定价法

需求导向定价法是一种以市场需求强度及消费者感受为主要依据的定价方法,包括认知价值定价法、反向定价法等。

认知价值定价法是以消费者对产品价值的看法作为定价标准,而不是以销售者对成本的看法作为定价的关键因素。认知价值定价法与现代市场定位观念相一致。企业为目标市场开发新产品时,在质量、价格、服务等各方面都需要体现特定的市场定位。因此,企业首先要决定所提供产品的价值及价格;其次,要估计依此价格所能销售的数量,再根据销量决定所需产能、投资及单位成本;最后,还要计算依此价格和成本能否获得满意的利润。若能获得满意的利润,则继续开发这一新产品,否则就放弃这一产品。认知价值定价法的关键在于准确计算产品所提供的全部市场认知价值。企业如果过高估计认知价值,便会定出偏高的价格;过低估计认知价值,则会定出偏低的价格。如果价格大大高于认知价值,消费者会感到难以接受;如果价格大大低于认知价值,也会影响产品在消费者心中的形象。

反向定价法是指企业依据消费者能够接受的最终价格,在计算自己经营的成本和利润后,逆向推算产品的批发价格和零售价格。这种方法不是以实际成本为主要依据,而是以市场需求为定价出发点,力求使价格为消费者所接受。在分销渠道中,批发商和零售商多采取这种定价方法。

第三节　国际市场定价策略的实施

一、定价决策与定价取向

定价依据、定价目标以及定价基本方法为国际化企业制定产品价格指明了方向,但市场竞争是非常激烈的,企业在确定最终价格时,还需要考虑其他因素的影响,采取灵活多变的定价策略,使价格与营销组合中的其他因素更好地结合起来,从而促进销售,提高企业整体效益。

跨国公司在进行定价决策时,通常有如下三种定价取向:

(一) 母国取向定价

母国取向定价是指产品价格在世界各地均保持一致,运费和进口关税由进口方承担。这种方法的优点是:第一,价格策略的执行极其简单,因为不需要额外考虑竞争或者市场信息;第二,可以使企业及其产品在国际上树立统一形象,便于企业对价格进行管理。这种方法的缺点在于它过于简单,无法对不同国家和地区的竞争状况和市场变化做出及时反应,因此也就不能使得每个国家或者地区市场的利润最大化。

（二）东道国取向定价

东道国取向定价允许下属或者分公司的经理根据其所处环境制定最合适的价格。跨国公司不会对世界范围内的价格一致性进行控制,但是会在集团内设定转移价格。东道国取向定价方法的优点在于,有利于企业对当地情况灵活地做出反应,缺点是忽略了在市场之间差价超过运费和关税时可能会发生的产品套利问题。如果各个不同国家或者地区市场之间的差价过大（超过运费和关税）,大胆的业务经理可能就会利用该差价,通过在低价市场购买产品、在高价市场出售产品来赢利。东道国取向定价法的另一个问题是跨国公司积累的关于有效定价的知识和经验不能充分运用于各个市场。

（三）世界取向定价

世界取向定价既不是在世界范围内制定一个统一的固定价格,也不是对下属或者分公司的价格决策置之不理,而是采取一个折中态度。遵循这种取向的跨国公司认为制定价格时应充分考虑当地市场不同于其他市场独特市场因素,包括成本、收入水平、竞争状况和当地营销战略。成本对定价策略的影响体现在当地成本加上期望利润构成价格下限上。跨国公司在进入新市场初期,可能因为市场渗透的短期目标,选择外国货源地并且制定低于成本和利润总和的价格。如果市场接受该价格,跨国公司接着会在当地建立生产工厂以进一步发展和获利。如果市场反应不佳,企业就不会自建工厂,不需要达到固定的销量以实现盈亏平衡,从而可以灵活调整销售价格。

世界取向定价非常重视总部对价格的协调作用,它在处理国际大客户和产品套利问题时通常很有效。另外,因为遵循世界取向定价的跨国公司在全球范围内的定价通常是一个有意识的系统行为,所以它也能够使跨国公司积累的定价知识和经验得到充分利用。

跨国公司作为一个全球竞争者,在定价时应考虑全球市场的竞争对手。定价应支持其全球性战略目标,而不是单一国家的最佳表现。因此,从理论上看,世界取向定价是最优的。世界取向定价可以更好地反映产品在不同国家/地区的价格竞争力和当地消费者的购买能力,但不可忽视的是,这种定价方法比其他两种方法需要更大的信息量,而且也需要企业总部和下属公司之间更密切的配合。

二、价格品牌策略

品牌是消费者感知商品价值高低和个人利益得失的重要依据,是消费者考量是否购买该商品的重要因素。消费者对十商品价格及其价值的权衡考量,是对商品"物有所值""物超所值"或者"物无所值"的判断。如果产品具有良好的品牌形象,那么产品的价格会产生很大的品牌增值效应,会提升商品在消费者心中的心理价值。一些高品牌价值的商品通常采用"优质高价"的策略,既增加了企业的盈利,也让消费者获得心理上的满足。

因此,对于国际营销者而言,要结合品牌形象和内在价值,制定符合当地消费者心理价值的产品价格,以期获得更大的销量。

三、跨国公司价值链管理

企业的价值链包括四方面内容:一是在供应过程中,企业与供应商之间的供应链创造价值的过程;二是在产品生产制造过程中,各环节、各单位创造价值的过程;三是在产品销售过程中,企业与顾客的链式关系创造价值的过程;四是在市场的调查、研究、开发及产品的促销与分销等活动中创造价值的过程。

价值链理论的基本观点是:在一家企业所有的价值活动中,并不是每个环节都创造价值,企业所创造的价值实际上是来自企业价值链上的某些特定的价值活动;这些真正创造价值的经营活动,就是企业价值链的战略环节。企业在竞争中的优势,或者说核心竞争能力,实质上就是企业在价值链上某一特定的战略价值环节上的优势。要保持企业对某一产品的垄断优势并不需要在所有价值活动上都保持垄断优势,关键是保持这一产品价值链上战略环节的垄断优势。企业在跨国经营时就应用这种方式来管理全球价值链:战略环节紧紧控制在企业内部,将非战略性的活动外包出去,利用市场降低成本,提高竞争能力。对战略环节的垄断可以采取多种形式,既可以垄断关键原材料,也可以垄断关键销售渠道、关键市场。例如,可口可乐的糖浆配方、麦当劳的专用调料配方等都是最高级别的商业秘密。

第四节 国际市场定价策略的回顾和调整

一、监测目标市场变化

持续监测目标市场变化是国际营销者在制定和调整国际市场定价策略时非常重要的一环。通过及时了解目标市场的动态和趋势,国际营销者可以做出准确的决策,以适应市场的变化并优化市场渗透策略。在目标市场的监测过程中,可以采取以下几种形式:

（一）定期进行市场调研

通过市场调研,企业能了解目标市场的最新发展趋势、竞争状况、消费者行为等信息。企业可以使用各种调研方法,如问卷调查、访谈、焦点小组讨论等,以获取全面的市场情报。

（二）关注行业报告和研究

许多机构和咨询公司都会发布行业报告和研究,涵盖市场趋势、预测、竞争分析等内容。管理者可以定期阅读这些报告和研究,以了解行业的最新动态和趋势。

（三）监测竞争对手

竞争对手的行动和策略对市场渗透战略有很大影响。管理者应密切关注竞争对手的产品、定价、推广活动等,并进行竞争分析,以及时调整自己的策略。

（四）使用市场分析工具

市场分析工具可以帮助国际营销者更好地了解市场的情况和变化趋势。特别需要关注自身产品销量、市场份额和客户满意度等指标,通过数据挖掘与分析,把握市场变化和消费者偏好。

（五）关注社交媒体和网络舆情

社交媒体和网络舆情是了解消费者意见和市场动态的重要渠道。国际营销者可以通过关注社交媒体上的讨论和评价,以及监测网络上的舆情,获取有关产品和品牌的反馈与信息。

（六）建立合作关系

企业与行业内的合作伙伴、供应商和客户建立良好的合作关系,可以获取更多有关市场的信息和情报。国际营销者可以通过与合作伙伴的定期交流和合作,了解市场的最新动态和趋势。

二、反馈和评估

在产品的生命周期中,国际营销者可能会面临市场竞争格局的变化或者成本市场的价格波动等不确定性因素,因此需要定期评估产品的成本效益、市场份额和利润率,了解竞争对手的相关信息以及消费者反馈,以及时调整产品定价策略。比如,苹果在进行产品定价时,不仅考虑了生产成本,还考虑了品牌价值、研发投入、营销费用、供应链成本等多种因素。苹果手机在不同国家和地区的售价可能有所不同,这是因为苹果会考虑当地的税收、关税、物流成本等因素。通过成本效益分析,苹果确保了其在全球范围内的盈利性。再如,可口可乐和百事可乐一直是饮料市场的主要竞争对手。两家企业经常监测对方的定价策略、市场活动和消费者反馈,以确保自己的产品在市场上保持竞争力。当一家企业在某个市场开展促销活动时,另一家企业通常会迅速做出反应,以防止市场份额的流失。

三、调整策略

在综合评估多方面因素之后,国际营销者需要结合成本端的变化、需求端的变化、竞争端的变化或者价值端的变化进行国际市场定价策略的调整。

（一）企业降价

有三种情况可能导致企业采取降价措施:

(1)生产能力过剩,企业需要扩大业务,但又不能通过加大销售力度或其他方法完成,在这种情况下,企业就需要考虑降价。

(2)在强大竞争压力下,企业市场占有率下降。例如,美国的汽车、照相机、钟表等企业曾经因日本竞争者的产品质量较高、价格较低而丧失了一些市场。在这种情况下,美国一些企业不得不降价竞销。在国内市场上,1996 年彩电行业的降价风潮也说明了类似问题。当时,长虹降价高达 30% ,TCL 曾试图以保持原有价格、提高产品质量、加大宣传力度、扩大与竞争者的差异来应对,但因产品价格弹性较大未能奏效,为保持市场占有率,TCL 被迫采取降价策略。

(3)企业有时为争取通过低成本在市场上占据支配地位,也会采取降价措施。这通常基于两大原因,要么企业具备先天的成本优势,要么希望通过降价来扩大市场份额从而降低成本。

(二) 企业提价

虽然提价会引起消费者、经销商和推销人员的不满,但是成功的提价可以使企业利润大大增加。引起企业提价的主要原因如下:

(1)很多情况下,企业提价只是为了在成本上涨的情况下维持已有的利润。通货膨胀;物价上涨,成本费用提高,都会迫使许多企业不得不提高价格。

(2)提价的另一个原因是供不应求。当企业的产品不能满足所有顾客的需求时,可以采取下列定价方法:①推迟报价。企业暂时不定最后价格,等到产品制成或交货时再确定最后价格。工业建筑或重型设备制造等行业一般采取这种定价策略。②在合同上规定调整条款。企业在合同中加上一定时期内(一般到交货时为止)可按某种价格指数调整价格的条款。③产品拆分。企业保持现有价格,减少原有产品的一个或多个构成要素,或者对这些要素单独计价,例如不再提供免费运输和安装服务。④减少折扣。企业不再提供原有的现金折扣和数量折扣。

国际营销者应当确定是一次将价格提升到位,还是分几次逐步提高价格。提价时,企业必须考虑政府的相关政策,避免被当成暴利企业。

企业经常需要根据不同的情况对价格进行调整。价格的任何调整都可能引起企业的利益相关者的注意。无论提价还是降价,都必然影响购买者、竞争者、经销商和供应商的利益,政府也会关注企业的调价。

通常而言,购买者对价值高低不同的产品的价格变化反应有所不同。购买者对那些价值高、经常购买的产品的价格变动较敏感,而对那些价值低、不经常购买的小商品,则不大关注。此外,消费者虽然关心产品价格变动,但是通常更为关心取得、使用和维修产品的总费用。因此,如果国际营销者能使消费者相信某种产品取得、使用和维修的总费用较低,他就可以把这种产品的价格定得比竞争者高,从而获得更多的利润。

同时,企业需要预测竞争对手的价格变动并制定应对策略。企业在面对竞争者的价格变化时,必须理解竞争者的意图和产品价格变化可能的持续时间。企业采取何种策略通常取决于其产品是否同质。受到低价格竞争者攻击的市场领导者可以采取如下措施:维持原有的价格和毛利率、降价、提高产品价格和质量、开发低价格产品线。

第五节 倾销与转移定价

一、倾销与反倾销

(一) 倾销的定义及类型

随着经济全球化步伐的加快和世界市场竞争的加剧,倾销与反倾销成为国际市场上的一个主要话题。美国国会将倾销定义为"伤害、破坏或阻碍美国工业发展"的不正当贸易行为。由此可见,美国的定义只适合于该国,它只提到了保护该国的贸易。GATT 1979年的《反倾销协议》对倾销的定义是:进口品的售价低于国内或来源国市场的正常售价。这个定义适用于各个国家。由此可以看出,判定倾销有两个条件:一是产品的出口价格低于正常价值;二是倾销对进口国确实造成了实质性的损害、威胁或阻碍。在美国,要证实倾销的发生,必须证明存在价格歧视和伤害,两者中缺少任何一个都不能构成倾销。其中,判定价格低于正常价值的主要依据,一是产品国际市场价格低于其在国内的生产成本;二是产品国际市场价格低于其在国内市场的售价。

一般来讲,倾销有以下几种类型:

(1)偶然倾销,又称零星倾销,是指企业为了把损失降到最低,往往把过时的或在本国市场已无销路的产品以低于生产成本的价格向国外市场抛售。这种倾销行为是短期的,所以给进口国带来的不利影响也是短期的,企业既避免了在国内引起价格战,又给进口国消费者带来了物美价廉的产品。

(2)间歇倾销,又称掠夺性倾销,这种倾销行为是带有攻击性的,目的是打垮国外竞争对手,先以低于国内价格或产品成本的价格向国外销售产品,等在进口国垄断市场后再提高产品的价格,从而赚取利润。这种倾销行为违背了公平竞争的原则,破坏了国际贸易的正常秩序,冲击了进口国的市场,通常受到各国反倾销法的管制。

(3)持续性倾销,又称长期性倾销,是指长期以低于国内市场的价格大量向国外市场销售,是持续时间最长的一种倾销。通常某一商品的生产商为了在实现其规模经济效益的同时,维持其国内价格的平衡,而将其中一部分商品持续以低于正常价值的价格向海外市场销售。但是持续性倾销很少发生。持续性倾销的一个例子是,以国际价格出售农产品,同时农民得到更高的补贴价格。

(4)间接倾销,通常又称第三国倾销,是指甲国的产品倾销至乙国,再由乙国销往丙国,并对丙国的有关工业造成损害。在这种情况下,虽然乙国的出口商并没有实施实际倾销行为,但丙国相似产品生产商可依反倾销法申请对乙国的生产商和出口商进行反倾销调查,也可要求乙国对甲国的产品采取反倾销措施。至于乙国当局是否会根据丙国的请求,对甲国的倾销产品实施反倾销措施,往往取决于乙国与丙国的政治与贸易关系。

(5)社会倾销,即企业或国家通过降低劳工标准、社会福利或环境法规来压缩生产成本,从而在国际贸易中获得不公平的价格优势。这种行为扭曲了市场竞争,通常伴随劳动者权益受损、环境破坏等问题。由于这些廉价出口商品对发达国家的市场带来了冲击,因此发达国家特别是欧盟的贸易保护主义者一直在呼吁制止这种所谓的社会倾销。

（二）反倾销的定义及反倾销措施类型

反倾销是指进口国政府为了维护本国工业的发展和正常的市场经济秩序,通过立法或者征收反倾销税等措施来抑制倾销的一种手段。常见的反倾销措施主要包括临时措施、价格承诺和征收反倾销税三种。

1. 临时措施

在经初步裁定确认存在倾销和实质性损害的事实后,进口国为了防止该国产业进一步受到损害,可以采取临时措施。GATT 1994 年的《反倾销协议》第七条规定,在符合下列条件时,调查当局可以采取临时反倾销措施:①已开始调查,已予以公告,并已给予有利害关系的当事人提供资料和提出意见的充分机会;②已作出倾销存在和对国内相关产业造成损害的初步肯定性裁定;③调查当局认定采取临时措施对防止在调查期间继续发生损害是必需的。临时措施的种类包括征收临时反倾销税、采用担保方式、支付现金或保证金。临时反倾销税和保证金的数额不得高于初步裁定确定的倾销幅度。临时措施应自开始调查之日起的 60 天后方可采取,其实施的期限一般不能超过 4 个月;如果大部分出口商提出要求,由调查当局决定,该期限可延长至 6 个月。此外,采取临时反倾销措施应遵守征收固定反倾销税的其他规定。

2. 价格承诺

价格承诺是指进口国调查当局与出口商或出口国政府就提高倾销产品价格或停止以倾销价格向进口国出口以便消除损害影响而达成的一种协议。反倾销调查程序开始后,如果收到任何出口商提高倾销产品价格或停止以倾销价格向进口国出口的令人满意的承诺,从而使调查当局确信倾销的损害已消除,则调查程序可中止或终止,而不采取临时措施或征收反倾销税。调查当局只有在做出初步肯定性裁定后才可寻求或接受出口商的价格承诺,在初步裁定做出之前或做出的裁定是否定的情况下,调查当局不能寻求或接受价格承诺。价格承诺可由进口国的调查当局提出建议,但不可强迫出口商做出。达成价格承诺的要求可以由调查当局提出,也可以由受调查的出口商提出,但无论是谁首先提出,对方都没有必须接受的义务。如果出口商提出价格承诺,调查当局认为接受价格承诺不可行,则不必接受价格承诺;若拒绝接受价格承诺,则在可行的情况下,应向出口商提供其认为不宜接受价格承诺的理由,并在可能的限度内给予出口商就此发表意见的机会。

3. 征收反倾销税

反倾销税是最主要的一种反倾销措施,是当反倾销调查当局在最终裁定中做出肯定性的倾销和实质性损害存在的结论时所征收的税项。

征收反倾销税应遵循以下原则:①自主决定原则。根据 GATT 1994 年《反倾销协议》第九条规定,在所有征收条件都具备的情况下,是否征收反倾销税以及征收反倾销税的金额是否等于或小于倾销幅度的决定,均由进口国的主管机关决定。②非歧视原则。进口国的主管机关如对进口产品征收反倾销税,应该对已被认定倾销和造成损害的所有来源的进口产品,根据每一案件的情况在非歧视原则基础上征收适当金额的反倾销税。③相适应原则。反倾销税的金额不得超过出口价格低于正常价值那部分的差额。

随着经济全球化、贸易自由化进程的加快,贸易摩擦或纠纷成为国际经贸领域中经常出现并长期存在的问题。由于关税及非关税壁垒的逐步减少,尤其是配额、许可证等控制进口措施的限制使用,反倾销作为 WTO 赋予其成员的合法权利,日益成为各国解决贸易摩擦或纠纷的有效途径、用来对付非公平竞争的必要工具和国际通行的保护国内产业的手段。由于它具有形式合法、易于实施、能够有效排斥外国产品进口和保护本国产业而不至于招致报复的特点,因此被西方国家作为保护本国产业利益的最佳方法之一而频繁使用。20 世纪 80 年代以来,反倾销作为贸易保护主义的有力武器,已经成为当前国际上的一个热点问题。WTO 规定,当产品销售价格低于正常出口价格或低于原产国成本加上合理销售成本和利润,且这种做法可能有损于进口国经济活动时,应征收反倾销税,也可以通过对那些在生产、出口或运输上享有补贴的外国商品征收反补贴税,以限制进口数量。

自 1996 年起,中国就成为世界上出口产品受到反倾销调查最多的国家,中国为此遭受的损失保守估计达 100 多亿美元。据统计,仅钢铁行业在 2016 年就遭受国际反倾销案件共计 43 起,其中亚洲 20 起,北美 7 起,欧洲 5 起。在新发起的调查案中,亚洲最多,主要集中在东南亚和印度,甚至非洲地区的南非和埃及也开始启动反倾销调查。据中国贸易救济信息网统计,2024 年全球反倾销案件共 354 起,其中对中国发起的案件为 156 起,涉及化学原料和制品工业的 50 起、钢铁工业的 29 起。

拓展阅读

天合光能的国际定价博弈

2011 年,美国启动对中国光伏产品的"双反"调查,即反倾销与反补贴指控,严重冲击了以天合光能为代表的中国光伏企业的出口业务。美方认为中国光伏组件的出口价格低于公平市场价值,构成倾销,同时指出中国政府给予的补贴使产品具有了不公平优势。这场贸易摩擦迫使天合光能等企业重新思考其国际市场定价策略。

在"双反"冲击前,天合光能依托中国低成本优势,以价格战的方式在欧美市场迅速扩张,占据了一定市场份额,但过度依赖"以廉取胜"的策略使其在国际竞争中被指控倾销。这一阶段,企业在未建立全球价值链支撑的情况下,将大量产能集中于出口,难以规避国际贸易规则下的价格调查和税负追征。

面对贸易壁垒,天合光能启动"转移定价 + 全球布局"的应对策略。一方面,其通过设立境外生产基地,如在新加坡、泰国、马来西亚等地开展组件装配,将部分产能"本地化",借此规避对中国产品的征税与倾销指控;另一方面,其逐步优化内部价格体系,通过控股境外子公司,在集团内部重新调整利润分布,实现跨国转移定价。在合法合规的前提下,天合光能将价值链高附加值环节(如研发)设在税负较轻的国家或地区,从而优化整体税负结构。

此外,天合光能也开始加强技术与品牌建设,推动产品从低价走向高质高价,从而逐步摆脱倾销标签。这一转变不仅是对"双反"危机的回应,更标志着其定价战略从被动"成本导向"向主动"价值导向"的演进。

通过"危中求变",天合光能在国际市场上构建起了涵盖制造、销售、定价与避税合规等多维度的全球经营体系,成为中国光伏产业由价格竞争走向价值竞争的重要范例。

资料来源:张爱琴,郭丕斌,郭小强. 动力机制、战略行为与后发企业生态位跃迁:基于光伏企业的纵向案例研究[J]. 管理学刊,2024(5):65-80.

二、转移定价

转移定价是跨国公司的母公司与子公司之间、子公司与子公司之间提供产品、服务或技术所采用的定价。这种定价方式并不遵循市场供求关系变化和独立竞争原则,而是根据跨国公司或集团的战略目标和整体利益最大化的原则,由总公司上层决策者人为确定的。

跨国公司常通过设定合理的转移价格,将利润转移到税率较低的国家或地区,从而降低税负。但需要注意,这种做法必须遵守税法规定,确保合法合规。转移定价也是跨国公司进行内部管理的一种手段。通过设定转移价格,可以衡量各个部门或子公司的经济效益和业绩,从而激励它们更好地履行自己的职责,提高跨国公司的经济效益。在国际投资中,跨国公司面临着各种政治和经济风险。通过转移定价,跨国公司可以在一定程度上规避这些风险,如通过调整价格来应对外汇管制、通货膨胀等经济风险。

(一) 成本加成定价法

如前所述,成本加成定价法是一种基于产品成本进行定价的方法。在这种方法下,跨国公司会根据产品的生产成本(包括直接材料、直接人工和制造费用等)加上一定的利润加成来确定转移价格。这种方法适用于那些成本结构清晰、易于计算的产品或服务。对于成本结构复杂或难以准确计算成本的产品,这种方法可能不太适用。

(二) 市场价格法

市场价格法则是参考市场上同类产品或服务的价格进行定价。在这种方法下,跨国公司会收集市场上同类产品的价格信息,然后基于这些信息来确定转移价格。这种方法的优点在于能够反映市场竞争状况,使得内部交易价格更加合理和公正。但是,由于市场价格受到多种因素的影响,如供求关系、品牌影响力等,因此收集准确的市场价格信息可能存在一定的难度。

(三) 谈判定价法

谈判定价法是通过内部协商谈判来确定转移价格的一种方法。协商过程通常需要多个部门或子公司的参与,包括销售部门、采购部门、财务部门等。这些部门会根据自身的利益和需求,提出对转移价格的期望和建议。在协商过程中,各方会进行充分的沟通和讨论,以寻求一个能够平衡各方利益的转移价格。这可能需要经过多轮的谈判和妥协,才能最终达成一致意见。这种方法的优点在于灵活性较高,能够根据具体情况进行调整。但是,它也可能引发内部冲突和利益纷争,需要谨慎处理。

(四) 可比非受控价格法

可比非受控价格法是利用非受控交易中的价格作为参考进行定价的一种方法。在应用可比非受控价格法时,首先需要寻找与内部交易相似的非受控交易。这些交易应在产品特性、市场环境、交易条件等方面与内部交易具有可比性。选择可比交易时,需要确保它们具有足够的数量和代表性,以便能够准确地反映市场价格水平。同时,还需要考虑交易的时间和市场环境等因素,以确保可比性。在找到可比交易后,需要根据这些交易的价格来确定转移价格。这可能需要进行一些价格调整,以消除因产品特性、市场环境等因素导致的价格差异。价格调整可以基于多种因素(如产品质量、品牌影响力、销售渠道等)进行,调整后的价格应能够反映内部交易的真实价值并符合市场价格水平。

这种方法的优点在于能够更加客观地反映市场价格水平,减少人为因素的影响。但是,寻找合适的可比交易可能存在一定的难度,且不同交易之间可能存在差异,需要谨慎比较和分析。

(五) 再销售价格法

再销售价格法,又称转售价格法,是以关联方购进商品再销售给非关联方的价格为基础,通过减去一定的毛利来推算出关联方购进商品的公平成交价格。再销售价格法的应用需要满足一定的条件,主要包括:①未进行实质性增值加工。再销售方未改变商品的外形、性能、结构或进行商标更换等实质性增值加工,仅进行简单加工或单纯的购销业务。②可比性要求。再销售方与非关联方之间的交易价格应具有一定的可比性,能够反映市场价格水平。③功能可比性。再销售方所行使的功能应与非关联方相似,以便能够合理地确定再销售利润率。

在这种方法下,跨国公司会根据购买方将产品再销售给第三方时所支付的价格来确定转移价格。这种方法的优点在于能够反映产品的最终销售价格水平,确保内部交易的利润得到合理分配。但是,它也可能受到市场波动和销售渠道等因素的影响,导致转移价格的不稳定。

(六) 交易净利润法

交易净利润法是根据交易产生的净利润来确定转移价格的一种方法。在这种方法下,跨国公司会根据交易的整体净利润水平来分配内部交易的利润。这种方法的优点在于能够反映交易的盈利能力和效率水平,使得内部交易的定价更加合理和公正。但是,它也可能受到多种因素的影响,如成本结构、销售策略等,需要综合考虑。

拓展阅读

鸣志电器：跨国并购驱动下的国际市场定价策略演进

鸣志电器是一家专注于运动控制系统及组件的中国民营企业，近年来通过多轮跨国并购进入欧美高端工业控制市场。其国际化路径不仅是市场开拓和能力积累的过程，也是一条逐步掌握国际市场定价权的战略演进之路。

一、初始阶段：以成本驱动为导向的价格跟随

鸣志电器在早期国际业务拓展中主要依赖代工出口和贴牌供货，产品定价高度依赖客户，缺乏独立的定价权。由于核心客户多集中在欧美中高端工业应用市场，鸣志电器的产品虽具性价比优势，但品牌认知度低，定价常处于供应链底层。同时，其未能有效掌握下游需求数据和市场节奏，导致在多个市场陷入价格压制的被动局面。

这种以"成本导向＋客户锁定"为基础的定价模式限制了企业的利润空间，也削弱了其对国际市场价格波动的应变能力。

二、并购驱动的定价战略升级：本地化融合与品牌协同

2017年后，鸣志电器逐步推行"渐进式跨国并购"战略，先后控股美国和德国的相关企业。在完成对国外标杆企业的并购后，鸣志电器通过吸收其定价体系、品牌资源与渠道网络，开始对自身的国际市场定价策略进行系统重构。

具体来看，鸣志电器在定价机制上的转型主要体现为三个方面：

1. 双品牌矩阵定价：鸣志电器在保留原有品牌的基础上，形成"高端本土品牌＋性价比中国品牌"双轨定价机制。在北美和欧洲市场，利用被并购企业的本地品牌形象和渠道优势维持高端客户定价水平，而在中低端市场采用差异化价格策略覆盖更广泛的客户群。

2. 基于价值的本地化定价：鸣志电器借助并购方的客户管理系统与项目型报价能力，逐步将国际市场定价从"成本＋毛利"模式转向"基于客户应用价值＋性能对比"模式。特别是在医疗设备、半导体制造设备等关键行业，通过理解客户工况需求，鸣志电器能够推出功能精简但性价比高的定制解决方案，实现"以价值定价"，而非以低价竞争。

3. 渠道协同与区域差异化价格设定：在整合全球销售网络的过程中，鸣志电器通过统一的客户关系管理系统与企业资源系统，将价格决策权限下沉至区域销售团队，结合各国竞争格局、汇率波动、技术标准等因素设定价格浮动区间。例如，在德国市场采取"价格一致性＋增值服务收费"策略，而在东欧和东南亚市场则通过分销返点和项目折扣方式提升灵活性。

三、知识转移促进定价能力积累

并购不仅丰富了客户资源和渠道体系，更重要的是加深了鸣志电器对国际市场定价逻辑的认知。通过跨国团队的融合与制度性知识转移，鸣志电器在成本核算、价格敏感度分析、竞争对手价格预测等方面构建了更系统的定价能力。

例如,鸣志电器引入"多段价格模拟模型",对不同客户类型和订单规模设定阶梯价格,有效提升了议价效率;同时,通过构建以客户生命周期价值为基础的价格分析体系,实现了针对高黏性客户的忠诚定价策略。

此外,在面对反倾销风险和转移定价监管挑战时,鸣志电器通过设置区域性定价中心,规范子公司间的关联交易定价流程,增强了其合规性和税务透明度,降低了全球税务与合规成本。

四、从被动定价到定价权的构建

鸣志电器的国际化经验表明,定价不只是财务决策,更是市场战略的核心。中国企业若想在国际市场真正建立竞争优势,不能仅依靠低成本,更应通过品牌力、价值交付、组织学习与跨国资源整合实现定价能力的跃迁。

鸣志电器以渐进式并购撬动知识转移与品牌协同,最终实现从"价格跟随"向"价值引领"的定价策略转型,为中国中高端制造企业提供了切实可行的国际市场定价范式。

资料来源:陈凌云,罗倩,钱海荣,等. 渐进式跨国并购与知识转移效果的关系研究:以鸣志电器为例[J]. 科研管理,2023(5):105-112.

本章小结

1. 国际市场定价策略的前期准备工作包括目标市场分析,成本分析与边际贡献分析,确定定价标准和政策,把握竞争格局和价格敏感度。
2. 国际市场定价策略包括渗透定价法、撇脂定价法、成本导向定价法与需求导向定价法。
3. 国际市场定价策略的实施需要确定定价决策与定价取向,制定价格品牌策略,进行跨国公司价值链管理。
4. 国际市场定价策略的回顾和调整包括监测目标市场变化、反馈和评估以及调整策略。

思考题

1. 阐述制定国际市场定价策略前需要进行哪些准备工作,并说明其重要性。
2. 比较渗透定价法和撇脂定价法的优缺点,以及它们在不同市场中的适用性。
3. 分析成本导向定价、需求导向定价和竞争导向定价三种方法的特点和适用情况。
4. 以某一具体企业为例,探讨其在国际市场上的定价策略,并分析其成功或失败的原因。
5. 讨论倾销与反倾销对国际市场定价的影响,以及企业应如何应对反倾销。

案例分析题

名创优品：基于 WSR 方法论的国际市场定价策略

名创优品(MINISO)作为一家专注于高性价比的"生活美学消费品"零售企业,近年来通过创新的商业模式迅速在国际市场崛起。截至 2019 年年底,名创优品已在全球近 100 个国家和地区开设超过 4 000 家门店,成功实施了国际化战略。本文聚焦名创优品的国际市场定价策略,分析其如何通过定价驱动国际竞争力。

1. 高性价比与全球标准化

名创优品以"高性价比"为核心的品牌定位,在其国际市场定价策略中得到了充分体现。其商品定价通常较同类产品低 20%～50%,但在质量和设计上对标国际高端品牌。这种"物美价优"的策略是名创优品全球扩张的重要支撑。

在进入国际市场之前,名创优品通过数据分析验证了其"高端地段低价销售"的逻辑。例如,在进入欧美和日本等发达市场时,企业通过信息平台发现,消费者更愿意在高端商圈购买优质但价格亲民的商品。这一洞察促使名创优品在国际市场坚持低价但优质的定价策略,确保商品能够快速吸引目标消费者的注意力。

2. 供应链与定价优势

名创优品的低价策略得益于其高度整合的供应链体系。通过全球化采购和规模化生产,名创优品显著降低了其商品成本。其"以量制价"模式整合了全球门店的采购需求,以巨量订单提升议价能力。例如,名创优品通过与知名香水制造商奇华顿合作生产香水,既保障了产品品质,又降低了单位生产成本。

此外,名创优品在国际市场采用贴牌生产模式,通过买断供应商设计的方式降低研发成本,并确保商品设计的独特性。这种策略不仅在保持低价的同时提升了商品质量,还使其定价在全球范围内具有竞争力。

3. 区域差异化与市场适配

虽然名创优品在国际市场坚持统一的"高性价比"定位,但其定价策略也充分考虑了不同地区的消费能力和市场特性。在高收入国家(如日本和美国),名创优品采用略高于国内市场的定价策略,以匹配当地消费者对产品品质的高期望。这种"高价值低价格"形象使得其商品更容易被定位为优质实惠的选择。

在发展中国家和共建"一带一路"国家,名创优品则采取更具价格优势的策略。例如,为降低物流和关税成本,名创优品与当地供应商合作生产部分商品,在保证质量的同时进一步降低价格。这种灵活的定价方式不仅增强了其在不同市场的适应能力,也扩大了其国际市场份额。

4. 动态定价与本地化调整

名创优品通过信息化平台和大数据分析,对全球门店的销售数据进行实时监控,根据市场需求动态调整价格。例如,当某一商品在特定市场的销量未达到预期时,名创优品会通过折扣促销清理库存,同时优化后续商品配送策略。这种基于数据驱动的动态定价机制,不仅提升了商品周转率,还为消费者提供了更多的购买机会。

此外,名创优品在国际市场推出了多种限时折扣和节日促销活动,进一步提升了消费者的购买欲望。例如,在欧美市场,名创优品通过"黑色星期五"促销活动大幅降低部分商品价格,吸引了大量消费者的关注和购买。

5. 定价策略的启示

名创优品的国际市场定价策略成功将高性价比与区域适配结合起来,体现了定价对全球竞争力的重要影响,为其他希望拓展国际市场的零售企业提供了以下启示:

(1) 供应链整合是低价策略的基础。通过全球化采购和规模化生产来降低成本,是国际市场低价竞争的重要前提。

(2) 区域差异化是定价成功的关键。根据不同市场的消费能力和文化特性调整价格,可以显著提升品牌在全球范围内的接受度。

(3) 数据驱动的动态定价可以优化利润。通过实时监控和调整定价策略,企业能够更灵活地应对国际市场变化。

资料来源:田歆,许少迪,鄂尔江,等. 基于 WSR 方法论的中国零售企业国际化影响因素研究:名创优品案例[J]. 管理评论,2021(12):339 - 352.

思考题:

1. 结合案例分析供应链整合如何为国际市场定价提供成本优势,并讨论零售企业如何平衡低价与高质量。

2. 分析区域差异化定价对品牌国际市场定位的影响,并讨论企业在不同市场如何适配定价策略以提升市场竞争力。

3. 结合案例讨论动态定价的优缺点,并分析数据驱动如何在国际市场中实现定价的灵活性与精准性。

第十二章
国际市场分销策略

在国际市场分销策略中，企业应精心构建与管理其分销渠道，以高效地将产品从生产者转移至国外消费者手中。具体来说，企业应了解国际市场分销渠道的内涵、模式、设计方法及管理策略，包括直销与分销的优劣势、中间商的选择与控制、国际营销渠道的管理、国际物流的重要性以及网络渠道的应用。企业还需要注重分销渠道的国际化布局与优化，以更好地适应全球市场变化，提升国际竞争力。

学习目标

　　通过本章的学习,学生应掌握国际市场分销渠道的基本概念、功能、成员构成及结构模式,理解影响分销渠道选择的多维度因素,并学会根据企业实际情况制定合适的分销渠道策略,以应对国际市场的复杂性与多变性,最终达成企业的全球化发展目标。

⫶⫶⫶ 引导案例

金蝶国际：构建数字化渠道体系的国际分销突围之路

　　金蝶国际作为中国本土成长起来的企业管理软件提供商,近年来积极实施国际化战略,试图在企业资源管理及云服务等领域走出国门,拓展东南亚和共建"一带一路"国家市场。其国际市场分销策略,尤其是在渠道重构与本地化赋能方面,展现了本土民营企业如何通过创新分销模式实现持续突围。

　　早期,金蝶国际依赖传统的"渠道代理 + 本地实施"模式进行海外市场拓展,但由于对当地分销商掌控力不足、服务水平参差不齐,导致客户体验不佳,影响了品牌声誉和市场拓展效率。面对挑战,金蝶国际启动"云 + 生态"战略,通过搭建统一的数字化分销平台,提升渠道透明度与协同效率,同时将总部研发、市场支持与海外渠道管理系统打通,形成"总部—区域中心—本地服务商"三位一体的扁平化网络。

　　在东南亚市场,金蝶国际引入"联合开发 + 能力输出"的分销机制,与本地科技企业进行合作孵化,既提高渠道响应速度,也实现品牌落地。在非洲与中东等市场,金蝶国际则通过设立区域交付中心与培训中心,强化渠道赋能,确保服务质量的一致性与本地化适配性。

资料来源:李敏,周洁. 本土民营企业如何持续突围:基于金蝶的案例研究[J]. 当代财经,2025(1):97 - 110.

第一节　国际市场分销渠道概述

　　企业在进军海外市场时,要面对不同的国家、不同的商业环境,因此采用合适的渠道模式在不同国家建立自己的营销渠道十分必要,这也是国际营销者所面临的最关键也最富有挑战性的任务。每个国家的营销网络都具有独特性,渠道结构各不相同。有些市场的分销体系层级复杂、效率低下且存在特殊规则,外来者难以有效渗透。有些地区除主要城市外,几乎没有专业化的中间商网络。而在另一些市场,传统的本地渠道与现代分销体系并存,形成多元化的全球营销生态。但是,每个市场都有占主导地位的营销结构,营销者需要从各种渠道选择方案中选择最高效的渠道从而形成竞争的比较优势。

一、国际市场分销渠道的概念及功能

国际市场分销渠道(international marketing channels)是指产品从一个国家的生产者转移到国外最终消费者或用户的过程中所经过的各种通道和市场组织的总称。国际市场分销渠道的基本结构是由一系列中介机构组成的,这些中介机构执行着将产品及其所有权从生产者转移到最终消费者或用户的全部功能。国际市场分销渠道通常由出口国营销渠道、出口国进入进口国的营销渠道、进口国营销渠道这三个环节组成。国际市场分销渠道承担着商品的两种转移:一是通过交换而发生的产品所有权在国际市场上的转移,我们称之为商流;二是伴随着商流,还有在适当的时间通过适当的运输工具和运输方式,将产品运送到适当的购买者手中的产品实体在空间的移动,我们称之为物流。商流与物流相结合,使产品从生产者最终到达消费者手中。国际市场分销渠道的功能包括:

(一)调研功能

在全球化的市场布局中,国际化企业积极部署其在国内及国外的分销网络体系,作为市场信息的汇集与分析平台。通过这些网络,国际化企业系统性地开展多样化的调研行动,精准捕捉目标市场需求的动态演变轨迹,深入剖析中间商的经营效能现状,并实时跟踪竞争对手营销策略的微妙调整,从而为企业战略决策提供坚实的数据支撑与趋势洞察。

(二)促销功能

分销渠道构建与运营的核心价值在于推动产品在全球市场的有效流通与销售增长。国际化企业深知中间商连接产品与最终用户的关键桥梁作用,积极利用中间商与消费群体的直接互动优势,通过精心设计的促销活动、生动的产品演示、周到的服务以及便捷的购买环境,加速商品在分销渠道中的顺畅流转,有效促进销售目标的达成与市场份额的扩大。

(三)沟通功能

分销渠道还扮演着国际化企业与用户或消费者之间沟通桥梁的重要角色。国际化企业借助这一渠道,不仅能够有效识别并挖掘潜在的市场需求者,还能够通过建立起多元化、立体化的用户关系网络,进一步增强企业与用户之间的情感联结。这一过程不仅提升了品牌知名度与美誉度,还能够在消费者心中树立起积极、专业的企业形象,为企业的长远发展奠定坚实基础。

(四)适销功能

鉴于国际化企业在生产条件上的固有局限,其产品往往倾向于品种较为集中而生产批量较大的模式,这与终端用户或消费者日益增长的个性化需求及单次购买量偏小的消费习惯形成了鲜明对比。为了调和这一矛盾,分销渠道中的各个环节需要精准地根据市场多样化的需求特征与消费偏好,实施产品的精细化分类、差异化分级以及定制化的包装策略,确保产品能够最大限度地契合并满足目标客户群体的具体要求,实现市场适配性的优化提升。

（五）协调功能

分销渠道系统的内部成员凭借长期合作形成的稳固关系网络,能够有效就产品流通中涉及的多项关键议题,如价格体系的制定、供货周期的安排、支付方式的确定等,展开深入沟通与协商,进而达成广泛共识与互惠互利的协议。这一过程不仅促进了渠道成员间的紧密合作,还极大地提高了整个分销渠道的整合效能与协同运作能力,确保了渠道系统能够高效、顺畅地运行。

（六）实体分配功能

分销渠道的构建与完善,为渠道成员提供了明确的功能定位与职责划分。各成员依据自身在渠道体系中的独特地位与专长,分别承担起生产制造、物流运输、仓储保管、终端销售等关键环节的职责,共同协作完成了产品从生产源头到消费终端的全链条流转与分配过程。这一过程不仅保障了产品能够顺畅地流通至市场各个角落,还极大地提升了产品与市场的对接效率与响应效率。

（七）筹措资金功能

分销渠道活动的顺利开展,离不开充裕的资金支持与保障。分销渠道本身就是一个集资金流动与筹措于一体的平台,它不仅能够确保渠道运营所需资金的及时到位与有效运用,还能够通过合理的资金管理与配置策略,降低渠道活动的资金占用成本,提高资金使用效率,为渠道的长期稳定发展提供坚实的资金后盾。

（八）共担风险功能

在共享分销渠道带来的丰厚成果的同时,渠道全体成员也需要共同面对并承担渠道活动中可能遭遇的各类风险与挑战。这种风险共担的机制不仅促进了渠道成员之间的紧密联系与相互依赖,还促使各成员在面对市场波动与不确定因素时能够携手并进、共克时艰,从而确保分销渠道在复杂多变的市场环境中保持稳健的运行态势与持续的竞争力。

二、国际市场分销渠道的成员构成

在跨国公司的全球市场拓展中,其分销渠道成员的构建展现出了高度的灵活性与复杂性。企业既可自主选择设立直属分支机构,全面掌控从产品制造至终端消费者的整个分销流程,亦能依托第三方中介力量,实现产品的广泛流通。这一过程不仅涵盖了产品由生产地至消费地的物理转移与所有权更迭,还深度涉及了制造商、中间商及最终用户间复杂而精细的交易协商。

一条高效运作的国际分销渠道,其成员构成往往多元化且相互依存。制造商作为产品价值创造的起点,聚焦于产品的研发、制造及初步市场推广;而营销商则多为具备强大品牌号召力与广泛分销网络的大型机构,它们擅长整合产业资源,专注于产品的国际品牌形象塑造与销售渠道拓展。

出口商在这一链条中扮演着至关重要的角色,它们负责产品的跨境物流管理,包括货物的运输、仓储及配送,同时需要处理烦琐的出口报关、检验等程序,确保产品顺畅出海。与之对应,进口商则在目标市场国家担当着桥梁角色,从出口商处采购商品,解决市场准入问题,并根据当地市场特性制定有效的市场进入策略与促销方案。

代理商(或称批发商)则是连接制造商与零售商、消费者的关键环节,它们专注于在目标市场开展产品的本地化营销与推广,维护销售渠道的畅通与稳定,同时积极收集市场反馈,为制造商提供宝贵的市场信息与调整建议。这一系列紧密衔接的分销环节,共同构成了跨国公司全球化布局中不可或缺的国际分销渠道网络。

三、国际市场分销渠道的结构模式

各个国家的市场都具有一定的分销结构,借助分销结构能将产品的所有权从出口国制造商转移到国外的最终消费者手中。在这一结构中,存在着各式各样的中间商,根据目标市场的经济发展水平、竞争状况、市场特点延伸出不同的职能、服务和活动,并最终形成多样的分销渠道结构。

分销渠道可以按照渠道长度,即产品分销所经过的中间环节的多少进行划分。如图12-1所示,①代表的是零级渠道,也称为直接渠道,即生产者直接触达目标国工业用户或最终消费者;②代表一级渠道,生产者经由零售商触达目标国工业用户或最终消费者;③和④代表二级渠道,生产者经由批发商或进口中间商以及零售商触达目标国工业用户或最终消费者;⑤代表三级渠道,生产者经由进口中间商、批发商、零售商触达目标国工业用户或最终消费者;⑥—⑨则是在前几个环节的基础上再增加出口中间商的角色。

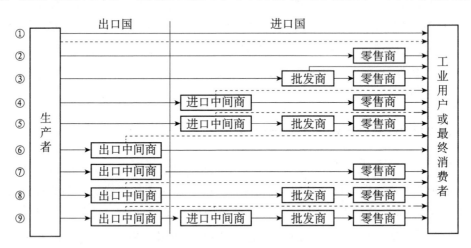

图 12-1 国际市场分销渠道结构

分销渠道还可以按照渠道宽度,即渠道每个层次同种类型中间商数目的多少来划分。密集分销是指制造商尽可能多地发展批发商和零售商,以尽可能多地销售产品;选择分销是指制造商精心挑选最合适的中间商销售其产品;独家分销是指制造商在某一地区仅使用一家中间商销售其产品。

在发展中国家,传统分销渠道通常依赖进口产品的经济带动发展,因此多采取进口导向的分销结构,进口商一般控制着固定的货源,其营销系统的发展思路是向少数富有的顾客高价销售数量有限的商品。此时,进口商身兼多职,既是进口商也是零售商,履行了大多数的营销职能,在这样的卖方市场,进口产品供不应求,所以复杂的大众分销和市场渗透的重要性大打折扣,从而抑制了那些提供广告、市场调研、仓储、运输和其他服务的中间商的存在和发展。

而在发达国家市场,特别是日本市场的分销渠道结构,其复杂的层级体系和独特的商业理念,往往构成了一种隐形的非关税壁垒,这种渠道结构的特殊性表现在以下四方面:①高密度的中间商,许多小中间商占据支配地位,小中间商链接了众多的小零售商;②制造商控制整个分销渠道;③独特的文化形成的经营哲学;④立法保护,形成了旨在保护该体系的法律基础《大店法》。

首先,日本市场的进出口中间商、零售商和批发商的密度远远大于发展中国家和西方发达国家。日本消费者习惯于到附近的便利店(零售商)购物,单次购买量有限但频率极高,他们是传统日本分销渠道服务的对象。高密度但低库存的零售商依赖于同样密度的批发商支撑。商品往往需要经过 3~4 个中间商才能到达消费者手中——制造商通过一级、二级、区域性的和当地的各级批发商最终将产品送达消费者手中。其次,制造商依赖批发商为分销渠道中的其他中间商提供多种服务,批发商给渠道中的其他中间商提供融资、运输、仓储、库存、促销和收款等服务。这一系统之所以能运作,是因为批发商和所有其他中间商都与制造商紧密地联系在一起,其联系的纽带是一系列专门设计的制度和激励措施,目的在于对其产品进行强有力的销售支持,排除其他的竞争对手。批发商通常起着代理商的作用,通过分销渠道把制造商的控制一直延伸到零售层面。另外,与分销渠道的长结构相匹配的,是一套独特的日式经营哲学,强调忠诚、和谐和友谊,以此连接制造商和各级中间商之间的长期关系。最后,所有的大规模零售商店之间的竞争受到《大店法》的限制,制定该项法律的目的是保护小零售商的利益不受大商家的侵害。这些措施共同维系了日本独特的分销渠道结构。

第二节　国际市场分销渠道设计

一、确定分销渠道的目标

渠道目标是企业为了达成营销目标与实现营销战略,希望通过渠道管理活动在一定时间内达到的结果。因此,渠道目标既要符合企业实际状况,也要符合企业营销目标的要求。在实际经营中,迫于竞争压力,企业常常以销售为中心确定业绩目标。企业渠道目标通常可分为两类:从销量、销售额和利润额等方面衡量的渠道任务目标,以及从市场渗透、市场覆盖、经销商发展和终端市场展示等方面衡量的渠道建设目标。总的来说,营销渠道的基本目标包括经济目标(即完成预期销售额)、控制目标(即完成预期市场覆盖率)、适应目标(即完成当地市场的本地化运作)、声誉目标(即完成品牌建设)等。

二、评估分销渠道的影响因素

在国际市场拓展过程中,分销渠道的选择与构建受到多维度因素的深刻影响,这些因素可细分为市场特性、产品属性、企业内在条件、中间商能力及外部环境等五大关键维度。

(一)市场特性

(1)目标市场范围:若市场范围宽广,则适用长、宽渠道;反之,则适用短、窄渠道。

(2)顾客的集中程度:若顾客集中,则适用短、窄渠道;反之,则适用长、宽渠道。

(3)顾客的购买量、购买频率:若购买量小,购买频率高,则适用长、宽渠道;反之,则适用短、窄渠道。

(4)消费的季节性:没有季节性的产品一般都均衡生产,多采用长渠道;反之,多采用短渠道。

(5)竞争状况:除非竞争特别激烈,通常同类产品应与竞争者采取相同或相似的销售渠道。

(二)产品属性

(1)物理化学性质:体积大、较重、易腐烂、易损耗的产品适用短渠道或直接渠道、专用渠道;反之,适用长、宽渠道。

(2)价格:一般来说,价格高的工业品、耐用消费品适用短、窄渠道;价格低的日用消费品适用长、宽渠道。

(3)时尚度:时尚度高的产品适用短渠道;款式不易变化的产品,则适用长渠道。

(4)标准化程度:标准化程度高、通用性强的产品适用长、宽渠道;非标准化产品适用短、窄渠道。

(5)技术复杂程度:若产品技术复杂,售后服务要求高,则适用直接渠道或短渠道;反之,则适用长、宽渠道。

(三)企业内在条件

(1)财务能力:财力雄厚的企业有能力选择短渠道;财力薄弱的企业只能依赖中间商。

(2)渠道的管理能力:渠道管理能力强,经验丰富的企业,适用短渠道;管理能力较差的企业适用长渠道。

(3)控制渠道的意愿:若企业控制渠道的意愿强烈,往往应选择短而窄的渠道;若意愿不强烈,则应选择长而宽的渠道。

(四)中间商能力

(1)合作的可能性:若中间商不愿意合作,则只能选择短、窄渠道。

(2)费用:若利用中间商分销的费用很高,则只能采用短、窄渠道。

（3）服务：若中间商提供的服务优质，则适宜采用长、宽渠道；反之，只能选择短、窄渠道。

（五）外部环境

（1）宏观经济形势：经济萧条、衰退时，企业往往采用短渠道；若经济形势好，则可以考虑长渠道。

（2）相关法规：如专卖制度、进出口规定、反垄断法、税法等，都会影响企业营销渠道的选择。

三、确定分销渠道的组织形式

国际化企业为了达成既定的营销目标，必须建立一个高效率、高效益的营销网络系统。而不同的营销渠道中，企业与中间商的关系也不相同，这也就决定了营销渠道在组织结构上的不同和管理方式上的不同。

（一）垂直营销系统

传统的营销渠道是由若干个制造商、批发商和零售商组成的松散网络。渠道成员都作为独立的经济实体来进行经济交易活动，单个成员没有足够实力驾驭整个渠道，渠道成员间的关系也是比较松散的。垂直营销系统是在传统松散营销渠道基础上发展而来的，由制造商、批发商和零售商联合组成的统一、高效的一体化经营组织。渠道中的某个成员处于支配地位，要么是制造商，要么是批发商、零售商，对其他成员具有驾驭或控制权。根据企业对渠道的治理形式和控制程度，垂直营销系统可分为公司型、契约型、管理型。

公司型垂直营销系统（corporate vertical marketing system）是指一家企业拥有或通过控股和参股其他渠道成员的方式实现对整个渠道上下游的有力控制。国际化企业为了对营销系统的各个环节实施高度的控制，往往会通过购买股票以参股的方式取得部分所有权、支配权，从而最终控制营销过程中的每一个环节，使得渠道成员为实现企业的整体利益而努力。

契约型垂直营销系统（contractual vertical marketing system）是以正式的合同为基础将不同层次的企业联合起来组成一个渠道联合体。这些企业通过分工与合作，共同发挥渠道功能。企业在走向国际市场初期，通过向国外批发商或零售商等发放特许证来建立营销系统，进入国际市场。

管理型垂直营销系统（administered vertical marketing system）是一种通过特定成员（通常是规模较大、实力较强的企业）的协调和管理，将生产商、批发商和零售商等不同环节的参与者整合在一起的营销系统。这种系统不依赖于共同的所有权或合同关系，而是依赖于某个核心成员的强大管理能力和资源来推动整个产销通路的顺畅运行。

管理型垂直营销系统与公司型垂直营销系统的最大区别在于渠道合作者之间没有股权关系；与契约型垂直营销系统的区别在于渠道合作者之间没有合同规定的依附关

系,渠道合作者之间在法人地位上是平等的,一家企业之所以被认作"渠道领袖"是因为它承担和执行了更多的渠道功能,拥有更大的渠道权力。

(二)水平营销系统

除垂直营销系统外,渠道治理结构还包括水平营销系统。水平营销系统是处于同一层次的渠道成员为了争取新的销售市场,充分利用各自的优势与资源所进行的横向联合。这种联合可以是暂时性的,也可以是永久性的。在水平营销系统中,合作各方可以利用各自的优势创造"1+1>2"的协同效应,如利用对方的渠道扩大自己产品的市场覆盖面,减少彼此在渠道建设方面的重复投资,提高渠道运行的整体效益。水平营销系统主要有制造商水平营销系统、中间商水平营销系统和促销联盟三种形式。

四、制定分销渠道的选择策略

(一)国际营销渠道选择的影响因素

企业在开拓新的国际市场时必须对所需的人力、财力、物力的投入进行分析,确定对渠道的控制程度、渠道的长度和渠道的所有权。在选择国际营销渠道时通常要考虑成本(cost)、资本(capital)、控制(control)、覆盖(coverage)、特性(character)和连续性(continuity)。

1. 成本

渠道成本可细分为两大层面:一是初始成本,即创建新渠道所必需的资本投入与资源配置;二是运营维护成本,即涵盖了维持渠道日常运作所消耗的费用,如销售团队的薪酬及绩效奖励、支付给中间商的佣金及服务费等。这些成本因素直接关系到企业的成本结构优化与盈利能力,因此成为国际营销渠道选择时不可或缺的考量维度。

2. 资本

资金需求量是选择国际营销渠道时的重要参考。企业若选择自建销售网络,直接面对终端消费者,则往往要承担较大的初期投资与运营资本压力,缺乏中间环节的缓冲与支持。反之,依托中间商体系,虽能在一定程度上缓解现金流压力,但仍需要为中间商提供必要的资金支持与激励措施。这一资金需求量评估过程对于企业资源配置决策及财务风险控制具有至关重要的指导意义,特别是在企业资本相对紧缺的发展初期,更需要权衡利弊、谨慎抉择。

3. 控制

企业在追求市场扩张的过程中往往倾向于强化对销售渠道的掌控力,这促使企业更深入地融入渠道运营之中。自建国际营销渠道固然能极大提升企业对渠道的掌控力,但相应的渠道构建与运营成本也会显著增加。反之,若采用中间商模式,虽能减轻企业的直接负担,却也不可避免地削弱了企业对渠道的直接控制力,且这种控制力的强弱还受到中间商合作意愿与配合程度的影响。渠道结构的差异直接关系到控制力的强弱:渠道链条越长、覆盖范围越广,企业在价格策略、促销活动及顾客服务等方面的控制力便越弱。此外,产品特性也是影响渠道可控性的重要因素。对于工业品而言,鉴于其目标客户群体相对集中且数量有限,渠道结构往往较为紧凑,中间商对制造商的产品或服务依赖度较高,从而赋予制造商较强的渠道控制力。相比之下,消费品市场因消费者基数大、分布广,导致营销渠道更为复杂且广泛,制造商在此类渠道中的控制力则相对较弱。

4. 覆盖

覆盖旨在衡量企业销售渠道的市场渗透力与影响力范围。值得注意的是,渠道的覆盖广度并非单纯以地域的面积大小或数量多少来评判,而须综合考虑多个方面:①各覆盖市场能否实现销售潜力的最大化,即确保每一细分市场都能为企业带来尽可能多的销售额;②渠道布局是否有助于提升品牌知名度与市场份额,确保市场覆盖的有效性;③能否在扩大市场覆盖面的同时,确保渠道的高效率与成本效益,从而保障企业整体运营效率。因此,在制定市场覆盖策略时,营销者需要全面考量上述各方面,以实现市场覆盖的最大化与最优化。

5. 特性

特性强调渠道体系的差异化配置应深度契合企业的核心特质与目标市场的独特性。这一评估流程深刻涵盖了对企业核心竞争力的剖析、对产品差异化策略的细致审视,以及对目标市场个性化需求与环境因素的全面考量。确保所制定的渠道策略能够精准捕捉并强化企业的核心优势、产品的独特卖点以及市场环境的特定要求,从而实现渠道与企业、产品、市场之间的无缝对接与协同增效。

企业应从内部出发,明确自身资源禀赋、技术能力、品牌影响力等核心特征,进而将这些要素与产品特性相结合,形成差异化的市场定位。同时,还要细致研究目标市场的文化背景、消费习惯、法规等关键因素,以把握市场脉搏,洞察潜在需求。在此基础上,通过优化渠道布局、创新渠道模式、提升渠道效率等举措,确保营销渠道能够精准触达目标客户群体,有效传递产品价值,最终实现市场占有率的提升与品牌影响力的增强。

6. 连续性

连续性作为评估渠道效能的关键指标,其核心在于衡量销售渠道的市场触及广度与深度。该指标不仅关注渠道覆盖的市场范围大小,更着重评估其能否在覆盖的每个市场中实现销售潜力的最大化,确保企业在这些市场中占据合理的市场份额,并达到理想的市场渗透率。因此,在规划市场覆盖策略时,营销者应细致考量如何优化渠道布局,以实现销售效能的最大化,同时确保市场占有率和渗透率的双重提升。

(二) 国际营销渠道选择策略

国际化企业在设计国际营销渠道时,需要根据不同的情况选择不同的策略。在中间商的选择上有直接渠道和间接渠道;根据商品销售过程中经历中间环节的多少,可以分为长渠道和短渠道;根据企业在销售过程中间商的多少,又可以分为宽渠道和窄渠道。由于不同的渠道策略具有不同的特点和要求,企业应根据自身条件选择适合自己的渠道策略。

1. 直接渠道策略与间接渠道策略

国际营销直接渠道是指产品在从生产者向国外消费者转移的过程中,不经过任何中间商,而是由自己的销售人员或销售部门把产品直接销售给消费者或终端用户的营销模式。这种营销方式主要表现为:厂商通过自己的销售部门直接销售,或通过展销会、订货会等与国外用户签订购销合同,也可通过邮购、电视购物、电话订购、网络购物等方式销售。直接渠道的优点是销售环节少,流通时间短,流通费用低,便于售后服务等。缺点是厂商既要负责商品的生产,又要负责商品的销售和流通,不能充分利用中间商资源,市场风险比较大。国际营销间接渠道是指产品经由国外中间商销售给国际市场最终消费者或用户的一种营销形式。典型的间接渠道是制造商→国内出口商→国外分销商→最终消费者。

2. 长渠道策略和短渠道策略

营销渠道的长短主要是指产品从制造商流向最终用户过程中所经历的中间商层次的多少。层次越多,营销渠道越长;层次越少,营销渠道就越短。采用长渠道策略的企业可把全部的销售工作交给中间商,自己集中力量搞好产品开发与生产;而中间商则可利用自己在资金、资源、经验等方面的优势,迅速扩大产品销售,为企业搜集多方面的信息,提供物流服务,促进产品销售。采用短渠道策略可以减少流通环节,缩短再生产周期,使产品尽快到达消费者手中;还可以降低商品在流通环节的损坏风险;有利于开展销售服务工作,提高企业的信誉;有利于节省流通费用,从而降低商品价格。短渠道策略的缺点是生产企业承担的商业职能多,不利于集中精力搞好产品开发与生产。

3. 宽渠道策略和窄渠道策略

营销渠道的宽度主要是指渠道中各个层次所包含的中间商的数量。制造商在同一层次选择较多的同类型中间商(如批发商或零售商)分销产品的策略称为宽渠道策略;反之,则称为窄渠道策略。企业在国际营销渠道的宽度布局上通常有以下三种选择策略:

(1)广泛营销策略。广泛营销又称密集型或普遍性营销,指的是厂商使用尽可能多的中间商或零售商来销售产品,使渠道尽可能延伸到可触及的地方。广泛营销策略适用于购买频率高且每次购买量不大的日用消费品等。

(2)选择性营销策略。选择性营销是指企业有选择地精选几家中间商来分销本企业的产品。这种营销方式适用于大多数商品,尤其是消费品中的选购品、特殊品以及一些标准化程度较高的工业品。企业通过精选中间商,可提高效益,节省成本和费用,同时又能较好地控制和督促中间商完成企业所赋予的营销职能。

(3)独家营销策略。独家营销是指企业在一定时期内在某一地区只选用一家中间商销售其产品。这种营销策略往往要求企业在同一地区不能再授权其他中间商,同时要求被授权的中间商不能经营其他企业同类竞争性产品。

第三节 国际市场分销渠道成员管理

一、寻找中间商

寻找中间商首先要从市场研究和确定评价中间商的标准开始。评价中间商的标准因其自身属性和与企业关系的不同而存在差异。评价标准基本包括五个方面,即合作诚意、生产率或销量、财力、管理的稳定性和能力、企业的性质和声誉。

寻找中间商的关键在于获取有效的渠道信息资源,即通过专业渠道发掘具备本企业产品经营能力的潜在合作伙伴。寻找中间商的途径有很多,如通过国外企业官方网站主动联系;通过当地商会、工商联合会介绍客户;通过驻外使馆商务参赞了解信息;通过国内外银行介绍客户;参与国际贸易博览会、展览会、交易会等。

二、选择中间商

国际中间商的类型主要有出口中间商、进口中间商、批发商、零售商等。以是否拥有商品的所有权为标准,出口中间商又可以分为出口经销商和出口代理商两大类。出口经销商拥有商品的所有权;出口代理商没有商品的所有权,只是接受委托,以委托人的名义进行货物买卖,收取佣金。

进口中间商指从事进口业务的中间商和销售进口商品的中间商,主要有进口经销商和国外进口代理商两种。批发商按商品经营范围可划分为综合批发商、大类商品批发商和专业批发商等三种类型。零售商种类非常多,差别也很大,一般按照业态进行划分。常见的零售业态主要有便利店、专营店、专卖店、百货店、超级市场、仓储式零售店、外贸店、网店,以及新技术下的无人零售店等。选择中间商主要参考以下要素:中间商的财务状况及管理水平;中间商的专业能力;中间商的业务范围和市场覆盖面;中间商的地理位置和规模;中间商的信誉;中间商的合作态度以及预期合作程度。

中间商一旦选定,企业就应加强对渠道成员的控制与管理,调动中间商经营企业产品的积极性。

三、对中间商的激励

对渠道成员的激励不仅包括给予丰厚的报酬,还包括人员培训、信息沟通、感情交流、给予独家专营权、共同开展促销等。在很多情况下,企业只注重利益方面的刺激,如销售利润、折扣、奖赏、销售比赛等。如果这些刺激手段未能发生作用,往往会改用惩罚的办法,甚至中止双方的合作。有效激励渠道成员的关键是了解其角色功能,深入研究它们的需求、困难及优劣势,以便对症下药。激励的目的是尽量减少企业与渠道成员的冲突,使它们能积极为企业产品进行营销。激励可使渠道成员认识到:"我之所以赚钱正是由于我与销售方站在同一立场。"具体对策如下:

（1）坚持向渠道成员提供质量合格、适销对路的产品。特别是在产品市场需求旺盛、供不应求、货源紧张时，企业不能轻易抛弃合作的渠道成员，而应坚持与老客户合作，如此方能显示出企业的合作诚意，这是对渠道成员的最大激励。

（2）根据渠道成员的进货及付款情况，灵活运用各种定价策略特别是数量折扣和现金折扣，以刺激渠道成员大量进货，并及时结算货款，减少企业资金占压，加速资金周转，降低资金风险。

（3）为渠道成员培训推销人员和服务人员。这种措施不仅节省了渠道成员的人员培训开支，同时通过提升其专业能力带动销售增长，从而实现对渠道成员的激励。

（4）与渠道成员协作做好产品的促销工作，包括出资、合作、发布广告等。

（5）以延期付款或售后付款的方式给予渠道成员融资便利。

（6）授予渠道成员独家经营权。独家经营权即渠道成员独占该企业产品在某市场上的经营，不仅使其独享产品分销收益，更能借助品牌溢价效应提升渠道成员的商业形象与市场地位。

企业应与渠道成员保持定期的沟通与联系，努力与其建立长久的合作关系，共同发展，分享利益。

四、对中间商的评估与调整

为维持营销渠道的高效运作，企业应当构建一系列全面且细致的评估准则，定期对渠道成员进行对比与分析，促进渠道成员的持续优化与健康发展，确保其在激烈的市场竞争中保持活力与竞争力。此过程不仅有助于推动渠道成员规范执行市场推广任务，还促进了中间商群体内部的良性竞争与自我革新。

国际化企业在全球化背景下，更应频繁而深入地审视其渠道成员，评估维度应涵盖销售绩效（如销售额、利润率）、市场拓展能力、合作积极性与态度、市场适应性、顾客服务满意度以及未来发展潜力等多重关键指标。这些评估不仅是对中间商过去表现的总结，更为未来合作策略的调整提供了坚实的数据支撑。

针对国际营销渠道的具体调整策略，企业可采取多维度、灵活的方法。首先是对个体中间商的增减策略，即对于无法有效达成销售目标、合作意愿低下或运营效率不高的国外合作伙伴，企业应果断采取措施，终止合作，以优化渠道资源配置。其次，企业还可根据市场反馈与战略需求，适时调整特定营销渠道的规模，包括增设或缩减特定渠道，以实现资源的最优配置。最后，面对市场环境的重大变化或企业战略转型的需要，企业可考虑进行全面的渠道系统重构，引入全新的营销渠道体系，以更好地适应市场变化，推动企业持续发展。

第四节　国际物流

一、国际物流概述

国际物流（international logistics）是指跨越国界的物资流动与分配活动。从狭义视角来看,它涵盖了商品与物资在地理上分离的供应源与需求点之间,为实现时间与空间上的协调同步,所经历的国家间实体转移过程。这一过程旨在缓解因地理位置差异及时间错位而产生的供需不匹配问题,确保商品及物资能够高效、顺畅地在各国间流通。简而言之,国际物流是实现国际贸易中商品跨国界流动与优化配置的重要支撑系统。

二、国际物流系统的组成

一家企业要顺利地进入国际市场,必须有一套完善、畅通的物流系统。图 12 – 2 展示了国际营销渠道物流的基本流程:商品从厂商出发,经过仓库、出口商、进口商、经销商或代理商等环节,最终通过零售商到达消费者手中。这一流程体现了国际物流系统的核心功能——实体商品的储存和运输管理。

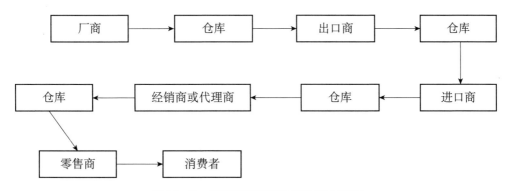

图 12 – 2 国际营销渠道物流的基本流程

在国际市场激烈的竞争中,科学地实现物流管理,可缩短路程、节省费用、提高效率,不仅企业和中间商能够从中获益,消费者也能从中受益。而如果在物流管理的过程中出现了差错,则可能会给企业造成不可挽回的损失。

三、国际物流系统设计和选择的原则

（一）系统性原则

物流管理并非孤立地聚焦于企业的运输、储存或搬运等单一环节的管理,而是将这些分散的物流活动整合为一个协调统一、有序运作的系统。这一过程超越了简单的职能叠加,旨在将产品实体的流动转化为高效、协同的整体流通体系。因此,企业的物流战略须深度融入其营销的总体框架中,与产品开发、定价策略、促销手段及渠道布局等紧密结合,确保物流活动能够灵活应对市场需求的波动,与外部环境的变化保持同步,实现所有物流要素的和谐共生,从而最大化物流系统的整体效能与综合效益。

（二）经济性原则

作为企业成本控制的关键领域,物流管理承载着挖掘"第三利润源泉"的重任。据国际营销领域的广泛研究,物流成本通常占据企业总营销成本的半壁江山,其潜在的节约空间远超其他营销环节。因此,在规划物流系统时,必须秉持经济性原则,深入权衡成本与效益之间的微妙平衡。这意味着在做出物流决策时,须全面审视各项成本因素,力求以最小的资源投入换取最大的经济效益,确保物流活动的经济合理性和高效性。

（三）灵活性原则

鉴于全球储运环境的复杂性与高度的不可预测性,灵活性已成为物流系统设计的战略核心。一个高效的国际物流系统必须具备卓越的动态适应性,能够敏捷地捕捉市场需求的微妙变动,并据此迅速调整其物流策略与资源调配方案。这一要求促使企业在构建物流网络架构的过程中,须前瞻性地融入对未来潜在不确定因素的全面考量,建设具备充足冗余容量与高效应急响应能力的物流体系。如此一来,无论面对何种突发状况或市场环境变迁,物流活动均能维持其连续性与高效性,从而为企业在国际市场中稳固并提升其竞争优势奠定坚实的物流基础。

（四）安全性原则

在企业运营过程中,物流活动应聚焦于确保产品按照既定的数量标准与质量规范,精准、高效且无误地传递至既定地点。这一原则不仅要求物流系统具备高度的准确性,更强调时效性与完整性,以全面保障产品在流转过程中的安全。通常而言,物流安全性的显著提升,能够直接促进物流服务品质的飞跃,进而提升顾客的满意度与忠诚度。

安全性原则要求企业在物流管理的各个环节,包括仓储、包装、运输及配送等,均严格执行标准化操作流程,采用先进的安全保障技术与措施,有效预防并控制潜在风险,确保产品在整个物流链中的完好无损与及时送达。企业应持续优化物流网络布局,提升物流设施的智能化水平,以及加强物流人员的专业培训与安全意识教育,全方位提升物流服务的安全性能,以提升顾客满意度与增强市场竞争力。

四、国际营销渠道物流管理决策

国际营销渠道物流管理是一个复杂的系统,需要许多部门和企业配合才能很好地运行,其管理流程包括订单处理、仓储管理、存货管理、运输管理等四个环节。

（一）订单处理

订单处理涵盖了从订单接收到最终交付给客户的完整流程。这一过程涉及订单的接收与详细审核,确保无误后,将必要的联运凭证分发给相关部门,实施精准按单拣选商品,并精细安排运输事宜,最终确保货款的安全回收。这一系列精细化的操作,不仅确保了订单的准确性,还促进了供应链整体的高效流转。

（二）仓储管理

每个从事国际营销的企业,在其货物等待销售时,都必须将其储存起来。储存的功能解决了国际市场上商品供应与需求在数量、时间、空间等方面的不平衡。仓储管理的重点是确定储存点。储存点越多,就越能及时地满足顾客需求,但储存成本会上升。因此,储存点的数量、储存时间、储存量必须在满足顾客需求和压缩分配成本之间取得平衡。这就要求企业在仓库的选择与建设上注意以下三点:用户的地理分布和要求的运输量、用户要求的服务水平、仓库位置与仓库数量的配合关系。

（三）存货管理

企业在决定存货量时总是左右为难,存货过多成本会上升,存货过少又不能满足顾客需要。所以,企业必须科学确定订货时机和订货数量。企业还应确定科学的订货点。确定订货点时一般应对库存不足和存货积压的成本风险两者加以权衡。决定订货数量时要考虑到随着订货数量的增加,每单位的订货费用会减少,但同时每单位的储存费用会增加（因为每单位的储存时间延长了）,企业要权衡订货费用和储存费用,求得总费用最少的订货数量,达到经济合理的储存量。

（四）运输管理

物流系统对运输的基本要求是使商品按照合理的流向,力求以最短的运输里程、最少的转运环节、最少的运输费用、安全完好地从产地运送到销售地。然而,国与国之间的运输不仅耗时长、中间环节多,而且托运人会在相当长的时间内失去自己对货物的控制权。这就要求企业做到以下两点:

第一,要加强商品运输的计划性。做好物流计划不仅是降低运费、加快商品运送速度、提高运输效率的需要,也是实现产、运、销整合的需要。企业应做好运输的计划工作,处理好运输计划与生产计划和销售计划或销售合同之间的衔接。销售计划或销售合同是整个计划工作的起点,运输计划是完成销售计划的保证,而生产计划的完成又是保证按计划发货的前提。第二,要选择合适的运输工具。选择合适的运输工具要求企业了解常见的运输工具及其主要特征:铁路运输的主要特点是费用较低,运行速度快,运量大;公路运输的主要特点是速度快、灵活、能提供良好服务,但费用高;水路运输,包括远洋运输、沿海运输、内河运输三种形式,其主要特点是价格低、运量大,是铁路、公路的辅助形式;管道运输是气体、液体运输的主要形式,其主要特点是专用性强、运量大、安全、便捷、无污染;航空运输的主要特点是速度快、可靠,但其费用最高。在国与国之间的运输中,要根据运输的实际情况来选择运输工具。

拓展阅读

安能物流的国际物流运输案例

安能物流成立于2010年,是一家以零担物流服务为核心业务的企业,专注于为客户提供30~1 000公斤货物的高效运输服务。近年来,随着共建"一带一路"的深入推进,安能物流积极响应政策号召,加速布局国际物流业务,以高效的物流服务助力中国与共建"一带一路"国家的贸易往来。

2023年,安能物流与一家中国大型制造企业达成合作协议,承担了一批高价值机械设备的国际运输任务。这批机械设备涉及多个大型零部件,总重量超过50吨,部分设备对运输条件有着严格的要求,包括防潮、防震、防碰撞等特殊要求。运输的起点为中国上海的港口,终点为东南亚某国的一家工厂。此次运输任务面临多方面的挑战:一是运输距离长,从中国的港口到东南亚国家的工厂,涵盖海运和陆运的综合运输,物流链条复杂;二是货物特殊,高价值机械设备对运输环境有极高要求,任何损坏都会对客户造成重大损失;三是时间紧迫,客户对交货时间有明确要求,物流时效至关重要。

为确保货物在长距离运输中的安全性和时效性,安能物流结合货物特点设计了一套定制化的运输方案:

(1)多式联运的优势组合。安能物流选择了集装箱运输这一形式,确保货物在运输过程中避免受到外部环境的影响,如湿气、震动或碰撞。首先通过海运,将货物装载于集装箱船上,从上海港出发运输至东南亚目标国家的主要港口。到达港口后,货物转为陆运,通过卡车直达客户的工厂。这种"海运+陆运"的多式联运模式不仅充分利用了海运的成本优势和陆运的灵活性,还确保了物流链条的高效衔接。

(2)高科技手段保障运输安全。安能物流在运输全流程中运用了 GPS 和物联网技术,对货物运输状态进行实时监控。这一技术手段使得客户能够随时了解货物的具体位置和状态,物流运营团队也能根据实际情况灵活调整运输计划,确保运输过程的安全性和可控性。

(3)精细化的运输管理。针对部分设备需要特殊环境的要求,安能物流在集装箱中增加了专业防震和防潮设施,同时对装载和卸载环节进行了精细化操作,确保货物在每个运输节点上的安全性。

经过全程严密的计划与执行,安能物流在规定时间内成功将货物送达目的地工厂。客户对安能物流高效、安全的服务表示高度认可,特别是对其专业的运输方案、透明的物流信息监控以及较快的交货速度给予了高度评价。值得一提的是,通过优化运输路线和选择合适的运输方式,安能物流还为客户节省了约 15% 的物流成本。

此次运输任务的成功,标志着安能物流在国际物流领域又迈出了坚实的一步。在国际贸易日益发展的背景下,安能物流凭借其在零担物流领域的深厚积累以及灵活应对复杂运输需求的能力,正成为共建"一带一路"的重要物流伙伴。

资料来源:作者根据公开资料整理。

本章小结

1. 国际市场分销渠道是指产品从一个国家的生产者转移到国外最终消费者或用户的过程中所经过的各种通道和市场组织的总称。

2. 国际市场分销渠道设计需要确定分销渠道的目标,评估分销渠道的影响因素,确定分销渠道的组织形式,制定分销渠道的选择策略。

3. 国际物流是指跨越国界的物资流动与分配活动。

思考题

1. 阐述国际市场分销渠道的概念、功能和成员构成。
2. 分析国际市场分销渠道的结构模式,包括渠道长度和宽度的划分,并举例说明。
3. 企业在设计国际市场分销渠道时,应考虑哪些因素? 如何选择合适的分销渠道策略?
4. 以安能物流为例,总结其国际物流建设的经验。
5. 探讨国际物流在国际市场分销中的重要性,以及企业应如何进行国际物流管理。

案例分析题

用友产品架构与分销渠道的匹配机理探索

用友网络科技股份有限公司(以下简称"用友")是中国管理软件行业的龙头企业。经过多年的发展,用友从最初的会计软件发展到财务软件、企业资源管理软件,并进一步转型为云服务提供商,其产品架构与分销渠道的不断调整和匹配为其在竞争激烈的市场中脱颖而出提供了关键支持。

一、产品架构与渠道能力的演变

用友在不同发展阶段,呈现出产品架构逐步完善与分销渠道能力逐渐提高的特征,形成了导入、成长、转型和成熟四个阶段的演化模型。

1. 导入阶段(1988—1998)

这一阶段,用友的财务软件模块数量较少,功能以简单的账务核算为主。企业主要通过培训和销售基础技能,帮助客户掌握产品。渠道模式以基本交易型为主,任务属性表现为常规化。到 1995 年,用友已拥有全国范围的 64 家代理商,占据市场主导地位。

2. 成长阶段(1999—2003)

随着功能模块和客户需求的增加,用友引入行业插件,使产品架构更加模块化,支持专业化解决方案。这一阶段其渠道扩张显著,全国营销网络人数突破 4 000 人,分销商数量达到 264 家,初步构建了关系型渠道框架。任务属性从常规化转向定制化,开始重视客户关系的经营。

3. 转型阶段(2004—2011)

产品架构复杂性进一步提升,模块数量、信息耦合和协作耦合关系快速增长。业务从单纯销售转向全面服务,发展了产品、咨询、集成等多种合作伙伴,提供覆盖售前、售后全流程的专业服务。渠道模式升级为高阶关系型,通过与客户建立深度关系促进业务发展。这一阶段,用友营业收入保持年均 26% 的增长。

4. 成熟阶段(2012 年至今)

产品架构优化调整,实现模块的外移和内移,提高了标准化功能和定制化功能的灵活性。用友渠道进一步发展为超交易型,专注于高效服务和客户关系维护。企业通过不断提升渠道能力,巩固了市场地位,2018 年营业收入达到 77 亿元。

二、匹配机理与模式

研究发现,用友产品架构与分销渠道的匹配机理可以归纳为任务式协同,具体包括以下四种动态匹配模式:

(1)探索式匹配:低复杂性架构与基本交易型渠道相匹配,目标是低成本开拓市场。

(2)增强式匹配:架构复杂性小幅增加,初阶关系型渠道通过定制化任务协同,满足个性化需求。

(3)利用式匹配:架构复杂性显著提高,高阶关系型渠道通过全面服务能力提升,实现资源整合。

(4)自觉式匹配:在可控范围内优化架构复杂性,超交易型渠道通过长期关系维护,追求业务稳定和生态发展。

资料来源:夏梦圆,顾元勋.产品架构与分销渠道的匹配机理探索:用友公司纵贯案例研究[J].管理评论,2022(2):336-352.

思考题:

1. 用友在不同发展阶段如何根据产品架构的复杂性选择分销渠道?请结合导入阶段和转型阶段,分析产品架构复杂性提升时渠道能力的调整策略。

2. 用友通过任务式协同的匹配机理实现了产品架构与渠道的动态适配。在国际市场中,类似的任务式协同如何帮助企业优化分销策略以应对不同区域市场的需求?

3. 用友如何通过增强分销渠道能力(如关系型渠道的建立)提升其市场竞争力?在国际市场扩张中,企业需要采取哪些策略来构建强大的分销网络并满足复杂产品的销售需求?

第十三章
国际市场促销策略

在国际营销中,国际市场促销策略是企业进入市场和建设品牌时的重要一环,许多知名企业正是得益于成功的促销手段一步步走上国际舞台。企业不仅应在国际市场中积极作为,更要通过创新的促销手段,将品牌理念与产品信息精准传达给全球消费者及潜在消费群体。这一策略不仅促进了企业国际影响力的提升,还为企业开拓国际市场、提升国际竞争力注入了新的动力与活力。

学习目标

　　通过本章的学习,学生应了解不同促销方式的特点,以及在面向国际市场制定促销决策时所需考量的因素。本章有助于培养学生的市场洞察力,并启发学生对于我国企业进行跨文化信息传播策略的思考,在落实销售增长目标的同时传递中国理念,弘扬中华优秀传统文化。

⫸⫸⫸ 引导案例

欧莱雅国际营销团队在英国市场的成功推销

　　欧莱雅作为全球领先的美容护肤品牌,一直致力于不断推出创新产品并在全球范围内拓展市场。在一次市场推销活动中,欧莱雅的国际营销团队以英国为目标市场,旨在推广企业的全新护肤系列产品。该系列产品基于欧莱雅多年的研发经验和专业技术,结合了最新科技并使用天然成分,为不同年龄和肤质的消费者提供个性化护肤解决方案。

　　为了成功推广这一系列的产品,欧莱雅的营销团队经过多次市场调研和客户分析,深入了解英国消费者对美容护肤产品的需求和偏好。他们发现英国消费者对于高品质、天然成分和绿色环保的产品有着很高的关注度,因此营销团队决定将产品的优势定位在高效、天然、安全和专业护理上。

　　营销团队在英国市场展开了一系列的推广活动,包括广告宣传、线上线下活动和合作推广等。他们与一些知名美妆博主和明星签约合作,通过社交媒体和品牌活动向消费者展示产品的独特之处和实际效果。同时,营销团队还与英国的美容专业人士和零售商合作,举办专业培训活动,以提升产品的品牌认知度。

　　通过营销团队的共同努力,欧莱雅成功地吸引了英国消费者的目光并获得了良好的市场反响。新产品系列在英国市场取得了显著的销售增长,延续了欧莱雅在全球市场的品牌影响力和市场份额。这次成功的市场推广活动不仅提升了产品的销售业绩,也为欧莱雅在英国市场的品牌建设和长期发展奠定了基础。

　　欧莱雅国际营销团队通过深入了解英国市场需求、精准定位产品、开展多样化的推广活动和与专业合作伙伴共同合作,成功地达成了品牌推广和销售增长的目标。这也表明国际市场推销需要团队合作和专业知识,以及对市场的敏锐洞察力和灵活应变能力,只有这样才能取得商业成功和市场竞争优势。

　　资料来源:欧莱雅"失守"中国市场[EB/OL].(2024-07-31)[2024-12-05].https://baijiahao.baidu.com/s?id=1806098011522007457&wfr=spider&for=pc.

第一节　国际市场促销概述

一、促销的定义

在任何社会化大生产和商品经济条件下,生产者都不可能完全掌握市场需求;同时,广大消费者也不可能完全清楚商品供应的具体情况,比如,由谁供应、何地供应、何时供应、价格高低,等等。正因为客观上存在着这种生产者与消费者间"信息分离"的"产""消"矛盾,企业必须通过沟通活动,利用广告、宣传报道、人员推销等促销手段,把生产、产品等信息传递给消费者和用户,以促使其了解、信赖并购买本企业产品,达到扩大销售的目的。随着企业竞争的加剧和产品种类的增多,以及消费者收入和生活水平的提高,买方市场上的广大消费者对商品的要求更高,挑选余地更大,因此企业与消费者之间的沟通更为重要,企业更需要加强促销,利用各种促销方式使广大消费者加深对产品的认识,并最终购买其产品。

销售促进(sales promotion)实质上是一种沟通活动,即营销者(信息提供者或发送者)发出作为刺激物的各种信息,把信息传递给一个或多个目标对象(即信息接收者,如听众、观众、读者、消费者或用户等),以影响其态度和行为。营销者为了有效地与消费者进行沟通,可采用多种促销策略,以促进产品的销售,譬如通过广告传递有关企业及产品的信息,通过各种营业推广方式加深消费者对产品的理解。"双11"活动即为促销的一种典型表现形式。2022年"双11"当天全网销售额突破1.15万亿元。在购物节来临前,各电商平台利用多种媒介造势,提前预热,并以"预售""红包""满减"等活动吸引消费者,这些活动的本质都是在购物节当天进行折扣销售,通过打折、优惠券、现金返还等价格促销活动使消费者能够获得购买优惠。

促销行为可以说是市场竞争过程中的一把利剑。促销的作用在于对产品销售施加推力,使产品能够更快地进入市场并打开销路。首先,促销可以缩短进入市场的流程。使用促销手段旨在对消费者或经销商提供短期激励。在一段时间内调动人们的购买热情,培养顾客的兴趣和使用习惯,让顾客尽快地了解产品。其次,促销可以激励消费者进行初次购买。消费者一般对新产品有抗拒心理,因为使用新产品的初次消费成本是使用老产品的一倍,但是促销可以让消费者降低这种风险意识,减少初次消费成本,激励再次购买。消费者在试用了产品后,如果基本满意,可能会产生重复使用的意愿,尽管这种消费意愿在初期往往较为不稳定,但促销却可以强化消费者的购买动机,从而逐步培养稳定的消费习惯。最后,促销还可以带动相关产品销售。比如,茶叶的促销,可以推动茶具的销售。当卖出更多的咖啡壶时,咖啡的销量就会增加。20世纪30年代的上海,美国石油公司向消费者赠送煤油灯,结果使其煤油的销量大增。

二、促销的步骤

促销活动只有具备完整性、系统性，才能产生实效，否则容易因为某种微小的因素，影响整个活动的执行效果。通常来说，促销工作大致可分为前期准备工作、中期控制工作和后期复盘工作。

（一）促销的前期准备工作

（1）调研和收集信息。按照消费者、竞争者和企业本身三个方向进行调研或收集信息，能让企业更了解市场的真实情况，从而使促销方案的设计符合市场需求和发展趋势、可行性高，并且与企业的整体战略和营销规划相一致。提前进行市场调研还可以更好地预防和掌控可能出现的风险。

（2）明确促销目标。总体来说，促销目标可以分为两类：短线速销和长期效果。短线速销是在短期内实现大量的销售，可再细分为提高购买者数量、提高人均购买次数和增加人均购买量等。长期效果则是实现长期销售增长或为品牌发展服务。要达到这个目的，就需要配合广告来提升宣传效果，巩固品牌形象。此外，目标还可以根据促销对象进行细分，分别是针对消费者、中间商、零售商、推销人员和竞争对手的促销目标。

（3）确定促销产品。促销产品选择是促销策划中的重中之重。好的促销产品或促销赠品可以吸引消费者、激发消费者的购买欲。另外，还要确定促销产品范围，即促销活动是针对整个产品系列还是单独某个产品。

（4）选择促销策略和工具。促销工具各具特点，需要根据不同的情境和不同的对象进行选择和叠加组合。促销策略包括免费促销策略、优惠促销策略、竞争促销策略和组合促销策略，不同策略之下又细分了不同的促销工具。商家需要根据对目标消费者的分析确定促销目标、竞争条件和环境以及促销预算分配，衡量不同促销工具的效果，选择合适的促销策略和促销工具。

（5）确定促销时间。促销时间的设定具体包括何时促销、促销活动的期限、促销活动的频率等。促销时间的设定需要考虑产品的特性、消费者需求的时间特征、竞争性的促销活动等多种因素。

（6）选择促销媒介。促销媒介是指开展促销活动时的宣传工具和载体，以传达促销意图和促销信息。这些媒介的选择和组合关系着促销活动信息的传播，影响促销活动的参与度、费用和最终效果，因而在选择促销媒介时，需要根据传播目的、传播内容、传播受众等因素综合衡量。

（7）制定促销预算和进行成本毛利分析。一旦促销在营销策略中的作用确定下来，便要开始从总体上制定促销预算及相应的广告预算，并在确定促销预算总额后，针对各项促销目标安排促销费用。确定好预算后，就需要进行成本毛利分析，即对促销活动的投入与产出进行估算和衡量。

（8）设计促销活动。促销活动的设计具体包括确定活动目标、活动主题、活动时间、活动地点、活动人员安排。活动主题需要与产品相关,或与时事紧密结合。这样的促销活动会提升消费者对折扣真实性的信任度。此外,促销目标设计需要与企业的整体战略和营销规划相结合,且具有可实现性。

（二）促销的中期控制工作

（1）做好风险与应急预案。风险管理是活动策划中的重要一环。企业应充分考虑活动中可能出现的风险,并设计好应急预案。风险包括但不限于通路拦截、活动现场秩序混乱、促销战。同时,在进行促销策划时应标注出活动实施过程中需要额外注意的环节,提醒执行人员,以减少意外的发生,为促销活动的顺利进行提供保障。

（2）准备促销物资和宣传物料。企业应根据促销计划订货,跟踪促销商品,检查促销商品质量。同时准备促销活动所需的各项物资,确保全部物资提前到位,没有遗漏;根据促销策划中的活动设计,准备线上与线下的宣传物料,并按计划进行前期宣传。

（3）活动中期控制。企业应及时记录促销情况(商品销售情况及商品质量情况)并反馈,若有需要则及时进行调整,保证供货充足。对活动人员进行现场考勤和工作监督。此外,还要设计对照工作目标和绩效标准,评定促销活动人员的工作任务完成情况和员工的工作职责履行程度。

（三）促销的后期复盘工作

进行促销评估与复盘。第一种方法是记录下促销前、促销期间和促销后的销售情况,比较销售情况的变化,看看促销活动是否吸引了新的购买者、增加了销量。第二种方法是对消费者进行调研来评估促销活动,比如消费者对促销活动的印象、看法等。第三种方法是通过更改促销活动的变量来进行评估,比如在不同的促销活动中设计不同的促销力度、促销时间和促销媒介,记录销售数据的变化,以供比较分析,向上级反馈。

三、国际市场促销

与传统的国内市场不同,国际市场的销量波动很大。有针对性地开展促销活动有助于抵消市场的不利变化,保持销量的平稳增长。但是,各国的政治、经济、文化等环境因素存在着差异,企业开展促销活动的环境有着巨大差别。在国际营销活动中,由于促销的制约因素不同,促销策略面临着不同的选择。通常来讲,国际市场促销策略按照促销信息流向和促销组合可以分为"推动"策略和"拉伸"策略。"推动"策略需要较多的销售人员参与,要求生产企业积极地向批发商推销产品,批发商又积极地向零售商推销产品,最后零售商又积极地向消费者推销产品。"拉伸"策略则要求企业开展大量的广告宣传引起消费者对产品的消费欲望,一旦促销奏效,消费者则会主动地向零售商表达购买欲望,然后通过零售商向批发商传递购买需求,最后通过批发商将消费需求传递到生产企业。

第二节　国际市场人员推销策略

一、国际市场人员推销的功能及任务

国际市场人员推销是指企业派出或委托推销人员、销售服务人员或售货员,亲自向国际市场顾客(包括中间商和用户)介绍、宣传、推销产品。国际市场人员推销的功能和主要任务有:

一是市场开拓。推销人员必须具有一定的开拓能力,能够发现市场机会,发掘市场潜在需求,培养国际市场新客户。这就要求国际市场推销人员从企业内外部资源中发现机会,比如企业的特有技术、产品设计、品牌影响力,对潜在用户或目标市场的调研,对竞争对手的分析,对社会、经济、技术、人口趋势变化的洞察等。

二是推荐商品。国际市场推销人员要善于接近顾客,推荐商品,说服顾客,接受订货,洽谈交易。通常来讲,销售人员可以借助逻辑说服、利益诱导、效果演示、情感说服等方法向顾客推荐商品,促成交易。

三是提供完整服务。在完成初步交易之后,推销人员会向顾客提供完整的销售服务,主要包括:免费送货上门安装,提供咨询服务,开展技术协助,必要时帮助用户和中间商解决财务问题,提供产品维修服务等。

四是传递产品信息。产品信息的传递对于产品的宣传至关重要,产品信息传递得越远、越广,自然能够吸引到越多的用户。然而,产品信息的传递不应是盲目的,而应面对潜在客户,有针对性地进行宣传,从而使产品脱颖而出。在推销过程中,推销人员会让现有顾客和潜在顾客了解企业的产品和服务,从而树立企业形象,提高企业信誉。

五是进行市场调研。这一功能区别于市场开拓,市场开拓主要集中在推销行为之前,而市场调研则聚焦于推销过程之后,推销人员会针对市场需求的变化,进行市场反馈信息的收集和整个销售过程的复盘与总结,从而不断调整销售策略。

二、人员推销的步骤

企业的产品只有成功销售出去才能获得利润,而产品的销售一直以来都是最具挑战性的,现代社会中企业会直接安排工作人员进行产品推销,针对不同的人群推销适合的产品。通常来讲,人员推销可以从推销行为的前期、中期和后期来进行,主要包括以下几个步骤:

(一) 前期推销准备

一是寻找顾客。寻找顾客就是寻找可能购买产品的潜在顾客。寻找顾客的方法有很多,大体可分为两类:一类是推销人员通过个人观察、访问、查阅资料等方法直接寻找;另一类是通过广告开拓,或朋友介绍,或社会团体与推销员间的协作等方式间接寻找。因推销环境与商品不同,推销人员寻找顾客的方式不尽一致,因此推销的成功与否全在于推销人员对推销策略的具体运用。推销人员应积极地寻找顾客,在实践中去体会和摸索一种适合行业、企业和个人的行之有效的方法。

二是接近准备。接近准备即推销人员在接近某一潜在顾客之前进一步了解该顾客情况的过程。它有助于制定推销面谈计划并开展积极主动的推销活动,保证较高的推销效率。接近准备的方法很多,如观察、查阅资料、朋友或推销伙伴介绍等。

三是接近顾客。接近顾客指推销人员直接与顾客发生接触,以便成功地进入推销面谈环节。推销人员在接近顾客时既要自信,注重礼仪,又要不卑不亢,及时消除顾客的疑虑,还要善于控制接近时间,把握开启正式面谈的时机。

(二)中期推销开展

一是推销面谈。推销面谈指推销人员运用各种方法说服顾客购买的过程。推销过程中,面谈是关键环节,而面谈的关键又在于说服。常见的说服方式分为两种:一是提示说服。通过直接或间接、积极或消极的提示,将顾客的购买欲望与商品联系起来,由此促使顾客做出购买决策。二是演示说服。通过产品样品或文字、图片、影视资料来劝导顾客购买商品。

二是处理异议。顾客异议指顾客针对销售人员提示或演示的商品提出的反面意见和看法。处理顾客异议是推销面谈的重要组成部分。推销人员必须首先认真分析顾客异议的类型及产生的根源,然后有针对性地进行处理。

三是达成交易。达成交易是顾客购买的行动过程。推销人员应把握时机,促成顾客的购买行为。达成交易的常用策略有:①优点汇集成交法。把顾客最感兴趣的商品特点或从中可得到的利益汇集起来,在推销结束前,将其集中再现,促成购买。②假定成交法。假定顾客已准备购买,然后询问其所关心的问题,或谈及其使用某商品的计划,以此促进成交。③优惠成交法。通过提供成交保证,如包修包换、定期维修等,克服顾客使用产品的心理障碍,促成购买。

(三)后期推销跟踪

跟踪服务是指推销人员为已购商品的顾客提供各种售后服务。跟踪服务是人员推销的最后环节,也是新推销工作的起始点。跟踪服务能加深顾客对商品的依赖,促成复购。同时,通过跟踪服务可获得各种反馈信息,这不仅为企业决策提供了依据,也为推销人员积累了经验,从而为开展新的推销活动提供广泛而有效的途径。

三、国际市场推销人员的选择

现代企业的健康快速发展离不开人才的输送系统,人才就像身体里的血液,只有持续不断更新,整个人才会焕发出活力,保持干劲。尤其是销售类型的岗位,本身流动性就比一般的岗位要高,这就要求企业在挑选推销人员时,要充分考虑人员与岗位的适配性。通常来讲,企业主要从以下几个方面考虑国际市场推销人员的选择问题:

一是了解企业情况。推销人员必须对所代表的企业进行全面了解。熟悉企业发展史,对企业历年财务、人员及技术设备状况都了如指掌,因为这些信息都有助于增强顾客对推销人员的信任感。此外,推销人员还必须掌握企业的经营目标和营销策略,并能够灵活运用和解释它们,还应学会巧妙运用统计数据来说明企业的地位,力争在顾客心目中树立起良好的企业形象。

二是了解产品情况。推销人员应全面了解产品从设计到生产的全过程,熟悉产品的性能、特点、使用方法、维修方法,熟知产品的成本、费用、出厂价格;还应全面掌握产品种类和设备状况、服务项目、定价原则、交货方式、付款方式、库存、运输条件等。另外,还必须了解竞争产品的情况。

三是了解客户需求。推销人员一方面需要了解顾客购买产品的可能性及希望从中得到的利益,另一方面还需要了解顾客的购买决策依据以及顾客的购买条件、方式和时间,深入分析不同顾客的心理、习惯和要求。

四是具备良好的文化素质。在文化素质方面,推销人员要掌握的相关知识主要包括营销策略、市场供求情况,以及潜在顾客数量、分布、购买动机、购买能力等,除此之外,还应在文学、艺术、地理、历史、哲学、自然科学、国际时事、外语等方面充实自己。推销人员也应具备相应的法律素质,工作中要有强烈的法律意识和储备丰富的法律知识。推销工作是一种复杂的社会活动,受到一定的法律法规制约。在推销过程中,推销人员应注意自己的言行是否合法。

第三节　国际市场广告宣传策略

一、国际广告的含义及特点

国际广告是国际营销活动发展的产物。为了配合国际营销活动,企业会以本国的广告发展为起点,逐步开展世界市场的广告宣传,使出口产品能迅速地进入国际市场,为产品赢得声誉,扩大产品的销售,达成销售目标。国际广告通常是指广告主通过国际性媒体、广告代理商或其他国际营销渠道,对进口国家或地区的特定消费者所进行的有关商品、服务或观念的信息传播活动。

同国内广告相比,由于不同的国家和地区有不同的社会制度、政策法令、消费水平和结构、传统风俗与习惯、自然环境、宗教信仰,以及由此形成的不同消费观念及市场特点,国际广告具有以下一些明显的特点:

(1)跨文化传播:国际广告需要考虑不同文化之间的差异,避免因语言、价值观、信仰等因素而引起误解或冲突。广告内容和表达方式必须在不同文化中都能够被理解和接受。

(2)语言和文化适应:国际广告内容通常需要进行翻译和调整,以便在目标市场的语言中传达相同的信息。此外,国际广告中使用的符号、图像和隐喻也应与当地文化相契合,避免可能的误解或冒犯。

（3）全球一致性和本地个性：在保持品牌的全球一致性的同时，国际广告也需要在不同地区展现一定的本地个性。这意味着广告可能需要根据不同地区消费者的偏好和习惯进行微调。

（4）跨越时区和地理位置：国际广告需要考虑不同地区的时差和地理位置。广告的发布时间和频率应在各个市场中都最大化地影响目标受众。

（5）遵循法律和法规：不同国家和地区有不同的法律法规和行业标准，国际广告需要确保遵循当地的法律规定，以避免引起法律纠纷。

（6）跨媒体平台：国际广告需要在不同的媒体平台上传播，包括电视、广播、印刷媒体和社交媒体等。各个媒体平台的特点和受众也需要被考虑在内。

（7）全球趋势和局部需求：国际广告需要在全球趋势和局部需求之间取得平衡。广告创意和信息应与当地市场的趋势和需求相符，同时也要与品牌的全球定位一致。

（8）文化敏感性：国际广告应尊重不同文化的价值观和敏感性问题。避免使用可能引发争议或冲突的内容，以及避免贬低、歧视或刻板印象的表达。

（9）跨国团队协作：制作国际广告通常需要多个国家的团队合作。有效的协调、沟通和合作对于确保广告在全球范围内的一致性并取得成功至关重要。

可以说，国际广告的成功取决于企业对多元文化、多样性和全球化的理解，以及对不同国家和地区市场的敏感性和适应性。这需要深入的研究、具备跨文化沟通技能以及灵活性来应对各种挑战和变化。

拓展阅读

可口可乐的广告成功学

可口可乐是全球最大的饮料企业之一，其广告营销活动在全球范围内备受关注。可口可乐以其标志性的红色和白色标识、独特的广告文案和创意广告活动闻名于世。在国际市场上，可口可乐致力于为消费者提供愉悦的体验，通过广告传达积极正面的情感，带给消费者畅快的感受。

可口可乐的广告策略主要包括以下几个方面：

（1）品牌标志展示：可口可乐广告中经常出现企业标志性的红色和白色标识，这一视觉元素成为品牌的重要识别特征。无论在哪个国家，消费者看到这一标志都会立即将其与可口可乐品牌联系起来。

（2）情感化表达：可口可乐广告注重情感化表达，通过诙谐幽默、温馨感人、激励人心的广告创意，吸引消费者的注意力并打动他们的心。这种情感化的广告表达方式使可口可乐更加亲近消费者，加深消费者与品牌之间的情感联结。

（3）关注文化差异：在国际市场上，可口可乐会根据不同国家和地区的文化特点与消费者习惯，调整广告内容和表现形式。例如，在某些国家的广告中可能会突出当地的文化元素和生活方式，以更好地吸引当地消费者。

(4)社会责任宣传:可口可乐致力于承担社会责任和推动可持续发展,因此在广告中也会体现出企业的社会责任宣传。例如,可口可乐曾推出过"环保"和"公益慈善"等主题的广告活动,向广大消费者传递积极向上的价值观。

通过以上广告策略的执行,可口可乐在国际市场上开展了许多广受好评的广告活动。以下是可口可乐在国际市场上的几个广告案例:

(1)"Open Happiness"(畅爽开怀)广告活动。"Open Happiness"是可口可乐在国际市场上的标志性广告活动之一。该广告活动通过诙谐轻松的故事情节、动人的音乐和色彩丰富的画面,向观众传达出快乐的主题。这个广告活动在全球获得了巨大成功,深受消费者喜爱。

(2)"Share a Coke"(分享一瓶可乐)广告活动。"Share a Coke"是可口可乐针对不同国家和地区推出的广告活动。该活动以消费者个性化定制瓶身的方式吸引了消费者的注意力,同时也倡导与朋友和家人分享快乐的理念。这个广告活动在全球取得了良好的反响,增强了可口可乐与消费者之间的互动和情感联系。

(3)FIFA世界杯合作广告。可口可乐与FIFA世界杯的合作始于20世纪80年代,至今已持续了数十年。在每届世界杯比赛期间,可口可乐都会推出针对世界杯主题的广告活动,与足球粉丝分享欢乐和激情,同时向世界展示可口可乐作为全球知名品牌的形象。

综上,可口可乐在国际市场上的广告活动充分体现了品牌的价值观念、情感化表达和文化多样性,同时也展现了企业对社会责任和可持续发展的承诺。可口可乐的广告策略和活动为企业在国际市场上树立了积极的品牌形象,吸引了众多消费者的关注和喜爱。

资料来源:作者根据可口可乐官方网站信息整理。

二、国际广告目标决策

国际广告目标决策涉及在不同国家或跨文化环境中制定广告活动的目标和策略。其特点包括:第一,文化适应性。不同国家和文化具有不同的价值观、信仰和习惯,国际广告目标决策需要适应这些差异,确保广告内容在不同文化中能够产生预期的效果。第二,目标多样性。企业在不同国家会面临不同的市场需求和品牌目标,因此在国际广告目标决策中需要制定适应各个市场的目标,以满足不同市场的需求。第三,品牌一致性。尽管目标因市场而异,但在不同国家中保持一致的品牌形象和价值观仍然很重要。国际广告需要在传达品牌价值观的同时,适应各个市场的需求。

国际广告目标决策为企业的发展带来了很多机会:一是有利于企业接触开阔的全球市场。国际广告能够让企业在全球范围内宣传和推广产品或服务,进一步扩大市场份额,实现全球化的商业目标。二是有利于企业利用多样的文化创意进行营销。跨文化环境为创意提供了更大的发挥空间,国际广告可以巧妙地结合不同文化元素,创造独特的广告内容,在各个市场中引起共鸣。三是有利于企业进行学习和创新。通过国际广告活动,企业可以学习不同市场中的最佳实践并将其应用于其他市场,这种知识的跨国传递有助于创新广告策略。四是有利于企业扩展受众面。国际广告允许企业与不同文化背景、语言和消费习惯的受众互动,进而增加品牌的多样性和建立包容的企业形象。五是有利于企业提升自身品牌价值。在多个国家中展示一致的品牌形象可以增强品牌的认知度和价值,为品牌在全球范围内建立稳固的存在感。

但实际上,由于地区间文化、法律、市场条件等因素的不同,国际广告目标决策也面临着很多挑战。第一,不同国家和地区有不同的文化、价值观、信仰和习惯,国际广告可能因这些差异而被误解、冒犯或无法达到预期的效果。此外,不同国家有不同的语言,即使是使用英语作为全球商务通用语言,也可能因为不同地区的用词、口音和语法差异而导致误解。第二,不同国家有不同的法律和法规,特别是在广告内容、隐私保护和消费者权益方面。国际广告活动需要遵守各国的法律,这可能需要事前进行复杂的法律分析和调整。第三,每个国家的市场都有其独特的特点,包括竞争格局、消费者行为和购买习惯,如何获取并解读这些市场洞察对于制定有效的国际广告策略至关重要。

综上所述,国际广告目标决策既带来了挑战,也提供了丰富的机会。成功的国际广告策略需要深入了解各个市场的特点,根据不同的文化和环境因素制定灵活的目标和策略,以实现有效的品牌传播和市场拓展。

三、国际广告预算决策

国际广告预算决策涉及为广告活动分配资金,以在跨国或跨文化环境中有效传达广告信息。国际广告预算决策受下列因素影响:一是汇率风险。不同国家的货币汇率波动可能影响广告预算的实际值,预算决策需要考虑如何应对汇率波动可能带来的影响。二是市场不确定性。不同国家的市场环境受政治、经济和法律等因素影响,这可能导致市场不确定性。预算决策需要具备灵活性,以应对不确定的因素。三是效益平衡。预算需要在不同市场之间合理分配,以实现广告活动的最佳效果。这可能需要权衡投入与产出之间的关系。四是文化差异。不同文化对广告的反应可能不同,这可能影响广告预算的分配,因此需要考虑不同市场的文化因素。五是创新投资。国际广告预算也可以用于支持创新性的广告策略,如尝试新的广告媒体、创意形式等,以提升品牌形象。

国际广告预算的合理分配可以帮助企业进一步提高市场份额,进入新的国家或地区,实现全球业务增长。同时,在不同国家或地区,广告活动的投入与产出之间的关系可能不同,通过精确地分配预算,企业可以在各个市场中最大程度地提高国际广告效果,获得最佳的回报率。合理的国际广告预算通过定制不同文化和市场的广告策略,有助于企业在不同地区建立更强大的品牌认知。此外,在数字化时代,国际广告预算决策可以基于数据分析来做出。不同市场的消费者反应和市场趋势数据可以指导预算的分配,以实现更精准的广告投放。

综上所述,国际广告预算决策需要充分考虑各种机会和挑战。通过深入了解每个市场的特点、发展趋势、文化因素以及数字化程度,企业可以更好地制定合适的国际广告预算策略,从而在全球范围内取得成功。

四、国际广告信息决策

制定完广告目标和预算后,下一步就是设计广告内容,即拟定广告信息决策。广告信息是指在广告中包含的关于产品、服务或品牌的信息,是企业决定要向目标受众传达的主要内容,该内容通过文字、图像、音频、视频等形式呈现,是广告人发挥创意之所在。

（一）广告信息表现方式

在信息决策的执行上,可视广告目标需要采取不同的表现方式来呈现广告信息,以下仅列出几种常见的广告信息表现方式:

(1)生活片段。将使用产品的场景融入目标消费者的实际生活场景中,使消费者感到真实、具有说服力。例如,汰渍洗衣液广告展示了将小孩沾满污渍的衣服清洗干净的情景。

(2)生活方式。强调产品本身适合某种生活方式的人。例如,美国知名户外品牌 The North Face 的目标消费者主要是喜爱户外活动的人群,其广告场景多位于山林之中。

(3)音乐。在广告中加入大量音乐元素,制作出具有独特记忆点的广告歌曲,甚至在歌曲中反复强调产品名称,例如可口可乐广告曲。

(4)科学证明。借由科学实验或调查证明等方式,表明产品功效。例如,佳洁士牙膏广告中提出大量科学实验证据,证实其有防蛀、美白等效果。

(5)名人代言。找寻符合品牌定位的知名人士拍摄代言广告,借由名人的影响力来建立产品在消费者心中的品牌价值,增强广告可信度。例如,劳力士旗下的腕表品牌帝舵找到钟爱各式腕表并具一定身份地位的足球球星贝克汉姆代言,突显帝舵腕表的气质与魅力。

(6)产品展示。在广告中清楚地展示产品特性。例如,戴森吸尘器广告中,镜头特写其高速数码马达驱动下的强劲吸力,瞬间吸起地毯深处的碎屑等顽固垃圾。

(7)比较。在广告中将两个或多个品牌的相同产品放在一起比较,通过直接比较(提到竞争者品牌名称)或间接比较(不指明对方的具体品牌)来凸显自身品牌的优异性,例如经典的可口可乐与百事可乐广告战。

在传达广告信息时,应注意运用适当的表现手法,提升广告效果,使广告引人入胜,并将信息有效地传递给目标受众。

（二）广告信息传播策略

与国内广告信息决策不同的是,由于国际广告面向的主体是国际市场消费者,如何制作出能在跨文化、跨国家的传播中有效发挥宣传作用的广告,是企业要考量的重要问题。据此,国际营销中的广告信息传播策略可分为标准化广告策略和适应性广告策略。

1. 标准化广告策略

标准化广告策略指在跨国营销的广告活动中,对同一产品采用统一的广告的策略。标准化广告策略的核心思想是在不同国家使用相同的广告主题和创意,这意味着广告内容、标语等信息在全球范围内基本保持一致,尤其体现在广告用语上,例如耐克的"Just do it"(勇往直前)、麦当劳的"I'm lovin' it"(我就喜欢),这种策略通常适用于产品或品牌具有高度一致性和普遍性的情况。

标准化广告策略可以节省制作多个本地化广告的成本,设计一种广告内容可以在多个市场使用,以减少企业的广告费用。这种策略还有助于建立全球品牌一致性,塑造品牌的统一形象,使消费者在不同国家能够轻松识别该品牌。

然而,标准化广告策略容易忽略市场之间的差异性,使广告针对性不足,无法有效发挥传播效果,甚至会触犯文化禁忌。

2. 适应性广告策略

适应性广告策略又称本土化广告策略,是针对特定目标市场,为迎合不同消费者需求而开展的广告宣传的策略。适应性广告策略强调在不同市场中适应当地文化、语言和价值观,了解目标市场的文化特点,确保广告信息不会与当地文化观念相冲突,这可能需要对广告的图像、音乐、符号和色彩进行调整。同时,还应将广告的文字内容准确翻译成当地语言,考虑使用当地的口语、俚语和语言风格,以便更好地与当地消费者建立联系。

与标准化广告策略相对,实行适应性广告策略时企业对各国市场的广告宣传效果较难控制,甚至可能出现广告之间相互矛盾,影响企业品牌形象的情况。

如今,在拟定广告信息决策时,企业往往不会单一地选择标准化策略或适应性策略,而是根据市场情况将两者结合。为了在控制成本的同时兼顾各地市场,一般企业总部会提出一套广告信息的主题和规范,再由各地子公司、分部基于该广告主题,结合当地市场情况稍作改变。

总之,无论进行何种决策,在制作国际广告时都需要经过严谨的规划,以达到有效传达产品信息、提升产品与品牌知名度、吸引消费者的效果,并确保其产品在全球市场中取得成功。

五、国际广告媒体决策

国际广告媒体的选择种类有很多,大致可分为印刷广告、电视广告、广播广告、互联网广告、户外广告等。在广告媒体决策过程中,选择的媒体渠道除了受到预算约束,往往还会因目标市场特性、不同国家的审核规范而异。例如,为对抗儿童肥胖问题,英国禁止在以16岁以下未成年人为客群的电视节目上播放含高油、高糖、高盐的垃圾食物广告,而随着消费者行为的改变,广告商转而将这类广告投放在互联网上。

1. 印刷广告

主要的印刷媒体有报纸、杂志。报纸广告通常以新闻报纸为载体出现,覆盖面广且具有较强的实时性、可读性,可用于传达实时信息或特价促销等广告内容,最大的优点是制作成本低廉。然而报纸广告的有效时间相对较短,传阅者也较少。

杂志广告是在本地或国际杂志上刊登的广告。广告商可以选择将广告刊登在特定主题风格的杂志上,锁定其固定的读者群,将信息准确地传递给目标受众。杂志广告的内容专业性较强,有效时间也较长。

2. 电视广告

电视仍然是全球最重要的广告媒体之一,它能够将广告呈现在数量庞大的消费者面前,并通过生动的视听呈现方式有效吸引观众注意。电视广告的缺点也很明显,它的制作成本高,在电视上播放费用高昂,许多中小型企业难以负担。另外需要注意的是,不同国家的电视媒体有不同的特点,需要根据目标市场的电视审核规范和观众习惯来选择适当的电视频道与播放时间。

3. 广播广告

广播广告是指以无线电或有线广播为媒体向大众传播信息的广告。听众不受时间、地点限制,可以收听到最快最新的广告信息,且广播广告成本低,制作方便,重要信息重播频率高。缺点是广播广告难以保存,缺乏视觉上的刺激,不如电视广告那样让人印象深刻。

4. 互联网广告

相较于传统媒体,近年来互联网广告的投放比例大增,逐渐成为主流广告媒体,这种广告的覆盖面极广,全球流通,同时便于数据分析以进行精准投放及广告效果评估。以下是几种常见的互联网广告形式:

(1)搜索引擎广告,指通过在搜索引擎上购买广告位置,使广告能在用户输入相关关键字时显示在结果页面的推广方式。Google Ads(谷歌广告)是搜索引擎广告营销最常用的平台之一。

(2)社交媒体广告,指在社交媒体平台如推特、微博上投放广告的方式。社交媒体广告具有庞大的用户群体和精准的定位能力,能够针对目标受众进行定向广告投放。

(3)视频广告,指在视频分享平台上购买广告时间以实现推广的方式,常见于油管、抖音等平台。视频广告通常在短时间内输出生动形象的广告内容,容易吸引用户的注意力。

(4)电子邮件广告,指通过发送电子邮件来传送广告信息给潜在客户或现有客户。常见的方式是利用注册用户邮件列表,将用户订阅的电子刊物和定期资讯更新合并发送。

5. 户外广告

户外广告是指在地铁车厢、公交车站、城市道路旁、建筑物等地,以电子显示屏、展示牌等载体设置的广告。户外广告可以在公共场所接触到大量人群,发布时间长,视觉冲击力强,对于创建品牌认知和增加曝光非常有效。纽约时代广场就是户外广告设立的著名代表地,汇聚了全球各地的品牌广告。

广告媒体选择繁多,企业及广告人员应全面地考量目标受众的媒体习惯、产品特性、信息特性以及成本,选择最适当的媒体渠道,以最大化广告效果。

六、国际广告效果评估

广告效果评估是企业在多个国家或地区运营时必须进行的关键步骤之一,用于评估在不同国际市场中投放的广告效果,主要包括信息传递效果和销售效果,以确保广告活动能够达成预期目标和取得成功。

(1)设定目标。企业在制作广告前首先需要明确广告活动的目标,包括提高品牌知名度、增加销售、扩大市场份额等。

(2)确定效果评估指标。根据设定的目标,企业需要确定一系列的效果评估指标,如点击率、转化率、销售增长等,用来量化广告活动的成功程度。

(3)收集数据。收集相关的数据是评估广告效果的关键步骤,这些数据可以来自不同渠道,包括广告平台数据、市场研究、消费者反馈等。在国际广告中,需要确保数据收集方法在不同市场之间保持一致,以便进行比较和分析。

(4)分析效果。对收集的数据进行详细分析,以评估广告活动的效果。这可能涉及比较不同市场之间的表现,分析市场间的趋势和模式,并确定哪些策略在不同市场中表现最佳。

(5)优化策略。基于效果分析的结果,企业可以对其国际广告策略进行优化调整,以改进未来的广告营销活动,包括对广告信息、媒体选择、目标受众定位等方面的改进。

(6)监测与追踪。广告效果评估是一个持续的过程,企业应定期监测与追踪广告活动的效果,以确保它们符合预期目标,并根据需要进行调整。

第四节 国际市场营业推广策略

一、国际市场营业推广的含义及特点

除人员推销、广告和公共关系以外,在较大的国际目标市场上,企业为了刺激需求并扩大销售,往往还会采取营业推广手段。营业推广是指企业通过多种传播手段提升品牌认知度、塑造形象的综合推广活动。诸如发放优惠券、赠送样品、开办商品展览会等都属于营业推广手段。

国际市场营业推广具有以下几种特点:

(1)短期见效且效果显著。与广告往往需要长时间的推动不同,在实行营业推广活动时,通常来说,只要企业选择有针对性的营业推广方式,就能快速获得销售增长。

(2)它是一种辅助性的促销手段。大多数营业推广方式都是非常规且不定期的,虽然短期内效果显著,但通常仍需要与人员推销、广告和公共关系这些常规性促销手段结合使用。营业推广的适当运用能增进其他促销手段的效力,发挥其辅助作用。

（3）营业推广可能造成贬低产品价值的负面结果。使用营业推广的促销方式往往能激发消费者的购买欲，然而，若使用太过频繁或者选择的方式不当，则可能导致消费者产生卖方急于出售产品的感受，引起其对产品质量和价格的怀疑。因此，企业对实行营业推广的时机把控和方式选择十分重要。

二、国际市场营业推广的方式

国际市场营业推广的方式可以根据推广对象和推广目标的不同分为以下三种：

1. 针对消费者的营业推广

就消费者而言，企业进行营业推广是为了吸引新顾客试用产品、争夺其他品牌的顾客，同时留住老顾客。具体包括如下推广形式：

（1）赠送礼品、样品：赠送小礼品或产品样品，可以激发消费者的兴趣，促使其试用和购买。

（2）优惠券：提供折扣优惠券，可以吸引价格敏感的顾客，促使其产生购买意愿。

（3）附送相关商品：通过附送相关商品，可以增加产品的购买价值；此外，搭配销售相关产品，亦可提高交叉销售的机会。

（4）商品展销：举办国际性或本地化的商品展览会，在展览会上可以展示企业的产品，进行说明并现场演示，吸引与会者（包括消费者和中间商），同时可以配合提供限时特价和特别优惠，促使顾客参观和购买。

2. 针对中间商的营业推广

向中间商推广是为了鼓励中间商大量进货，持续经销该企业产品。具体包括如下推广形式：

（1）交易折扣：针对中间商大批量进货的情况，可以提供数量折扣，以鼓励更多采购。此外，在商品淡季等特定时间段内，可以向中间商提供额外的折扣优惠，以刺激销售。通常企业还会向具有稳固长期合作关系的中间商提供长期折扣待遇。

（2）津贴：向中间商提供广告补贴或资金支持，促使它们在市场上更有效地宣传和销售企业产品。针对特定地区或市场的中间商，企业可以提供额外的津贴，以鼓励中间商在这些关键市场上进行推广活动。

3. 针对推销人员的营业推广

向推销人员推广是为了鼓励推销人员积极推销产品，开拓新的市场。具体包括如下推广形式：

（1）销售竞赛：通过定期举办销售竞赛，激发推销人员的竞争精神，以提高销售业绩。在竞赛中可以设置奖金、奖品或者其他奖励，以激励推销人员更积极地销售产品。

（2）免费推销培训：提供免费的推销培训机会，可以提高推销人员的销售技能和知识储备。这些培训可以涵盖产品知识、销售技巧、客户沟通等方面，帮助推销人员更好地理解产品，并提高他们的销售能力。这种面向内部的营业推广方式，不仅有助于个体推销人员的职业发展,还可以提升整个销售团队的综合素质,从而实现更出色的销售业绩。

三、国际市场营业推广策略的制定

营业推广的促销效果通常是显著的,但是如果使用不当,可能适得其反,甚至损害企业在国际市场中的形象,影响长期利益。因此企业在制定国际市场营业推广策略时,要结合产品、市场等方面的情况,确定推广的目标,选择适当的推广方式,还要考虑具体的推广期限、规模和预算。

(1)确定推广目标:营业推广目标的确定,是指要明确推广的对象是谁,企业所希望达到的目的是什么。推广目标应依据企业的国际市场战略以及产品在国际市场上的生命周期来制定。

(2)选择推广方式:营业推广的方式有很多,企业应在综合考量产品的特性、消费者的购买习惯和动机、市场状况、其他竞争者的动态后,选择最有效的营业推广形式。

(3)设置推广期限:营业推广的期限是否合理,对促销效果的影响重大。如果推广时间过短,消费者容易错过消息,导致未在特定期限内购买产品而错失优惠或者其他好处,企业也无法达到最佳促销效果;反之,如果推广时间过长或者过于频繁,使消费者感到习以为常甚至厌烦,这种促销手段对于刺激消费者需求的作用就会减小,不利于促使消费者迅速做出购买决策。

(4)确定营业推广规模和预算:在确定营业推广规模和预算时,进行成本—效益分析是十分重要的,尤其在国际市场上,推广规模往往更加庞大,情况也更复杂。企业应选择单位推广费用效率最高时的规模,并为整个营业推广活动编制合理的推广预算。

第五节　国际市场公共关系策略

一、国际市场公共关系的主要任务

公共关系(public relations)是一种战略性的沟通和管理活动,旨在建立、维护和改善企业或品牌与其受众之间的关系,以达成一系列的目标,包括提高知名度、塑造品牌形象、建立信任、促进销售、应对危机等。公共关系不仅关注企业与消费者之间的关系,还包括与媒体、股东、员工、政府机构以及其他利益相关者之间的沟通。

作为促销组合的最后一个重要组成部分,公共关系在塑造企业形象和声誉方面起着至关重要的作用。企业在进行国际营销活动时,首先要让目标市场的政府和公众了解并接纳其品牌和产品,才有可能顺利进入该市场。为达到这一目的,公共关系部门应完成好以下主要任务:

(1)维持与媒体的关系。媒体拥有传播信息、引导社会舆论的能力,因此公共关系部门需要建立与当地媒体的良好关系,积极与记者、编辑和媒体机构合作,以确保企业和品牌信息能够得到媒体的有效和正面报道。

（2）协调与政府的关系。企业在走进国际市场的过程中,将面临各个国家和政府的要求或限制,公共关系部门应加强与东道国政府的联系,了解不同国家和地区的相关法规,协调并处理可能发生的利益冲突和政治风险,确保企业在国际市场中能够顺利运营并在政府政策方面保持合规性。

（3）加强与消费者的关系。公共关系的目的是提高产品销量,使品牌长盛不衰。因此,公共关系团队应负责与消费者建立良好的互动和沟通渠道,包括回应消费者的问题、提供有用的信息、参与社交媒体对话以及组织品牌活动等。这种互动可以增强消费者对企业品牌的投入感,促进长期关系的维护。

通过战略性的公关努力,企业可以提升社会大众对其品牌的信任度和支持率;此外,有效的公共关系可以帮助企业应对危机,解决问题,使品牌取得长期成功,因此,公共关系不仅是增进产品销售的一种有效手段,更承担着超越短期促销的长期战略价值。

二、开展国际市场公共关系活动的主要方法

在数字经济时代,新闻和信息能够跨越国界被迅速传播,公共关系的作用变得更加重要。为了塑造品牌形象和声誉,企业可以采用以下几种主要方法开展国际市场公共关系活动:

（1）建立企业识别系统。企业识别系统是指一套用于建立统一的企业品牌形象,并有意识地向公众传播,加深公众印象的设计和管理系统。它包括统一的标志、色彩、字体、图形等视觉元素,以及企业统一的经营理念。通过创造特殊的企业识别系统,可以使企业在不同市场上呈现一致的品牌形象,给公众留下深刻的印象,起到潜移默化的宣传效果。

（2）创造有价值的新闻。公关人员可以撰写与企业品牌相关的新闻稿件,策划有传播价值的新闻事件,吸引媒体关注和引发大众讨论,以提高企业在国际市场上的知名度。

（3）进行社交媒体管理。在社交媒体盛行的时代,公关人员可以有效利用社交媒体平台,与国际受众互动,分享企业品牌的故事、成就和最新消息。这有助于企业建立一个全球社区,并提高品牌的本地化水平。

（4）参与社会公益活动。积极参与社会公益事业,例如资助贫困地区、赞助公益活动等,可以加强企业与社会的联系,树立良好的社会形象,并提高在国际市场上的声誉。

（5）进行公开演讲和其他活动。公共关系部门可以举行一些特殊的活动来吸引公众注意,例如在产品正式上市前召开新闻发布会,举办介绍产品和技术的展览会、研讨会,或由企业高层领导出面参加国际性的会议和论坛、发表演讲,分享专业知识和见解。这些活动有助于引起公众对企业及其产品的关注,也有助于提升企业的声誉。

（6）撰写文字宣传材料,如企业的年度报告、独创刊物、文章等。通过发布这些宣传材料,企业可以向目标受众传达品牌和产品的相关信息,使公众了解企业的经营现状和产品特色。

三、企业危机公关

危机公关是企业在国际市场公共关系中的一个重要战略领域,它旨在处理和应对企业在国际市场上可能面临的各种危机和负面事件。这些危机和负面事件可能包括产品缺陷、环境问题、不道德行为、法律诉讼、品牌侵权、其他市场竞争等。在国际营销中处理企业危机公关的关键策略和做法主要分为三个阶段,分别为危机预防和准备、危机处理、危机善后和改进。

1. 危机预防和准备

所谓防患于未然,最好的危机管理方法是预防危机的发生。在危机发生前应开展的工作包括:

(1)预测潜在的危机事件,并进行分类,制定对应的危机应变处理计划,进行演练、训练宣导等,以检查其有效性。

(2)建立内部危机管理团队,组织危机应变小组,明确各种危急情况的负责人及联系方式,并确保整个组织的成员都了解危机管理的程序和责任。

(3)发现并解决潜在的危机,在酿成大祸前将其有效化解。可以通过定期监测社交媒体、产品反馈、消费者投诉等来找到问题。

2. 危机处理

当危机已经发生时,企业应立即采取行动,避免情况进一步恶化,将损害降到最低。主要做法包括:

(1)及时通报相关单位并进行回应。确保事实快速传达给内部危机应变小组和媒体等外部利益相关者,提供真实、透明和实时的信息,以遏制传言和误导性信息的传播。

(2)建立有效的沟通渠道。根据危机性质和严重程度选择适当的媒体渠道,举行说明会,安排清晰的信息发布流程,以确保信息的一致性和可控性。采取积极的应对姿态,以坦诚、负责任的态度直面问题。

(3)管理利益相关者。识别和优先考虑关键的利益相关者,如股东、顾客、员工、政府机构、媒体和社会团体。与利益相关者建立开放、诚恳的关系,诚挚地道歉并倾听他们的诉求与建议,进行赔偿或回应其他需求。

3. 危机善后和改进

危机平息后,企业应采取进一步的善后处理,检讨危机发生原因并检视处理过程是否有需要改进的地方。后续工作应包括:

(1)危机责任的厘清与处置。企业需要确定危机的责任归属,是否内部错误、外部因素或无法预测的变故所致。这有助于确定后续处置措施,例如追究负责人的责任或改善内部管理方式。

(2)评估和反思。审视危机处理过程中所采取措施的有效性,并提出改进与调整建议。

（3）更新危机应变处理计划。从危机中吸取经验，提高未来应对危机的能力，以保证再次面临危机时能够妥善处理，并迅速重振企业的形象与声誉。

拓展阅读

比亚迪数字营销策略的应用

随着全球对节能减排的需求日益增加，新能源汽车市场在过去十年中迅速发展。2023 年全球新能源汽车销量超过 1 400 万辆，其中中国新能源汽车销量占比近 65%。当前正是我国新能源汽车市场发展的关键时期，国际市场需求及技术进步为我国汽车产业的转型升级带来了机遇。作为我国代表性的新能源汽车企业，比亚迪不断拓展海外业务，以其创新的技术和全面的市场策略，逐渐在国际市场上建立了不可忽视的地位。

在同样蓬勃发展的新媒体环境下，传统营销模式的作用逐渐降低，本案例将以比亚迪为例，分析新能源汽车企业如何运用数字营销策略适应不断变化的市场需求，利用数据分析、社交媒体营销以及多平台网络广告等方式来提升品牌认知度，增强与消费者的互动，最终驱动销售增长，从而在竞争激烈的新能源汽车市场中保持领先。

（一）比亚迪的数字营销策略

1. 社交媒体营销

通过社交媒体平台，企业不仅能更快速地响应市场需求和消费者反馈，还能有效建立品牌形象并提升品牌知名度。比亚迪的社交媒体营销策略有：

（1）平台推广：通过活跃于微博、微信、抖音、推特等平台，在这些平台上发布新产品广告、创新技术介绍、企业新闻，将品牌和产品信息准确传递给目标受众。

（2）互动营销：组织话题讨论、线上问答、直播活动等，以增加用户参与感。

（3）与 KOL 合作：与汽车界的 KOL 合作，分享试驾体验、新车测评，利用他们的专业影响力和粉丝群体，提升品牌的知名度和认可度，扩大消费者基础。

2. 搜索引擎优化

比亚迪在搜索引擎优化上投入了大量资源，针对"新能源汽车""电动汽车"等关键词进行优化，同时优化网站结构、提高页面加载速度和内容质量，以确保其网站及广告在搜索结果页中的高排名，提高转化率和用户体验。

3. 数据分析与个性化内容营销

比亚迪通过收集并分析大量用户数据来深入了解其目标受众，例如分析用户行为、购买历史和个人偏好，创建个性化的营销内容，针对不同的用户群体推送定制化的广告信息和促销活动。

4. 移动互联网营销

随着移动设备的普及，比亚迪也将推广重点放在了移动互联网上。

（1）移动优化：确保网站在各种移动设备上都能流畅运行，优化访问网站的用户体验。

（2）开发应用程序：开发移动应用程序，提供在线预约试驾、实时客服咨询和售后服务等功能。

（3）推送通知：通过短信、邮件和应用程序等推送重要通知和优惠信息，包括促销活动、新产品发布和品牌活动等，与用户建立紧密联系，有效提升用户参与度及品牌忠诚度。

（二）"BYD World"（比亚迪元宇宙）虚拟展厅

2023 年 7 月，比亚迪与人工智能和元宇宙企业 MeetKai 合作推出了名为"BYD World"的虚拟互动平台，旨在通过数字技术革新传统的汽车营销和品牌互动模式，连接实体世界与元宇宙空间，为用户提供前所未有的沉浸式体验。用户可以通过网页进入该平台，访问数字虚拟展厅，进行车辆配置和虚拟试驾；此外，该平台也提供一系列个性化服务，例如人工智能驱动的虚拟顾问，在用户使用过程中提供个性化的引导。

这是一种极为新颖的营销和互动方式，除了国际车展、社交媒体平台等渠道，比亚迪还通过整合尖端的人工智能和元宇宙技术，重新塑造用户对品牌的感知和互动方式，为消费者提供全新体验，使品牌与消费者之间的互动更加紧密，增强了品牌吸引力，促进了销量增长。这种策略不仅展示了比亚迪在技术创新上的实力，更反映了其在汽车行业未来发展方向上的战略眼光。

（三）成功关键

比亚迪在新能源汽车市场中取得显著成就的关键因素主要在于其前瞻性的技术创新、深入的市场洞察以及新颖的营销策略。比亚迪对市场动态的敏锐感知和对消费者需求的深入理解，使其能够快速适应市场变化并有效应对同业竞争，其对社交媒体平台等广告投放渠道的灵活运用更极大地提高了品牌的曝光度及用户参与度。

随着全球对可持续发展的需求增长，新能源汽车行业的竞争只会更加激烈，要想拓展国际市场，还须针对不同地区的文化和消费习惯，进一步细化营销策略，实现更精准的市场定位和产品差异化，以满足全球消费者的多元化需求，在数字时代的竞争中赢得先机。

资料来源：作者根据比亚迪官方相关资料整理。

本章小结

1. 销售促进实质上是一种沟通活动，即营销者（信息提供者或发送者）发出作为刺激物的各种信息，把信息传递给一个或多个目标对象（即信息接收者，如听众、观众、读者、消费者或用户等），以影响其态度和行为。

2. 促销的步骤包括调研和收集信息，明确促销目标，确定促销产品，选择促销策略和工具，确定促销时间，选择促销媒介，制定促销预算和进行成本毛利分析，设计促销活动。

3. 营业推广是指企业通过多种传播手段提升品牌认知度、塑造形象的综合推广活动。

4. 公共关系是一种战略性的沟通和管理活动,旨在建立、维护和改善企业或品牌与其受众之间的关系,以达成一系列的目标,包括提高知名度、塑造品牌形象、建立信任、促进销售、应对危机等。

5. 国际营销中处理企业危机公关的关键策略和做法,主要分为三个阶段:危机预防和准备、危机处理、危机善后和改进。

思考题

1. 阐述促销的实质和步骤,以及国际市场促销的特点。

2. 分析国际市场人员推销的功能、任务和步骤,以及企业应如何选择和管理推销人员。

3. 比较国际广告的标准化策略和适应性策略的优缺点,说明企业应如何制定国际市场广告策略?

4. 列举国际市场营业推广的方式,并说明企业应如何制定国际市场营业推广策略。

5. 阐述国际市场公共关系的主要任务和方法,以及企业应如何进行危机公关。

案例分析题

传统专业批发市场如何跨越数字鸿沟:珠宝城案例

随着数字技术的普及,全球市场格局加速变化,传统批发市场在数字化浪潮中面临严峻挑战。位于浙江诸暨山下湖镇的华东国际珠宝城(以下简称"珠宝城"),作为全球最大的淡水珍珠集散中心,通过直播电商和国际市场促销创新,成功实现数字化转型,成为传统批发市场开拓国际市场的成功典范。

一、面临的挑战与机遇

珠宝城成立于2008年,依托诸暨作为"中国珍珠之都"的资源禀赋,集生产、加工、集散、物流和贸易功能于一体。然而,随着全球电商平台的崛起和国际买家采购习惯的转变,传统批发市场逐渐丧失吸引力,市场摊位出租率下降至三分之一,商户利润微薄,竞争力急剧削弱。与此同时,数字技术为传统市场开拓国际业务提供了契机,尤其是通过直播电商和区域品牌推广,可以实现全球范围的精准营销。

珠宝城意识到国际市场对珍珠产品的巨大需求,尤其在北美、欧洲等高端消费市场,消费者对高品质珍珠成品和个性化饰品有着强烈的购买意愿。基于这一洞察,珠宝城制定了以直播电商为核心、区域品牌推广为重点的国际市场促销策略。

二、数字化转型与国际市场促销路径

珠宝城在转型过程中,围绕数字化赋能商户、提升品牌影响力和拓展国际市场展开了全面布局。

1. 链接头部直播平台,实现国际流量导入

珠宝城选择与国内淘宝、抖音和快手等头部直播平台合作,并积极探索国际化平台(如 TikTok)的运营模式。通过与抖音联合设立质检中心,珠宝城确保所有出口珍珠产品附带可追溯证书,增强国际消费者对中国珍珠产品的信任。此外,珠宝城借助 TikTok 等平台吸引国际用户流量,并通过双语直播、开设海外专场等形式,为国际消费者提供无障碍的购物体验。

在直播内容方面,珠宝城聚焦国际消费者关注的高端珍珠成品及背后的文化因素,通过主播讲解诸暨珍珠的独特品质和"源头好货"特性,强化产品的文化价值与品质认知。这种直播形式不仅提高了国际消费者的购买兴趣,还有效提升了珠宝城的国际知名度。

2. 多元化产品组合,满足国际市场需求

针对国际市场的多样化需求,珠宝城调整了传统裸珠和半成品的批发模式,转而引入成品化和多元化产品策略。例如,增加珍珠项链、耳环等高附加值产品,并融入水晶、琥珀和翡翠等非珍珠珠宝品类,满足不同文化和消费习惯的需求。此外,珠宝城还开发了珍珠美妆品、珍珠保健品等衍生产品,以捕捉国际市场中的细分需求。

3. 打造区域品牌,开展国际市场促销活动

珠宝城通过区域品牌化策略,将诸暨珍珠与高品质和文化内涵绑定,构建品牌信任。通过与国际知名 KOL 合作,珠宝城在社交媒体和直播间内强化"源头好货"的定位。例如,在 TikTok 平台上,珠宝城与知名主播合作,展示珍珠饰品的佩戴效果,同时讲述诸暨珍珠的文化历史,为国际消费者提供文化与产品兼备的独特体验。

此外,珠宝城借助国际节日(如情人节、圣诞节)推出专属促销活动。主播通过实时互动为消费者提供定制节日礼物建议,结合优惠政策吸引消费者购买。这些活动有效刺激了国际消费者的购买欲望,并增强了珠宝城品牌的国际影响力。

4. 赋能商户,推动国际化直播

珠宝城通过直播电商培训和扶持计划,帮助商户适应国际市场的营销需求。针对海外市场的语言和文化差异,珠宝城为商户提供多语种直播培训,涵盖直播内容策划、跨境物流和售后服务等方面,确保商户能够顺利开拓国际业务。

三、国际促销的成效与启示

珠宝城的国际市场促销策略取得了显著成效。2023 年,珠宝城直播基地的全球销售额突破 195 亿元,其中 30% 以上来自国际市场。通过 TikTok 等平台的国际流量导入,珠宝城吸引了数百万国际消费者参与直播购物,其区域品牌"诸暨珍珠"在北美和东南亚市场获得了较高的知名度和美誉度。

珠宝城的成功经验表明,传统批发市场可以通过数字化和国际化相结合,突破市场局限,实现全球业务扩张,具体方法包括:

(1)借助直播电商等数字化工具,实现全球范围的精准触达;

（2）通过区域品牌打造和文化传播，强化产品的国际市场认知；

（3）针对不同市场需求调整产品组合，满足多样化消费偏好。

资料来源：王颂，张了丹，张涵茹.传统专业批发市场如何跨越数字鸿沟：以诸暨华东国际珠宝城为例[J].清华管理评论，2024（5）：103－109.

思考题：

1. 分析直播电商在国际市场促销中的作用，并讨论企业如何利用直播实现精准触达和高效促销。

2. 结合案例，探讨区域品牌建设在国际市场促销中的重要性以及有效的品牌推广策略。

3. 分析产品组合优化对国际市场促销的意义，并讨论企业如何通过调整产品策略支持国际市场的促销活动。

第十四章
国际市场工业品营销

在国际营销中，国际市场工业品营销的重要性不容忽视。本章着重分析了中国企业"抱团出海"这一独特现象，这一策略不仅响应了党的二十大提出的"构建人类命运共同体"理念，也符合党的二十届三中全会关于深化国际产能合作、促进贸易和投资自由化便利化的精神。通过了解工业品市场的定义和特点、宏观与微观环境，以及相应的国际营销策略，企业能更好地融入国际市场，并具备全产业链拓展能力。

学习目标

通过本章的学习,学生应了解工业品市场的定义、工业品营销的特点,掌握工业品国际营销的宏观和微观环境分析方法,了解工业品国际营销的策略以及实施过程。

⫘⫘⫘ 引导案例

中集海工:复杂产品系统后发企业出海快速追赶

中集海工的母公司中集集团成立于 1980 年,先后在集装箱系列产品、登机桥、能源储运车等物流装备领域打造出二十余项"世界冠军"产品,是一家全球知名的物流装备和能源装备供应商,客户和销售网络遍及全球一百多个国家和地区,具有国际化基因和丰富的并购经验。

2008 年,中集集团通过并购新加坡控股的烟台来福士船业公司进入高端海工装备市场,抓住油气市场繁荣发展的机会窗口发起追赶,并采取"自主可控、开放协同、共生共演"的新型追赶模式。这一模式强调通过市场牵引的资源协同快速集聚全球创新资源,中集海工先通过国际合作成功交付我国首批深水钻井平台并获得国际认可,再逐步构建起自主的研发设计和工程总承包能力体系,最终实现核心技术的自主可控。经过十余年的发展,中集海工已累计交付各类海洋工程装备八十余座,覆盖挪威海域、巴西和西非等全球主要海洋油气产区,成为全球领先的高端海工装备总装企业。

资料来源:郭艳婷,郑刚,刘雪锋,等 . 复杂产品系统后发企业如何实现快速追赶:中集海工纵向案例研究(2008—2021)[J]. 管理世界,2023(2):170 - 185.

第一节　工业品营销概述

一、工业品市场的定义

工业品是一切不直接用于消费的产品,也是为了满足再生产所必需的产品。工业品市场又称生产资料市场,是专注于为企业或生产者提供各类用于生产或经营所需的产品与服务的市场。这个市场覆盖范围广泛,涵盖了从原材料、零部件到设备和工具等的几乎所有非消费品领域,是实体经济中支撑工业生产与经营的关键部分。

在市场需求方面,工业品市场呈现出派生性需求的特征,即其需求往往源于对最终消费品或服务的需求。购买者多为企业或组织,它们在进行采购决策时表现出高度的理智性,会综合考虑价格、质量、性能、售后服务等多种因素。此外,由于工业品的使用周期较长且多为批量采购,因此购买频率相对较低但每次购买的数量较大。

从技术和服务角度看,工业品市场对技术服务有较高的要求。购买者不仅需要产品本身,还期望获得相关的技术支持、培训和维护等全方位服务。同时,随着定制化生产的兴起,许多工业品需要根据客户的具体需求进行个性化生产,以满足其独特的生产或经营要求。

市场细分方面,工业品市场可以根据不同的行业和产品种类进行细分。不同行业对工业品的需求各有不同,而产品细分则有助于企业更精准地定位市场并满足客户需求。

随着全球经济的持续增长和工业化进程的推进,工业品市场的需求将持续扩大。特别是在新兴市场和发展中国家,基础设施建设和产业升级将为工业品行业带来巨大的市场机遇。智能化、数字化技术的发展将推动工业品行业的转型升级,提高生产效率和产品质量。环保和可持续发展将成为工业品行业的重要发展方向,越来越多的企业将致力于开发环保型、节能型产品以满足市场需求并承担社会责任。

二、工业品营销的特点

(一) 个性化服务

工业品的客户通常是组织或机构,它们在采购产品时需要处理大量的信息。在采购过程中,它们不仅需要详细了解产品的技术规格、性能指标和适用范围,还需要评估产品的质量、价格、交货时间以及售后服务等方面的信息。这要求供应商提供详尽的资料和解答各种疑问,以帮助客户做出明智的采购决策。整个对接过程往往非常复杂。从最初的客户需求识别和建立联系开始,销售人员需要花费大量时间与客户沟通,了解其具体需求和要求,并提供相应的产品解决方案。之后,销售人员还需要进行产品演示、技术支持和报价协商,以确保客户对产品有充分的了解并达成交易。在签署合同后,销售人员还要继续跟进,确保产品的生产、交付和安装符合合同约定。此外,售后服务也是关键环节之一。在产品交付和安装后,销售人员需要提供持续的技术支持和维护服务,解决客户在使用过程中遇到的问题,并对客户进行定期回访。这一系列的服务旨在确保客户对产品的满意度,并维护长期的合作关系。整个过程中,销售人员必须与客户保持密切的沟通和协调,以处理可能出现的各种问题,并确保客户的需求得到及时满足。

(二) 购买决策复杂

在工业品的采购领域,决策过程远非简单的一买一卖,而是一个高度复杂且涉及多方利益的综合性活动。这一过程通常由一个高度专业化的跨部门团队精心策划与执行,该团队汇聚了来自不同职能背景的关键成员,包括直接负责采购的购买者、实际使用并评估产品效能的使用者、评估产品对业务成果贡献的收益者,以及站在企业战略高度审视每一笔采购决策合理性的企业决策领导层。

(1)购买者精细考量。作为采购流程的直接执行者,购买者需要细致权衡产品价格与预算的匹配度,力求在保证质量的前提下实现成本最优化。他们密切关注交货时间的准确性,以确保生产或运营活动不受延误影响。购买者还须深入研读并就合同条款进行谈判,确保采购协议的公平、透明,为双方未来的合作奠定坚实基础。

(2)使用者专业评估。使用者作为产品的最终操作与体验者,其意见在采购决策中占据举足轻重的地位。他们更关注产品的技术规格是否满足当前及未来一段时间内的生产或技术需求,操作性能是否便捷高效,以及维护保养是否简便经济。使用者的满意度直接关系到产品的实际效用与生产效率的提升,其专业反馈是优化采购决策不可或缺的一环。

(3)收益者全局把控。收益者通常是企业的管理层或业务部门负责人,他们关注的是产品如何助力企业达成整体业务目标。他们负责评估产品引入后对企业生产效率、成本控制、市场竞争力乃至品牌形象等方面的积极影响,确保采购决策能够为企业带来长远的利益增长。

(4)决策领导层战略审视。站在企业战略高度,决策领导层将采购决策纳入企业整体发展规划,确保每一笔采购都能与企业的长期愿景、市场定位及财务目标相契合。他们考虑的是如何通过合理的资源配置,增强企业的核心竞争力,实现可持续发展。因此,他们在审批采购提案时,会综合考量市场趋势、竞争对手动态、资金流动状况等多方面因素,进而做出最明智的决策。

(三) 供求双方联系紧密

工业品涉及的产品参数和标准通常具有较高的专业性和技术含量。这种专业性体现在产品的技术规格、性能指标、材料要求以及操作标准等方面。工业品往往应用于特定的生产过程或行业,因此其技术要求和标准必须非常精准,以确保产品的适用性和可靠性。由于这些产品的复杂性和专业性,供应商与客户之间的关系通常较为紧密。在采购过程中,客户不仅需要详细了解产品的技术参数和性能,还需要供应商提供技术支持、操作指导和售后服务。这种紧密的关系确保了客户在做出采购决策时能够获得足够的信息和信心,从而做出符合其实际需求的选择。供应商通过这种密切的合作关系,也能够更好地理解客户的需求和反馈,提供定制化的解决方案,并在产品的设计和改进上做出相应调整。这种互动有助于建立长期的合作伙伴关系,增强客户的满意度和客户黏性。

(四) 目标客户群体相对清晰

在工业品市场中,目标客户群体的界定相对清晰,这主要得益于工业品的固有特性及其在行业应用中的高度专业化。不同于面向广泛消费品市场的商品,工业品往往深度嵌入特定的制造或生产流程,承担着推动产业升级、优化生产效率、确保产品质量等核心任务。因此,机械设备、高端自动化系统、精密原材料等工业品自然而然地与一系列具体而明确的行业,如汽车制造、航空航天、石油化工、电子通信、基础设施建设等紧密相连。

这些行业背景不仅为工业品设定了清晰的应用场景,也为其目标客户群体勾勒出了一幅精准的画像。这些目标客户通常是中大型企业,它们拥有完善的生产体系、严格的质量控制标准以及不断追求技术创新与成本优化的驱动力。它们购买工业品的目的明确且直接——用于支持现有生产线的升级改造,引进新技术以提升生产效率与产品竞争力,或是满足特定项目对高品质原材料与设备的需求。

(五)购买者数量少但购买量大

工业品市场的一个显著特征便是购买者数量的有限性与单次采购规模的庞大性并存。这一现象反映了工业品在生产运营中的核心地位及其独特的交易模式。工业品(如重型机械设备、大规模生产线组件、原材料等)往往是生产流程中不可或缺的关键要素,它们被设计用于长时间、高强度的使用场景,或是直接参与大规模、连续性的生产活动。相较于消费品市场那种广泛、分散、频繁、小额的交易特性,工业品的采购更为集中和高效。

尽管直接参与工业品采购的企业数量相较于庞大的消费群体而言显得较为有限,但这些企业一旦决定采购,其需求量往往巨大。这主要是因为它们需要确保生产线的连续运转,维持产能的稳定输出,或是为了满足某个大型项目的特定需求。例如,一家汽车制造商在扩建生产线时,可能会一次性订购数百台乃至上千台精密机床和自动化设备,以及大量配套的原材料和零部件,以确保新生产线的顺利启动和高效运行。

这种大额采购模式不仅提升了交易效率,降低了单位成本,还促使供应商与采购方之间建立起更为紧密和长期的合作关系。供应商能够根据采购方的具体需求提供定制化产品和服务,而采购方则能享受更优惠的价格、更稳定的供应和更全面的售后支持。大额采购也增加了市场的集中度,使得少数几家大型供应商能够在特定领域内占据主导地位,通过规模效应和技术创新不断提升自身竞争力。

第二节　工业品国际营销环境分析

在全球化日益加深的背景下,工业品国际营销环境的复杂性对企业的营销提出了更高的要求。随着市场竞争的加剧和国际环境的不断变化,企业在进入国际市场时,不仅需要了解目标市场的需求,还需要全面分析宏观和微观环境,以制定有效的营销策略。国际市场的环境分析不仅涉及经济、政治、法律和社会文化等宏观因素,还包括竞争对手、客户需求和销售渠道等微观因素。这些因素共同影响着企业的市场定位、产品策略和销售模式等,从而决定了其在国际市场上的成功与否。通过深入分析这些环境因素,企业可以识别出市场的机会与挑战,优化资源配置,制定出切实可行的国际营销策略。掌握这些信息后,企业不仅能有效应对国际市场的复杂环境,还能在全球市场中实现可持续的增长,赢得竞争优势。

一、宏观环境分析

（一）政治和法律环境

政治稳定性是评估国际市场投资风险的一个关键因素。一个国家的政治环境稳定通常意味着政策的连贯性和可预见性，这为跨国公司提供了一个相对安全的投资环境。稳定的政治局势可以减少政府政策的频繁变动，降低政策不确定性对企业运营的影响，从而使企业能够制订长期的战略计划。政治不稳定的国家往往伴随着较高的市场风险，如政策突然变化、贸易壁垒增加或社会动荡等，这些因素可能会对跨国公司的运营和投资决策产生负面影响。因此，企业在进入这些市场时，需要进行更为详尽的风险评估，并制定相应的风险管理策略。

法律法规方面，各国对工业品的法律要求和行业标准存在显著差异。例如，环保法规的严格程度、产品安全标准的要求，以及知识产权保护的力度，都可能影响工业品的设计、生产和销售。企业必须了解并遵守目标市场的所有法律规定，以避免法律风险和合规问题。这不仅包括产品的技术标准和质量要求，还涵盖进出口限制、税收政策以及反垄断法规等。此外，企业还需要关注当地的劳动法、合同法及争议解决机制，以确保全面的法律合规。通过深入了解和适应这些法律法规，企业能够顺利进入国际市场，保持合法合规运营，从而在全球市场中获得竞争优势。

（二）经济环境

经济发展水平是影响工业品需求的一个重要因素。经济发达国家通常拥有成熟的市场和较强的购买力，对高技术、高附加值的工业品有较大的需求。例如，这些国家可能更倾向于采购高精度机械设备、先进的自动化系统以及环保技术解决方案，以支持其技术创新和生产效率提升。相对而言，发展中国家的经济发展水平较低，市场对工业品的需求主要集中在基础设施建设和生产设备上。这些国家更关注性价比高、功能可靠的基础工业品，以满足其快速发展的经济需求和基础设施建设的要求。

货币汇率对国际交易的成本和利润有直接影响。汇率的波动可能导致进口成本和出口收入的变化，进而影响企业的盈利能力。例如，当本国货币贬值时，出口产品在国际市场上的价格可能更具竞争力，但同时，进口原材料的成本也会上升。因此，企业需要密切关注主要市场国家的货币汇率变化，并采取相应的风险管理措施，如货币对冲策略，以减少汇率波动带来的负面影响。这可以帮助企业稳定财务状况，确保国际交易的利润水平。

市场需求的变化是另一个重要因素。全球经济增长趋势、行业发展动态和市场需求的波动都会影响工业品的国际销售。例如，全球基础设施建设的快速增长推动了对建筑设备、材料和工程机械的需求增加。而科技创新和智能制造的发展则促进了对高科技设备和智能系统的需求增加。企业需要及时了解市场需求的变化趋势，并根据这些信息调整产品策略和市场布局，以捕捉新兴的市场机会并优化资源配置。通过这种方式，企业能够在全球经济环境中保持竞争优势,实现可持续发展。

（三）文化环境

文化差异是国际市场中不可忽视的因素。每个国家和地区都承载着深厚的历史积淀与独特的文化脉络,这些文化元素不仅塑造了其各自的社会风貌,更深刻地渗透到了商业活动的每一个角落。从产品设计到营销策略,再到客户沟通的每一个细节,文化环境都以其独有的方式发挥着决定性作用。

以产品设计为例,不同文化背景下的消费者在产品的审美、功能需求乃至情感寄托方面都有着显著差异。在北欧国家,其文化中蕴含的环保意识与可持续发展理念,促使企业在设计工业品时格外注重环保材料的选用、节能技术的融入以及产品生命周期的考量。这些环保特性不仅成为产品竞争力的亮点,更是企业赢得当地市场信任与尊重的关键。相反,在一些发展中国家,由于经济条件的限制和实用主义观念的盛行,消费者往往更加关注产品的价格与性能比,倾向于选择那些性价比高、功能稳定可靠的产品。

文化差异还深刻影响着客户对品牌的认知、对广告的接受度以及对产品包装的偏好。品牌作为企业文化的载体,其价值观传递与情感表达在不同文化背景下可能有着截然不同的效果。因此,企业在国际市场推广品牌时,必须深入研究目标市场的文化,确保品牌信息能够被准确传达并引起共鸣。同时,广告创意与表现手法的选择也需要因地制宜,避免文化冲突与误解。至于产品包装,它不仅是产品的外在形象,更是文化交流的媒介。通过巧妙运用色彩、图案、文字等元素,企业可以创造出既符合当地审美习惯又彰显品牌特色的包装设计,从而吸引更多消费者的目光。

（四）社会环境

社会趋势也会对工业品市场产生重要影响。全球化进程推动了国际市场的开放,企业可以在全球范围内拓展业务和市场。同时,数字化转型正在改变企业的运营模式和用户互动方式,例如通过在线平台进行市场推广和客户服务。随着人们对可持续发展的关注日益提高,企业在环保和社会责任方面也应付出更多努力。企业需要把握这些社会趋势,将其融入产品开发和服务中,以响应市场对绿色技术、智能化解决方案和社会责任的期望。例如,开发节能环保的产品、应用智能化技术,以及通过可持续的生产和供应链管理来体现社会责任,都能增强品牌的市场竞争力和吸引力。

（五）技术环境

技术进步对工业品市场产生了深远的影响。随着自动化、人工智能、物联网以及其他先进技术的不断发展,工业设备和生产工艺正经历着迅速的升级换代。例如,自动化技术的进步使生产线具备了更高的效率和精度,减少了人力成本投入,并提高了生产的可靠性。人工智能的应用不仅提升了产品的数据分析和预测能力,还增强了其智能化水平,例如智能传感器和自适应控制系统,这些技术能够实时监控和优化设备的性能。同时,互联网技术的普及推动了工业设备的联网和数据共享,实现了智能制造和远程监控。企业必须紧跟技术发展的步伐,及时更新产品和技术,以保持市场竞争力并满足客户对先进技术的需求。

研发投入是实现技术创新的核心。技术进步要求企业持续进行研发投资,以开发更高效、更环保的产品,满足不断变化的市场需求。跨国公司尤其需要在全球范围内协调研发资源,以保持持续领先的技术优势。研发投入不仅包括新产品的开发,还涉及现有产品的技术改进和优化。此外,企业还需要关注环保技术的研发,以应对日益严格的环保法规和市场对绿色产品的需求。例如,开发低能耗、高性能的产品不仅符合环保标准,还能提升产品的市场吸引力。在不同市场中,企业可能面临不同的技术挑战和机遇。因此,企业应当制定全球研发战略,协调不同市场的研发资源,努力确保技术创新的全面性和持续性,从而推动企业的长期发展。

（六）环境保护与可持续发展

随着科技进步和社会文明程度的提升,公众的环境保护意识显著增强,促使各国政府不断出台更为严格的环保法规和政策。这些法规不仅覆盖了对空气、水质、土壤等自然环境的保护,还延伸到了对企业生产运营全链条的管理,包括原材料采购、生产过程控制、废弃物处理及排放等多个环节。企业要想在国际市场中立足,就必须深入了解并严格遵守目标市场的环境法规,确保自身的产品和生产过程符合环保标准。这不仅是对法律的尊重,更是对社会责任的担当。

可持续发展不仅仅是一个口号,更是需要企业从战略高度进行规划和实施的长期目标。在全球范围内,对可持续发展的关注已经达到了前所未有的高度。企业需要将环保和可持续发展的理念深深融入产品设计、生产和供应链管理的每一个环节,通过技术创新、流程优化等手段,减少资源消耗和环境污染,实现经济效益与环境效益的双赢。

二、微观环境分析

（一）竞争对手分析

竞争对手分析在工业品国际营销中至关重要。首先,评估竞争对手产品的技术规格、性能优势和创新点是基础,包括分析竞争对手产品的技术水平、独特功能和产品质量,从而识别自身产品的差距与改进空间。其次,了解竞争对手的市场份额和行业地位有助于评估市场竞争的激烈程度及潜在威胁。市场份额的变化趋势可以揭示竞争对手的市场表现和机会点。再次,研究竞争对手的销售渠道,包括直销、分销商和代理商,能够帮助企业优化自身的渠道策略,提升市场渗透率。最后,对品牌影响力的评估也是关键,分析竞争对手的品牌认知度、品牌形象和行业声誉,有助于了解它们在市场中的影响力,并制定有效的品牌建设策略。通过全面了解这些因素,企业可以制定有针对性的市场策略,增强自身的市场竞争力。

（二）客户需求分析

对客户需求的分析包括深入了解客户的需求特点、决策过程、采购习惯和购买意愿。首先,通过分析需求特点,企业能够识别客户对产品的具体要求,如技术规格、性能标准和解决方案需求。这一过程通常通过市场调研、客户访谈和数据分析来完成,从而确保产品设计和改进能够满足客户的实际期望。其次,了解客户决策过程是重中之重,包括决策者的身份、影响决策的因素(如成本效益、技术创新)以及采购周期。掌握这些信息能帮助企业制定有针对性的销售策略和沟通方案,优化客户互动。采购习惯的分析则涉及客户的采购频率、采购量、选择标准及供应商管理方式,这有助于企业优化库存管理和供应链流程,提高响应速度和交货可靠性。最后,购买意愿的评估可以通过调查客户对不同产品或服务的兴趣,帮助企业了解市场需求的接受度和潜在机会。通过全面了解客户需求,企业可以制定更加精准的产品和服务策略,增强市场竞争力和客户满意度。

（三）销售渠道分析

在以科研为主的工业品市场,由于科研产品通常涉及复杂的技术要求和高价值的采购决策,因此销售渠道主要以线下销售为主,同时辅以线上品牌营销。线下销售渠道是获取科研项目订单的主要方式。这种模式主要包括参与项目竞标和实物展示竞标。通过参与招标,企业可以展示其产品的技术先进性、性能优势和经济适用性,直面潜在客户的需求和问题。线下展示还允许企业与客户面对面沟通,详细解答技术疑问并提供解决方案,从而更有效地建立客户信任并获取订单。在激烈的市场竞争中,这种直接且专业的展示方式有助于企业脱颖而出。

线上品牌营销则是一种重要的辅助手段。通过官方公众号、行业学术公众号和其他社交媒体等平台,企业可以进行有效的品牌宣传。这些线上渠道有助于提升品牌在专业圈内的曝光度,并通过内容营销、行业资讯和技术文章吸引目标客户的关注。线上平台能够以较低的成本进行广泛的市场覆盖,提高品牌的知名度和行业影响力。此外,线上营销还可以通过互动和反馈机制收集市场信息和客户需求,进一步优化产品和服务。

第三节　工业品国际营销策略

一、目标市场策略

在制定国际营销策略时,企业首先需要对目标市场进行全面的研究。市场研究应包括对市场需求的深入分析,了解目标市场对工业品的需求量、发展动向和具体规格要求。此外,还须评估竞争环境,识别主要竞争者的市场份额、产品优势和销售策略,以及其对市场的影响力。法律法规也是重要的研究内容,包括当地的产品标准、环保法规、进出口政策等,这些都可能影响市场进入的复杂性和成本。经济发展水平的评估则能帮助企业理解市场的购买力和经济稳定性,为制定适当的定价策略提供依据。在明确目标市场后,企业应进行精准定位。市场定位包括确定目标客户群体和细分市场,基于客户的行业需求、购买能力、偏好和使用习惯来制定市场进入战略。例如,对于一个技术导向型市场,企业可能需要强调产品的技术创新和性能优势;而对于价格敏感型市场,企业可能需要关注产品的性价比和成本效益。精准的市场定位可以帮助企业在进入新市场时制定更具针对性的产品和推广策略,提高市场接受度和销售成功率。

在国际市场进入模式方面,工业品生产企业可以选择多种市场进入方式。直接出口适合那些初步进入国际市场的企业,这种方式操作简单、风险较低,但对市场的控制较弱。合资企业是企业与当地伙伴合作,共享资源和市场知识,有助于快速建立市场联系并降低风险。独资企业适合那些希望全面控制市场运营的企业,但通常需要较多的投资和对市场的深入了解。特许经营则适合那些希望利用现有品牌和渠道资源的企业,通过授权当地合作伙伴进行市场操作,减少直接投资和管理成本。选择合适的市场进入模式有助于优化资源配置,降低市场进入风险,并带来更高的市场渗透率。

二、产品策略

在国际营销中,产品本地化十分重要。为了满足目标市场的特定需求,企业必须对产品进行调整和优化,包括修改产品设计、规格和功能等,以符合当地客户的偏好和使用习惯。针对不同地区的气候条件、文化习俗和法律法规,企业需要调整产品的材料、尺寸、颜色或功能。此外,包装也需要符合当地的规范和审美标准,如标注的语言、单位和符号等,并且确保其符合环保要求。产品的标签和说明书需要使用当地语言,提供清晰的使用指南和安全信息,避免因语言障碍而导致误用或法律问题。

技术创新与研发是企业保持国际市场竞争力的核心。随着市场需求的不断变化和技术进步,企业必须持续进行技术创新和产品研发。引入先进技术不仅能提升产品性能,还能满足客户对高效率、高可靠性和低能耗的需求。企业应设立专门的研发部门,进行科技研究,开发符合未来趋势的新产品。同时,企业可以与高校、科研机构合作,获取最新的技术成果和市场趋势信息。

三、定价策略

在制定定价策略时,企业需要综合考虑产品的市场地位、竞争环境和成本因素,选择最适合的定价方法。常见的定价方法包括基于成本的定价、市场导向定价和竞争定价等。基于成本的定价方法以产品的生产成本为基础,增加一定的利润空间;市场导向定价则依据市场需求和消费者的支付意愿来确定价格;竞争定价则以竞争对手的价格作为参考,进行调整。在选择适当的定价方法后,企业还须制定具体的定价策略以应对不同市场细分群体的要求。对于高端市场,可以采用高价策略,这不仅能提升产品的品牌形象,还能获得更高的利润。这种策略适用于追求品质和品牌价值的客户群体。对于中低端市场,可以采用低价策略,通过价格优势吸引大量客户,从而扩大市场份额。这种策略有助于快速占领市场,并提高产品的市场渗透率。此外,企业还可以考虑折扣定价策略和促销定价策略。折扣定价策略通过提供限时折扣或批量购买优惠,来刺激销售和清理库存;促销定价策略则通过临时降价、买赠活动等方式,增加产品的市场吸引力,促进销售增长。在策略实施过程中,要密切关注市场反应和客户反馈,及时调整和优化定价策略,确保其与市场变化保持同步。

四、推广策略

为了在国际工业品市场上获得更大的影响力和提升销售业绩,企业需要制定精准的宣传推广策略和优化销售渠道。推广策略应针对不同市场细分群体的需求特点,选择合适的推广渠道和方法。例如,参加国际行业展会是一种有效的推广方式,企业能够让潜在客户直接接触产品,深入了解其技术性能和特点,同时提高企业在国际市场上的知名度和品牌认知度。举办技术研讨会也是一种重要的推广策略。这类活动可以展示企业的技术实力和行业专业性,增强客户对产品的信任感,建立与客户的技术交流平台。此外,产品演示竞赛和比测演示活动可以通过实际操作和技术对比,将产品的独特优势和竞争力展示给潜在客户。这不仅能增进客户对产品的了解,还能激发他们的购买兴趣和需求。

五、销售策略

企业应根据国际市场细分群体的需求特征来制定销售策略,例如直销、代理商销售或分销网络等方式。首先,应当建立一支专业的国际销售团队,并持续提升销售人员的专业能力和服务水平,包括加强对产品的理解,提高对市场趋势的分析能力、客户沟通技巧以及问题解决能力,以更好地满足全球客户的需求。其次,根据行业特点建立有效的销售渠道和服务网络。例如,对于高端科研工业品,销售渠道的建设应优先选择与产品性质相匹配的专业渠道,如国际科研仪器经销商、科研机构的直销渠道等。最后,为客户提供专业、及时的售前咨询和售后支持,建立完善的服务体系,以提高客户的满意度和忠诚度。

企业还需要设定详细的国际销售目标和计划,包括销售额、市场份额和产品销量等,并制定相应的激励措施,以激励销售团队;定期跟踪和分析销售表现,根据市场反馈和竞争动态及时调整营销策略,不断优化营销方案,以提高市场占有率和盈利能力。

第四节　工业品国际营销策略的实施

工业品国际营销策略的实施过程通常包括以下五个阶段:初步接触、采购谈判、产品使用、售后支持和客户关系管理。这五个阶段并非独立运作,而是相互关联、紧密联系,有时还会交叉重叠,共同形成一个闭环系统。

一、初步接触

在初步接触阶段,供应商与客户之间进行深入的技术交流是至关重要的。此阶段的核心任务是明确客户的具体需求和购买动机,深入了解客户面临的业务痛点和期望。这一过程通常包括详细的需求分析,了解客户的业务背景、运营模式以及对产品的特定要求。供应商需要在这一阶段详细介绍企业的背景、行业经验和技术实力,特别是要展示工业品的技术特点、功能优势和应用案例。通过提供详尽的产品资料、技术规格信息和行业解决方案,确保客户对供应商及其产品有一个全面而深入的了解。

同时,供应商应着重展示企业的市场声誉和成功案例,增强客户的信任感,建立一个正面且深刻的第一印象十分关键。通过专业的交流和精准的信息传递,供应商可以有效地为后续的采购谈判奠定坚实的基础,与客户建立互信关系,促进未来的合作。良好的初步接触不仅能增强客户的兴趣,也能为顺利推进后续的业务谈判和合作创造有利条件。

二、采购谈判

在采购谈判阶段,客户在经过多轮深入讨论和评估后,最终做出采购决策。此阶段对工业品国际营销至关重要,因为它直接影响最终的销售成果和客户的购买决策。客户会综合考虑自身的实际需求和长期战略规划,对供应商提供的产品信息、服务内容及企业背景进行全面评估。为了做出明智的决策,客户通常会要求供应商提供详细的技术规格、性能数据、案例研究以及服务承诺。此外,客户可能会进行现场考察,以实地验证产品的质量、性能和供应商的交付能力。这种现场考察有助于客户直观地了解产品的实际应用效果和供应商的专业水平。

企业在这一阶段必须充分展示产品的优势,并确保产品能有效满足客户的需求。除了产品性能,合理的定价和有力的售后支持也是促成谈判的关键因素。企业需要提供具有竞争力的价格,同时承诺提供优质的服务和技术支持,以增强客户的信心。

三、产品使用

在产品使用阶段,客户开始实际操作和体验所采购的产品。这一阶段是客户评估产品质量和性能的关键时期,同时也是检验产品能否有效满足其生产和经营需求的关键阶段。客户通过实际使用产品来验证其技术性能、可靠性、耐用性和适用性,以确保产品能够在实际应用中表现出色并达到预期效果。如果产品在使用过程中表现优异,能够充分满足客户的需求并提供优质的用户体验,将极大地提升客户的满意度和忠诚度。正面的产品体验不仅增强了客户对产品的信任,还为建立长期稳定的合作关系奠定了坚实的基础。

在此过程中,企业需要确保产品性能的稳定性,并提供持续的技术支持和售后服务,还应及时响应客户的反馈,解决在使用过程中出现的问题,并进行必要的产品调整或改进。通过这一方式,企业可以进一步巩固客户关系,增强客户的信任感,并为未来的合作创造良好的条件。优质的售后服务和技术支持有助于提升客户的整体体验,并促进与客户长期合作关系的建立。

四、售后支持

工业品的高技术含量和复杂结构使得售后服务的质量至关重要。企业的售后服务能力不仅直接影响客户的采购决策,而且是客户评估企业综合实力的一个重要标准。高效的售后服务应涵盖多个方面,包括快速响应的维修机制、全面的系统解决方案以及专业的技术咨询服务。企业需要确保对客户需求的快速响应,提供有针对性的解决方案,以迅速解决产品在使用过程中遇到的任何问题。此外,供应商还应提供定期的维护和检查服务,以预防潜在故障并确保产品的长期稳定运行。通过提供全方位的售后支持,企业不仅能显著提高客户的满意度,还能增强客户对供应商的信任感,从而为双方建立稳固的合作关系打下坚实基础。

长期、优质的售后支持还可以帮助企业建立起良好的口碑,促进未来业务的进一步发展。供应商在售后服务中所展现出的专业性和可靠性,将有助于巩固客户关系,提升客户忠诚度,并为企业创造更多的商业机会和合作前景。有效的售后服务不仅是客户体验的重要组成部分,也是确保持续合作和业务增长的关键因素。

五、客户关系管理

在客户关系管理阶段,企业应致力于与客户建立长期而稳定的信任关系。客户在体验了优质的产品性能和高效的售后服务后,对企业的履约能力和信誉会形成积极的认知。这种认知有助于深化双方的商业合作关系,并促进良性互动。

稳固的客户关系不仅能显著提升客户的忠诚度,还能帮助企业构建一个强大而广泛的客户网络。良好的客户关系有助于塑造企业的品牌形象,提升市场口碑,从而推动品牌的长期发展和提高市场竞争力。企业通过持续的沟通、定期的业务回访以及个性化的服务,可以更好地满足客户不断变化的需求,进一步增强客户的满意度和信任感。此外,供应商应利用各种反馈渠道,主动了解客户的意见和建议,并对其进行有效回应和改进。这种主动的客户关系管理策略,不仅有助于解决客户的实际问题,还能推动未来的持续合作,从而实现双赢。在良好的客户关系管理下,企业能够维护与客户的长期合作关系,促进业务的持续增长,并在市场中建立起持久的竞争优势。

拓展阅读

徐工集团——布局"一带一路",深耕国际市场

徐工集团成立于 1989 年 3 月,三十多年来始终处于中国工程机械行业排头兵的位置,是规模大、产品品种与系列齐全、极具竞争力和影响力的大型企业集团。徐工集团积极响应共建"一带一路"倡议,加快了在共建"一带一路"国家布局的步伐,实现了由产品到人员、再到资本走出去的"三级跳",形成了出口贸易、海外建厂、跨国并购和全球研发"四位一体"的海外发展模式。

一、坚持"本土"融合，提升海外市场竞争力

通过投资建厂，辐射带动区域市场。徐工集团在拓展海外市场的过程中，结合共建"一带一路"国家的实际情况，以互利共赢为导向，采取本地设厂、合资共建等方式，与共建"一带一路"国家共商共建工程机械生产基地，使得生产当地化、销售本地化，开创了双赢发展的局面。徐工集团已在波兰、乌兹别克斯坦、哈萨克斯坦和伊朗等国建立了重卡KD（散件组装）工厂。2007年9月，徐工集团在波兰做出了海外布局和产业化的第一次尝试。经过一年多的建设，徐工集团波兰装配厂于2009年3月正式投入使用，对周边国家起到很好的辐射作用。现在徐工集团波兰公司已成为名副其实的国际化企业。对市场时刻保持着前瞻性与敏锐性，是徐工集团能够在国际市场打下优良基础、抢占先机的重要原因。就在"一带一路"倡议刚刚以"轮廓线"的形式呈现出来的2013年，徐工集团就敏锐地看到了乌兹别克斯坦市场在中亚布局中的重要地位，果断在该国设立了合资工厂。2014年5月，由徐工集团与乌兹别克斯坦国家铁路公司合资建立的工厂正式投产，该国重大工程施工几乎全部采用徐工集团的装备，当年合资工厂销售各类挖掘机、推土机产品161台，投产当年即实现盈利。该工厂对整个中亚区域的辐射能力得到增强，成为徐工集团布局"一带一路"和促进国际产能合作的亮点工程。同时，徐工集团以合资公司为平台，迅速拓展当地市场，收获颇丰，这得益于战略的前瞻性与执行的果决。

二、借助并购实现产品全球同步研发，整合全球创新资源

2012年，国内工程机械市场在经过多年的迅猛增长之后突然出现了大幅下滑，众多忙于扩充产能的企业骤然被冷风吹翻倒地。而对行业"贪大图快"现象早有危机感的徐工集团在此时果断地决定，加快"走出去"的步伐，通过整合全球高端市场资源与平台，与国际巨头"面对面打阵地战"，快速提升徐工集团的整体实力。于是，徐工集团果断在欧洲成立了研发中心，使其核心技术突破和前沿技术研究走上了"快车道"，引领了行业的突破性发展。自此，徐工集团布局全球，高效利用国际区域优势研发资源，嫁接全球高端资源进行适应性开发和自主创新，通过徐工集团研究院及欧洲、北美、巴西、印度等研发中心，全面开展新产品开发、产品适应性、共性技术及实验技术研究，初步建立起能够支撑整个徐工集团国际化发展的研发和技术平台，显著提高了徐工集团在相应关键零部件与产品领域的研发能力。

三、跨国并购实现主机"裂变式"发展

2008年，在国际金融风暴影响下，我国经济受到了相当大的冲击，尤其是外向型经济的发展受到了很大影响。在中国政府4万亿元投资拉动和呼吁"中国企业走出去"的战略背景下，许多资金被投入工程机械行业，混凝土成套设备的市场需求猛增，发展空间广阔。当时，国内外市场的快速发展，使得徐工集团积累了强大的资本和生产能力，但徐工集团混凝土成套设备在国内排名第三，与前两名相比还有很大差距。因此，徐工集团决定大力发展混凝土成套设备，把加快该产业的建设作为"十二五"重点战略目标。面对市场如此巨大而竞争又异常激烈的混凝土成套设备市场，要想快速提升该产品在国内和国

际市场的竞争力,最合适的方式是通过海外收购,吸收国外混凝土成套设备的先进技术和生产经验,培育徐工集团混凝土机械产品核心竞争力,实现弯道超车。由于具有良好的工业基础和尖端的装备制造业水平,德国混凝土成套设备从设计到生产再到零部件产品配套等方面与国内产品相比有较强的竞争优势,这也使得徐工集团将并购的目标放在欧洲。德国施维英公司是欧美发达市场混凝土机械第一品牌。受国际金融危机的影响,当时这家总部位于德国的老牌企业正面临巨额亏损,寻求出售。2012 年,徐工集团与这家濒临破产的德国老牌企业"联姻",合资设立控股公司,全资控股施维英,此举极大地加速了徐工集团的国际化进程。

　　历经整合,至 2019 年,控股公司已经连续两年实现盈利,2018 年利润同比增长达 88%。徐工集团通过此次跨国收购,迅速进军全球中高端混凝土成套设备市场,极大地提升了其在全球混凝土机械领域的核心竞争力,在技术、质量、产品研发和生产制造等方面达到国际一流水平。跨国并购完成后,徐工集团将运营重点放在海外企业与国内企业的融合层面,旨在发挥全球资源协同优势,一方面促进收购企业的运营改善,另一方面促进本地企业的经验借鉴和成功复制。为了更好地利用和整合德国施维英与徐工集团的资源,其结合全球混凝土机械市场发展趋势,对全球混凝土机械设备的主要客户群进行了细分,确定了以客户需求为导向的双品牌组合战略:在施维英的传统优势市场采用德国施维英的品牌,对于双方约定的新兴市场则采用徐工集团品牌,以适应中高端客户的不同产品需求。徐工集团创新了管理机制,针对包含施维英在内的徐工集团欧洲地区企业,实行双总经理管理制:徐工集团委任一名外方总经理,主要负责企业的当地化管理和国际业务的拓展,同时阶段性地从中国外派一名中方总经理,主要负责企业与徐工集团的内部协调和中国业务的推进。双总经理制的实施,有效解决了徐工集团在海外拓展初期的跨文化管理难题,推进了企业间的文化、金融、人才、技术、市场等资源的实时交流和对接。海外并购和运营的历程总是辛苦的。在此过程中,徐工集团积累了大量宝贵经验。徐工集团在海外的一系列并购和后续运营,每一步都在践行着其"走出去"的海外战略和以"国际化"为重点的战略发展方向,这也是其贯彻落实"一带一路"倡议、弘扬"丝路精神"、加快海外布局的工作重点。

　　资料来源:张涵,孙坤. 徐工集团:布局"一带一路",深耕国际市场[J]. 中国工业和信息化,2019(8):68-75.

本章小结

1. 工业品市场又称生产资料市场,是专注于为企业或生产者提供各类用于生产或经营所需的产品与服务的市场。
2. 工业品国际营销策略包括目标市场策略、产品策略、定价策略、推广策略、销售策略。

思考题

1. 阐述工业品市场的定义和特点,以及这些特点对营销策略的影响。

2. 分析工业品国际营销环境中的宏观环境因素(政治和法律环境、经济环境、文化环境、社会环境、技术环境、环境保护与可持续发展等)对企业营销决策的重要性。

3. 结合案例,探讨工业品生产企业在目标市场选择和市场进入模式方面的策略,并分析其优缺点。

4. 阐述工业品国际营销中的产品策略,包括产品本地化和技术创新的重要性及实施方法。

5. 讨论工业品国际营销中的定价策略,以及如何根据市场情况进行定价调整。

案例分析题

工业物联网发展路径:西门子的平台战略

工业物联网是新一代信息技术(如物联网、大数据和云计算)与制造业深度融合的产物,已成为全球制造业数字化转型的主要抓手。德国工业巨头西门子凭借其工业物联网平台 MindSphere,在全球竞争中奠定了领导地位。本文从平台战略的角度,分析西门子如何通过技术平台的构建和生态系统的打造推动制造业数字化转型。

1. 业务归核化战略与核心能力重构

面对全球制造业转型的挑战,西门子通过"公司愿景2020+"战略,逐步剥离家电、通信等传统业务,聚焦数字化领域。其核心能力重构主要体现在两方面:

(1)内部扩张方面,西门子大幅增加研发投入,尤其是工业物联网领域,从而维持其技术领先地位。

(2)外部扩张方面,通过收购 UGS 等多家企业,西门子整合了 PLM(产品生命周期管理)、MES(制造执行系统)等关键技术,构建了强大的工业软件体系。

MindSphere 是这一战略的核心成果。作为开放式工业物联网平台,MindSphere 集成了数据采集、分析和数字化服务功能,帮助企业优化生产效率、延长设备寿命。

2. 标准制定与平台生态系统

在工业物联网领域,西门子通过推广自主标准,逐渐确立了行业领导地位。这些自主标准在工业通信协议方面占据主导地位,推动了国际工业物联网平台标准的统一。

此外,西门子通过技术和社会边界资源拓展生态系统。技术边界资源包括开放的 API、开发工具和应用商店,吸引开发者和企业参与。社会边界资源通过开放 API、合作伙伴计划及全球开发者社区(如 MindSphere)来建立。通过联合全球企业和机构,MindSphere 生态系统覆盖了多个行业,从咨询服务到设备供应,能够提供全方位的数字化解决方案。

3. 商业模式与创新

西门子的商业模式经历了从"产品与服务捆绑"到"数字化服务"的演变。借助MindSphere,西门子为客户提供数据可视化、性能优化、虚拟与现实融合等一站式数字化服务。例如,MindSphere 可以实时监控生产设备的运行状态,提升资源效率并支持远程管理。其应用商店为开发者创造了新的价值流,通过数据共享和分析实现多方共赢。

资料来源:乌力吉图,王佳晖. 工业物联网发展路径:西门子的平台战略[J]. 南开管理评论,2021(5):94-106.

思考题:

1. 分析平台战略如何提升工业品的国际市场竞争力,并讨论标准化在国际营销中的重要性。

2. 结合国际市场工业品营销特点,探讨生态系统在工业品营销中的作用,以及如何通过合作伙伴关系增强市场渗透力。

3. 西门子的 MindSphere 平台将传统的工业品营销模式从"产品导向"转型为"服务导向",以数字化服务为主要商业模式。分析这一转型对国际市场客户需求满足的影响,并探讨数字化服务如何助力工业品企业实现市场差异化。

第十五章
国际营销调研

在国际营销中,国际营销调研扮演着至关重要的角色,它是企业制定精准市场战略、把握市场动态与消费者需求的基石。通过科学系统的资料收集、详细记录和严谨分析,国际营销调研不仅能为企业提供宝贵的信息支持,还能帮助企业在全球化背景下克服跨文化传递困难、迎接技术挑战。明确调研目标、设计调研方案、灵活收集二手与一手资料、深入分析总结并撰写高质量调研报告,这一系列流程构成了国际营销调研的核心步骤。在调研过程中,企业需要遵循科学性、客观性、目的性、全面性、时效性和经济性等原则,确保调研成果的有效性与实用性。

学习目标

通过本章的学习,学生应深入理解并掌握国际营销调研的基本框架、方法与技术,为在全球市场中制定和实施成功的营销策略奠定坚实基础。

引导案例

杉杉股份:依托国际营销调研的产业跃迁之路

杉杉股份作为中国领先的新能源材料企业,在实现从传统服装业向锂电池材料制造的战略转型过程中,充分展现了国际营销调研的重要作用。其在布局国际市场前就展开了系统的市场调研与竞争分析,为决策提供了关键依据。

早期,杉杉股份依靠服装品牌"杉杉西服"广为人知。但面对国内服装行业增长放缓和利润率下降的情况,企业高层通过前瞻性调研意识到新能源产业,尤其是锂电池材料,将在全球电动车快速发展背景下迎来爆发式增长。通过参与国际行业会议、委托专业机构开展海外消费趋势和技术路线分析,以及与日韩龙头企业的产业链对比,杉杉股份识别出磷酸铁锂、三元前驱体等材料在国际市场中的增长潜力和竞争空白。

在调研支撑下,杉杉股份确立了"技术 + 产能 + 国际协同"的发展路径,先后在中国、日本和东南亚设厂,并根据不同国家政策、供需结构和客户集中度定制营销策略。企业还专门建立国际业务团队,对目标市场如欧洲电动车头部品牌的材料认证周期、标准体系和采购习惯展开深度分析,降低了市场进入风险。

杉杉股份的经验表明,国际营销调研不仅是发现市场机会的工具,更是支持企业战略转型与能力构建的重要抓手。通过系统性调研,企业可以更精准地识别目标市场需求、优化产品布局、制定本地化营销策略,从而提高国际化成功率。

资料来源:张青,吴玉翔. 战略前瞻性、能力形成与企业转型成长:基于杉杉股份的纵向案例研究[J]. 经济管理,2023(1):105–124.

第一节 国际营销调研的概念和内容

一、国际营销调研的定义

营销调研(marketing research)即通过系统性的资料收集、详尽的记录以及严谨的分析,为企业的营销战略规划提供宝贵且实用的信息支持。这一流程无论是在以美国为代表的西方市场,还是在遥远、文化迥异的东方市场,其基本框架与操作方法均展现出高度的相似性和可移植性,彰显了营销调研作为一门科学所具有的普遍适用性。无论处在何地,营销调研都具备以下特点:

（1）科学性。国际营销调研采用科学的方法，确保调研结果的准确性和可靠性。

（2）系统性。调研过程需要周密的计划思考和有条理地组织工作，从信息的收集、整理到分析，都须遵循一定的系统流程。

（3）客观性。调研人员应保持公正和中立的态度，对所有的信息资料应客观地进行记录、整理和分析处理，尽可能减少错误和偏见。

（4）目的性。调研活动具有明确的目的性，即了解国际市场变化、消费者行为、竞争对手情况等，为企业的国际营销决策提供支持。

当我们将视野拓展至全球范围，进行国际营销调研时，面临的挑战往往层出不穷且错综复杂。首要难题聚焦于信息的跨文化传递方面，这是一道横亘在决策者面前的隐形壁垒。例如，美国的决策者须掌握将复杂调研议题巧妙转化为适应中国消费者独特文化背景与认知模式的沟通艺术，他们还须将中国市场的消费者反馈与数据通过精心编纂的报告与综合分析，转化为决策者易于理解并能高效应用于决策制定的信息形态。值得庆幸的是，随着全球化的深化，众多企业及专业研究机构已积累了丰厚的跨文化交流经验，为克服这一障碍奠定了坚实的基础。

此外，环境差异也是国际营销调研不可回避的挑战之一。在异国他乡的调研环境中，调研人员面临的是与国内截然不同的政治、经济、法律体系等宏观层面的差异，以及更为细腻的文化、风俗、消费偏好等微观层面的鸿沟。因此，国际营销调研人员追求的并非标新立异的调研策略，而是一种快速适应陌生环境、灵活应对各种变化的能力，从而能够创造性地运用经过实践检验的调研技术，确保调研过程的顺畅与调研成果的高质量。

在技术层面，国际营销调研同样面临多样化的挑战，这些挑战因国家而异，各具特色。具体而言，调研人员须面对三大挑战：①市场信息需求的差异性，要求他们具备敏锐的洞察力和精准的信息筛选技巧，以捕捉每个市场独特的信息需求；②资源限制，即合适的调研工具与技术的获得可能受限，迫使他们因地制宜，创造性地整合现有资源；③非预期困难的频发，如语言沟通的不畅、文化差异引发的误解、数据收集难度的提升等，要求他们具备深厚的专业素养、卓越的应变能力和解决问题的能力，以确保调研任务的圆满完成。

二、国际营销调研的目标

在调研的初始阶段，明确调研焦点并设定具体、可行的研究目标，不仅是一项技术性的任务，更是企业战略决策的重要基石。这一过程要求调研人员不仅具备深厚的行业知识和敏锐的洞察力，还需要有创新思维和全球视野，以应对日益复杂多变的商业环境。

将模糊的商业议题转化为清晰的研究目标，需要调研人员运用系统性的思维方法，对问题层层剥茧、逐步细化。这意味着不仅要理解问题的表面现象，更要深入探究其背后的原因、影响及潜在解决方案。比如，在探讨一个新兴市场的进入策略时，可以借鉴波特的五力模型，分析该市场的供应商议价能力、购买者议价能力、潜在进入者威胁、替代品威胁以及行业内竞争者现状,从而明确研究应聚焦于哪些具体方面,如消费者偏好、供应链整合难度或是法规政策环境等。通过这一过程,调研者能够构建起一个逻辑清晰、结构严谨的研究框架,为后续的数据收集与分析奠定坚实基础。然而,在国际营销调研中,这一任务尤为艰巨。不同国家和地区的文化、经济、社会背景差异巨大,使得同一问题在不同市场中的表现形式和解决方案可能截然不同。因此,调研人员必须具备跨文化交流的能力,能够深入了解并尊重当地的文化习俗和消费者心理,从而避免将自我参照标准强加于异国市场。同时,他们还需要具备开放的心态和灵活的思维,能够迅速适应不同市场环境的变化,及时调整调研策略和方向。

在明确问题阶段,除超越自我视角、构建适应多元文化的提问框架外,调研人员还应注重问题的前瞻性和创新性。随着科技的不断进步和市场的快速发展,新的商业模式和消费趋势层出不穷。因此,调研人员需要密切关注市场动态和消费者需求的变化趋势,及时捕捉并研究这些新兴现象背后的规律和逻辑。通过这一过程,企业不仅能够获得市场竞争的先机,还能够不断推动产品和服务的创新升级。

三、国际营销调研的范围

在国际市场的广阔舞台上,企业面临着比国内市场更为复杂多变的环境,这要求营销调研人员必须具备更广泛的知识覆盖面和更敏锐的洞察力。国际营销调研的范围不仅涵盖了国内市场调研的所有要素,还进一步扩展至多个维度,以适应全球市场的独特性和不确定性。

根据调研的广度和深度,国际营销调研可进一步分为:

(1)一般性信息调研。此类调研关注的是目标市场或国家的整体状况,属于较为宽泛的调研范畴,其内容包括政治稳定性、法律体系、文化特征、地理特点等基础性信息。

(2)趋势预测信息调研。在掌握了目标市场的宏观环境后,企业需要通过收集历史数据,结合专家意见和市场动态,进一步深入分析其社会、经济、消费与工业的发展趋势,旨在揭示未来市场的走向和消费者需求的变化趋势。

(3)具体市场信息调研。这类调研针对企业具体产品或服务的需求,更加聚焦于微观层面的市场细节,包括竞争对手动态、消费者行为、渠道分布、价格策略等具体市场信息。

国内营销调研部门通常不会收集有关本国的政治稳定性、文化特征、地理特点等信息,但是这些信息对于外国企业正确评价该国市场是必需的。国际营销调研的范围包括以下几个方面:

(1)经济和人口信息,包括经济增长率、通货膨胀率、商业周期趋势等宏观经济指标,以及人口结构、消费能力、移民和老龄化趋势等,为市场细分和目标市场选择提供依据。

(2)文化、社会与政治形势,即从非经济角度全面考察可能影响分公司业务的因素,如文化习俗、社会价值观、政治稳定性等,以及生态、安全、闲暇时间等对企业业务可能产生的潜在影响。

(3)市场情况分析,即对分公司所面临的细分市场(包括国际市场)进行详尽分析,包括市场规模、增长率、竞争格局、消费者需求等,为市场定位和产品策略制定提供依据。

(4)技术环境概述,即总结与分公司业务相关的技术现状,评估技术发展趋势和竞争态势,以指导产品研发和技术创新。

(5)竞争态势分析,即从国际视野出发,分析竞争对手的销售收入、市场细分策略、产品特点及国际经营策略,为制定竞争对策和差异化营销策略提供依据。

四、国际营销调研的原则

(一)科学性

营销调研并非简单的信息与情报搜集行为,而是一项在资源(时间与资金)约束下追求高效精准数据获取的复杂过程。为确保调研成果的质量与深度,必须对其流程实施科学规划与精细管理。这涉及调研方法的精心选择(旨在匹配研究目的)、调研对象的审慎筛选(确保样本的代表性与有效性),以及问卷设计的艺术性(力求既清晰传达调研意图,又便于受访者理解并做出有效反馈)。上述环节均须深入探究,并融合社会学、心理学等多学科视角,以优化与受访者的沟通策略。

在数据收集阶段,应充分利用现代信息技术,如计算机及其辅助软件,实现调研资料的高效汇集与初步整理。随后,借助先进的分类算法与统计技术,运用数学模型与公式,对海量数据进行严谨细致的分类与量化分析,精准映射调研成果,确保信息的准确性与完整性,从而为企业决策提供坚实的科学依据。

(二)客观性

在营销调研的进程中,首要任务是对所汇集的各类数据、资料及信息进行细致的筛选与系统化整理。这一过程需要由专业调研人员来执行,以提炼出精准的市场洞察与结论,为企业的战略决策提供依据。鉴于此,营销调研所累积的所有资料与数据,其核心价值在于遵循客观性原则,即确保每一份资料都是对市场现象的真实反映。

对调研资料的分析应当秉持实事求是的科学态度,严格依据事实真相进行推理与判断,避免任何形式的主观臆断或偏见介入。这要求调研人员不仅具备扎实的专业知识,还应拥有高度的职业素养,能够自觉抵制主观情感的干扰,确保分析结论的客观性与准确性。同时,坚决反对以非科学的、仅凭个人想象的分析来替代严谨的数据分析与逻辑推理,以此保障市场调研结果的科学性与可靠性,为企业决策提供有力支撑。

(三)目的性

在营销调研的全过程中,必须严格遵循既定的调研目标,确保所有努力均聚焦于达成这一核心目标,从而规避任何偏离目标、可能导致资源低效利用或无效产出的调研活动。对于那些调研结果已明确、再次调研难以产生新价值或显著贡献的领域,应审慎评估其必要性,避免不必要的人力与财力资源的浪费。相反,针对那些直接服务于调研核心目标、对决策制定具有关键影响作用的调研项目,则应给予高度重视,确保其得到充分且深入的探索与分析,以最大化调研成果的有效性和实用性。这样的策略不仅体现了市场调研的精准性与高效性,也符合学术研究中对资源优化配置与成果导向性的严格要求。

（四）全面性

即秉持系统论的观点,平衡整体框架与局部细节的关系,确保分析过程的全方位覆盖。全面性显著地体现于信息收集的全面上,即广泛收集涵盖企业生产运营全链条的各类数据与信息资料。鉴于现代生产体系的复杂性,企业活动不仅受限于内部管理机制、资源配置等因素,还受到外部市场环境、政策法规、技术革新等因素的影响,这些因素或促进或制约企业的成长。

由于诸多因素存在错综复杂的因果关系与相互作用,孤立地审视某一因素而忽视其与其他部分的联动效应,将难以触及问题的核心,进而难以精准识别影响经营绩效的关键驱动因素。因此,营销调研工作需要秉持一种多维度的洞察策略,既要深入剖析企业内部运营实况,包括组织架构、人力资源配置、管理效能及策略等内在要素对经营绩效的塑造作用,又须将目光投向外部,细致考察行业竞争态势、消费者行为偏好、宏观经济趋势及社会文化环境等外部条件如何直接或间接地作用于企业与消费者,进而全面评估这些因素对企业战略定位、市场布局及长期发展的综合影响。

（五）时效性

由于现代市场环境瞬息万变,时间的宝贵性不言而喻,这不仅意味着转瞬即逝的机遇,更是企业将机遇转化为实际收益的关键。错失时机,往往意味着经营策略与行动的落空,而敏锐捕捉并有效利用市场动向,则是通往成功的关键桥梁。营销调研的时效性,正是体现在对市场情报与信息的高效捕捉、即时分析和迅速反馈上,为企业精准把握市场动态、灵活调整经营策略提供了宝贵的窗口期。一旦调研工作启动,必须争分夺秒,最大化利用时间资源,广泛收集关键资料与情报,因为任何延误不仅会导致成本攀升,更可能让企业的生产经营决策滞后,对整体运营流畅性构成严重威胁。

（六）经济性

营销调研作为一项经济行为,其核心在于平衡投入与产出的经济效率。在启动调研前,考虑信息价值的最大化与获取成本的最小化是必不可少的准备工作。这要求在设计调研方案时,应精心筹划,力求以最低廉的调研成本实现调研成果的最优化。换言之,市场调研应遵循经济性原则,确保每一分投入都能转化为对企业决策具有实质性影响的高价值信息,从而实现资源的最优配置与利用。

第二节 国际营销调研的过程

国际营销调研一般应包括以下几个步骤:明确调研目标、设计调研方案、收集相关的二手或一手资料、对资料进行分析总结、撰写调研报告。

一、明确调研目标

营销调研第一阶段的工作是确定营销调研目标。确定调研目标通常要做两项工作：

其一，精准识别营销挑战与机遇。营销调研的起点在于洞察当前市场环境中存在的潜在问题或未充分利用的机会。这些挑战与机遇往往根植于市场动态、企业战略目标与资源配置的动态平衡之中。当三者出现失衡，或即便处于平衡状态但企业缺乏差异化竞争优势时，便构成了营销挑战；反之，则为市场机遇。例如，上海市对燃油车的限行政策，对生产商而言，既是市场进入瓶颈的警示，也是推动绿色技术创新、抢占未来市场的契机。

在识别营销挑战时，须透过现象看本质，深入剖析问题背后的根源。企业销售额骤降仅是表象，背后可能隐藏着产品质量下滑、分销渠道失效、市场竞争加剧或定价策略不当等多重因素。为此，加强与营销决策层的沟通至关重要，他们虽未必能直接指出问题所在，但能提供宝贵的行业洞察与战略视角意见。同时，开展背景分析，利用文献回顾、专家咨询等探索性研究方法，有助于全面理解问题背景，甚至可能直接揭示解决方案的线索。

其二，将识别出的营销挑战精准转化为具体、可操作的调研主题。这一过程要求将宽泛的问题领域细化为具体的研究课题，明确调研的信息需求与范围。例如，面对是否投放特定广告的决策难题，调研主题可精炼为"针对××广告效果的全面评估研究"。随后，进一步将主题拆解为一系列明确的调研问题，如广告受众接受度、市场反响预测等，以便系统性地收集数据。此外，提出合理的调研假设，即基于现有信息对调研问题的可能答案进行初步推测，有助于指导调研设计与数据分析，提高研究的科学性与效率。通过严谨的数据收集与分析，验证或修正这些假设，最终为决策提供坚实的数据支撑。

二、设计调研方案

在营销调研的深入规划阶段，设计详尽且周密的调研方案成为核心任务。此方案作为指导与监控调研活动的蓝图，主要包含三大关键维度：

第一个维度聚焦于调研背景阐述。该部分旨在清晰描绘触发调研的营销困境，以及基于此背景确立的调研主题、细化的问题列表与初步假设框架，从而确保决策层与调研团队在调研焦点与资料需求上达成高度一致，为后续工作奠定坚实基础。

第二个维度在于调研方法的选择与规划。方法论的构建分为战略与战术两个层面：

战略层面，依据决策需求的不同，调研方法可细分为探索性、描述性与因果性三种。探索性调研旨在初步摸清状况、界定问题边界；描述性调研则侧重于量化营销现象，挖掘关联因素；而因果性调研则深入剖析现象背后的因果关系。调研人员须根据具体项目或项目阶段，灵活选用适宜的战略性方法。战术层面，涉及具体调研手段与技术的决策。

这包括确定资料类型(如描述性或因果性)、资料来源(二手或一手)、资料性质(时点或时期)与形式(公开或非公开)。同时,还须明确资料收集的方式(如询问、实验、观察)、工具选择(问卷、量表)、沟通途径(人员访谈、邮寄、电话等)以及抽样策略(总体界定、抽样方法及样本规模)。此外,资料分析的技术与方法也是不可或缺的一环,须提前规划以确保数据处理的科学性与有效性。

第三个维度为调研日程规划与预算控制。鉴于调研活动受时间、资金与人力资源的严格限制,调研方案必须详细规划各项资源的分配与使用,力求资源利用的最大化。在日程安排中,须明确"谁、何时、负责何事",通过流程图等工具将人员分工、时间节点与活动内容紧密衔接,确保调研活动的有序进行。

三、收集相关的二手或一手资料

鉴于多数调研任务涉及庞大的目标总体与企业资源有限性的矛盾,企业普遍采取了更为灵活且高效的调研策略——抽样调研。具体而言,抽样调研通过科学的方法,如随机抽样、分层抽样等,从庞大的目标总体中挑选出一部分样本作为研究对象,通过对这些样本的深入研究,来推断和预测总体的特征和行为。

四、对资料进行分析总结

数据的整理过程,即将调研所得数据进行系统化处理,通过编校、分类、编码及制表等步骤,消除其分散性、零碎性与潜在偏见,使之能够全面、准确地反映总体特征,为后续深入分析奠定坚实基础。在此过程中,数据处理的手段已从传统的手工与机械方法演变为以计算机为主导。计算机程序的设计,既可由企业根据特定需求定制开发,也可直接采购市场上成熟的统计软件包,如广泛应用的 Excel,以及更为专业的 SAS(统计分析系统)和 Spss(社会科学统计软件包),它们各自以其独特的优势在数据分析领域占据重要地位。

营销数据的分析,则是运用一系列定量分析方法,对整理后的数据进行深度加工,提炼出对营销决策有直接帮助的洞察。这一过程往往始于单变量统计检验,以初步探索数据特性,随后则可能采用更为复杂的双变量或多变量分析技术,以揭示变量间的内在联系与潜在规律。在分析方法的选择上,参数检验、非参数检验以及实验设计中的方差分析等,均是营销调研人员常用的有效工具。

五、撰写调研报告

撰写营销调研报告作为营销调研流程的最终环节,其核心任务在于将调研成果转化为对决策者具有实质性指导意义的文档。此报告旨在针对调研中揭示的营销问题,提出明确、可行的解决方案或结论性见解。在撰写过程中,必须充分考量报告受众的需求与阅读习惯,力求内容精炼、逻辑清晰,同时增强论证的说服力。

营销调研报告依据其表述风格与目标受众的不同,可大致划分为两大类:一是普及型报告,旨在为企业高层管理者提供直观易懂的决策依据。此类报告注重文字表述的生动性,辅以直观的图表展示,有效规避了高深莫测或晦涩难解的专业术语,确保管理者能够快速把握报告精髓,做出明智决策。二是专业型报告,其受众主要为营销领域的专业人士或技术专家。这类报告在撰写时可适当采用专业术语,以展现调研的深度与精度。然而,为了确保报告的权威性与可信度,必须附上详尽且可靠的参考资料或实证依据,以便专业人士进行进一步的验证与分析。通过这样的安排,专业型报告不仅满足了专业人士对于技术细节的追求,也为后续的研究与实践提供了理论支撑。

第三节　国际营销调研的方法与技术

一、调研资料的采集方法

在调研活动中,不同信息数据的存在状态、来源各不相同,因而企业必须针对不同数据采取不同的收集方法。根据由易到难的原则,市场调研人员一般会先采用文案调研方法收集二手资料,在此基础上,通过实地调研进一步收集一手资料(也称原始资料)。

1. 文案调研

文案调研法又称二手资料调查、文献资料调查或室内研究法,是指围绕一定的调查目的,通过查看、检索、阅读、购买、复制等手段,收集并整理企业内部和外部现有的各种信息、情报资料,对调研内容进行分析研究的一种调查方法。它不仅仅局限于企业内部数据库、档案室和历史记录,还广泛涵盖了外部资源,如行业报告、政府出版物、学术期刊、市场研究机构的成果、互联网上的开放数据、社交媒体分析、专业论坛讨论等。

2. 实地调研

为了深入了解营销活动的现状,企业可以进行实地调研,找出问题并解决问题,并为其他活动提供参考依据。实地调研主要分为询问法、观察法和实验法三种。

作为实地调研中最直接、最常用的方法,询问法通过精心设计的问卷和灵活的访谈技巧,与被调查者建立沟通桥梁。无论是面对面的深度访谈、集思广益的座谈会,还是大规模、高效率的问卷调查,询问法都能有效收集消费者的真实意见与需求。询问法的关键在于问题的设计需要精准、明确,避免引导性提问,同时确保访问环境舒适,以激发受访者的真诚反馈。

观察法是一种更为客观的调研方式。调研人员亲临现场,通过直接观察或借助高科技仪器,记录消费者的行为模式、购物习惯及环境对消费行为的影响。这种方法能够捕捉到问卷或访谈中难以触及的细微差别,为市场细分、产品定位提供有力支持。然而,观察法也要求调研人员具备敏锐的观察力和严谨的记录习惯,以确保数据的准确性与完整性。

实验法以其高度的可控性和实证性,成为评估新产品、新策略市场效果的首选。通过小规模的市场测试,企业可以直观地观察消费者对新产品的反应,收集关于产品质量、价格、促销方式等方面的宝贵意见和建议。实验法不仅有助于降低市场风险,还能为后续的大规模推广提供科学依据。不过,实验设计需要严谨科学,确保实验条件的真实性与代表性,以避免结果偏差。

表 15-1 总结了文案调研与实地调研的不同之处。

表 15-1 文案调研与实地调研的比较

比较维度	文案调研	实地调研
定义	利用企业内部和外部现有的各种信息、情报,对调研内容进行分析研究	深入市场一线,通过询问、观察、实验等方法直接收集第一手资料
信息来源	二手资料,如报告、文献、数据库、社交媒体等	直接来源于受访者、现场观察、实验等
数据性质	二手资料,间接、广泛、可能具有滞后性	一手资料,直接、具体、详细
全面性与深度	广泛,可覆盖多个行业、领域,但深度可能不足	取决于调研范围与深度,可能受限于时间、资源
成本与时间	成本较低,快速、便捷	成本较高,需要投入人力、物力、时间
主观性	较少受调研者主观影响,但资料本身可能带有偏见	调研者个人偏见可能影响数据收集与分析
适用范围	适用于初步了解市场概况、行业趋势、竞争对手分析等场景	适用于需要深入了解市场现状、消费者行为、产品测试等场景
互补性	可为实地调研提供背景信息、理论支持	常与文案调研结合使用,以验证和补充二手资料

二、市场调研的抽样技术

市场调研活动常采用的方法分为全面调查(或称普查)与抽样调查两大类别。全面调查作为一种详尽的调研手段,旨在覆盖所有调研对象,其优势在于理论上实现调研结果的极高精确度和全面性。然而,此类方法因需要庞大的调研团队、漫长的执行周期及高昂的经济成本,常令多数企业望而却步,故在实际操作中,市场调研更倾向于采用抽样调查方法。

抽样调查的核心在于在目标总体的广阔范围内,依据特定的逻辑与技巧,挑选出一部分有代表性的个体作为样本,通过对这些样本的特性进行深入分析,来合理推断并估计整体的特征。一般而言,样本量的扩充有助于增强样本特性与总体特性之间的契合度,从而减少抽样误差;但相应地,这也意味着调研资源的投入(包括时间与资金成本)将随之攀升。因此,在进行抽样调研时,科学合理地确定样本规模显得尤为重要。

抽样调研策略进一步细化为随机抽样与非随机抽样两大策略体系。随机抽样策略遵循无偏见的随机性原则,确保调研总体中的每一个个体均享有均等的被选机会,这种无倾向性的选择机制赋予了样本高度的代表性和广泛的适用性,有效规避了人为偏好对调研结果的影响。

(一)随机抽样

随机抽样的核心原则在于确保每个样本单位拥有均等的入选概率,以增强样本对总体特征的准确反映。然而,实际操作中,由于单次抽取的随机样本特性可能导致同类单位被重复偏好,进而削弱样本的代表性,因此引入多元化的抽样策略显得尤为重要。

1. 简单随机抽样

简单随机抽样亦称纯粹随机抽样,是一种不预先对总体进行分类或排序,直接遵循随机性原则从总体中抽取样本的方法。在此方法下,每个总体单位被抽中的概率是完全随机且相等的,排除了任何主观偏好的影响。简单随机抽样以其直接性和无偏性,成为随机抽样领域中最基础、最直接的方法。它特别适用于那些总体单位分布均匀、内部差异较小的情况。

实施简单随机抽样的具体步骤为:①对总体中的每一个单位进行唯一编号;②采用如抽签、从随机数表中选取或利用计算机程序进行随机抽样的方式,来确定被选中的样本单位。

2. 分层抽样

分层抽样是一种类型化的抽样策略,核心在于预先依据特定标准将总体划分为若干子群体(即层),随后遵循随机性原则从各层中选取样本。通过归并特征相近的单位至同一层,分层抽样法有效缩小了层内个体间的特征差异,从而增强了样本对总体特征的代表性与广泛性,尤其适用于结构复杂、层间标志差异显著的总体。分层抽样能够显著提升抽样的效率与准确性。

分层抽样法的实施步骤如下:①根据预设的标志变量,将总体中的 N 个单位细分为 K 个互不重叠的子集(层),满足 N 等于各层单位数 N_1、N_2、N_3 至 N_k 之和。②遵循随机抽样原则,分别从各层 N_i 中抽取一定数量的样本 n_i,最终汇聚成总样本量 n 的样本集合,其中 n 为各层样本量 n_1、n_2、n_3 至 n_k 之和。

分层抽样的显著特性体现在其结构的双重性上:一方面,各层内部单位间展现出高度的同质性,即层内样本间的变异性相对较低,确保了层内样本的代表性;另一方面,各层之间则呈现出明显的异质性,层间差异性显著,这有助于全面捕捉总体的多样性特征。因此,分层抽样不仅是提高样本代表性的有效手段,也是处理复杂总体结构时不可或缺的方法论工具。

3. 系统抽样

系统抽样亦称等距抽样,核心在于预先依据特定标志对总体单位进行排序,遵循既定的顺序与固定的间隔,规律性地抽取样本单元。

该方法的实施步骤严谨而系统:①设定总体包含 N 个单位,并确定需要抽取的样本容量 n。②依据某一明确标志对总体进行有序排列。③将排序后的总体均分为 n 个等量的子段,每个子段包含 K 个单位,其中 K 由 N 除以 n 得出。在首个子段中随机选定一个起始样本点,每隔 K 个单位抽取一个样本,直至累计抽取 n 个样本单位,从而构成一个完整的样本集合。

在选择排队标志时,系统抽样提供了两种策略考量:一是依据与调研目标直接相关的标志进行排序,比如在居民家庭消费支出调研中,依据家庭收入水平对住户进行排序;二是采用与调研目标无直接关联的标志,如按户主的姓氏笔画顺序对居民住户进行排序。尽管从直观上看,采用无关标志排序似乎更能彰显随机性,但基于相关标志的排序策略实则融入了人为的精心设计与技术考量,这种策略往往能有效减少抽样误差,进而提升样本对总体特征的代表性与准确性。

4. 分群抽样

分群抽样亦称整群随机抽样,其操作策略在于首先将研究总体依据其自然存在的群组结构划分为 R 个独立群组,每个群组包含 M 个基本单位,随后采用随机原则从这 R 个群组中抽取 r 个群组作为样本,并对这 r 个群组内的所有单位进行全面调查。

此方法尤其适用于那些总体内部变异显著,且由于实际操作或理论框架的限制,难以制定有效分层标准的情形。在此情境下,研究者往往只能依据地域分布、自然形态等外部特征将总体划分为若干群组。分群抽样的显著特征在于群组间通常展现出较小的差异性,而群组内则因包含多种类型的单位而表现出较大的差异性。

通过分群抽样,调研者能够在保持一定样本代表性的同时,有效简化抽样过程,提高调研效率,尤其是在面对大规模、高变异性的总体时,该方法尤为适用。

(二) 非随机抽样

非随机抽样则是一种更为定向的选择方法,它依据调研的具体目标及需求,遵循特定的准则或标准来筛选样本。在此策略下,并非所有总体中的个体都有机会成为样本的一部分,这种选择性的过程凸显了调研的针对性和灵活性,但同时也要求调研者在选择标准上体现出高度的专业性和判断力。

1. 便利抽样

便利抽样法亦称随意抽样或便利选取法,即样本的遴选全然依赖于调查执行者的便利性与偏好。作为非随机抽样策略中的一种高效且成本节约型的方法,便利抽样法虽操作简便、经济高效,但因显著的选择性偏差,导致结果的可信度相对较低。需要强调的是,这里的"随意"与统计学中的"随机"概念截然不同,它蕴含着浓厚的主观判断色彩,即依据抽样者的主观意愿进行选择,因此该方法往往伴随着较大的抽样误差。

2. 典型抽样

典型抽样是市场调研活动中的一种主观抽样方法,由调研组织者基于特定的调研目的,通过个人判断与经验识别出具有典型性或代表性的样本集合。这些样本的代表性既可以体现在量的均衡上,也可以体现在质的卓越上。在选择代表性调查对象时,必须基于对总体特性的深刻理解,力求选取能够体现总体中等水平、平均水平或普遍特征的样本,同时避免极端化样本的干扰,以确保样本能够准确反映总体的核心特征。

3. 配额抽样

配额抽样是非随机抽样技术中广泛采用的一种策略。实施过程涉及根据社会经济特征的多样性(单一或多重维度)对研究总体进行细致分类,随后明确每一类别在样本中的预期比例,进而针对各分类组实施样本抽取。通过确保样本在总体中的均衡分布,该方法显著提升了样本的代表性,使之能更全面地反映总体的特性。

4. 滚雪球抽样

滚雪球抽样是一种依赖于现有样本网络扩展的抽样方法,其利用首批被调查者的社交联系链,通过他们的推荐逐步吸纳新的参与者加入研究。初始样本量虽可能不足以满足研究需求,但借助"一推十,十推百"的连锁效应,能够有效累积至所需样本规模。此方法虽然成本效益高、实施简便,但需要注意在追求样本量时可能引入较大偏差。

在特定情境(如针对药品消费者的调查)下,直接抽样可能遭遇样本分散或敏感性高等挑战,滚雪球抽样则展现出了其独特优势:通过前期获取的小规模样本,以其社交网络为桥梁,逐步扩展至更广泛的符合条件的潜在样本群体。这种由已知样本推荐未知样本的方式,不仅操作性强,还能在一定程度上减轻受访者的抵触心理,提高样本收集的效率与成功率。

第四节　国际营销信息系统

一、国际营销信息系统的定义与特征

营销信息系统作为一个集成化系统,融合了人员、技术与流程,构建了一个互动共生的综合体。此系统旨在助力企业高效采集、筛选、深度剖析、综合评估并精准分发那些适时、精确且相关的信息,为营销策略的制定者优化市场策略、强化执行与监控流程奠定了坚实基础。

营销信息作为广义信息体系中的关键一环,不仅继承了信息的基本属性,还独具特色:

(1)高度时效性。鉴于营销活动与市场环境的紧密耦合,信息的效用被赋予了严格的时间框架。市场作为经济系统的核心枢纽,其动态性受多重复杂因素的交织影响,呈现出高频变化的态势。信息的及时捕捉与处理成为关键,任何延迟都可能削弱其利用价值。正如日本商业情报领域所强调的,速度往往比绝对的精确度更为重要,特别是在竞争白热化的市场环境中,快速响应成为企业生存与发展的关键。因此,强化信息捕获能力,加速信息处理流程,缩短从采集到应用的周期,对于最大化营销信息的时效性至关重要。

(2)强更新性。营销信息随着市场动态而持续变化,这一过程体现了信息的不断更新与替换。市场活动的周期性并非简单的重复,而是新环境下新过程的展开。尽管市场活动的变化过程存在时间上的连续性,但信息的使用需要与时俱进,企业营销部门需要持续、迅速地收集与分析新信息,以把握市场新态势,抢占营销先机。

(3)互动性。与商品从生产者到消费者的单向流动不同,营销信息的流通具有显著的双向特征:既包含信息的正向传递,也涉及信息的反向反馈。这种双向互动性凸显了收集市场信息的重要性,它不仅是企业了解市场需求的基础,也是调整营销策略、提升市场响应速度的关键。

(4)目标导向性。在营销实践中,明确的目标导向是确保策略有效的前提。这要求企业紧密关注目标消费群体的动态变化,通过精准的市场定位与策略调整,有效满足消费者的需求变化,从而在激烈的市场竞争中占据有利位置。

二、信息系统的构建与管理

不同企业信息系统的具体构成会有所不同,但基本框架大体相同,通常涵盖内部信息报告系统、市场情报收集与管理系统、营销调研系统以及营销决策支持系统四大关键子系统。

首先,由营销主管或决策者确定所需信息的范围;其次,根据需要建立企业营销信息系统内的各子系统,由有关系统去收集信息,再对所得信息进行处理;再次,由营销信息系统在适当时间将整理好的信息送至有关决策者;最后,营销经理做出的决策再流回市场,作用于环境。

1. 内部信息报告系统

在企业的运营框架内,内部信息报告系统扮演着核心角色,其首要职责是汇聚来自财务、制造、销售等多个职能部门的周期性数据,这些数据全面覆盖了企业营销活动的各个维度,诸如订单处理、销售业绩、库存状况、生产进度追踪、成本控制、现金流动态、应收及应付款项管理以及盈亏分析等。营销管理团队通过对这些信息的深入剖析,对比预设目标与实际执行成效,能够敏锐洞察市场机遇与潜在挑战,为策略调整提供数据支撑。

作为决策者不可或缺的信息基石,内部信息报告系统具有以下特点:①信息源多元化。其信息直接源自企业内部的专业部门,如财务会计中心、生产管理部门及销售团队,确保了数据的原始性与真实性。②定期性与功能性并重。该系统遵循既定周期,向管理层输出关键数据,旨在辅助日常营销战略的规划、执行监控与适时调整。所涵盖的数据范畴广泛,包括但不限于订单详情、销售绩效、库存周转率、成本结构、财务应收应付、生产进度跟踪及现金流预测等,全面支撑企业的运营决策。

优化内部信息报告系统的核心在于提升信息传递的效率与质量,确保系统能够高效、精确且稳定地向营销决策者输送价值导向的信息。因此,企业在构建该系统时,应秉持用户导向原则,确保所提供的信息既满足营销人员的需求,又具备经济获取性,实现信息需求、实用性与成本效益的完美融合。同时,还需警惕信息过载与过度反应的风险,避免每天海量信息的堆砌导致决策者信息处理能力饱和,以及过度聚焦于短期波动而忽略长期战略规划的重要性。

2. 市场情报收集与管理系统

市场情报收集与管理系统是企业获取外部环境市场信息的核心工具。该系统通过多元化渠道,如商业出版物、网络数据库、与消费者及供应链伙伴的交流等,收集关键市场数据。此外,企业还会聘请专家或购买专业情报服务,以获取更深入的市场洞察。

为确保情报的时效性、全面性和准确性,企业需要建立一套严谨的情报管理流程。这包括训练营销团队主动搜集情报,与中间商及合作伙伴建立情报共享机制,以及定期从专业机构获取深度市场报告。同时,参与行业展会也是获取最新市场趋势的重要手段。

为避免情报收集的零散与无序,企业应制定明确的情报收集策略,确保情报工作的系统性与持续性。这涉及对销售人员情报收集能力的培训,签署与合作伙伴的情报交流协议,以及设立内部信息中心,负责整合并分析市场信息,形成定期的市场简报,为企业高层决策提供有力支持。通过这样的系统化管理,企业能够有效地应对市场变化,把握市场机遇。

3. 营销调研系统

鉴于各企业所面临的市场挑战各异,所需开展的市场研究内容亦呈现多样化特征。在国际市场背景下,这类研究广泛涵盖国际市场特性界定、需求潜力评估、市场份额分析、销售绩效审视、企业趋势追踪、竞品策略研究、短期与长期市场预测、新产品市场接纳度与潜力探索以及定价策略分析等维度。

与内部信息报告系统和市场情报收集与管理系统相比,营销调研系统的核心差异在于其高度的目标导向性。该系统专注于为解决特定营销难题而量身定制信息收集、整理与分析流程,这些任务往往超越了内部信息报告系统和市场情报收集与管理系统的常规能力范畴,需要更为深入和专业的市场研究来支撑。例如,企业在筹划进军新市场时,会依赖专项调研以全面评估目标市场的宏观环境、消费者需求格局及竞争态势;在策划重大价格调整策略时,则会针对降价方案的可行性、潜在影响、风险防控措施等开展专项研究;同样,在寻求国际合作或合资机会时,企业亦需要对外方合作伙伴的资信状况、合作可行性及潜在风险进行详尽的专项调研。

针对研究任务的复杂度,企业可采取灵活的策略组织调研活动。对于相对简单的调研项目,企业可在内部组建专项调研小组负责执行;而面对复杂度高、专业性强的研究需求,企业更倾向于借助外部专业调研机构的力量,以确保研究的深度与广度。大型企业则倾向于设立独立的营销调研部门,专门负责调研项目的规划与实施,以确保研究工作的系统性与高效性。

4. 营销决策支持系统

营销决策支持系统由两大核心模块构建:一是统计分析模块,它运用多元化的统计技术深入剖析输入的市场动态数据,形成丰富的统计资源库;二是市场策略优化模块,即模型库,专注于为企业管理者提供定制化的市场策略选择方案,助力其制定最优营销策略。

通过深入剖析营销信息系统的四大核心组件及其相互间的交互机制,我们不难发

现,该系统在企业的运营中扮演着多重关键角色,具体体现在以下几个方面:

（1）信息聚合。系统的首要功能在于广泛收集并整合各类市场相关信息资料,形成全面而详尽的信息池。

（2）数据校验。系统会对输入的数据进行严格的质量把控,通过一系列验证手段确保信息的真实性与准确性。

（3）信息加工。系统会对收集到的原始数据进行深度处理,包括整理、分类、编辑及总结,以提炼出有价值的信息要点。

（4）深度分析。利用先进的分析工具,系统能够执行复杂的指标计算、对比分析及综合评估任务,为企业决策提供科学依据。

（5）存储与检索。为确保信息的长期可用性,系统建立了高效的资料索引与存储机制,便于用户随时检索所需信息。

（6）信息传递。最终,系统将处理后的信息以高效、准确的方式传递给相关部门及人员,助力企业快速响应市场变化,调整经营策略,保持竞争优势。

拓展阅读

2024 年中国消费者洞察调研报告

2024 年,中国消费市场在宏观经济复苏、数字化深化及消费者行为变迁的驱动下,展现出新的增长动力与挑战。2024 年普华永道(PwC)发布了《2024 年消费者之声调研:中国报告》,结合本土市场特点,分析关键消费趋势、消费者偏好变化及企业应对策略,为商业决策者提供实践参考。

理性消费与性价比优先

在经济增速放缓的背景下,消费者变得更加精打细算,他们不再盲目追求品牌溢价,而是更加注重产品的实际使用价值和性价比。这种转变体现在多个方面:中产阶级开始有意识地缩减非必要开支,转向更具性价比的替代品;折扣零售业态迎来快速发展,会员制商店通过优化供应链来提供更具价格竞争力的商品;消费者的购买决策过程明显延长,他们会花费更多时间在社交媒体和比价平台上进行调研,确保每一笔支出都物有所值。

健康与可持续消费的深化

消费者的健康意识已经超越了简单的概念认知,开始追求更加专业化和个性化的健康解决方案。在食品领域,功能性产品受到热捧;在穿戴设备方面,能够提供专业健康监测的智能设备销量快速增长。与此同时,环保意识也在不断增强,消费者开始关注产品的整个生命周期对环境的影响,那些能够提供可验证环保承诺的品牌更容易获得青睐。这种趋势也促使企业加快绿色转型步伐,以适应市场和政策的双重需求。

数字化体验重塑消费全流程

随着技术应用的不断深入,线上和线下的界限变得越来越模糊。消费者期待在任何时间、任何地点都能获得无缝衔接的购物体验。直播电商持续火热,社交平台上的购物功能不断完善,人工智能推荐系统让商品发现变得更加精准和个性化。这种全方位的数字化覆盖不仅改变了消费者的购物习惯,也迫使传统零售企业加快数字化转型。

个性化需求推动市场细分

当代消费者越来越重视通过消费行为来表达自我身份和价值观。这种趋势催生了大量细分市场和小众品牌,它们通过精准把握特定人群的独特需求而获得成功。在服装领域,国潮设计受到年轻消费者追捧;在美妆市场,针对不同肤质和场合的专业化产品层出不穷。品牌方需要投入更多精力来理解不同消费群体的细微差异,才能提供真正打动他们的产品和服务。

情感价值成为重要购买动因

在物质丰富的时代,产品功能已经不再是唯一的决策因素,消费者越来越看重购物体验带来的情感满足。能够创造独特记忆点或引发情感共鸣的品牌往往能获得更高的客户忠诚度。这种趋势促使企业重新思考价值主张,将更多资源投入到体验设计和文化内涵的打造上,而不仅仅是产品本身的改进。

资料来源:作者根据相关资料整理。

本章小结

1. 营销调研即通过系统性的资料收集、详尽的记录以及严谨的分析,为企业的营销战略规划提供宝贵且实用的信息支持。
2. 国际营销调研一般应包括以下几个步骤:明确调研目标、设计调研方案、收集相关的二手或一手资料、对资料进行分析总结、撰写调研报告。

思考题

1. 阐述国际营销调研的定义、目标和范围。
2. 分析国际营销调研的过程,包括确定调研目标、设计调研方案、收集资料、分析总结和撰写报告等步骤。
3. 比较文案调研和实地调研的优缺点。
4. 阐述国际营销信息系统的定义、特征和构成,以及企业应如何构建和管理信息系统。
5. 以某一具体企业为例,分析其国际营销调研的做法和效果。

案例分析题

长安汽车的全球研发网络治理实践:总部技术外派促进隐性知识整合

一、背景介绍

长安汽车的成立时间可追溯至1862年,是中国最早的军工制造企业之一,其现代汽车制造业务始于 20 世纪 80 年代。1984 年,企业正式进入汽车制造行业,并逐步从军工生产向民用汽车转型。长安汽车 1993 年与日本铃木成立合资企业,2001 年与美国福特合作生产乘用车,凭借引进技术建立了现代化产业体系,逐步成为中国汽车产业的领军企业。

进入 21 世纪后,全球汽车产业逐步转向电动化和智能化。面对国际巨头的技术垄断和供应链主导的竞争压力,长安汽车在 2006 年启动"全球研发网络"战略,构建覆盖"六国十地"的全球协同研发体系。该网络以中国重庆总部为核心,延伸至意大利都灵、日本横滨、英国伯明翰、美国底特律、德国慕尼黑等国际技术重地,逐步形成了具有全球视野的技术布局。

然而,企业在全球研发网络运作中面临着以下挑战:

(1)隐性知识整合困难。显性知识可以通过技术文件等形式流转,但隐性知识(如设计理念、开发经验)依赖于个人理解与社会互动,很难通过传统治理模式实现有效传递。

(2)跨文化与技术差异。地理距离、文化背景和技术标准的差异给知识流动增加了障碍。

(3)治理机制空洞。全球研发网络的参与者背景多元,缺乏明确的协作规则和协调机制,影响隐性知识的高效整合。

二、总部技术外派的实践与机制

为解决全球研发网络中的治理空洞,长安汽车采用总部技术外派作为治理创新的核心手段,依托关系治理、认知治理和内容治理三个层次,实现隐性知识的获取、转移和转化。

(1)关系治理。外派人员通过链接和联动机制,促进跨国团队间的社会互动。链接指与全球合作伙伴、高校及研发机构建立关系网络。例如,长安汽车派遣技术人员赴意大利都灵,与当地设计团队合作,吸收意大利在整车造型设计领域的隐性知识。联动是通过短期讲学和长期带教的方式,加强技术知识的交流。例如,外派人员通过导师制对接东道国研发团队,促进技术协同。

(2)认知治理。外派人员作为"翻译者",通过解译和趋同机制弥合文化与技术差异。解译指通过翻译技术语言与设计理念,使全球研发团队达成共识。例如,在智能驾驶项目中,外派人员协助中外团队理解各自的技术语言和开发需求。趋同是建立统一的开发流程与标准。例如,创建统一的设计基因(如"长安基因")和共同术语,确保不同团队的技术输出具备一致性。

(3)内容治理。外派人员通过迁移、转化和重构机制,将隐性知识转化为组织能力。迁移指外派人员将海外学习成果带回总部。例如,在欧洲研发中心学习到的整车安全设计被迁移至国内,显著提升了自主车型的安全性能。转化是外派人员通过导师制,在国内团队中传播先进技术与经验,推动知识的扩散和内化。重构指外派人员将海外获取的隐性知识与本土组织的现有知识、流程或技术进行深度整合与创新性改造,形成更适合本土情境的新知识体系或解决方案。

三、实践成果

（1）技术创新与市场突破。长安汽车通过全球研发网络和外派机制，实现了从燃油车向新能源智能车的全面转型。在新能源技术领域，开发了涵盖混动、增程、纯电和氢燃料的全系列产品，并实现了多个技术创新。

（2）全球影响力提升。长安汽车凭借全球研发体系和创新能力，吸引了来自宝马、捷豹等企业的国际顶尖人才加盟，在国际市场树立了"中国智造"的品牌形象。

资料来源：唐露，刘伟.企业全球研发网络的治理新机制：总部技术外派促进隐性知识跨界整合的案例研究[J].管理世界，2024（1）：135－155.

思考题：

1. 结合案例，分析长安汽车在构建全球研发网络前，应如何开展国际市场调研，以识别各目标市场的技术优势、差异及潜在合作机会。

2. 结合案例，探讨长安汽车如何通过国际市场调研策略（如实地考察、专家访谈、竞品分析等），有效获取不同地区的隐性知识资源，并将其转化为竞争优势。

3. 结合案例，分析长安汽车在国际市场营销调研中如何评估目标市场的文化特征和研发需求，以确保跨文化团队协作的高效性，并促进隐性知识的整合。

参考文献

［1］Caldara D,Iacoviello M. Measuring geopolitical risk［J］. American economic review,2022(4):1194－1225.

［2］Hall E T. How cultures collide［J］. Psychology today,1976(2):66－74.

［3］Hofstede G,Bowd M H. The Confucius connection:from cultral roots to economic growth［J］. Organizational dynamics,1988(4):5－21.

［4］Kotler P,Keller K L. Marketing management［M］. 15th ed. NJ:Prentice hall,2016.

［5］特朗皮纳斯,伍尔莱姆斯. 跨文化营销［M］. 刘永平,等,译. 北京:经济管理出版社,2008.

［6］基根. 全球营销管理:第8版［M］. 北京:清华大学出版社,2018.

［7］施米托夫. 国际贸易法文选［M］. 北京:中国大百科全书出版社,1993.

［8］科特勒,卡塔加雅,塞蒂亚万. 营销革命4.0:从传统到数字［M］. 北京:机械工业出版社,2018.

［9］科特勒. 市场营销:原理与实践［M］. 北京:中国人民大学出版社,2015.

［10］凯特奥拉. 国际市场经营学［M］. 李宗慧,等,译. 北京:华夏出版社,1989.

［11］Sethuraman R,Tellis G. Does manufacturer advertising suppress or stimulate retail price promotions? analytical model and empirical analysis［J］. Journal of retailing,2002(4):253－263.

教辅申请说明

      北京大学出版社本着"教材优先、学术为本"的出版宗旨,竭诚为广大高等院校师生服务。为更有针对性地提供服务,请您按照以下步骤通过**微信**提交教辅申请,我们会在1~2个工作日内将配套教辅资料发送到您的邮箱。

◎ 扫描下方二维码,或直接微信搜索公众号"北京大学经管书苑",进行关注;

◎ 点击菜单栏"在线申请"—"教辅申请",出现如右下界面:

◎ 将表格上的信息填写准确、完整后,点击提交;

◎ 信息核对无误后,教辅资源会及时发送给您;如果填写有问题,工作人员会同您联系。

温馨提示:如果您不使用微信,则可以通过以下联系方式(任选其一),将您的姓名、院校、邮箱及教材使用信息反馈给我们,工作人员会同您进一步联系。

教辅申请表

1. 您的姓名:*

2. 学校名称*

3. 院系名称*

• • • • • •

感谢您的关注,我们会在核对信息后在1~2个工作日内将教辅资源发送给您。

提交

联系方式:

北京大学出版社经济与管理图书事业部

通信地址:北京市海淀区成府路205号,100871

电子邮箱:em@ pup.cn

电　　话:010-62767312

微　　信:北京大学经管书苑(pupembook)

网　　址:www.pup.cn